权威·前沿·原创

皮书系列为
"十二五""十三五""十四五"时期国家重点出版物出版专项规划项目

BLUE BOOK

智 库 成 果 出 版 与 传 播 平 台

江西蓝皮书
BLUE BOOK OF JIANGXI

江西经济社会发展报告（2023）

ANNUAL REPORT ON ECONOMIC AND SOCIAL DEVELOPMENT OF JIANGXI (2023)

主　编／徐延彬　蒋金法　肖洪波
副主编／杜章彪　曾建平

社会科学文献出版社
SOCIAL SCIENCES ACADEMIC PRESS (CHINA)

图书在版编目（CIP）数据

江西经济社会发展报告 . 2023 / 徐延彬，蒋金法，
肖洪波主编 . --北京：社会科学文献出版社，2023.6
（江西蓝皮书）
ISBN 978-7-5228-1780-4

Ⅰ.①江…　Ⅱ.①徐…　②蒋…　③肖…　Ⅲ.①区域经
济发展-研究报告-江西-2023　Ⅳ.①F127.56

中国国家版本馆 CIP 数据核字（2023）第 076268 号

江西蓝皮书
江西经济社会发展报告（2023）

主　　编 / 徐延彬　蒋金法　肖洪波
副 主 编 / 杜章彪　曾建平

出 版 人 / 王利民
组稿编辑 / 邓泳红
责任编辑 / 桂　芳
责任印制 / 王京美

出　　版 / 社会科学文献出版社·皮书出版分社（010）59367127
　　　　　　地址：北京市北三环中路甲 29 号院华龙大厦　邮编：100029
　　　　　　网址：www. ssap. com. cn
发　　行 / 社会科学文献出版社（010）59367028
印　　装 / 三河市东方印刷有限公司

规　　格 / 开　本：787mm×1092mm　1/16
　　　　　　印　张：28.25　字　数：425 千字
版　　次 / 2023 年 6 月第 1 版　2023 年 6 月第 1 次印刷
书　　号 / ISBN 978-7-5228-1780-4
定　　价 / 198.00 元

读者服务电话：4008918866

江西蓝皮书编辑部

主　编　徐延彬　蒋金法　肖洪波

副主编　杜章彪　曾建平

成　员　李志萌　高　平　麻智辉　李小玉　甘庆华
　　　　张宜红　盛方富　马　回　朱　羚　万　欣
　　　　王露瑶　龚梦玲　刘　东　陈　翔

摘　要

　　2022年是党的二十大召开之年，也是全面贯彻江西省第十五次党代会重大决策部署的开局之年。江西全省上下深入学习贯彻习近平新时代中国特色社会主义思想，全面贯彻落实习近平总书记视察江西重要讲话精神，以迎接党的二十大、学习宣传贯彻党的二十大精神为主线，坚决落实中央"疫情要防住、经济要稳住、发展要安全"的要求，接续实施强劲开局一季度、强攻二季度、拼搏三季度、决战四季度，保持了经济社会大局稳定，为谱写中国式现代化的江西篇章奠定坚实基础。《江西经济社会发展报告（2023）》以习近平新时代中国特色社会主义思想为指导，全面贯彻落实党的二十大和中央经济工作会议精神，深入贯彻习近平总书记视察江西重要讲话精神，紧密结合全省实际，总结2022年取得的成绩和经验，就全省2023年发展中若干重大问题进行研究与探讨，主要由总报告、分报告、专题报告、典型调查四大部分构成。

　　总报告回顾了2022年江西经济社会发展的基本情况，对2023年全省经济社会的发展环境与形势进行研判分析，聚焦发展中存在的短板与不足，围绕推动经济实现质的有效提升和量的合理增长、全面深化改革扩大开放、促进区域城乡协调发展、提高人民生活品质等，就2023年江西实现经济社会高质量发展的目标任务提出战略思考与对策建议。

　　分报告回顾了2022年江西投资、财政、工业、农业农村、城镇建设、文化和旅游、金融、商务、科学技术、教育、卫生健康、生态环境、社会稳定与社会治安、人力资源与社会保障等方面的基本情况，分析预判了2023

年的发展态势、面临的机遇与挑战、存在的问题与不足，并围绕2023年的发展目标提出具体思路与措施。

专题报告紧紧围绕2023年江西经济社会发展面临的战略性、全局性、前瞻性问题展开深入研究，重点对推进中国式现代化的江西路径、打造具有区域竞争力的数字产业集群、打造中部地区重要区域科技创新中心、科技金融发展、促进新能源产业高质量发展、数字赋能江西加快农业强省建设、推进实现人与自然和谐共生、积极应对人口老龄化社会等进行专题研究。

典型调查重点聚焦具有江西特色优势的领域，选取樟树发展中医药产业、元宇宙产业发展、资溪县推进生态经济发展、国家数字乡村试点、余江区强化乡村治理等案例进行研究。

关键词： 经济发展　社会发展　高质量发展　中国式现代化　江西

Abstract

The year 2022 was the convening year of the 20th CPC National Congress, and also the first year to fully implement the major decisions and plans of the 15th Jiangxi Provincial Party Congress. Jiangxi conscientiously studied and implemented Xi Jinping Thought on Socialism with Chinese Characteristics for a New Era, and thoroughly implemented the spirit of General Secretary Xi Jinping's important speech when visiting Jiangxi. With the main line of studying, propagandizing and implementing the spirit of the 20th CPC National Congress, Jiangxi resolutely implemented the important requirements of the CPC Central Committee of "epidemic prevention, economic stability and development security", and continued to implement "strong first quarter, racing second quarter, struggling third quarter and decisive fourth quarter", which to maintain the overall economic and social stability and to lay a solid foundation for Jiangxi Chapter of Chinese modernization. *Annual Report on Economic and Social Development of Jiangxi 2023* was guided by Xi Jinping Thought on Socialism with Chinese Characteristics for a New Era, and fully implemented the guiding principles of the 20th CPC National Congress, the Central Economic Work Conference and the spirit of General Secretary Xi Jinping's important speech when visiting Jiangxi. This book was composed of four parts: general report, sectional reports, monographic reports and typical investigations, which summarizing performances and experiences in 2022, and proceeding researches and discussions about major issues in 2023.

The general report reviewed Jiangxi economic and social development status in 2022, made scientific and reasonable judgement of Jiangxi's development pattern and trend in 2023. Concentrating on qualitative and quantitative economic growth, comprehensively deepen reform and opening up, coordinated

development between urban and rural areas in different regions, and improvement of the quality of people's lives, the general report put forward strategic suggestions for Jiangxi to achieve economic and social high-quality leapfrog development in 2023.

The sectional reports mainly conducted discussions and researches according to the present situations of investment, industry, agriculture, urban construction, culture and tourism, business, finance and banking, as well as the popular issues on science, education, culture and health, human resource, eco-environmental protection, and social stability. Within this part, there were comprehensive reviews on development results, main measures, difficulties and challenges in 2022, as well as analysis and prospective for the trend, target and measures of development in 2023.

The monographic reports concentrated on in-depth researches about the strategic, overall, forward-looking issues of Jiangxi economic and social development in 2023, focusing on the following topics: the Jiangxi path of promoting Chinese modernization, building a digital industry cluster with regional competitiveness, building an important regional science and technology innovation center in the central region, technological and financial development, construction of national heights for the new energy industry, digital enabling Jiangxi to accelerate the construction of a strong agricultural province, harmonious coexistence between man and nature, active respond to an aging population.

The typical investigations concentrated on the areas with Jiangxi characteristics and advantages, including promoting the development of ecological economy in Zixi County, development of traditional Chinese medicine industry in Zhangshu City, rural governance in Yujiang District, national pilot of digital countryside and metaverse industry development.

Keywords: Economic Development; Social Development ; High-Quality Development; Chinese-Style Modernization; Jiangxi

目 录 ⟍⟋

I 总报告

II 分报告

Ⅲ　专题报告

Ⅳ　典型调查

皮书数据库阅读**使用指南**

CONTENTS ↖

I General Report

II Sectional Reports

Ⅲ   Monographic Reports

IV Typical Investigation

总 报 告

General Report

B.1

江西经济社会形势分析与展望

——奋力谱写中国式现代化的江西篇章

江西省社会科学院课题组*

摘　要： 2022 年，全省上下以迎接党的二十大、学习宣传贯彻党的二十大精神为主线，坚决落实中央"疫情要防住、经济要稳住、发展要安全"的重要要求，面对多重超预期因素冲击，坚持"稳住、进好、调优"经济工作思路，出台降本增效"30 条"、纾困解难"28 条"、稳经济"43 条"及接续政策"24 条"，着力扶实体、扩投资、促消费、稳增长，供需两端协同发力，高效统筹疫情防控和经济社会发展，保持了经济社会大局稳定，迈上了全面建设社会主义现代化江西新征程。展望 2023 年，全省要坚持稳中求进工作总基调，完整、准确、全面贯彻新发展理念，加快

---

* 课题组组长：蒋金法，江西省社会科学院党组书记、二级教授，博士生导师，研究方向为区域经济。课题组成员：麻智辉，江西省社会科学院经济研究所所长、研究员，研究方向为区域经济；余永华，江西省社会科学院经济研究所副研究员，博士，研究方向为区域经济；李华旭，江西省社会科学院经济研究所副研究员，博士，研究方向为区域经济。

构建新发展格局，更好地统筹发展和安全，把实施扩大内需战略同深化供给侧结构性改革有机结合起来，突出做好稳增长、稳就业、稳物价工作，着力提振市场信心，着力畅通经济循环，着力强化创新驱动，着力深化改革开放，着力促进区域协调，着力保障改善民生，着力防范化解风险，推动经济实现质的有效提升和量的合理增长，奋力谱写中国式现代化的江西篇章。

关键词： 经济发展　社会发展　江西

2022 年是极不寻常、殊为不易的一年，全省上下坚持以习近平新时代中国特色社会主义思想为指导，以学习宣传党的二十大精神为主线，深入贯彻习近平总书记视察江西重要讲话精神，统筹疫情防控、抗旱救灾、安全维稳和经济社会发展，推动经济回稳向好、高质量发展迈出新步伐、社会大局保持和谐稳定。

一　2022年江西经济社会发展回顾

2022 年，全省经济社会运行呈现稳中有进、稳中向好和稳中提质良好态势，主要经济社会指标增幅持续位居全国前列。

（一）经济发展跃上新阶段

2022 年全省地区生产总值、投资、工业、消费等主要经济指标增速继续维持在全国前列。其中，地区生产总值迈上 3 万亿元台阶，达32074.7 亿元，同比增长 4.7%，高出全国平均水平 1.7 个百分点，增长率与福建并列全国第 1；固定资产投资同比增长 8.6%，高出全国 3.5 个百分点；规模以上工业增加值同比增长 7.1%，比全国增速高 3.5 个百分点，增速列全国第 7 位；社会消费品零售总额 12853.5 亿元，同比增长

5.3%，高出全国 5.5 个百分点；一般公共预算收入 2948.3 亿元，同比增长 4.8%。

表 1　2022 年江西主要经济指标

指标	单位	2022 年		2021 年	
		绝对值	增长（%）	绝对值	增长（%）
地区生产总值	亿元	32074.7	4.7	29620	8.9
一般公共预算收入	亿元	2948.3	4.8	2812.3	12.2
规模以上工业增加值	亿元	—	7.1	—	11.4
固定资产投资	亿元	—	8.6	—	10.8
社会消费品零售总额	亿元	12853.5	5.3	12206.7	17.7
#限额以上消费品零售额	亿元	4622.8	14.4	3960.3	19.5
进出口总值	亿元	6713.0	34.9	4976.5	23.7
#出口	亿元	5088.4	38.7	3668.7	25.7
居民消费价格指数	上年同期为100	102	—	100.9	—
金融机构人民币存款余额	亿元	53162.4	11.3	47455.7	8.8
金融机构人民币贷款余额	亿元	52775.6	11.9	46920.7	13.3
全省居民人均可支配收入	元	32419	5.9	30610	9.3
城镇居民人均可支配收入	元	43697	4.8	41684	8.1
农村居民人均可支配收入	元	19936	6.7	18684	10.0

资料来源：江西省统计局、《江西省 2022 年国民经济和社会发展统计公报》。

（二）产业结构取得新突破

2022 年全省第一产业增加值 2451.5 亿元，同比增长 3.9%，对经济增长贡献率为 6.9%，较上年提高 1.9 个百分点，拉动 GDP 增长 0.3 个百分点；第二产业实现增加值 14359.6 亿元，同比增长 5.4%，对经济增长贡献率为 49.9%，较上年提高 2.5 个百分点，拉动 GDP 增长 2.4 个百分点；第三产业实现增加值 15263.7 亿元，同比增长 4.2%，对经济增长贡献率为 43.2%，拉动 GDP 增长 2.0 个百分点。三次产业结构由上年的 7.9∶44.5∶47.6 调整为 7.6∶44.8∶47.6，产业结构不断优化，与上年相比，第二产业占比上升

0.3 个百分点，第一产业占比下降 0.3 个百分点。其中，制造业占比继续提升，占 GDP 的比重为 34.0%，比上年提高 0.5 个百分点。

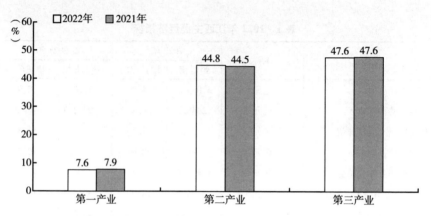

图 1　2021~2022 年江西省三次产业占地区生产总值的比重变化

资料来源：江西省统计局。

（三）质量效益实现新飞跃

2022 年全省经济在增速保持较快增长的同时，质量效益也不断提高，战略性新兴产业、高新技术产业增加值分别增长 20.6%、16.9%。全年规模以上工业企业营业收入达到 48295.5 亿元，列全国第 11 位，规模以上工业企业利润总额达 3456.1 亿元，列全国第 10 位。其中，电子信息产业营业收入首次突破万亿元，达 1.03 万亿元，增长 23.7%；新能源产业实现营业收入 4065.1 亿元，增长 120.3%，占规模以上工业营业收入的比重为 8.4%，比 2021 年提高 4.2 个百分点。特别是在宜春时代新能源、江西国轩高科、吉利动力电池、抚州比亚迪等百亿级投资项目的带动下，新能源产业投资增长 30.3%。六大高耗能行业①占比较上年降低 0.8 个百分点。

---

①　六大高耗能行业包括石油、煤炭及其他燃料加工业，化学原料和化学制品制造业，非金属矿物制品业，黑色金属冶炼和压延加工业，有色金属冶炼和压延加工业，电力、热力、燃气及水生产和供应业。

表2　2021~2022年江西规模以上工业企业营业收入、利润总额及增长速度

指标	2022年		2021年	
	金额（亿元）	增长率（%）	金额（亿元）	增长率（%）
营业收入	48295.5	9.0	43976.7	25.6
利润	3456.1	11.6	3122.4	28.5

资料来源：江西省统计局。

（四）改革开放迈入新步伐

2022年全省货物进出口总值6713.0亿元，比上年增长34.9%，高于全国平均水平27.2个百分点，居全国第4位，创11年来新高。其中，出口5088.4亿元，增长38.7%；进口1624.6亿元，增长24.2%。从产业看，电子信息产业进出口1746.6亿元，增长28.8%；锂电产业进出口396.8亿元，增长2.5倍；光伏产业进出口263.3亿元，增长67.7%。同时，江西省大力实施营商环境优化升级"一号改革工程"，持续深化"放管服"改革，"赣服通"5.0版、"赣政通"2.0版、"惠企通"上线运行，扎实开展"新官不理旧账"专项整治，帮助企业维护合法权益24亿元。国资国企改革创新三年行动主体任务基本完成，新钢集团与中国宝武实现联合重组，省属国企混改在全国领先。市场主体规模大幅增加，全年净增市场主体80.2万户，实有市场主体超480万户。

表3　2021~2022年货物贸易进出口总值及其增长速度

指标	2022年		2021年	
	金额（亿元）	比上年增长（%）	金额（亿元）	比上年增长（%）
进出口总值	6713.0	34.9	4980.4	23.7
出口值	5088.4	38.7	3671.8	25.8
其中：一般贸易	4203.9	43.2	2935.0	30.9
加工贸易	696.8	18.9	586.1	-7.5
其中：机电产品	2354.8	28.3	1838.1	14.2
高新技术产品	1224.2	28.5	955.7	-1.5

指标	2022 年		2021 年	
	金额（亿元）	比上年增长（%）	金额（亿元）	比上年增长（%）
进口值	1624.6	24.2	1308.6	18.3
其中：一般贸易	923.6	21.2	763.7	29.7
加工贸易	558.9	32.5	420.1	−5.4
其中：机电产品	692.5	27.8	542.9	−9.2
高新技术产品	587.4	28.2	458.9	−8.3

资料来源：江西省统计局。

（五）生态环境呈现新气象

江西省污染防治攻坚战成效考核连续 2 年、水资源管理考核连续 4 年获全国优秀，生态质量指数居全国前列，退捕禁捕工作全国领先，长江干流江西段连续 5 年、赣江干流连续 2 年达到Ⅱ类水质，设区市集中式饮用水源地达标率 100%。空气质量居中部地区第 1 位、全国前列。创建"绿水青山就是金山银山"实践创新基地 8 个、国家生态文明建设示范区 24 个、国家级绿色工业园区 13 个，绿色发展指数连续 9 年居中部地区第 1 位。江西在全国率先出台矿山生态修复与利用条例、开展跨省流域突发水污染事件联防联控专项检查行动，率先推出"碳足迹"披露支持贷款，部省共建长江江豚保护基地开工。上堡梯田入选世界灌溉工程遗产名录。长江干流江西段和赣江干流水质保持在Ⅱ类，全省 $PM_{2.5}$ 年平均浓度 27 微克/立方米，国考断面水质优良率 96.2%，再创历史最优。

（六）民生福祉得到新提升

江西省陆续出台稳就业政策措施，财政拨付 21.8 亿元用于高校毕业生、退役军人、农民工、城镇困难人员等重点群体就业，全年城镇新增就业 45.2 万人，新增转移农村劳动力 58.3 万人，分别完成年度计划的 113%、121.4%。城镇居民人均可支配收入为 43697 元，农村居民人均可支配收入

19936 元，分别增长 4.8%、6.7%，居民人均可支配收入增速"跑赢"GDP增速 1.2 个百分点，城乡收入差距持续缩小，城乡居民收入比值为 2.19，比 2021 年进一步缩小 0.04。出台社会保障卡一卡通条例、医保基金监管办法、政府购买社会救助服务清单，赣州、抚州、新余入选全国居家和社区基本养老服务提升行动项目地区名单，新增社区嵌入式养老院 113 家，改造提升敬老院 196 所。全域实现义务教育基本均衡并向优质均衡迈进，学前教育毛入学率突破 90%，高等教育毛入学率突破 50%。保障群众住房需求，改造老旧小区 34.34 万户，棚户区改造 7.44 万套，老旧住宅加装电梯 851 台。长征国家文化公园（江西段）、省赣剧院、省文化馆等项目建设有序推进，新时代文明实践中心（所、站）、县级文化馆、公共图书馆、乡镇综合文化站实现全覆盖。2022 年全省一般公共预算支出 7288.3 亿元，用于民生方面的支出为 5754.4 亿元，占财政支出的比重接近 80%。

表 4　2022 年江西省一般公共预算中部分民生支出情况

支出项目	当年支出（亿元）	增长率（%）
一般公共服务支出	590.8	9.3
公共安全支出	327.3	11.9
教育支出	1319.7	5.7
科学技术支出	227.8	8.0
文化旅游体育与传媒支出	123.4	5.2
社会保障和就业支出	1023	14.7
城乡社区支出	725.9	8.4
卫生健康支出	707.9	10.1
节能环保支出	237.1	3.3
城乡社区支出	725.9	8.4
住房保障支出	207.6	11.8
农林水支出	788.7	3.5
交通运输支出	275.1	−5.4
粮油物资储备支出	19.2	18.6
灾害防治及应急管理支出	60.9	13.4

资料来源：《江西省 2022 年预算执行情况与 2023 年预算草案》。

（七）社会治理进入新格局

2022 年，全省社会大局持续稳定，江西省社会治理现代化大数据平台接入各类公共安全视频资源 71 万余路，"雪亮工程"全国重点支持城市已高质量通过国家验收评估，建成 11470 个智能安防小区并基本实现"零发案"，鄱阳湖区水上刑事发案创历史新低。全省扫黑除恶斗争领导小组、省扫黑办获全国先进单位一等奖，全年电信网络诈骗立案数、损失金额同比分别下降 36.46% 和 28.62%。全年全省共排查矛盾纠纷 39.53 万件，化解 38.55 万件，化解率达 97.52%。连续 3 年在国务院对省级政府安全生产和消防工作考核中获评优秀，连续 16 年获评全国平安建设（综治工作）考评优秀省份，生产安全事故起数和死亡人数分别下降 38.9%、38.1%，公众安全感和群众满意度分别达 98.71%、98.07%，人民群众获得感、幸福感不断增强。

二 2022 年江西经济运行中存在的主要困难和问题

2022 年，江西省经济社会发展取得了可喜成绩，同时也要清醒地看到，江西省经济运行面临诸多不容忽视的现实困难和挑战。

（一）整体发展能级有待提高

一是江西省经济总量不大。地区生产总值占全国 GDP 的比重为 2.67%，仅为河南的 52%、湖北的 60%、湖南的 66%、安徽的 71%；且人均 GDP 不高，仅为 7.09 万元/人，低于湖北的 9.21 万元/人、安徽的 7.36 万元/人、山西的 7.37 万元/人和湖南的 7.36 万元/人。二是经济结构不优。从经济发展的规律来看，发达地区经济结构中第三产业占比较大，江西省经济结构中第二产业占比 44.8%，第三产业只占 47.6%，而湖北、湖南和安徽的第三产业占比均超过 50%。三是创新能力不强。2022 年全省研究与试验发展（R&D）经费支出占地区生产总值的比重仅为 1.8%，低于全国平均水平

（2.55%）；全年授权专利 7.6 万件，技术合同成交额 758.23 亿元，在中部地区排名靠后（见表 5）。

表 5　2022 年中部六省相关指标比较

地区	GDP（亿元）	占全国 GDP的比重（%）	人均 GDP（万元/人）	三次产业比	授权专利（万件）	技术合同成交额（亿元）
江西	32074.70	2.67	7.09	7.6∶44.8∶47.6	7.6	758.23
湖北	53734.92	4.44	9.21	9.3∶39.5∶51.2	16.1	3017.86
湖南	48670.40	4.02	7.36	9.5∶39.4∶51.1	9.3	2544.64
安徽	45045.00	3.72	7.36	7.8∶41.3∶50.9	15.7	2912.63
河南	61345.05	5.07	6.21	9.5∶41.5∶49.0	13.6	1025.30
山西	25642.59	2.12	7.37	5.2∶54.0∶40.8	3.3	162.61

资料来源：国家统计局和相关省份统计局。

（二）市场需求意愿总体偏弱

一是消费需求意愿转弱，居民消费信心不足。2022 年，全省社会消费品零售总额仅增长 5.3%，同 2021 年相比差距较大。居民杠杆率过高与增储意愿较强并存，高房价、高房租、高医疗教育成本等多种因素对消费形成的挤压都在一定程度上导致居民扩大消费的预期和能力下降。特别是疫情导致消费者的消费观念、消费习惯和消费方式发生深刻变化，再加上消费场景受限、消费能力下降，居民储蓄避险意识增强，不仅短期冲击强度大，而且持续时间长，服务型消费尤为突出。二是企业投资需求意愿不强。2022 年，全省固定资产投资比上年增长 8.6%，低于上年 10.8% 的增长率。全省制造业 PMI 连续 8 个月位于荣枯线以下，水泥、金属制品、纺织服装、食品等传统行业持续下行，服务业受疫情影响较为明显。在经济下行压力加大的情况下，制造业企业特别是民营企业投资更加谨慎，持币观望情绪浓厚，再加上制造业企业在信贷资金、环境保护等方面受到的限制，以及中美贸易摩擦等负面因素的影响，以致企业投资新项目的意愿和能力均有明显降低，少数企业出现外迁现象（见表 6）。

表 6　2022 年中部六省主要宏观经济指标比较

指标		单位	江西	河南	安徽	湖北	湖南	山西
GDP	绝对值	亿元	32074.70	61345.05	45045.00	53734.92	48670.40	25642.59
	增速	%	4.7	3.1	3.5	4.3	4.5	4.4
规模以上工业增加值	增速	%	7.1	5.1	6.1	7.0	7.2	8.0
固定资产投资	增速	%	8.6	6.7	9.0	15.0	6.6	5.9
社会消费品零售总额	增速	%	5.3	0.1	0.2	2.8	2.4	-2.4
一般公共预算收入	绝对值	亿元	2948.3	4261.64	3589.1	3280.73	3101.76	3453.9
	增速	%	4.8	-2.1	9.9	8.5	-4.6	21.8
进出口总额	绝对值	亿美元	1006.68	1279.01	1131.27	927.31	1054.33	277.32
	增速	%	30.7	1.2	5.7	11.6	16.0	-19.1
出口总额	绝对值	亿美元	763.75	787.65	714.17	632.19	769.93	181.81
	增速	%	34.5	2.0	12.7	16.4	20.9	-13.1

注：安徽省、湖北省一般公共预算收入增长速度指扣除留抵退税因素后的增长速度。

资料来源：国家统计局和各省统计局。

（三）重点领域风险还需化解

一是房地产领域风险加大。2022 年全省房地产开发投资增长率由 2021 年的 6.3% 降至 -12.6%，降幅较全国平均水平（-10%）多 2.6 个百分点；全省商品房销售面积同比下降 12.7%，销售额下降 16.8%，其中住宅销售面积下降 15.2%，销售额下降 19.0%。个别优质头部房企债务风险、保交楼风险仍然较大。二是地方政府债务还本付息、存量隐性债务化解压力加大。各地财政收入增速减缓，稳增长与防风险、偿债刚性需求和有限的财力之间的矛盾逐步凸显，各地每年一般公共预算收入除用于保工资、保运转、保基本民生等刚性支出以外，可统筹用于建设项目的资金减少，大部分政府投资项目建设资金只能通过发行政府债券予以解决，导致政府债务规模逐年递增。三是地方和民营金融机构风险仍未有效化解。金融机构存在过度追求规模扩张和发展速度，过度开展同业业务造成资金脱实向虚，审慎经营理念缺失、业务发展激进、杠杆率较高、不良贷款率高等问题。另外，电力度峰保供压力较大，生态建设、重大工程建设、社会稳定等方面存在安全和舆情风险隐患。

（四）优质公共服务供给不够

一是发展型公共服务还有较大缺口。农贸市场的布局和配套、供水供电保障、邮政服务和通信网络设施建设等基本能够满足城乡居民的需求，但公共教育、医疗卫生、养老服务、公共文化、食品安全等方面距老百姓对美好生活的需要还有距离。二是公共服务供给城乡不均衡。城乡二元体制导致当前江西省城乡公共服务差距还比较明显，无论是资金投入、设施建设方面，还是资源配置、服务水平方面，农村都远落后于城镇。三是公共服务供需仍不匹配。由于公共服务供给政府主导和行政化倾向还比较严重，再加上市场信息的不对称，有些公共服务供给并不能很好反映百姓的需求和偏好，特别是针对社会弱势群体的基本公共服务范围比较狭窄，保障水平也较低。

三 2023年江西经济社会发展面临的环境

（一）国外环境

1. 全球经济面临衰退风险

受到新冠疫情的不确定性、俄乌冲突、高通货膨胀和货币紧缩等一系列叠加冲击，2022年全球经济遭受重创，在此背景下，所有这些相互影响的严重冲击将对2023年的全球经济产生巨大影响。2023年，乌克兰危机解决步伐缓慢并趋于长期化，美联储加息的溢出效应和全球通货膨胀压力犹存等多重因素交汇将引发深度互联的全球风险，世界经济增长速度放缓，2023年全球经济前景暗淡。根据联合国发布的《2023年世界经济形势与展望》报告，预计2023年将成为数十年来增速最低的年份之一，增速仅为1.9%；根据国际货币基金组织的预测，2023年全球经济增速显著低于2022年水

平，仅为2.9%，其中发达经济体增速为1.2%，新兴和发展中经济体增速为4.0%。全球经济衰退大概率引发全球贸易的持续萎缩，国外有效需求明显不足，全球经济衰退的溢出效应可能对我国出口带来一定冲击，我国外贸需求面临回落压力。

2. 美联储加息政策的负面效应外溢

为了缓解持续攀升的通货膨胀压力，美国、欧盟、英国、加拿大、澳大利亚、印度、南非等多个国家和地区的央行都纷纷采取紧缩货币政策，2022年以来美联储采取了近40年来最大幅度的加息政策，全年加息8次，累计加息450个基点。美联储的加息政策对全球经济的滞后效应将在2023年逐渐显现出来。2023年受美国加息周期影响，全球大部分经济体尤其是部分新兴经济体将面临资本外流、货币贬值、进口成本上升、供应链中断和债务风险攀升等诸多问题，进而影响全球市场流动性、增加国际收支压力和国际金融风险，并可能将全球经济拖入停滞期。

3. 俄乌地缘政治冲突持续冲击全球供应链

自2022年俄乌冲突爆发以来，全球的能源危机和粮食危机进一步凸显，能源、粮食和金属矿物质等国际大宗商品的价格飙升恶化了全球通胀形势，改变了全球贸易格局，尤其重创了欧洲的能源市场和非洲的粮食供给市场，给全球的经济复苏带来了负面影响。2023年，俄乌冲突不仅没有短期内结束的迹象，还呈现战争延续乃至升级的势头，致使2023年国际局势进一步恶化、地缘政治风险进一步增加，俄乌冲突的持续强化了美国与欧洲和日韩的区域合作、加速了美国技术同盟的建立，全球供应链向盟国化转变，可以说，全球供应链正在被撕裂、分割和重塑。

4. 美国对中国打压遏制影响我国产业链安全和外贸环境

将中国视为战略竞争对手的美国对中国开展了全方位的打压，2022年，美国频繁使用违背国际公平竞争原则的手段遏制中国自主创新能力的提升和科技赶超，例如出台芯片法案、反通胀法案，以多边出口管制和建立芯片联盟等全面打压中国高科技企业，旨在建立将中国排除在外的高科技产业链，以在高端芯片及其制造业领域实现"去中国化"。全球贸易格局正受到贸易保护主义的负面冲击，全球产业链呈现区域化和集团化趋势，美国试图运用市场分割手段主导新一轮的全球化、削弱中国在全球产业链供应链中的重要作用，造成了全球产业链安全成本上升，美国对中国的全方位遏制打破了原本以效率优先的全球化格局，全球产业链正在转向兼顾效率与安全的区域化格局，全球产业链供应链布局加快调整，对我国产业链供应链安全带来严重冲击，我国外贸产业链面临转移压力，2023年我国外贸环境较为严峻，出口受到外部不确定因素的影响较大。

（二）国内环境

1. 防疫政策优化利好经济发展

一方面，防疫政策优化释放经济发展潜力，在过去的三年中，新冠疫情是影响我国经济恢复和发展的重要变量，受疫情等因素的影响，我国2022年有部分经济增长潜力未能充分兑现，仅实现了3%的GDP增速，2022年底，党中央和国务院因时因势地稳步推进疫情防控政策优化，2023年1月，我国对新冠病毒感染正式实施"乙类乙管"，我国疫情防控政策的重大调整和不断优化将会促进尚未兑现的经济增长潜力在2023年释放出来。另一方面，优化疫情防控政策有利于消费复苏，随着疫情扰动因素的消散，2023年线下接触型、流动性和聚集性消费都将得以修复，重新回归正常；从消费的支撑因素来看，我国经济基本面的恢复将促进就业和稳定居民收入预期，居民的消费意愿和消费能力的提升将会加速我国消费复苏；从政策支撑层面来看，坚定实施扩大内需战略是党中央为加快构建新发展格局、着力推动高质量发展部署的重大战略任务，随着一系列稳经济、促消费政策举措在中央层面和地方政府层面的陆续出台，消费复苏将成为2023年驱动我国经济增长的最重要的动力。总的来说，防疫政策的优化为我国2023年经济复苏带来重大利好。

2. 基建投资和制造业将保持较好韧性

新老基建投资和制造业投资是拉动经济增长的稳定器。从基建投资来看，2022年12月中央经济工作会议提出要加大政府投资和政策性金融对重

大项目和重大工程的支撑，有效带动民间资本参与投资，因此，具有逆周期属性的基建投资2023年仍将有望维持在较高水平。从制造业投资来看，2022年全球能源危机、美联储加息和国际政治冲突等诸多因素推动全球制造业变革，在全球制造业大变局中，具有强劲韧性的中国制造业仍是全球制造业的中流砥柱，2023年我国将进一步稳定制造业产业链供应链、加快构建自主安全可控的制造业产业体系，因此，2023年，在我国的产业政策、税收优惠政策、央行信贷与结构性工具和财政贴息等驱动下，制造业投资仍大有可为，多方面政策将持续支撑提升制造业企业信心、促进制造业复苏。

3.房地产市场将有所改善

2022年中央经济工作会议明确强调了房地产对我国经济恢复的重要作用，并首次提出房地产"保交楼、保民生、保稳定"是房地产持续发展的稳健基础，房地产关系到民生和稳定，是事关全局的大事。从政策支持层面来看，2022年国家对房地产企业的信贷、债券、股权"三支箭"融资效果正在逐步显现出来，房地产企业的融资环境和现金流困境有所改善和缓解，政策支持力度将在2023年持续加码；从房地产的需求端来看，提振居民对房地产市场的预期和信心仍是2023年稳定房地产发展的重中之重，国家有望通过进一步强化对中低收入群体住房需求的保障、支持改善性住房需求的政策等助力市场信心的恢复，2023年房地产投资将企稳回升。

总的来说，2023年我国经济将呈现逐步恢复态势、经济增长有望明显回升，但是全球经济衰退等复杂严峻国际环境、前期疫情导致的疤痕效应和人口老龄化带来的未富先老等问题的影响仍不容低估，我国经济仍面临需求收缩、供给冲击、预期转弱三重压力，居民和市场主体在心理和行为上预期不强、信心不足等问题仍需要时间改变，我国经济恢复基础依然有待进一步夯实。

四 江西经济社会发展走势判断

一是服务消费复苏前景可观。三年新冠疫情对地区服务业发展有较大影响，随着我国疫情防控政策的优化、线下消费场景限制的解除和生产生活秩序的回归正常，江西省的接触性和集聚性的线下消费和服务消费将会加快复苏，此前疫情下被反复限制的交通出行、餐饮服务、住宿休闲、零售批发、健身娱乐和文化旅游等服务需求将在 2023 年出现明显反弹恢复；同时，伴随着政策措施的陆续出台，江西由文旅体消费带动的消费市场的全面复苏有望保持持续向好的态势。

二是对外贸易保持平稳增长。疫情三年江西外贸始终稳中有进、具有强劲的韧性，增速持续位居全国前列，是唯一保持进出口连续 4 年两位数增长的中部省份，2022 年江西外贸规模先后实现 5000 亿元、6000 亿元的历史性跃升。尽管受到国际主要发达经济体经济衰退等复杂严峻的外部环境影响，外部需求不足可能给我国出口带来回落压力，但是从江西省贸易伙伴的结构来看，除了美国和欧盟外，东盟是江西第一大贸易伙伴，中国香港、韩国、日本、"一带一路"沿线国家也是江西贸易合作的重要区域；同时，得益于RCEP 红利的不断释放，江西与 RCEP 成员国的合作将进一步紧密，此外，江西省的服务贸易和数字贸易等贸易新业态和新模式仍有较大的增长空间，总的来说，尽管江西对外贸易的增速有可能放缓，但是对外贸易多元化布局和贸易模式的创新将有助于 2023 年对外贸易保持稳定。

三是投资呈现良好发展态势。2023 年江西充分发挥投资对经济增长的关键作用，在基建投资方面，前期政策性开发性金融工具和银行业金融机构增加融资的资金支持和将新型基础设施纳入地方专项债适用范围的政策支持，将为江西进一步扩大交通基础、能源水利、新型基础设施、产业转型升级、乡村建设和民生服务等方面基础设施投资增添动力；在制造业投资方面，2023 年伴随着江西消费复苏、基建开工加速的阶段性影响和制造业转型升级的长期要求，制造业投资有望加速；在房地产投资方面，随着国家将房地产业作为国民经济支柱产业的基调定位、"金融16 条"落实和购房限制的放松，2023 年江西房地产销售市场和住房消费将有所回暖，房地产投资降幅将逐步收窄。

四是社会预期有望修复。一方面，伴随着疫情过后经济复苏和就业收入趋于稳定等各方面重回正轨，居民对未来经济不确定性担忧的缓解，居民的投资消费预期将逐渐修复；另一方面，2023年2月，江西出台《关于进一步巩固提升经济回稳向好态势的若干措施》，28条措施系统性助力实体经济与民营企业发展并为市场主体减负，政策工具箱的不断充实将推进市场主体信心逐渐增强。

总的来说，2023年是江西全面贯彻落实党的二十大精神的开局之年，尽管面临全球衰退、主要发达经济体加息的负面冲击、国际政治冲突、全球产业链供应链安全受到威胁等多重叠加的国际环境压力，但是伴随着我国疫情防控政策的优化，在全国经济恢复的大势下，江西将坚持稳字当头，全力拼经济，加快推进经济复苏，2023年江西经济仍将保持稳中求进态势，总体经济增速仍然有望快于全国、保持在全国第一方阵，开创高质量发展新局面。

五　加快江西经济社会发展的对策建议

（一）提信心，多措并举推动经济全面复苏

中央经济工作会议明确提出，"改善社会心理预期、提振发展信心"是2023年经济工作的重中之重。面对高度不确定性的全球局势和三年新冠疫情的冲击影响，提振市场信心是解决当下经济问题的关键所在，信心比黄金更重要，江西经济复苏繁荣急需信心支撑，信心修复有赖江西经济的全面好转，只有提振信心才能保障江西经济的稳和进。当前，江西经济仍处于复苏的起点阶段，消费和投资仍然存在较大的空间，因此，江西必须在落实"巩固提升经济28条"的基础上，进一步出台提振宏观经济景气程度的一揽子刺激计划和相关细分领域的配套政策，用足用活用好信贷政策、各项纾困解难政策、加大实体经济帮扶力度和税收减免政策等多元化的政策工具箱，在最短的时限内提振市场信心、修复市场预期，铆足干劲且千方百计地加快推进江西省经济全面复苏繁荣、巩固提升经济回稳向好发展势头。

（二）扩内需，不遗余力筑牢经济基本盘

一是加快恢复和提振消费。不失时机地调整制约消费回暖的政策措施，修复群众消费意愿，加快制定出台江西省新能源汽车、绿色智能家电、改善性住房、文化旅游、养老服务、教育医疗等消费支持政策，鼓励有条件的区域和企业发放消费券和惠民券，想方设法提振群众消费信心。以南昌全国性消费中心城市和赣州、九江、上饶及宜春等区域性消费中心城市建设为契机，增加多元化的消费供给，繁荣数字消费、定制消费、体验消费、网红消费、共享消费和夜间经济等消费业态。健全江西生态品牌、文旅品牌、赣菜品牌和康养品牌的品牌孵化培育体系，以"江西风景独好"品牌带动消费人气，创新消费与文化、旅游、体育和科技等全方位融合的消费应用场景，激发农村数字消费潜力，营造全民消费热潮，打造国际性、潮流性和开放性的消费生态。二是全方位扩大有效投资。瞄准经济高质量发展的投资方向，坚持把项目建设摆在突出位置，积极谋深谋实一批基础扎实、功能强大、利好长远的大项目和好项目。聚焦产业链强链补链、先进制造业、新型基础设施建设、交通能源水利、民生改善和乡村振兴等重点领域加快推进重大项目建设，迭代完善省主导的重大项目推进机制，用好江西的投资政策工具箱，引导民间资本投资项目建设，积极用好地方政府专项债券，强化金融、土地和能源等各类要素支持，稳住经济基本盘。

（三）保安全，提升产业链供应链韧性和现代化水平

一是全面提升产业链供应链韧性和安全水平。深入实施工业强省战略，统筹推进新能源新材料、电子信息产业、生物医药、航空产业、锂电及电动汽车等战略性新兴产业和有色、建材、钢铁等传统产业的产业延链、强链、补链、建链项目，细化重点产业和优势产业的产业链图、技术路线图、应用领域图和区域分布图，深化江西产业链链长制升级版，培育一批具有产业链控制力的龙头企业，推动"专精特新"企业发展，打造"链长+链主+专精特新"协同发展的产业生态，加快推进万亿级、五千亿级、千亿级"产业

矩阵"形成。二是数字化赋能引领制造业变革重塑。以做优做强数字经济"一号发展工程"助力江西全国数字经济发展新高地建设，积极承接发达地区数字产业梯度转移，规划江西先进算力中心建设，深耕 VR、人工智能、物联网、元宇宙、智能终端、生命健康和新材料新能源等未来产业发展赛道，打造未来技术应用场景，加速形成若干未来产业。以数字化智能化提高供应链管理水平，完善工业互联网平台，着力推进一批细分行业产业大脑应用建设和典型数字化应用场景建设，鼓励企业积极融入数字生态链群。三是协同推进现代服务业与制造业融合发展。持续探索先进制造业和现代服务业融合的新模式新路径，鼓励服务型制造示范企业创新定制化服务、总集成总承包和供应链全周期管理等新型服务型制造模式，围绕企业的共性需求，着重在研发设计、信息咨询、检验检测、品牌建设和物流管理等产业链关键环节推进高端化、专业化的生产性服务业发展。

（四）稳外贸，打造内陆双向开放新高地

一是高质量对接 RCEP。以 RCEP 贸易自由化为契机，加快推进江西与 RCEP 成员国之间在 5G、数据中心、电商平台、仓储、加工、物流、金融等领域合作，深化与日韩在高端制造行业方面的合作，提升江西制造企业在研发设计、系统集成等方面的能力，并借助澳大利亚、新西兰以及东盟的资源优势，在整个 RCEP 区域范围内布置产业链。充分开展与 RCEP 国家的跨境产业园区合作，加强跨境电商供应链建设，积极布局海外仓等国际贸易新业态。支持江西有条件的城市在与 RCEP 贸易开放合作方面先行先试，积极拓宽江西与 RCEP 进出口市场空间。二是加快内陆双向开放新高地建设，以制度型开放为引领，大力实施开放格局优化、开放产业壮大、开放通道拓展、开放平台提升、开放制度创新"五大行动"，完善物流枢纽体系，打通内外经济循环，联动国内国际市场，提高参与全国乃至全球资源配置能力和整体经济效率，加快把江西打造成联结国内国际双循环、在全国具有重要战略地位和在中部地区具有核心引领作用的新时代内陆双向开放新高地。

（五）塑环境，充分激发各类市场主体活力

一是打造一流营商环境品牌。对标全国一流标准，深入实施营商环境优化升级"一号改革工程"，继续深化"放管服"改革，推进"信易+"示范性省份建设，打造市场化法治化国际化营商环境，积极对接 RCEP 规则，深化落实市场准入"全国一张单"管理模式，推进投资贸易自由化便利化，全面营造"近悦远来"开放生态。推进营商环境创新试点建设，树立系统观念，以企业和个人"全生命周期"的服务需求为着眼点，提供"高效办成一件事"的集成服务，试行"极简审批"制度，建成全省统一的不动产登记网上"一窗受理"系统，加强营商环境民主监督，加快数字政府建设，搭建数字服务、数字监管、数字营商等综合应用的联动平台，实现跨地区、跨系统、跨部门的数据共享。加强产权保护，稳定市场主体预期，着力疏通市场主体在经济循环中的痛点堵点。二是激发各类市场主体活力，坚持"两个毫不动摇"，深化新一轮国资国企改革，加快推进江西国有经济优化升级，做优做强做大国有企业和国有资本投资运营平台，稳妥推进国有企业混合所有制改革。制定和营造支持民营经济发展壮大的政策机制和舆论生态，对标市场需求和企业期待，厘清各类市场主体利益关系，打破市场准入的不公平壁垒，拓宽民间投资渠道，大力弘扬企业家精神和赣商精神，为民营企业发展提供有投资便利感、政策获得感、财产安全感的健康沃土。

（六）强动能，深入实施教育强省、科技强省和人才强省战略

一是加快建设中部地区重要人才中心。加快形成培养集聚战略科学家、科技领军人才和创新团队的一流创新生态，深入实施"赣鄱工匠"等重大人才工程，为顶尖人才、领军人才、青年人才、潜力人才和技能人才制定差异化的服务政策，设立高层次人才专项基金，完善"引育用留"人才服务全链条机制，深化产业发展与人才培养的高度融合，进一步提升大学毕业生留赣比例，打造具有江西特色的人才发展雁阵格局。二是打造中部地区重要区域科技创新中心。稳步提升基础研究投入占比，聚焦江西省优势产业和重

点产业的"卡脖子"关键技术短板，加强基础研究和核心技术攻关，进一步提升中国科学院赣江创新研究院、国家虚拟现实创新中心、中国中医科学院中医药健康产业研究所等高能级创新平台的带动能力，持续推进国家级重大创新平台和省级创新平台建设。对标重点产业发展需求，构建高校、科研机构、上下游企业等共同参与的跨区域产教融合共同体。高质量推进省产业链科技创新联合体建设，打造覆盖产业全链条的科技服务体系，加快形成高精尖优的产业创新技术链，加快构建自主可控的江西现代产业技术创新体系。

（七）强预期，保障就业收入双稳定

一是稳岗扩岗保障就业。坚持就业优先，改善民营企业预期，充分发挥民营企业吸纳就业能力强的积极作用，加大对民营企业、中小微企业和创业企业的信贷支持、政策支持和舆论支持；聚焦高校毕业生、农民工、就业困难群体等重点群体，充分将数字经济、"互联网+"、"智能+"和平台经济等新技术新模式运用到稳就业中，创造新型用工业态、拓展就业空间，加强零工市场建设，鼓励对返乡创业等灵活就业形式的宣传引导；优化职业教育体系和优化就业服务培训体系，根据重点群体、重点行业的就业需求开展大规模有针对性的就业服务培训，缓解结构性就业矛盾。二是稳定收入预期。推进消费复苏的关键在于稳定收入预期，加快解决弱势群体和低收入群体的收入不稳定问题，保障和提升城镇居民的工资性收入，拓展城乡居民增收渠道，做活县域经济，创新乡村经济新业态，规范丰富投资金融产品，进一步盘活农村宅基地等土地要素，探索农村集体经济公司化和村民股东化等增收模式，稳定和增加城乡居民财产性收入。

（八）促协调，推进城乡区域统筹发展

一是推进区域板块协调发展。以南昌打造"一枢纽四中心"[①] 为着力

---

① "一枢纽四中心"：综合交通枢纽、区域科创中心、区域金融中心、先进制造业集聚发展中心和高品质服务业集聚发展中心。

点，深入实施强省会战略，深入推动大南昌都市圈持续提升省会城市的首位度、引领力和辐射力，完善大南昌都市圈内城市的多层次、多领域、多形式的交流合作机制；支撑赣州省域副中心城市建设，高质量对接融入粤港澳大湾区桥头堡；支持九江打造长江经济带重要节点城市、上饶打造对接长三角一体化发展先行区、抚州建设承接东部沿海产业转移示范区、景德镇打造国家陶瓷文化传承创新试验区和宜春争创国家级锂电新能源集群等，支持各个区域板块形成优势互补的高质量发展格局。二是全面推进乡村振兴建设。坚持守住确保粮食安全、防止规模性返贫底线，以数字化赋能乡村发展、乡村建设和乡村治理等为主要抓手，加快农业强省建设，因地制宜推进乡村富民产业发展，加强农业新型经营主体引领带动作用，推进庭院经济发展，加快乡村产业、文化旅游、休闲体验等多产业的跨界融合，提高"赣鄱正品"全域农产品品牌在全国的影响力，以县域为载体，推进城乡融合发展。

（九）守生态，积极稳妥推进碳达峰碳中和

一是深入推进产业结构、能源结构和交通运输结构等绿色转型升级，加快形成降碳、减污、扩绿、增长协同机制，推进江西省高耗能企业积极构建上下游紧密结合的一体化产业链，继续推进全省产业基地和产业园区向基地化、规模化、清洁化、一体化方向发展，加快推进以非化石能源或可再生资源驱动的循环性零碳制造业的变革性重构，加强绿色技术的研发创新，加强减碳、零碳和负碳技术综合性示范，加强数字技术对制造业的全链条改造，积极创建碳账户、碳画像，开展江西省工业碳效智能对标，营造绿色智造发展新生态。二是搭建生态产品价值实现的制度框架，完善生态产品价值实现机制与可持续路径，试点并推广林业碳汇开发项目，创新排污权、用能权、用水权、碳排放权市场化交易模式，探索生态产品直接或间接融资渠道，加快推进生态产品价值实现机制全域试点建设。

（十）除隐患，有效防范化解重大风险

一是有效防范化解经济金融风险。牢牢树立底线思维，坚决打好防范化

解重大金融风险攻坚战，加快推进政府融资平台的整合升级，探索地方政府资产入市的新模式，对于产业链供应链经济脱实向虚和金融经济等各领域的风险要加大监测、排查、防范、预警和处置力度，坚决遏制隐性债务增量并有序化解债务存量，加快化解不良资产的风险和泡沫，不断提升财政可持续发展能力。二是防范房地产引发系统性风险。坚持"房子是用来住的、不是用来炒的"定位，深入推进房地产"保交楼、保民生、保稳定"的攻坚行动，推动已售逾期交付的房地产项目的早复工、早交付，加强房地产市场、土地、金融和行业全产业链等相关领域风险的预测预警预防，严格防范房地产风险外溢，进一步放松住房消费的政策限制，支持刚性和改善性住房需求，全面优化房地产信贷政策，满足房地产企业的合理融资需求，助力头部房地产企业走出阶段性困境，促进房地产平稳健康发展。

参考文献

叶建春：《政府工作报告——2023 年 1 月 11 日在江西省第十四届人民代表大会第一次会议上》，《江西日报》2023 年 1 月 30 日第 01 版。

江西省统计局：《全省经济稳中有进稳中向好——2022 年全省经济运行情况》，2023 年 1 月 19 日。

江西省统计局、国家统计局江西调查总队：《江西省 2022 年国民经济和社会发展统计公报》，《江西日报》2023 年 3 月 28 日第 06 版。

分 报 告
Sectional Reports

B . 2
江西投资形势分析与展望

江西省发展和改革委员会课题组*

摘 要： 2022 年，江西基础设施投资表现抢眼、三产投资逐步回暖、高
技术产业增势较好、重大项目支撑有力，推动全省投资保持平稳
增长。2023 年，江西省将全面贯彻落实党的二十大和中央经济
工作会议精神，深入贯彻落实习近平总书记视察江西重要讲话精
神，坚持稳中求进工作总基调，完整、准确、全面贯彻新发展理
念，深入实施"项目大会战"和项目建设"四大攻坚行动"，充
分发挥投资的关键作用，为奋力谱写全面建设社会主义现代化江
西新篇章提供坚强支撑。

* 课题组组长：王前虎，江西省发展和改革委员会党组书记、主任，研究方向为发展和改革领
域。课题组副组长：李志刚，江西省发展和改革委员会一级巡视员，研究方向为发展和改革
领域；王云刚，江西省发展和改革委员会总经济师，研究方向为发展和改革领域。课题组成
员：傅小鹏，江西省发展和改革委员会固定资产投资处处长，研究方向为发展和改革领域；
聂伟庆，江西省发展和改革委员会固定资产投资处副处长，研究方向为发展和改革领域；雷
焘荣，江西省生态文明研究院助理研究员，研究方向为发展和改革领域。

关键词： 投资 固定资产 江西

一 2022年江西省固定资产投资运行情况

2022年，全省上下全力打好工业、农业、服务业、重大基础设施、新基建、公共服务六大领域"项目大会战"，强力实施城市棚户区改造、"大交通"、大南昌都市圈轨道交通、水利领域基础设施项目建设"四大攻坚行动"，常态化做好节日期间重大项目不停工活动，扎实开展项目建设强劲开局一季度、强攻二季度、拼搏三季度、决战四季度等系列活动，推动全省重大项目进展顺利、固定资产投资保持平稳，为全省经济回稳向好发挥了重要作用。

（一）运行特点

一是整体投资平稳增长。全省固定资产投资同比增长8.6%，全年呈现一季度开局强劲、上半年高位运行、三季度巩固企稳、全年保持平稳等特点（见图1），全年增速较全国平均水平高3.5个百分点，居全国第7、中部第3，增速持续居全国第一方阵。

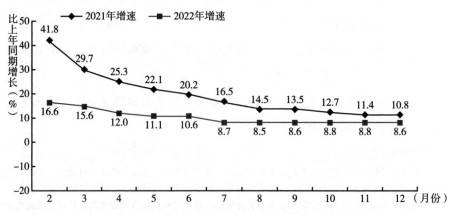

图1 2021年、2022年江西省固定资产投资月度增长曲线

资料来源：根据江西省统计局《江西投资月度快讯》整理。

二是基础设施投资表现抢眼。在政策性开发性金融工具（基金）、专项债券发行等政策带动下，三季度以来全省基础设施投资增速逐月提升，全年同比增长22.4%，高于全国平均水平13个百分点，高于全部投资增长水平13.8个百分点，拉动全部投资增长3.4个百分点（见图2）。

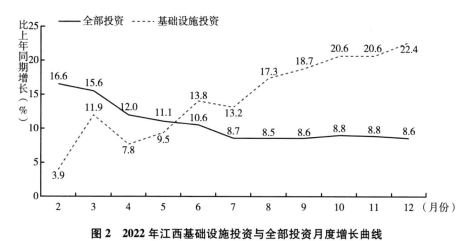

图2　2022年江西基础设施投资与全部投资月度增长曲线

资料来源：根据江西省统计局《江西投资月度快讯》整理。

三是三产投资逐步回暖。8月以来，全省第三产业投资增速逐月回升、占全部投资比重逐月提高，全年增长10.1%、高于全部投资增速1.5个百分点，占全部投资的47.4%，较上半年提高2个百分点。

四是高技术产业增势较好。全省高技术产业投资同比增长9.3%，占全部投资的16.8%，较年初提升2个百分点，其中：高技术制造业投资增长10%，高于制造业投资增速3.5个百分点。

五是重大项目加速推进。纳入省级层面推进的3455个省大中型项目完成投资1.48万亿元、占年度投资计划的125.6%。亿元以上施工项目10252个，比上年增加1257个、增长14%；亿元以上新开工项目本年完成投资增长12.7%。信丰电厂、大广高速南康至龙南段扩容工程、四方井水利枢纽、格力电器（赣州）智能制造基地、九江石化芳烃等重大项目建成投运，昌九高铁、瑞梅铁路、樟树至吉安高速公路改扩建、梅江灌区、奉新抽水蓄能电站等重大项目开工建设。

（二）基本经验

1. 坚持高位推动，把项目建设作为推动经济发展的强劲动能

先后开展节日期间重大项目不停工和项目建设强劲开局一季度、强攻二季度、拼搏三季度、决战四季度等决策部署，并连续第六年开展高规格的省市县三级重大项目协同联动开工活动。开展城市棚户区改造、"大交通"、大南昌都市圈轨道交通、水利领域基础设施建设"四大攻坚行动"，对计划"十四五"后两年开工但有条件提前实施的项目，推动"能开尽开、能开早开"。建立推进有效投资重要项目协调机制，召开抓项目扩投资暨"四大攻坚行动"部署推进会议、省市县重大项目推进工作会议，同时，建立抓项目促投资周例会制度，每周调度基金、专项债券等项目谋划推进及"重中之重"的重大项目问题协调解决情况。

2. 坚持从早谋划，把项目储备作为增强发展后劲的关键环节

聚焦重大规划，谋划梳理国家"十四五"规划 102 项重大工程项目，以项目落实规划；聚焦重点领域，突出补短板、强弱项，促进产业强链延链补链，加快改善和保障民生，增强发展后劲，早谋划、早研究、早部署，谋划了一批投资规模较大、对全省经济社会高质量发展具有支撑性、带动性和引领性的重大项目。年初重点梳理提出了省大中型项目、省重点建设项目、"项目大会战"项目清单，以此统领全年重大项目推进工作。其中：省大中型项目 3455 个、年度计划投资 1.18 万亿元，两批省重点建设项目 606 个、年度计划投资 4607 亿元，"项目大会战"项目 3450 个、年度计划投资 1.23 万亿元。聚焦重大政策，围绕重大资金支持方向和领域，常态储备专项债券项目，积极梳理报送中央预算内投资、基金及设备购置与更新改造贷款项目，为积极争取中央层面各类资金支持提供了有力支撑。

3. 坚持关口前移，把前期推进作为加快项目建设的先决条件

认真落实重大项目前期工作提前深度介入机制，努力减少新开工重大项目违规占用基本农田、突破生态保护红线等违法用地问题。建立专项债券

项目部门常态化会商审核机制，组织对拟发债项目进行旬审，有力地推动发债项目及时开工、资金及时支付。依托推进有效投资重要项目协调机制，建立基金对接争取工作专班，在省发展和改革委员会集中办公、并联审批，积极协调国家审核通过项目加快落实签约条件，实现尽早签约投放。在深入开展"容缺审批+承诺制"的基础上，进一步简化部分政府投资项目审批程序，大力推行"网上评标""不见面开标"，创新实施工业项目"拿地即开工"审批模式，探索项目"先审后报""先批后改"办理模式，大大加快重大项目前期工作步伐。

4. 坚持挂图作战，把加快进度作为推进项目建设的重要目标

分类建立重大项目按周、按旬、按月、按季调度通报机制，并借助重大项目云图实时监测项目进展；对节日期间不停工重大项目及签约投放基金项目按日调度。定期开展重大项目现场调研检查，重点核查项目实际进展、统计入库、支付凭证等情况；特别对调度发现的进展缓慢项目，实行"红黄牌"管理，帮助查找原因、解决问题、加快实施。针对重大项目前期推进难、用地保障难以及部分重大项目开工滞后问题，建立重大项目前期工作推进清单、用地保障清单、督促开工清单，分别明确工作责任、时间节点，予以分类推进。坚持奖励与惩戒并重，对重大项目推进考核结果靠前的地区在安排重大项目前期工作费、专项债务额度时给予倾斜，对重大项目及专项债券项目推进不力的地方实行通报、约谈、扣减资金额度等惩戒措施。

5. 坚持优化服务，把要素保障作为项目顺利实施的有力支撑

按照"要素跟着项目走"的原则，持续强化用地、资金、用能、用林等要素保障，积极争取国家发展和改革委员会将 31 个项目纳入需国家加强用地保障的重大项目清单，可争取直接配置用地指标 7.7 万亩。创新推出新增用地指标提前预支政策，按照 2021 年"增存挂钩"机制产生用地指标的 50%，预安排各县（市、区）用地指标。积极争取中央预算内投资 167.9 亿元，2022 年专项债券额度 1475 亿元、债务限额 234 亿元，在全国第二批基金向重点省份倾斜的背景下，积极争取 186 个基

金项目签约投放，投放金额 282.6 亿元、居全国第 9，有力地保障了重大项目建设资金需求。同时，健全政银企对接机制，建立重点领域融资项目推送对接、跟踪反馈和落地协调机制。推进基础设施不动产投资信托基金（REITs）项目储备，制定出台《关于加快盘活存量资产扩大有效投资的工作方案》，着力形成存量资产与新增投资的良性循环。及时调整完善全省能耗双控政策，加强能耗总量弹性管理、分类施策，有序做好优质重大项目用能保障。省级预留林地定额面向省级重大项目优先审核、优先办理。

（三）运行压力

一是投资信心有待进一步提振。受到三年疫情的影响，投资主体投资能力、投资意愿、投资信心等均明显下降。2022 年，全省工业、制造业投资高位回落，全年分别增长 7.0%、6.5%，分别低于全省全部投资平均增速 1.6 个、2.1 个百分点（见图 3）。

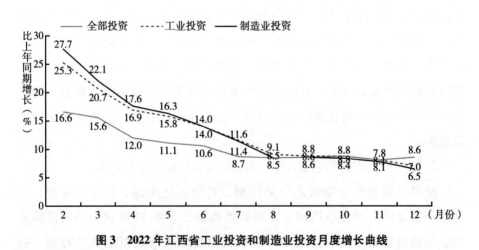

图 3　2022 年江西省工业投资和制造业投资月度增长曲线

资料来源：根据江西省统计局《江西投资月度快讯》整理。

二是房地产开发投资持续低迷。近年来占全部投资 15% 左右的房地产开发投资增速持续低于全部投资增长水平，自 5 月份起连续 8 个月负增长且降幅逐渐扩大，全年同比下滑 12.6%。当前居民购房意愿仍然偏低，房地产市场尚未扭转低迷态势（见图4）。

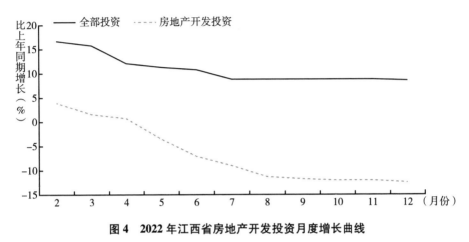

图4 2022年江西省房地产开发投资月度增长曲线

资料来源：根据江西省统计局《江西投资月度快讯》整理。

三是要素保障仍存在一定制约。虽然近年来全省上下持续健全机制、协同发力，积极争取国家用地、用林、用能等支持，重大项目要素保障能力有了显著提升，但与全省庞大的重大项目建设要素保障需求相比仍显不足，还需要进一步努力。

（四）与中部省份对比分析

2022 年，中部地区固定资产投资增速高于全国平均增长水平，整体同比增长 8.9%，湖北、安徽、江西分别增长 15.0%、9.0%、8.6%，增速分列中部前三，河南 6.7%、湖南 6.6%、山西 5.9% 紧随其后。从重要指标看，江西省基础设施投资增速列中部第1，远高于中部地区其他省份；第二产业、工业、制造业、高技术产业投资增速在中部排名靠后，房地产开发投资下滑幅度仅次于河南，列中部地区下滑幅度第2；民间投资增长 5.4%，列中部第 3（见表1）。

表 1　江西重点领域投资增速与全国及中部省份对比情况

单位：%

区域	全部投资				重点领域投资增速								
	2022 年		2021 年		一产	二产	三产	工业投资	制造业投资	基础设施投资	房地产开发投资	高技术产业投资	民间投资
	增速	全国排位	增速	全国排位									
全国	5.1	—	4.9	—	0.2	10.3	3.0	10.3	9.1	9.4	-10	18.9	0.9
江西	8.6	7	10.8	5	20.8	6.9	10.1	7.0	6.5	22.4	-12.6	9.3	5.4
湖北	15.0	2	20.4	1	15.5	24.3	9.8	24.2	23.2	15.9	0.8	—	13.2
湖南	6.6	14	8.0	12	—	—	—	14.5	—	8.0	-4.6	22.4	8.5
河南	6.7	13	4.5	23	-11.2	25.3	-1.0	25.4	29.7	6.1	-13.7	32.2	2.6
安徽	9.0	6	9.4	9	22.5	21.8	2.5	21.8	21.5	19.6	-6.2	37.6	3.2
山西	5.9	17	8.7	10	3.1	11.8	2.5	11.7	6.8	14.4	-9.3	—	-2.4

资料来源：根据各省份统计数据整理。

二　2023年江西省固定资产投资运行形势分析

2023 年是全面贯彻落实党的二十大精神的开局之年，是实施"十四五"规划承上启下的重要一年。投资运行的整体环境更加错综复杂，困难和问题依然不少，有利条件也不断积累。

从国际国内看，一方面，世界之变、时代之变、历史之变正以前所未有的方式展开，大国博弈加剧地缘政治局势动荡风险，产业链供应链遭遇严重冲击，国际需求进一步波动收缩，能源资源等供应稳定性下降。为了缓解通胀压力、抑制通货膨胀持续攀升，美欧等主要经济体货币政策大力度收紧。美联储高频率大幅加息，世界经济正迈入高通胀、高利率、高债务、高成本、低增长阶段，外部不稳定、不确定、难预料成为常态，全球投资消费和贸易进出口明显走弱；我国经济恢复基础尚不够牢固，需求收缩、供给冲击、预期转弱三重压力仍然较大，经济下行压力明显增大，全国经济增长势头整体比较脆弱。另一方面，我国经济长期向好、物质基础雄厚、市场空间广阔、发展韧性强劲的基本特点没有改变，疫情趋缓后将迎来"疫后红利期"，尤其是党的二十大、中央经济工作会议陆续释放扩大有效投资系列政策，大规模减税降费政策仍将延续并保持一定的政策力度，金融政策将加力助企纾困，存量政策、新增政策协同发力，将为2023年稳投资工作带来充足的政策红利。

从江西实际看，一方面，产业结构不优、创新能级不高、要素集聚能力不强等问题仍较突出，企业经营面临困难仍然不少，民生领域还有不少短板；近年来江西投资增速持续高位增长，基数较高，2023年投资面临较大下行压力；经过三年疫情影响，投资主体投资能力、投资意愿、投资信心等均明显下降；房地产投资、工业投资增长乏力，得到根本改观仍需一定过程；重大项目要素保障能力与全省庞大的建设需求相比，量上仍显不足、需国家审批的事项耗时仍较长，还需要进一步改善。另一方面，经过多年发展，江西"四面逢源"的区位优势、门类齐全的产业优势、山清水秀的生态优势、国家战略的叠加优势越发凸显，全省上下抓项目促投资的体制机制不断健全，"大干项目、干大项目"的氛围日益浓厚、基础日益牢靠；省委、省政府围绕全面建设"六个江西"，重点实施"扩大内需"、科教兴省、工业强省、区域协调发展、乡村振兴等九大战略，进一步凝聚了全省上下加快全面建设社会主义现代化江西的强大力量。众多因素为进一步挖掘投资潜力、拓展投资空间创造了条件、积蓄了能量。

三　2023年重点任务和重点举措

（一）总体要求

坚持以习近平新时代中国特色社会主义思想为指导，全面贯彻落实党的二十大和中央经济工作会议精神，深入贯彻落实习近平总书记视察江西重要

讲话精神，坚持稳中求进工作总基调，完整、准确、全面贯彻新发展理念，深入实施"项目大会战"和项目建设"四大攻坚行动"，推动投资保持平稳增长，充分发挥投资关键作用，为奋力谱写全面建设社会主义现代化江西新篇章提供坚强支撑。

（二）重点举措

1. 聚焦夯实项目建设后劲，持续加强重大项目储备、加快前期工作步伐

完善常态化项目储备机制，聚焦党的二十大报告明确的重点任务，根据国家重大战略和国家发展规划，围绕经济发展和民生需要，依托国家重大建设项目库，分级分领域持续储备一批符合规划要求、既利当前又利长远的重点项目，为2023年扩大有效投资打好基础。深化建设项目前期研究论证，提高投资决策科学性。充分发挥项目前期工作深入介入机制、抓项目促投资等现有机制及督导服务机制作用，加快项目前期工作，用好"三区三线"划定成果，强化用地、用林、用能等要素保障，促进项目尽快开工和顺利实施。开工建设通城至铜鼓高速、定南及南城通用机场、孚能科技新能源电池、南昌大学二附院鹰潭医院等一批重大项目。

2. 聚焦加快项目建设进度，持续打好六大领域"项目大会战"、强力推进项目建设"四大攻坚行动"

扎实开展项目协同联动开工、项目建设攻坚和项目谋划推进"三大行动"，健全项目定期调度、协调推进、要素保障、考评奖惩"四大机制"，常态化开展节假日重大项目不停工活动，强化调度推进和督导服务，重点实施省大中型项目3558个，总投资4.57万亿元，年度计划完成投资1.56万亿元；重点建设项目546个，总投资1.93万亿元，年度计划完成投资5443亿元。以联网、补网为重点，持续补足交通、能源、水利等传统基础设施短板，加快推进昌九高铁、瑞梅铁路、昌北国际机场三期扩建、大广高速吉安至南康段改扩建、梅江灌区、赣江抚河下游尾闾综合整治等项目建设，建成昌景黄高铁、南昌东站、信丰至南雄高速公路、赣州港五云码头等项目。以延链强链补链为重点，建成欣旺达南昌动力电池生产基地二期、赣江新区新菲新材料半导体、宜春时代锂离子动力电池项目一期等项目。

3. 聚焦强化项目资金保障，积极争取各类中央资金支持、充分发挥政府投资引导作用

坚持"资金跟着项目走"，积极争取更多专项债券、中央预算内投资、境内外企业债券、国外优惠贷款等资金支持，充分发挥政府投资引导和政策激励作用，有效带动更多社会资本投资。加快中央预算内投资分解、转发进度，持续做好在线监测、按月调度和现场监督检查工作，规范项目建设行为，提高项目建设质量和资金使用效益。加强对拟申报项目和拟发债项目开工前准备情况的审核把关，争取专项债券资金一到位、项目就能开工建设，切实避免"钱等项目"。用足用好专项债券资金，推动完善重大项目推进工作机制并充分发挥其作用，切实加大专项债券项目建设推进力度，形成对投资的有效拉动。加大督促指导力度，督促金融工具项目抓紧建设实施、加快资金支付、形成更多实物工作量。协调推动银行加快评审进度，跟进做好项目配套贷款，为项目提供有力资金支持。

4. 聚焦优化项目协调服务，建立完善推进有效投资长效机制

总结和用好推进有效投资重要项目协调机制成功经验，完善推进有效投资的长效工作机制，加强部门间协调配合，高效做好项目资金要素保障，进一步加大工作力度，提高投资管理和重大项目建设推进效率。用好抓项目促投资例会制度，分层分级及时协调解决重大项目推进中的突出问题，对重大问题报请省政府召开专题会议予以解决。依托和用好国家重大建设项目库，加强中央预算内投资项目、专项债券项目、金融工具项目和"十四五"规划102项重大工程项目的管理。同时，进一步聚焦项目单位反映强烈的投资项目审批深层次问题，切实在明确政策界限、完善制度机制、增进改革协同上下功夫，有效提升投资建设全流程的科学化、规范化、便利化水平，努力推动投资项目审批制度改革取得更大实效。

5. 聚焦短板领域和薄弱环节，加快推进重点领域项目建设实施

落实"中央一号文件"精神，加强农业农村和粮食安全建设。推进以150项重大水利工程为重点的国家水网骨干工程建设，加强中小河流治理、病险水库除险加固等工程建设。加强国家战略物资储备体系和粮食仓储物流设施建设。加快规划建设新型能源体系，大力推进国家高速公路待贯通路段建设。加大制造业和高技术产业投资，加大对传统产业向高端化、智能化、绿色化优化升级的支持力度，实施制造业核心竞争力提升五年行动计划，加快构建国家算力网络，布局国家级数据中心枢纽节点。加强生态环境建设和节能降碳改造。持续推进城镇老旧小区改造、棚户区改造等保障性安居工程建设。加快推进城市燃气、供水、排水、供热等管道老化更新改造。加快推进教育、卫生、"一老一小"等社会事业建设。聚焦城市更新、乡村振兴、养老托育、卫生医疗、文化体育等领域，加快国家区域医疗中心建设，建成宜春人民医院二期、景德镇艺术职业大学等项目，努力打造高品质生活空间。

6. 聚焦激发民间投资活力，着力改善投资环境、增强民间投资信心

坚持"两个毫不动摇"，加强政策支持，用市场办法、改革举措激发民间投资活力。根据"十四五"规划102项重大工程及国家、省委、省政府重大战略等明确的重点建设任务，选择具备一定收益水平、条件相对成熟的项目，以多种方式吸引民间资本参与。积极利用投资补助、贷款贴息等方式，支持符合条件的民间投资项目建设，用好政府出资产业引导基金，加大对民间投资项目的支持力度，支持更多民间投资项目发行基础设施 REITs。加快民间投资项目前期工作手续办理，积极将符合法律法规和政策要求、带动作用强、投资规模大的民间投资项目纳入各地重点投资项目库，加强要素保障，促进项目落地实施。深入推进优化营商环境"一号改革工程"，加强政务诚信建设，落细党中央、国务院关于降成本的各项决策部署，持续推动合理降低企业税费负担，落实鼓励民营经济发展的各项政策措施，依法保护民营企业产权和企业家权益。同时，加强宣传引导，稳定市场预期，增强民间投资信心。

参考文献

叶建春:《政府工作报告——2023年1月11日在江西省第十四届人民代表大会第一次会议上》,《江西日报》2023年1月30日,第01版。

江西省统计局:《江西投资月度快讯》,2022年2~12月。

北京大学国民经济研究中心:《2022年中国投资形势回顾与2023年展望》,2023年1月21日。

B.3
江西财政形势分析与展望

江西省财政厅课题组*

摘 要: 2022年是党的二十大胜利召开之年,也是全面落实省第十五次党代会决策部署的开局之年。面对深刻复杂变化的国际环境和疫情、旱情的严重冲击影响,全省各级财政部门深入学习贯彻党的二十大精神,按照"稳住、进好、调优"的工作思路,顶住压力、精准发力,高效统筹疫情防控和经济社会发展,推动全省高质量跨越式发展。全省财政工作仍面临一些困难和风险,突出表现在:财政收支紧平衡状态仍将持续,财政运行风险压力仍然较大,财政管理仍有薄弱环节。2023年是全面贯彻党的二十大精神开局之年,是实施"十四五"规划承上启下的重要一年,全省财政工作要以习近平新时代中国特色社会主义思想为指导,全面贯彻落实党的二十大精神,加快构建新发展格局,继续实施更加精准、可持续的积极财政政策,推动经济实现质的有效提升和量的合理增长,奋力谱写全面建设社会主义现代化江西的新篇章。

关键词: 财政收支 积极财政政策 减税降费 高质量发展 江西

---

* 课题组组长:朱斌,江西省人大常委会副主任,省财政厅原党组书记、原厅长,研究方向为财政领域。课题组副组长:苏昌平,江西省财政厅党组成员、副厅长,研究方向为财政领域。课题组成员:张忠华,江西省财政厅政策研究处副处长、三级调研员,研究方向为财政领域;陈星,江西省财政公共服务中心社保基金处三级调研员,研究方向为财政领域;万平贤,江西省财政公共服务中心办公室四级调研员,研究方向为财政领域;刘石,江西省财政厅办公室一级主任科员,研究方向为财政领域;姜欢欢,江西省财政厅国库处一级主任科员,研究方向为财政领域;周炜,江西省财政办公室三级主任科员,研究方向为财政领域。

2022 年，面对严峻复杂的国际环境和疫情散发多发、历史极值干旱等超预期考验，在省委、省政府坚强领导下，全省各级财政部门坚持以习近平新时代中国特色社会主义思想为指导，全面落实中央"疫情要防住、经济要稳住、发展要安全"重要要求，高效统筹疫情防控和经济社会发展，统筹发展和安全，以非常之举应对非常之势，强劲开局一季度、奋力强攻二季度、负重拼搏三季度、决战决胜四季度，经受住了严峻挑战和考验，打好打赢了全年收官战，向党和人民交出了一份满意的答卷。

一 2022年江西省财政工作回顾

2022 年，在全省经济恢复性增长的基础上，财政运行回稳有力、势头良好。预算收支安排、民生政策谋划、财政政策制定充分体现中央和省委、省政府决策部署，更好地发挥了财政在国家治理中的基础和重要支柱作用。

（一）全省财政发展基本情况

1. 一般公共预算执行情况

全省一般公共预算收入 2948.3 亿元，增长 4.8%（见表1），增幅位居全国第 5、中部第 2，扣除留抵退税因素后同口径（下同）增长 10.6%。主要项目执行情况：税收收入 1788.9 亿元，下降 7.3%，同口径增长 1.4%。其中，增值税 805.4 亿元，下降 14.4%，同口径增长 3.3%；个人所得税 100.4 亿元，增长 30.1%；资源税 26.8 亿元，增长 9.6%；房产税 51.3 亿元，增长 26.7%；契税 159.1 亿元，下降 28.5%，主要是土地出让、房产交易减少，收入相应减少。非税收入 1159.4 亿元，增长 31.3%，主要是各级按要求将历年延缓非税收入集中缴库。

全省一般公共预算支出 7288.3 亿元，增长 7.5%（见表2），增幅比全国平均水平高 1.4 个百分点（见表3）。其中教育支出 1319.7 亿元，增长 5.7%；科学技术支出 227.8 亿元，增长 8.0%；社会保障和就业支出 1023 亿元，增长 14.7%；卫生健康支出 707.9 亿元，增长 10.1%；住房保障支出 207.6 亿元，增长 11.8%。

表1　2022年江西省一般公共预算收入情况

单位：万元，%

科目	金额	比上年同期增减	
		数值	增幅
一、税收收入	17889094	-1404183	-7.3
国内增值税	8054168	-1355847	-14.4
企业所得税	2553667	109506	4.5
企业所得税退税	0	0	0
个人所得税	1004001	232240	30.1
资源税	267640	23431	9.6
城市维护建设税	1343824	10959	0.8
房产税	512699	107992	26.7
印花税	372579	44341	13.5
城镇土地使用税	498958	50671	11.3
土地增值税	1105390	-77488	-6.6
车船税	250185	9094	3.8
耕地占用税	283199	72040	34.1
契税	1590936	-632735	-28.5
烟叶税	18312	3089	20.3
环境保护税	29901	-2656	-8.2
其他各税	3635	1180	48.1
二、非税收入	11594299	2765325	31.3
专项收入	1776265	194062	12.3
行政事业性收费收入	1817622	139238	8.3
罚没收入	1895108	425111	28.9
国有资本经营收入	169409	77196	83.7
国有资源（资产）有偿使用收入	5093960	1648467	47.8
捐赠收入	24133	-2976	-11.0
政府住房基金收入	481378	188305	64.3
其他收入	336424	95922	39.9
一般公共预算收入	29483393	1361142	4.8

资料来源：江西财政统计资料。

表2　2022年江西省一般公共预算支出情况

单位：万元，%

科目	金额	比上年同期增减	
		数值	增幅
一般公共服务支出	5907615	501462	9.3
外交支出	0	0	0.0
国防支出	108019	15962	17.3
公共安全支出	3273080	348762	11.9
教育支出	13197469	706482	5.7
科学技术支出	2278235	168733	8.0
文化旅游体育与传媒支出	1233859	60665	5.2
社会保障和就业支出	10229683	1308496	14.7
卫生健康支出	7079461	646741	10.1
节能环保支出	2370905	74959	3.3
城乡社区支出	7259371	564105	8.4
农林水支出	7887180	264625	3.5
交通运输支出	2750835	-156979	-5.4
资源勘探信息等支出	3136478	-348089	-10.0
商业服务业等支出	455708	138494	43.7
金融支出	306503	24428	8.7
援助其他地区支出	34334	13034	61.2
自然资源海洋气象等支出	533814	42698	8.7
住房保障支出	2076052	218456	11.8
粮油物资储备支出	191818	30129	18.6
灾害防治及应急管理支出	608983	71758	13.4
其他支出	560841	175855	45.7
债务付息支出	1396422	224116	19.1
债务发行费用支出	6725	-222	-3.2
一般公共预算支出	72883390	5094670	7.5

资料来源：江西财政统计资料。

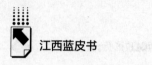

表3　2022年全国及中部六省一般公共预算收支情况

单位：亿元，%

区域	一般公共预算收入	同比增长	一般公共预算支出	同比增长
全国	203703	0.6	260609	6.1
江西	2948.3	4.8	7288.3	7.5
山西	3453.9	21.8	5872.6	16.3
安徽	3589	2.6	8379	10.4
河南	4261.6	-2.1	10644.6	8.8
湖北	3281	-0.07	8626	8.7
湖南	3101.8	-4.6	9005.3	8.2

资料来源：根据全国及中部六省财政统计资料整理。

2. 政府性基金预算执行情况

全省政府性基金预算收入2252亿元，下降24.2%。全省政府性基金预算支出3484亿元，下降3.2%，主要是土地出让收入减少，支出相应减少。

3. 国有资本经营预算执行情况

全省国有资本经营预算收入127.1亿元，增长30.9%，主要是大宗商品价格上涨，有色等相关行业国企利润增加。全省国有资本经营预算支出25.3亿元，下降9.2%，主要是强化预算统筹，加大调入一般公共预算力度，国有资本经营预算支出相应减少。

4. 社会保险基金预算执行情况

全省各项社会保险基金收入2330.1亿元，下降4.7%。全省各项社会保险基金支出2244.9亿元，增长0.9%。本年收支结余85.2亿元，年末滚存结余2153.4亿元。

（二）主要做法

2022年，全省各级财政部门深入学习贯彻党的二十大精神，深刻领悟"两个确立"的决定性意义，按照"稳住、进好、调优"的工作思路，顶住压力、精准发力，高效统筹疫情防控和经济社会发展，推动全省高质量跨越式发展。

1. 实施积极财政政策，全力支持稳住经济大盘

快速出台更大力度实施积极财政政策、稳住经济发展一揽子财政措施，新增安排 110 亿元支持实体经济发展。加大助企纾困力度。落实新的组合式税费支持政策，为市场主体办理新增减税退税缓税（费）近千亿元，减免房屋租金 5.4 亿元。通过"财园信贷通"、"财农信贷通"、融资担保、农业信贷担保、创业担保、PPP 等财政金融工具新增撬动社会资本近 3000 亿元，有力缓解市场主体融资难、融资贵问题。积极扩大有效投资。统筹 517.4 亿元支持"两新一重"项目建设，推进保障性安居工程，加快补齐水利基础设施短板；新增 2011 亿元地方政府债券快速投向交通设施、农林水利、公共卫生等领域，债券发行节奏大幅加快，支出进度居全国前列。对部分领域设备更新改造贷款给予财政贴息。支持组建千亿现代产业引导基金。促进消费加速回补。对各地发放消费券按 30% 给予奖补。统筹 3.7 亿元支持商贸消费提质扩容。拨付 3.5 亿元加强旅游宣传推介，支持风景独好名县建设。积极争取中央支持。中央下达江西各类补助资金 3364.4 亿元，较上年增长 13.9%，其中，均衡性转移支付增量首次突破百亿元，增长 14.8%，增幅居全国第 4、中部第 1；县级基本财力保障机制奖补资金增长 12.5%，增幅居中部第 2。

2. 加强财政资源统筹，增强重大战略财力保障

优化支出结构，集中财力办大事，确保重大决策部署落地见效。支持创新驱动发展战略。省级科技投入实现"九连增"，总量达到 18.4 亿元。出台完善财政科研项目经费管理 27 条措施，为科研人员全方位"减负松绑"。安排 5.2 亿元支持"双千计划"等重大人才工程实施。支持工业强省战略。聚焦"2+6+N"重点产业，安排 9.3 亿元支持工业企业实施智能化、绿色化、信息化技术改造。统筹各类资金 11.3 亿元，支持做优做强数字经济"一号发展工程"。下达 1.5 亿元支持梯次培育优质企业，加快培育"专精特新"中小企业、"小巨人"企业。支持乡村振兴战略。统筹安排中央和省级财政衔接资金 81.7 亿元，较上年增加 3 亿元，支持巩固拓展脱贫攻坚成果同乡村振兴有效衔接。全省土地出让收入用于农业农村的比重超过 5.5%。筹集 87 亿元支持新建 290 万亩高标准农田。发放耕地地力保护补贴、实际种粮农民补贴、产粮大县奖励资金等 94 亿元。安排 16 亿元推动现代农业高质量发展。下达 15 亿元实施乡村建设、农村人居环境整治提升和

"厕所革命"整村推进行动。促进区域协调发展。围绕"一圈引领、两轴驱动、三区协同"区域发展战略,下达各类补助资金 105 亿元,支持实施强省会、赣南等原中央苏区振兴、赣江新区发展、湘赣边区域合作、对接融入粤港澳大湾区等战略部署。积极争取国家第二批系统化全域推进海绵城市落户江西,获中央补助 10 亿元。支持打造美丽江西。统筹 63.2 亿元支持实施大气、流域、地下水等领域污染防治,开展大规模国土绿化。支持有序推进碳达峰碳中和,下达 1 亿元开展碳达峰城市和园区试点建设。统筹 48.8 亿元支持林业生态建设保护。筹措 32.6 亿元支持提前一年实现长江全面禁捕退捕。出台生态保护补偿制度改革实施意见,在流域、森林等领域探索实施差异化生态补偿,推进生态产品价值转化。

3.持续保障改善民生,推进社会事业全面发展

围绕"七位"(就业岗位、托幼园位、上学座位、医疗床位、养老点位、停车车位、如厕厕位),加强普惠性、基础性、兜底性民生保障。首次开展民生实事评议评价评估工作,以群众口碑检验幸福成色。落实就业优先战略。延续实施普惠性稳岗返还、失业保险扩围等减负稳岗扩就业政策。扩大失业保险基金支出范围,对符合规定的企业给予一次性扩岗补助和留工培训补助。下达 21.8 亿元支持高校毕业生、农民工、退役军人等重点群体就业。办好人民满意教育。严格落实"一个不低于、两个只增不减"要求,统筹 46 亿元推进高校"双一流"建设及内涵式发展。安排 38.7 亿元支持职业教育提质创优。统筹 105.3 亿元支持实施义务教育薄弱环节改善与能力提升工程。安排 30.1 亿元支持学前教育、高中教育、特殊教育发展,各层次各学段教育经费得到有力保障。稳步提升社保水平。提高城乡低保、医保、优抚对象补助标准,健全基本社会救助标准动态调整机制,加大对因灾、因疫困难群众的临时救助力度,强化重点人群基本生活保障。统筹 8.5 亿元支持开展居家和社区基本养老服务提升行动等。按每人每月 200 元标准给予婴幼儿入托保育费补助。支持健全退役军人保障制度。推进卫生健康事业。统筹 154.1 亿元用于疫苗接种、核酸检测和患者救治等。统筹 7.9 亿元支持国家区域医疗中心、生物安全三级实验室、重大疾病防治中心等平台建

设。支持加强医疗物资储备。促进文化等社会事业发展。安排 20.9 亿元推进长征国家文化公园、省赣剧院、省文化馆等项目建设，落实基本公共文化设施免费或低收费开放、文物保护、新时代文明实践中心运营等经费保障。积极支持抗旱救灾。统筹 28 亿元应对超历史旱情，推动抗旱救灾保丰收。安排 6.8 亿元支持自然灾害防治能力建设。在全国率先推出"农保贷"。降低水稻等政策性农业险种保费，扩大省级地方特色农业保险试点险种，帮助受灾群众兑现理赔额 20.7 亿元。

4. 加快构建现代财税体制，不断提升财政治理效能

进一步推进财税体制改革，促进财政治理体系和治理能力现代化。深化预算管理制度改革。持续推进零基预算改革提质扩围，将 221 家省级公益一类事业单位纳入改革范围。全面实施预算绩效管理，具有江西特色的"三全""五有"预算绩效管理制度体系基本建成。制定完善 40 多项中央和省财政专项资金管理办法及实施细则，不断提升资金配置效率和使用效益；启动预算管理一体化二期项目建设，压紧压实预算项目全周期管理和全链条追踪；扎实推进预决算公开工作，在全国的排位大幅跃升。健全省以下财政体制。贯彻中央指导意见精神，深入研究省以下财政体制改革方案；坚持财力下沉，完善县级基本财力保障机制，省对下财力性转移支付增加 332 亿元，省级预备费 10 亿元全部用于对受疫情影响较大的地区财力补助。推进财政"放管服"。统一编制全省财政系统行政许可事项。支持营商环境优化升级"一号改革工程"，建立惠企资金兑现"直通车"，累计兑付 48.5 亿元。深化"证照分离"改革，在全国率先上线运行代理记账电子证照；政府采购电子卖场入选第五届数字中国建设成果展和全省优化营商环境典型案例，入驻供应商超 5 万家，交易额超 80 亿元；制定政府采购负面清单，促进政府采购领域公平竞争。在全国率先全面取消纸质财政票据。

5. 防范化解重大风险，牢牢守住安全底线

坚持系统观念，财政领域安全防线有效筑牢。坚决兜牢基层"三保"。落实"县级为主、市级帮扶、省级兜底"责任，全面启用县级财政"三保"资金专户，做实"一县一策"风险应急预案。下达财政直达资金 1662 亿元，快速直达市县基层，保障县区财政平稳运行，没有县区进入财政部红色、橙色监测名单。强化政府债务管理。建立债券资金使用"通报预警、督导约谈、惩戒约束"工作机制，强化新增债务限额分配与债券支出进度等因素挂钩，法定债务风险总体可控；制定出台防范化解地方政府隐性债务风险工作清单，严格落实动态监测、加密风险评定提示、常态化核查、部门协同监管等防控措施，全省隐性债务增量有效遏制、存量有序出清。"一地一策""一企一策"推进融资平台优化升级，精准拆弹、缓释风险。切实防范金融风险。认真履行国有金融资本出资人职责，印发《关于加强出资监管企业内部控制体系建设的指导意见》；加大防范化解金融风险考核比重，将不良处置情况与负责人绩效薪酬挂钩；压实银行主体责任，指导帮助地方中小银行制定风险处置方案，化解存量风险，严控增量风险。促进社保基金可持续。落实企业职工基本养老保险全国统筹制度，实现"五统一"；健全工伤保险基金省级调剂制度；稳妥推进社保基金结余资金运作，促进基金保值增值。

（三）经验启示

回顾2022年，全省财政系统沉着应对复杂形势，奋力完成各项任务，积累了宝贵经验，获得了有益启示。必须坚定政治引领，越是形势纷繁复杂，越是任务艰巨繁重，越要旗帜鲜明讲政治、不折不扣抓落实；必须增强战略主动性，因势而谋、应势而动、顺势而为，勇于开顶风船、打组合拳、下先手棋；必须坚持改革创新，以识变之智、应变之方、求变之勇破难题、解新题，持续深化改革为财政事业开新局、谋新篇；必须强化法治思维，牢固树立预算法治意识，严肃财经纪律，依法行政、科学理财、规范决策；必须砥砺过硬作风，上下同欲者胜、风雨同舟者兴，要有动真碰硬的勇气、敢为人先的锐气，中流击水、闯关夺隘，顶住压力、冲破阻力向前进。

二 江西省财政发展面临的困难和风险

2022年全省财政工作取得了突出成绩，但与中央及省委、省政府要求相比，江西财政工作还存在不足，仍面临一些困难和风险，需要采取有力措施加以解决，确保财政平稳健康可持续运行。

（一）财政收支紧平衡状态仍将持续

2023 年，国际形势依然严峻复杂，国内需求收缩、供给冲击、预期转弱三重压力仍然较大。从财政收入方面看，全省各级财政严格落实中央要求，规范税收、非税调节行为，不形成基数拖累效应；土地出让收入持续下滑，低于 2018 年水平，2023 年走势还存在较大不确定性；大规模增值税留抵退税政策结束，中央政策性补助减少等因素都将对财政收入带来较大冲击。从财政支出看，江西正处于"爬坡过坎"阶段，基层"三保"支出、刚性支出、重点支出持续增加。各地疫情防控支出责任需要逐步消化；医疗卫生、科技攻关、生态环保、乡村振兴、区域协调发展等重点投入需求加大。综合分析，2023 年财政收支矛盾依然突出，运行仍持续处于"紧平衡"的状态。

（二）财政运行风险压力仍然较大

江西仍属于经济欠发达地区，一般公共预算收入规模总体偏小，总量与质量均较全国平均水平有一定差距。债务还本付息压力大，有的地区债务风险等级上升，个别地方发现违规举债、虚假化债问题。部分市县对土地财政依赖较大，可用财力紧张，"三保"风险会有所增加。同时，随着乡镇财政所的撤销，乡镇财政管理难度进一步加大，资金安全存在隐患。政府融资平台转型升级任务艰巨，向财政领域传导风险的可能性较大。

（三）财政管理仍有薄弱环节

对财政支出效率重视不够，预算绩效评价结果运用"长齿带电"威慑力不够，部门主体责任没有得到完全落实；部分支出不够精准，统筹整合办大事、保障重大战略任务实施的能力还要提高，省市县各级支持发展的政策协同效应还要增强。不少地方零基预算改革不彻底，支出标准体系不

健全。监管平台信息数据不融合，监督力量分散，无法发挥监督整体作用。

三 2023年江西财政形势展望

2023年是全面贯彻党的二十大精神开局之年，是实施"十四五"规划承上启下的重要一年。全省财政工作要以习近平新时代中国特色社会主义思想为指导，全面贯彻落实党的二十大精神，深入贯彻习近平总书记视察江西重要讲话精神，完整、准确、全面贯彻新发展理念，加快构建新发展格局，更好地统筹疫情防控和经济社会发展，更好地统筹发展和安全；积极的财政政策要加力提效，注重精准、更可持续；健全现代预算制度，完善财政转移支付体系，增强财政宏观调控效能，推动经济实现质的有效提升和量的合理增长，奋力谱写全面建设社会主义现代化江西的新篇章。

（一）基本原则

1. 收入要"积极稳妥"

既要体现统筹衔接，与经济恢复向好态势相适应，与经济预期目标相衔接，释放积极信号，稳住市场预期；又要确保实事求是、切实可行，把握发展"窗口期"，做实做优财政收入。

2. 支出要"加力提效"

持续保持必要的支出强度，加大资源资金资产统筹力度，坚持有保有压，为重大战略任务提供坚实财力保障；面对复杂形势要未雨绸缪、留有粮草，不论遇到什么情况都随时有储备工具、有政策空间。

3. 政策要"精准协同"

按照健全现代预算制度的要求，在强化预算统筹、加强预算控制和约束、更大发挥资金效益方面下功夫，推动财政政策更加精准有效。加强财政政策与货币、产业等其他政策的协调配合。

4.运行要"风险可控"

坚持总体国家安全观，增强风险防控的斗争本领，树牢依法行政、依法理财意识，扎紧制度"笼子"，强化制度执行，牢牢守住不发生系统性区域性风险底线，确保各级财政健康可持续运行。

（二）重点举措

1. 加力提效实施积极的财政政策，努力在推动经济运行整体好转上有更大作为

完善现行减税降费、退税缓税、减免租金、缓缴社保费等系列政策，持续整治违规涉企收费，减轻市场主体负担；灵活采用基金、担保、奖补、贴息等财政金融政策，吸引社会资本资源，促进中小企业融资增量、扩面、降价。统筹中央和省基建资金，推进先进制造、交通能源水利、新型基础设施等领域建设；加强项目谋划和储备，加快新增政府债券发行和使用，政府投资向资金使用效益高的地方倾斜。开展县域商业体系建设试点，强化对全国性展会、赣菜攻坚行动等的补助力度，支持推动汽车、家电等大宗商品下乡；加强城市流通保供体系建设，开展农产品供应体系和县域物流配送体系建设试点，支持县级物流配送中心、乡镇中转站点建设。落实出口退税政策，优化外经贸发展专项资金支持方式，促进外贸稳定；支持实施口岸"三同"试点。大力推进营商环境优化升级"一号改革工程"，在财政补助、税费优惠、政府采购等方面对各类市场主体一视同仁、平等对待；强化惠企利民资金"直通车"管理，在投资评审、会计师事务所执业许可等方面出招见效，尽最大努力服务企业发展，在构建江西一流营商环境中彰显财政作为。

2. 坚持不懈加快建设现代化产业体系，全力在推动高质量发展、构建新发展格局上显更强担当

继续强化省级科技专项投入，推进重大创新平台攻坚和关键核心技术攻坚；研究深化财政科技经费分配使用机制改革，推动科研"放管服"系列政策有效落实，保障下放的自主权接得住、管得好；统筹用好省级人才发展专项资金，支持实施省"双千计划"等重大人才工程。统筹资金促进"2+

6+N"产业高质量跨越式发展，支持实施产业基础再造工程和重大技术装备攻关工程，支持发展服务型制造和"两化"融合示范。推动实施数字经济做优做强"一号发展工程"，推进财政支持中小企业数字化转型试点，推动江西打造全国数字经济发展新高地。深化国家生态文明试验区建设，出台财政支持做好碳达峰碳中和工作的实施意见。设立运作省生态修复基金，推进国土绿化和国家公园建设，鼓励和支持社会资本参与生态保护修复；提升发展"含绿量"，加大绿色产品采购，开展碳达峰城市、园区试点，促进光伏发电项目发展，支持企业节能降碳改造升级，争取国家绿色发展基金项目落地。

3.坚定不移推进城乡融合发展和区域协调发展，着力在促进共同富裕上出更多实招

推动城市体检、城乡环境综合整治和垃圾分类，促进城市功能品质提升；大力推进保障性安居工程建设，支持实施城市棚户区和城镇老旧小区改造；继续推进海绵城市建设示范；加快城市公共停车设施和县乡农贸市场建设。落实土地出让收入用于农业农村比例不低于7%的考核要求，支持巩固拓展脱贫攻坚成果。统筹资金支持260万亩高标准农田建设，落实农业七大产业高质量发展三年行动，支持实施种业振兴行动和农业装备支撑，加快补齐水利设施短板，支持"四化粮库"建设，全力保粮食安全。加快防疫、养老、教育、医疗卫生等公共服务设施和农村道路等基础设施建设，推动建设宜居宜业和美乡村。健全种粮农民收益保障机制，及时足额兑现农业生产补贴；新增两个省级地方特色农业保险险种，帮助农民用保险规避风险。支持大南昌都市圈、赣江新区、赣州省域副中心等区域建设，促进革命老区振兴发展，推动赣东北开放合作和赣西转型升级，不断提高全域发展效能。

4.持之以恒办实事惠民生，竭力在提高人民群众生活品质上促更优保障

紧扣党的二十大报告作出的"增进民生福祉，提高人民生活品质"战略部署，对全省民生实事工程进一步优化完善。按照普惠性、基础性、兜底性原则，结合江西实际，统筹一定财力、整合各方资源，集中力量办好10件符合国家政策导向、关乎群众切身利益的实事。坚持财力下沉，严格落实

"县级为主、市级帮扶、省级兜底"工作责任，兜牢基层"三保"底线。健全社会保障体系，完善基本社会救助标准动态调整机制，提高城乡低保、特困供养、残疾人等困难群体保障标准和部分优抚对象生活补助标准，持续增强基本公共服务的均衡性和可及性。发挥财政二次分配功能，健全工资合理增长机制，加大税收、社会保障、转移支付等调节力度，建立健全更为科学的收入分配体系。统筹用好就业补助资金和失业保险基金，支持高校毕业生、退役军人等重点群体就业创业。巩固义务教育经费保障机制，支持扩充普惠性学前教育资源，推进职业教育提质创优，完善普通高中经费投入分担机制，办好人民满意的教育。支持新型文化功能体和县级科普基地建设，强化基本公共文化供给；加强文化遗产保护利用，支持群众体育、竞技体育事业发展。加大疫情防控经费投入，重点用于患者救治费用补助、医务人员临时性工作补助、疫苗接种以及提升医疗救治能力。推动增加优质医疗服务资源供给，促进基本公共卫生服务均等化。关爱"一老一小"，推进养老服务体系建设，加大婴幼儿入托补贴补助力度。

5. 蹄疾步稳深化财税体制改革，致力在健全现代预算制度上迈出更快步伐

落细落实"1+N"制度体系，加强绩效评价结果运用，探索建立绩效监控审核结果通报制度；提高绩效评价质量，扎实开展自评抽查复核；扩大预算绩效管理督导审核重点部门范围；加强省直预算单位和市县财政部门绩效管理工作考核，压紧压实主体责任。全面推开市县零基预算改革，加快支出标准体系建设，严格控制一般性支出；健全财政资源统筹机制，密切"四本预算"间的衔接，推进省级专项与部门预算的统筹，落实常态化清理存量资金机制，依法依规盘活行政事业单位闲置资金资产。进一步深化省以下财政体制改革，完善省以下转移支付体系，建立财力性转移支付稳定增长机制，对专项转移支付实施清单化管理；推动相关领域财政事权和支出责任划分。研究出台全省行政事业单位资产管理制度办法；全面完善全省国有资本经营预算管理制度，优化国企收益收缴比例，调整支出方向。加强政府采购电子卖场特色场馆建设，优化升级政府采购交易平台；研究完善政府购买服务预算编制，提高购买服务质量；建立健全行政处罚裁量基准制度，确保过

罚相当，实行"首违不罚"；探索推动医疗收费电子票据跨省异地报销票据互认。健全财会监督体系和工作机制，发挥牵头作用，加强与其他监督的贯通协调。

6. 全力以赴防范化解重大风险，奋力在维护社会大局安全稳定上筑牢防线

加强专项债券事前评估、运行监控、绩效评价等全流程管理，规范政府适度举债融资行为；贯彻落实防范化解隐性债务风险各项制度举措，坚决遏制隐性债务增量，稳妥化解隐性债务存量。提高社保基金统筹层次，贯彻企业职工养老保险全国统筹制度，加快推动医疗保险、失业保险、工伤保险省级统筹，增强基金抗风险能力；落实各级财政对社保基金的支出责任，依法依规加强社保费征缴，稳妥开展社保基金投资运营，积极做好划转部分国有资本充实社保基金工作；加强基金监管，管好用好人民群众的"养老钱""保命钱"，确保社保待遇按时足额发放和医保正常结算。加强国有金融资本管理，认真开展省属金融企业发展成效考核，严格核定企业 2023 年业绩目标，建立企业内控执行情况督导机制；积极落实地方中小银行防范化解风险定期调度会商机制和不良资产处置任务与行领导薪酬挂钩机制，协同做好突发风险处置化解，严防金融风险外溢尤其是向财政领域传导。统筹推进全省财政系统内控建设，堵塞制度漏洞，健全长效机制；进一步加强乡镇财政管理，把好财政资金"最后一公里"安全防线。

参考文献

刘昆：《在全国财政工作视频会议上的讲话》，2022 年 12 月 29 日。

朱斌：《关于江西省 2022 年全省和省级预算执行情况与 2023 年全省和省级预算草案的报告——2023 年 1 月 11 日在江西省第十四届人民代表大会第一次会议上》，《江西日报》2023 年 2 月 1 日，第 06 版。

朱斌：《在全省财政工作视频会议上的讲话》，2023 年 1 月 18 日。

B.4
江西工业和信息化
形势分析与展望

江西省工业和信息化厅课题组*

摘　要： 2022年是极不寻常、极不平凡的一年，在省委、省政府的坚强领导下，全省工业和信息化系统认真贯彻落实中央"疫情要防住、经济要稳住、发展要安全"的重要要求，坚持"稳住、进好、调优"原则，高效统筹疫情防控和工业经济发展，积极有效应对不利因素多重叠加的影响，工业经济主要指标排位前移，实现了加快建设新兴工业强省的良好开局。2023年，是全面贯彻党的二十大精神的开局之年，是"十四五"规划中期评估之年，也是推进新兴工业强省建设的关键之年，全省工业和信息化系统将聚焦"作示范、勇争先"目标定位，坚持稳中求进工作总基调，坚持"三新一高"总要求，坚定实施工业强省战略，更好统筹疫情防控和经济社会发展，更好地统筹发展和安全，以创新引领、数字赋能、绿色转型、高端跨越、结构优化为路径，全力推动工业经济质的有效提升和量的较快增长，加快推进新兴工业强省建设，在新的高度挺起江西现代化建设的产业脊梁，为全面建设社会主义现代化江西提供强大产业支撑。

* 课题组组长：应炯，江西省工业和信息化厅党组书记、厅长，研究方向为工业和信息化领域。课题组副组长：辛清华，江西省工业和信息化厅党组成员、副厅长，研究方向为工业和信息化领域。课题组成员：陈焕标，江西省工业和信息化厅综合处副处长（牵头工作），研究方向为工业和信息化领域；黄伟新，江西省工业和信息化厅综合处干部，研究方向为工业和信息化领域；梅斌，江西省工业和信息化厅综合处干部，研究方向为工业和信息化领域；胡伟，江西省工业和信息化厅综合处干部，研究方向为工业和信息化领域；刘林，江西省工业和信息化厅综合处干部，研究方向为工业和信息化领域。

关键词： 工业强省战略　新兴工业强省　现代化江西

一　2022年江西工业和信息化发展回顾

2022年，全省工业和信息化系统在省委、省政府的坚强领导下，以喜迎、学习宣传贯彻党的二十大为主题主线，认真贯彻"疫情要防住、经济要稳住、发展要安全"重要要求，坚持"稳住、进好、调优"原则，积极应对不利因素多重叠加的影响，高效统筹疫情防控和工业经济发展，聚精会神抓工业，全力以赴稳增长，压实责任保安全，新兴工业强省建设实现了良好开局。

（一）基本情况

全年全省规模以上工业增加值增长7.1%、高出全国平均水平3.5个百分点，列全国第7位；实现工业增加值11770.3亿元、同比增长5.5%，其中制造业增加值首次突破1万亿元，达1.09万亿元。全省规模以上工业实现营业收入48295.5亿元，列全国第11位，同比增长9.0%，列全国第12位；实现利润总额3456.1亿元，同比增长11.6%，规模、增速均列全国第10位。工业对全省经济、税收增长贡献率分别超过40%、80%。

（二）工作亮点

1. 主要指标位次前移

全省规模以上工业增加值增速和工业营业收入、利润总额规模排位分别列全国第7位和第11位、第10位，均较2021年前移1位。

2. 荣获两项国家级表彰

江西省坚持"五链合一"[①] 保链稳供经验做法获得国务院表彰，上饶市获评全国工业稳增长和转型升级十大成效明显市。此外，宜春市入选全国工

---

① 建链、畅链、保链、强链、护链"五链合一"。

业稳增长和转型升级十大成效明显市推荐名单，南昌市入选建设信息基础设施和推进产业数字化成效明显市推荐名单。

3. 获批两个国家级平台

国家虚拟现实创新中心和中国工业互联网研究院江西分院成功落户南昌。

4. 取得两个国家级试点

全国应急救援航空体系建设试点省份获批，国家两化融合度评价率先在江西试点。

5. 实现两个"零的突破"

赣州市稀土新材料及应用集群入选国家先进制造业集群名单，实现零的突破；电子信息产业营业收入达 1.01 万亿元，实现江西省万亿产业零的突破。

6. 举办两场重大活动

省委、省政府主要领导连续第五年出席全省工业强省大会并讲话，发出加快建设新兴工业强省进军令；连续五年成功举办世界 VR 产业大会，VR 行业风向标地位更加巩固。

（三）经验做法

1. 稳定工业经济增长

一是抓项目扩投资。升级打好工业领域"项目大会战"，召开全省工业项目建设推进现场会，发挥专项资金撬动引领作用，全年安排省级工业发展专项资金支持 500 多个技改项目，撬动社会投入超 1000 亿元。全年工业投资同比增长 7.0%，占全省固定资产投资的 50.9%。二是促消费拓市场。出台促进工业领域消费 10 条，评选 119 项第二届"赣出精品"和 148 项省优秀新产品，连续三年开展新能源汽车下乡活动。三是强调度稳运行。成立稳定工业经济专班，建立惠企稳岗保运行周调度机制，强化运行调度监测和协调保障，开展重大节假日工业项目企业"两不停"，牵头做好省政府两次稳增长督导工作，全力稳住工业经济大盘。

2. 强化产业稳链强链

坚持以产业链链长制为抓手，高效整合各方资源和力量，不断提升产业链供应链韧性和竞争力。一是链长制纵深推进。出台了《江西省推动产业链链长制深入实施工作机制》，为链长制高效实施提供了指引。全省收集涉及产业链发展的问题 1539 个，办结率 97.2%、同比提高 1.2 个百分点，问题收集与办结数量均有大幅提高，彰显了链长制运转的高效与实效。二是系列对接高效开展。坚持从供需两端发力，开展全省钢铁产业产销对接会等各类对接活动 3300 余场，金额超 1771 亿元；推动金融机构与全省 3600 多家省重点产业链重点企业和骨干配套企业全覆盖对接，提供授信超 2268 亿元。三是堵点断点有力疏通。帮助 218 家企业协调解决零部件、原材料断供问题，推动 40 家企业纳入工信部重点保障"白名单"，发布江西省重点产业链供应链首批"白名单"企业，协调 600 多家企业解决运输通行诉求。特别是，2022 年依托全省产业链供应链，主动调整物资生产保供战略，全力以赴加大布洛芬、对乙酰氨基酚等重点药品和 N95 口罩等重点医疗物资的生产供应，切实保障全省疫情防控需要。

3. 促进产业转型升级

锚定高质量发展方向，紧盯重点领域持续发力、推动产业转型升级。一是创新驱动更加强劲。实施龙头骨干企业研发机构全覆盖行动，国家稀土功能材料创新中心完成验收。新增省级产业技术研究院 4 家、企业技术中心 149 家。开展"揭榜挂帅"技术攻关，在航空、新能源、新材料等领域取得一批重要成果。武器装备研制生产任务圆满完成，科技创新硕果累累。二是数字赋能不断深化。构建了工信领域"1+X"数字经济"一号发展工程"政策体系，国家工业互联网大数据中心、国家工业信息安全发展研究中心"两个江西分中心"落地建设。新开通 5G 基站 2.9 万多个，每万人拥有 5G 基站数超过 14 个，上云企业数新增超过 10 万家。出台开发区数字化转型实施方案，累计培育省级大数据示范企业 90 家，有 16 个智能制造优秀场景进入国家名单、数量位居全国第 4。包括数据安全防护等在内的一批数字经济典型案例获工信部推广。江铜贵溪成为全国"数字领航企业"，打破江西省无"灯塔工厂"的历史。三是绿色转型步伐加快。制定出台工业领域碳达峰实施方案，新增省级绿色工厂 71 家、绿色园区 9 家，绿色制造体系加快构建。支持企业实施节能降碳改造升级，320 家企业纳入工业能耗监测平台管理，全省规模以上单位工业增加值能耗下降 3.4%。江西省国家级能效"领跑者"、绿色数据中心均实现"零的突破"。四是产业集群提能升级。发布"4+7"① 省级制造业高质量发展试验区名单，新增省级产业集群 17 个、总数达 124 个，新增过千亿元集群 2 个、总数达 5 个，新增过 500 亿元集群 7 个、总数达 20 个。印发贯彻强省会战略支持南昌市工业高质量跨越式发展"11 条"、支持赣江新区激发活力增强实力"8 条"，大力统筹抓好区域工业和信息化协调发展。

4. 着力构建产业体系

以实施"三大工程"为路径，以实施"2+6+N"产业高质量跨越式发展为主体，不断优化产业结构，具有江西特色的现代化产业体系加快构建。全省战略性新兴产业、高新技术产业、装备制造业增加值占全省的比重分别为 27.1%、40.5%、30.9%，同比提高 3.9 个、2.0 个、2.9 个百分点。一是传统产业持续优化升级。制定打造全国传统产业转型升级高地实施方案和制造业基础再造行动计划，实施工业结构调整专项、新一轮工业企业技改行动计划，推动有色、石化等行业逆势突围。中国稀土集团高质量重启赣南稀土矿开发，金力永磁成为全球首家稀土永磁行业"零碳工厂"。全年工业技改投资增长 6.1%，占工业投资的比重为 41.6%。二是新兴产业实现倍增发展。制定打造全国新兴产业培育发展高地实施意见，在全国率先制定了汽车电子产业三年行动计划，扶持了一批新兴产业倍增重点项目，重点新兴优势产业加速壮大、支撑作用明显。装备制造业营业收入突破 7000 亿元，锂电新能源产业突破 4000 亿元，节能环保、航空、物联网产业跃上千亿台阶；VR 产业规模扩张近 20 倍，成为江西发展新名片。江西适航审定中心高质量运营，AC313A 国产大型民用直升机成功首飞，全年交付 ARJ21 飞机 20 余架。三是未来产业开始谋篇布局。前瞻布局培育发展未来产业，围绕"现有产业未来化""未来技术产业化"，组织编制未来产业发展中长期规划，提出打造赋能型、先导型两大方向的未来产业链群。四是现代化服务业深化

---

① 4 个设区市、7 个县区。

融合发展。新认定 19 家省级服务型制造示范企业（平台），其中国家级 7 家、创历史新高。推动出台工业设计工程技术人才职称评定政策，培育省级工业设计中心 13 家，推进工业文化发展行动计划，制造业软实力不断提升。

5. 优化产业发展环境

围绕最美企业"娘家人"建设，不断提升服务水平，持续优化产业发展环境。一是政策法规体系日趋完善。省委、省政府出台《新时代深入实施工业强省战略 推动工业高质量跨越式发展的意见》和制造业中长期发展规划纲要，强化了新一轮工业强省建设的战略指引。制定并修订无线电管理条例、企业负担监督条例。二是政务公开不断深化。深化"放管服"改革，推进"一网通办"智慧工信云平台与赣服通、全省"一窗式"综合服务平台、赣政通、电子证照库、厅 OA 等系统无缝对接，实现依申请权力事项100%一窗办理、95%网上可办目标。改版政务公开专栏，厅官网实现与省政府门户网站互联互通、更新同步。认真落实"双随机一公开""谁执法谁普法"责任制，依法行政高效高质。三是助企纾困服务精准务实。出台"专精特新"中小企业办实事清单 25 条，首次推出"政策明白卡"，健全完善中小企业款项支付投诉机制，全力防范和化解拖欠中小企业账款。深入开展企业特派员大走访行动，实现规模以上企业全覆盖，帮助企业解决约5000 个困难问题。四是企业梯度培育成效明显。制定培育发展制造业优质企业实施意见、"百企领航"行动计划等，全省规模以上企业总数达 16362家。新增国家级专精特新"小巨人"企业 70 家、总数达 210 家，获评国家级制造业单项冠军企业和产品 6 家。

与此同时，全省工业和信息化工作也存在一些突出问题，工业经济恢复增长的基础还不牢固，一些深层次、结构性矛盾问题仍然存在。一是从基本面看，总量规模仍然不大。江西省规模以上工业企业营业收入仅列中部第 4位，制造业规模约为河南的 1/2、湖北的 2/3；规模以上工业企业总数虽突破 1.6 万家，但比湖南少 3000 多家、比安徽少 4000 多家，A 股上市公司数量仅为湖北、湖南、安徽等省份的一半左右。二是从深层次看，新旧动能接续转换仍需时日。江西省虽已形成较为完备的工业体系，但工业结构不优、层次不高、竞争力不强的问题依然突出,仅有电子信息一个万亿产业,而同处中部地区的湖南有 3 个、河南有 2 个,千亿集群也不多。新兴产业尽管发展较快,但规模尚小,短期内难以全面支撑、引领全省工业经济,有色金属等部分支柱产业价格依赖型发展路径没有发生根本转变,增长空间有限。三是从本质上看,创新能力不足仍然是最大短板。产业创新能力不足,江西省 R&D 经费投入仅为 500 多亿元,而同处中部地区的湖北(1160.2 亿元)、湖南(1028.9 亿元)、河南(1018.8 亿元)和安徽(1006.1 亿元)等均超过千亿元,R&D 经费投入强度也远低于全国平均水平;产业基础较薄弱,产品附加值不高,很多企业仍处在初加工、组装等产业链低端,一些高端设备、核心零部件、基础软件等受制于人,产业链供应链韧性和整体抗风险能力偏弱。

二　总体要求

党的二十大对全面建成社会主义现代化强国两步走战略安排进行宏观展望,确定了到 2035 年我国发展的总体目标。省委十五届三次全会审议通过的《中共江西省委关于深入学习宣传贯彻党的二十大精神 加快全面建设社会主义现代化江西的决定》,对全省工业和信息化今后发展作出了全面系统的部署安排。贯彻新发展理念、推动高质量发展是江西的根本出路,也是江西实现现代化的唯一出路。工业是全省高质量跨越式发展的主力军,是强赣之基、兴省之要。当前江西省已成功站上新兴工业大省新台阶,正处于加速向工业化中后期迈进、加快建设新兴工业强省的关键时期。奋进新征程,全省工信系统将坚持"151"工作思路,确保"127"工作目标如期实现,为全面建设社会主义现代化江西提供强大的产业支撑,充分展现中国式现代化在江西工信领域的生动实践。

——坚定"151"工作思路。即:坚持推进工业强省战略"一个战略"不动摇。坚持贯彻创新发展、融合发展、绿色发展、开放发展、安全发展"五大路径"不松劲。坚持实施产业关键核心技术攻坚行动、新一轮技术改

造行动、产业基础再造行动、产业链供应链提升行动、优质企业梯次培育行动、重点产业集群提能升级行动、绿色制造体系建设行动、制造业精品培育行动、新一代信息技术与制造业融合发展行动、"2+6+N"产业高质量跨越式发展行动计划"十大行动"不懈怠。

——锚定"127"工作目标。即：确保建成中部制造业高质量发展示范区"一个示范区"，打造全国传统产业转型升级高地、新兴产业培育发展高地"两个高地"；建成全国有色金属产业基地、全国电子信息产业基地、全国航空及装备制造产业基地、全国新能源产业基地、全国新材料产业基地、全国中医药产业基地、全国数字经济发展基地"七个国家重要产业基地"。

三　2023年江西工业和信息化发展展望

2023年，是全面贯彻党的二十大精神的开局之年，是"十四五"规划中期评估之年，也是推进新兴工业强省建设的关键之年。综合来看，世界百年变局加速演进和世纪疫情交织叠加，工业经济面临的外部环境总体趋紧；我国工业经济仍面临需求收缩、供给冲击、预期转弱"三重压力"，恢复增长的基础仍不稳固，不确定不稳定因素较多。但新一轮科技革命和产业变革的历史机遇、我国经济长期向好的总体趋势、宏观政策红利的持续释放，以及江西省具备的区位优势、规模优势、技术优势和先发优势等，将为工业经济发展迎来产业链、创新链、供应链、价值链加快重构、不断攀升的良机。2023年全省工业和信息化发展，既有机遇又有挑战，机遇多于挑战，希望大于困难。全省工业和信息化系统要进一步把思想和行动统一到党中央对经济形势的科学判断和对经济工作的决策部署上来，统一到省委、省政府关于经济工作的总体要求和具体安排上来，保持战略定力，采取对冲措施，主动趋利避害，善于化危为机，着力抓好稳增长各项工作，促进工业经济进一步企稳回升，行稳致远。

（一）总体思路

以习近平新时代中国特色社会主义思想为指导，全面贯彻党的二十大和中央经济工作会议精神，认真落实省委经济工作会议和省"两会"精神，以及 2023 年全国工业和信息化工作会议精神，聚焦"作示范、勇争先"目标定位，坚持稳中求进工作总基调，坚持"三新一高"① 总要求，坚持工业强省战略，更好统筹疫情防控和经济社会发展，更好统筹发展和安全，以高端化、智能化、绿色化、融合化、服务化为方向，以创新引领、数字赋能、绿色转型、高端跨越、结构优化为路径，全力以赴稳增长，千方百计提信心，多措并举强链条，持之以恒促升级，聚焦聚力建体系，压实责任保安全，坚定不移抓党建，全力推动工业经济质的有效提升和量的较快增长，加快推进新兴工业强省建设，在新的高度挺起江西现代化建设的产业脊梁，为全面建设社会主义现代化江西提供强大支撑。

（二）主要预期目标

全省规模以上工业增加值增长 8.0% 左右，工业投资增长 8.5%，其中技改投资占工业投资的比重约 40%；力争单位工业增加值能耗下降 3%。

（三）主要举措

1. 聚力"稳增长"，确保全省工业运行在合理区间

重点强化"四抓四稳"。一是抓项目稳投资。以打好工业领域"项目大会战"为牵引，优化项目调度推进体系，实施重大项目"千项万亿"计划，力争全年调度推进投资 10 亿元以上项目 1000 个、年度投资 1 万亿元。组织实施省级工业发展专项，支持 500 个以上重点技改项目建设，撬动 1000 亿元以上社会投资。二是抓消费稳市场。优化落实促进工业领域消费政策，着力稳住汽车等大宗消费，持续开展智能家居下乡、绿色建材下乡等工业扩消费活动，

---

① 新发展阶段、新发展理念、新发展格局、高质量发展。

不断扩大虚拟现实等信息消费。大力评选和推广一批"赣出精品"、优秀新产品。推进消费品工业数字"三品"① 行动，扩大适老化家居产品和生活用品供给。办好第七届"天工杯"工业设计大赛、第二届国家工业遗产峰会，提升工业遗产保护利用，扩大工业文化旅游等开放型消费。三是抓开放稳出口。深度参与"一带一路"，主动对接 RCEP，支持优势产业、优质企业与沿线国家和地区开展技术、产能合作，扩大赣产工业品出口。高质量举办2023 世界 VR 产业大会等重大活动，坚持重大活动招商与点对点精准招商相结合，制定产业招商活动年度计划和产业招商指引，协同相关市县全面融入长江经济带、粤港澳大湾区建设、长三角一体化等，积极承接一批重大产业合作项目。四是抓调度稳运行。紧盯规模以上工业增加值、营业收入等主要工业经济指标，聚焦重点市县、重点行业、重点企业、重点产品，强化运行调度监测，提升前瞻研判处置水平。"一产一策""一行一计"推动工业平稳增长，适时研究出台促进工业平稳增长若干措施，确保全省工业运行在合理区间。

2. 聚力"提信心"，不断激发工业企业主体发展活力动力

一是全力推动惠企政策落地见效。持续抓好国家和省一揽子惠企政策和接续措施转化落实，切实提升企业获得感。现有系列惠企纾困政策，没有明确执行期限的要推动继续实行。坚持存量政策、增量政策同向发力，结合开展"十四五"规划中期评估，高标准研究制定先进制造业促进条例，高水平制定新兴工业强省建设行动方案，着力推动产业政策与惠企措施更加集成、协同落地。二是精准做好企业纾困解难。动态调整优化帮扶中小企业健康发展政策，做实做优企业特派员、产业救济部门协调、重点行业重点企业纾困解难帮扶专班等帮扶机制，"一企一方"纾困解难。抓好涉企违规收费专项整治、拖欠账款治理"防范"和"化解"两篇文章，最大限度挖掘降本减负空间。三是着力梯次培育优质企业。大力实施领航企业培育计划，支持制造业领航企业提升发展，引导中小企业走"专精特新"专业化发展之

---

① 增品种、提品质、创品牌。

路，促进大中小企业融通发展，力争全年新增"专精特新"中小企业500家以上、"小巨人"企业50家以上、制造业单项冠军企业10家以上。四是持续优化营商环境。用好中小企业发展环境第三方评估结果，推动不断优化中小企业发展环境。充分发挥社会化公共服务机构作用，深入开展企业服务专项行动，增强企业个性化政策和重点要素等匹配服务。大力弘扬企业家精神，更好发挥企业家一线提信心、稳预期的效应。

3. 聚力"强链条"，持续提升产业链供应链韧性和竞争力

坚持系统思维、底线思维，围绕制造业重点产业链，"一链一策"推动产业链供应链现代化发展。一是升级实施产业链链长制。探索开展工信领域产业链"链主"企业培育机制，推动链长制走深走实走细。大力开展一批产融对接、人才对接、技术对接等合作活动，着力畅通产业循环。强化问题办理，解决一批产业链难点、断点、堵点问题，保障服务好重点产业链供应链龙头企业和关键节点企业。二是深入推进产业基础再造。深入实施制造业基础再造行动计划，开展产业基础能力和竞争力现状调查、制造业产业基础再造重点领域和方向研究，编制制造业产业基础再造目录。支持引导企业围绕核心基础零部件、关键基础材料、先进基础工艺等重点领域，组织实施一批基础再造项目，大幅增强基础能力和竞争力。推进新一轮企业技改行动，指导各设区市编制分区域技改投资指南。研究出台全省重点产业竞争力加快提升工作方案。三是大力建设先进制造业集群。创新实施开发区集群式项目"满园扩园"和"两型三化"管理提标提档升级行动。大力推进赣州市稀土新材料及应用集群高质量发展，向世界先进制造业集群迈进。积极指导宜春锂电新能源、上饶光伏新能源、京九（江西）电子信息产业带等产业集群积极创建国家先进制造业集群，推动一批县域优势特色产业集群纳入国家库。抓实省级（含培育、特色）产业集群建设，形成国家级—省级—市级产业集群梯次发展格局。扎实推进制造业高质量发展试验区建设，分层分类强化指导评估，鼓励试验区先行先试，探索形成一批可复制可推广的经验。

4. 聚力"促升级"，加快推动制造业提质扩能

坚持以推动制造业高端化、智能化、绿色化发展为引领，加快制造业转

型升级步伐。一是技术创新再强化。突出企业创新主体地位，推动重点产业骨干企业研发机构全覆盖，重点要加快提升国家虚拟现实创新中心等"国字号"平台的创新带动力，全年新增省级企业技术中心100家以上。实施关键共性技术攻关专项、重点创新产业化升级工程，突破一批"卡脖子"技术难题，推动"临门一脚"关键技术产业化。加强国防科技工业能力建设，推进国防科技自主创新。二是数字赋能再深化。出台制造业数字化转型实施意见，培育一批数字化转型促进中心，培育数字化转型标杆工厂，建设5G全连接工厂，试点"产业大脑"建设，创建数字化转型示范区。深入实施开发区数字化转型"达标、创优、树标杆"行动，力争开发区数字化转型当年达标率达80%以上、优秀开发区15家、标杆园区1~2家。新建5G基站1.5万个以上，力争万人基站数达到18个。开展工业互联网一体化进园区"百城千园行"活动，积极争创国家工业互联网示范区、全国基础电信企业转型升级改革试验区。建设一批升级版智能车间、智能工厂，培育一批省级大数据示范企业和试点示范项目。三是绿色低碳转型再加速。稳妥推进工业领域碳达峰，强化重点用能企业动态监测分析，提升重点行业企业能效水平。探索完善绿色制造评价机制、实行名单动态管理，打造一批绿色制造标杆，全年新增省级绿色工厂60家、绿色园区5个。持续推进工业资源综合利用基地建设，完善新能源汽车旧动力电池回收利用体系。统筹打好工业污染防治攻坚战、抓好工业领域生态文明建设。深入实施服务型制造能力提升行动，加快服务型制造示范企业（平台）、工业设计中心提能建设。调整完善工业发展考核评价体系，提升企业亩产效益综合评价质量水平，更好发挥正向激励与反向倒逼作用。

5. 聚力"建体系"，加快构建具有江西特色的现代化产业体系

坚持以"三大工程"①为载体，坚定推动"2+6+N"产业高质量跨越式发展，更加夯实万亿级、五千亿级、千亿级"产业矩阵"，构建具有江西特色的"四梁八柱"产业体系。一是传统产业转型升级要加快提质。深化推

---

① 传统产业转型升级工程、新兴产业倍增发展工程、未来产业培育发展工程。

进传统产业转型升级行动，加大产业结构调整优化力度，加快打造全国传统产业转型升级高地。有色金属产业要加快全产业链发展，力争全年营业收入达到9000亿元；要加快提升中国稀土集团行业引领力，积极推进稀土行业资源高效整合，进一步夯实江西稀土行业地位实力。石化产业要推动化工园区提标建设，促进化工园区规范发展，加强化工重点监测点管理服务，不断提高行业绿色安全发展水平。钢铁产业要不断深化供给侧结构性改革，促进钢铁行业平稳运行，稳步推进"双碳"工作，加快绿色低碳改造，提升行业总体质量效益，促进产品迈向中高端。建材产业要推进"产业园区+基地+集群"三位一体，提升产业集群在经济总量中的占比，重点在新型建材、绿色建材等领域着力形成一批优势特色产业集群。食品、纺织和船舶等产业要充分依托比较优势加快发展。二是新兴产业倍增发展要加快提能。以打造全国新兴产业培育发展高地为牵引，不断提升优势新兴产业在行业中的话语权和对江西省经济的贡献度，加快形成新兴产业规模倍增与能级跃升并举的良好势头。电子信息产业要强化与粤港澳大湾区等对接合作，推动电子产品与汽车等智能装备、电子制造业与服务业融合发展，使产业加快迈上中高端，力争全年营业收入突破1.15万亿元。装备制造业要积极引导产业链上下游企业加速聚集，加快在南昌小蓝汽车、抚州变电设备、萍乡电瓷、南昌及瑞金电线电缆等产业集聚区形成区域式产业集中的发展格局。锂电新能源产业要加快制定落实促进锂离子电池、光伏等能源电子产业发展的实施意见，着力培育一批高成长性企业、领军企业，力争全年营业收入突破5000亿元。生物医药产业要围绕"医药+创新"主线，加快推进进贤医疗器械、樟树医药等重点产业集群及各类产业创新载体建设，推进新一代信息技术在医药研发、供应、制造、服务、质控等环节全覆盖。航空产业要加快南昌航空城、景德镇航空小镇重点产业集群提能升级，积极推进国产民机、军机的本土社会化配套项目实施。大力推动VR、大数据、信息安全、信创等新一代信息技术产业，以及工业设计等生产性服务业加快发展。三是未来产业培育壮大要加快提速。认真宣传贯彻解读未来产业发展中长期规划，加快实施

未来产业培育发展三年行动，积极打造"3+3"① 未来产业链群。围绕传统产业裂变生长、新兴产业接续衍生、未来技术孵化培育，在全省范围内比选若干个试点市县，启动未来产业先导试验区创建。加快新型储能项目战略布局，积极探索"光伏+储能"发展模式，推动光储一体化，力争在新型储能等未来产业若干细分领域率先破局。

6. 聚力"保安全"，牢牢守住工业经济发展底线

更好地统筹发展和安全，压实各方安全责任，确保生产安全、保密安全、信息安全、无线电安全和产业安全。一要坚决守住生产安全。聚焦民爆、军工等重点行业，健全全员安全生产责任体系，深入实施工业互联网+安全生产行动计划，持续开展安全检查和安全生产标准化考评一体推进，增强工业安全生产感知、监测、预警、处置和评估能力，着力提升本质安全水平，坚决遏制重特大事故发生。二要坚决守住信息安全。深入开展开发区数字化安全赋能行动、工业互联网安全深度行活动和全省工业控制系统安全检查、工业信息安全应急演练活动等，持续完善工业互联网安全监测与态势感知平台体系。加强数据分类分级管理、安全防护等工作。积极有效应对信息化、网络化发展带来的保密挑战，切实筑牢保密安全防线。三要坚决守住无线电安全。抓好《江西省无线电管理条例》的宣传贯彻，制定无线电系统人才培养培训规划。严厉打击伪基站、黑广播、GoIP、卫星电视干扰器、信号屏蔽器等涉及群众利益的违法案件。持续推进 GPS 干扰器保护航空安全等专项行动，强化保障重要时期重大活动期间无线电安全。四要坚决守住产业安全。开展部分重点产业安全风险评估与预警，引导企业合理增加关键设备、原材料、零部件的采购和备份，探索建立"1+N"多元化采购渠道。坚持科技自立自强，密切关注前沿科技创新趋势、行业发展方向和产业政策取向，遵循产业发展规律，强化协同攻关，着力增加关键领域关键产品的创新供给，确保江西省产业链技术自主、安全可控。全力抓好防疫重点物资常态化生产保供工作。

---

① 创新突破未来信息通信、未来新材料和未来新能源产业三大赋能型未来产业，做大做强未来生产制造、未来交通和未来健康产业三大先导型未来产业。

参考文献

杨贵平：《坚定走新型工业化道路　奋力迈出新兴工业强省建设新步伐——在 2023 年江西省工业和信息化工作会议上的报告》，2023 年 2 月 11 日。

江西省人民政府：《关于印发江西省"十四五"制造业高质量发展规划的通知》（赣府发〔2021〕19 号），2021 年 9 月 7 日。

叶建春：《政府工作报告——2023 年 1 月 11 日在江西省第十四届人民代表大会第一次会议上》，《江西日报》2023 年 1 月 30 日，第 01 版。

B.5
江西农业农村形势分析与展望

江西省农业农村厅课题组*

摘　要： 2022 年，面对疫情冲击特别是极端高温干旱天气的超预期考验，全省农业农村系统认真贯彻落实党中央、国务院"三农"工作决策部署和省委、省政府工作要求，全力以赴抓好落实，全省"三农"工作取得明显成效。2023 年，江西将深入贯彻落实党的二十大和中央农村工作会议精神，加快建设农业强省，全力推进农业农村现代化，为全面建设社会主义现代化江西奠定坚实基础。

关键词： 农业　农村发展　乡村振兴　农业强省　江西

　　2022 年，江西各级农业农村部门围绕全年目标任务，发力一季度、强攻二季度、拼搏三季度、决战四季度，环环紧扣狠抓落实，着力推进农业产业更强、农村环境更美、农民生活更好。

---

* 课题组组长：江枝英，江西省农业农村厅原党组书记、原厅长，研究方向为农业农村领域。课题组副组长：邓贤贵，江西省农业农村厅党组成员、副厅长，研究方向为农业农村领域。课题组成员：邱和生，江西省农业农村厅办公室主任，研究方向为农业农村领域；黄大山，江西省农业农村厅政策与改革处副处长，研究方向为农业农村领域；英聪，江西省农业农村厅办公室二级主任科员，研究方向为农业农村领域；刘远超，江西省动物疫病预防控制中心二级主任科员，研究方向为农业农村领域；谢永忠，江西省农业技术推广中心畜牧水产技术推广应用处高级畜牧兽医师，研究方向为农业农村领域；何维，江西省农业技术推广中心事务保障处干部，研究方向为农业农村领域；陈诗伟，江西省水生生物保护救助中心副科长，研究方向为农业农村领域。

一　2022年江西省农业农村发展情况

2022 年，江西农业底盘稳、业态新、活力足，"三农"的战略后院更加稳固。全省农林牧渔业总产值达 4223.8 亿元，首次突破 4000 亿元，同比增长 5.6%。农村居民人均可支配收入 19936 元，同比增长 6.7%，高于全国平均水平 0.4 个百分点。高标准农田建设、农村人居环境再获国务院督查激励表彰。

一是稳产保供夺丰收。克服超预期旱情影响，压紧压实粮食安全党政同责，千方百计抓生产、提产能、夺丰收。扛牢"米袋子"。93 个工作组下沉涉农县，深入开展"一对一"驻点指导服务，建设水稻机械化育秧中心 399 个，落实"一喷多促"、改种补种等措施，全年粮食播种面积 5664.6 万亩、产量 430.4 亿斤，总产量连续 10 年稳定在 430 亿斤以上。其中，早稻总产 135.4 亿斤，较上年增长 0.8 亿斤，居全国第 2 位。累计建成高标准农田 2624.11 万亩以上，占全省"三调"耕地面积的 64.3%。稳住"菜篮子"。新建设施蔬菜基地 30 万亩，总面积达 150 万亩，蔬菜及食用菌产量 1786.9 万吨，同比增长 3.3%；猪价走出低谷，牛羊家禽稳步增长，全年主要畜禽肉产量 358.6 万吨，同比增长 3.9%，生猪出栏 3064.6 万头，同比增长 5.3%；水产品总产量 283.2 万吨，同比增长 5.1%。握紧"油瓶子"。克服连续 133 天历史罕见的高温干旱的影响，大力发展油菜生产，夏收油菜面积达到 786.9 万亩、产量达 78.8 万吨，分别同比增加 30 万亩、5.4 万吨。2022 年全省夏收油菜面积 786.9 万亩，扩种冬油菜超过 100 万亩，总面积超过 886.9 万亩。

表 1　2020~2022 年江西农业经济发展主要指标情况

指标	2022 年	2021 年	2020 年
农林牧渔业总产值(亿元)	4223.8	3998.1	3820.7
农村居民人均可支配收入(元)	19936	18684	16981

续表

指标	2022 年	2021 年	2020 年
粮食产量(亿斤)	430.4	438.5	432.8
蔬菜及食用菌产量(万吨)	1786.9	1730.6	1642.7
肉类总产量(万吨)	358.6	345.0	283.0
猪肉产量(万吨)	249.9	238.5	180.7
牛、羊肉产量(万吨)	20.2	19.6	17.8
禽肉产量(万吨)	88.4	85.9	84.5
水产品总产量(万吨)	283.2	269.5	262.7
农业科技贡献率(%)	62.5	61.5	60.2

资料来源：江西省农业农村厅。

二是转型升级兴产业。大力推进部省共建江西绿色有机农产品基地试点省，不断培育壮大乡村产业。做优特色产业，累计创建 5 个国家农业绿色发展先行区、49 个全国绿色食品原料标准化生产基地；培育 5039 个绿色有机地理标志农产品，全省主要食用农产品监测合格率连续 9 年保持在98%以上。全年富硒功能农业综合总产值超 600 亿元，同比增长 20%。做大发展平台，启动 208 个农业领域重大项目建设，完成年度投资 727.2 亿元，占年度计划投资的 132.2%；全年农业招商引资实际进资 405.1 亿元，同比增长 9.6%。聚焦培育壮大小龙虾、富硒蔬菜、鄱阳湖稻米、赣中南肉牛四大国家级产业集群，累计创建 39 个国家级农业产业强镇、8 个国家现代农业产业园；培育 1059 家省级以上涉农龙头企业，比上年增加 96家，数量居全国第 7 位。做强农业品牌，建立了"赣鄱正品"品牌体系和江西优质农产品营销体系，先后认定了"林恩""漫江红"等 260 个特色鲜明、品质优良的"赣鄱正品"品牌，全省 5 个地理标志产品荣登全国百强榜。

三是乡村建设展新颜。出台乡村建设行动推进方案，扎实推进乡村建设。坚持"治"好环境，持续推进农村人居环境整治，全年完成农户改厕27 万余户，全省农村生活垃圾收运处置体系实现自然村全覆盖，90 个县（市、区）及功能区实现全域第三方治理，农村卫生厕所普及率达 77.25%，农村生活污水治理率达30%。坚持"建"出美丽。深入实施新农村建设"五大专项"提升行动，创建美丽宜居乡镇、村庄、庭院分别达166个、1561个、29万余个，打造各美其美、美美与共的美丽宜居示范带153条。全省宜居村庄整治建设覆盖率达到83%。坚持"管"出长效。落实"五定包干"村庄环境长效管护机制，发挥"5G+"长效管护平台的监管作用，全省16万个宜居村庄被纳入监管，所有设区市、涉农县实现平台在建全覆盖。截至2022年底，平台关注量已突破650万人，累计受理38万件各类管护问题，处理完结率和群众满意率均达95%以上。

四是改革创新添活力。深化农业农村改革创新，持续增强"三农"发展动能和活力。深化农村承包地改革。稳步推进农村土地"三权分置"，促进承包地经营规范流转，土地流转面积2096万亩，流转率为56.8%，比2021年底提高3.2个百分点。推广农村承包土地经营权抵押贷款"地押云贷"试点，累计发放"地押云贷"贷款1.01亿元。深化农村宅基地改革。制定出台《农村宅基地改革试点和规范管理三年行动方案》，明确了三类县的改革任务分别为"4+9""4+7""4+2"。4个国家级试点县均建成了宅基地信息化管理平台。全省98.2%的乡镇承接并落实了宅基地执法管理权限。全年累计受理宅基地建房申请4.1万余宗，审批3.3万余宗。累计盘活闲置农房和宅基地190万平方米，增加农户财产性收入3亿元；带动村民就近就业2.1万人，增加工资性收入4.8亿元。深化农村产权制度改革。扎实推进农村集体"三资"管理平台和农村产权流转交易市场建设，全省县级"三资"平台已基本建立。2022年，全省各级农村产权流转交易市场实现交易额6.2亿元，基本实现行政村集体经济年经营性收入10万元以上。深化农业经营体制改革。加强新型农业经营主体规范建设，全省农民合作社数量达7.78万家、出资额达1708.3亿元；家庭农场数量9.78万家；社会化服务组织发展到2.9万家。同时，完善"财农信贷通"工作机制，新增贷款74.56亿元，累计贷款869.44亿元，累计受益户数达16.46万余户。

二 2023年江西农业农村发展形势分析

以习近平同志为核心的党中央高度重视"三农"工作，始终把它作为"国之大者"谋划推进。党的二十大报告强调，要加快建设农业强国，扎实推动乡村产业、人才、文化、生态、组织振兴。在2022年底中央农村工作会议上，习近平总书记着眼全面建成社会主义现代化强国的全局大局，系统阐释了建设农业强国、加快农业农村现代化、全面推进乡村振兴等一系列重大理论和实践问题，明确指出新时代建设农业强国的头等大事是保障粮食和重要农产品稳定安全供给，重要任务是全面推进乡村振兴，基本要求是实现农业现代化，内在要求和必要条件是实现农村现代化，利器在科技，关键靠改革。这些重要论述是新时代新征程做好"三农"工作的科学指南和行动纲领，为加快建设农业强省、推进农业农村现代化提供了根本遵循、注入了强劲动力、指明了前进方向。

江西省农业农村经济虽然取得了一些新成效，但依然有部分突出矛盾和问题没有得到根本解决，农业产业体量不大、农村基础设施薄弱、城乡发展不平衡不充分的问题仍然突出。在产业发展方面，全省农林牧渔业总产值首次突破4000亿元，但农作物亩均产值2000元左右，排全国第27位、中部第5位，低于全国平均数856元；在乡村建设方面，农村基础设施底子薄、欠账多，部分地区开展新农村环境整治建设标准较低，距农民对美好生活的向往目标还有差距；在科技支撑方面，全省农业科技进步贡献率为62.5%，低于周边部分省份；在城乡发展方面，全省城乡居民收入比为2.23∶1、消费支出比为1.57∶1，收入差距比较明显，城乡二元结构造成的深层次矛盾仍然比较突出，"三农"仍然是全省经济社会发展中的薄弱环节。

三 2023年江西农业农村发展的重点任务与主要举措

2023年是全面贯彻党的二十大精神的开局之年，全省农业农村工作的总体思路是：坚持以习近平新时代中国特色社会主义思想为指导，全面贯彻落实党的二十大和中央农村工作会议、省委农村工作会议精神，深入学习贯彻习近平总书记关于"三农"工作的重要论述和视察江西重要讲话精神，围绕"1+2+6"（即1个目标、2条底线、6大行动）的思路，坚持加强和改进党对"三农"工作的领导，坚持农业农村优先发展，坚持城乡融合发展，坚决守牢确保粮食安全、防止规模性返贫等底线，扎实推进乡村发展、乡村建设、乡村治理等重点工作，加快建设农业强省，建设宜居宜业和美乡村，全面推进农业农村现代化。

（一）锚定一个目标

紧紧围绕"加快建设农业强省，推进农业农村现代化"目标，大力实施乡村振兴示范创建"十百千"工程，增强农业的供给能力、科技动力、产业实力、绿色潜力、乡村魅力、改革活力，全面推进乡村振兴。

（二）守牢两条底线

1. 牢牢守住保障国家粮食安全的底线

抓紧抓好粮食生产这件"三农"工作的头等大事，确保全省粮食面积达到5660万亩，产量力争达到439亿斤，新增油菜种植面积100万亩以上。全面落实粮食安全党政同责，及时兑现耕、种、管、收各环节强农惠农补贴政策，开展驻点指导服务，深挖冬闲田潜力扩种油菜，引导激发农民种粮积极性，确保面积落实。大力开展绿色高质高效行动，集成示范水稻优产高产技术模式，提升粮食单产水平。加快推进农事服务中心和水稻育秧中心建设，力争每个县至少有1个全程机械化综合农事服务中心和万亩机械化育秧中心。落实国家新一轮千亿斤粮食产能提升行动，开展"吨良田"创建。启动2023年度改造提升110万亩和新增建设150万亩高标准农田建设任务，加强建后管护，实现良田良用。

2. 牢牢守住不发生规模性返贫的底线

巩固产业帮扶成果，让脱贫群众生活更上一层楼。强化"五个一"产

业扶持模式和"一领办三参与"产业合作形式，以农业七大产业高质量发展三年行动为抓手，持续培育壮大脱贫地区特色种养业，加强村级（联村）扶持产业基地建设，引进和培育一批效益高、可持续、群众参与度高的富民产业，不断增强脱贫地区造血功能和脱贫群众内生发展动力。强化龙头企业、农民合作社、家庭农场等经营主体带动作用，围绕种养、加工、流通、销售等各个环节，积极推广订单生产、土地流转、就业务工、生产托管、股份合作等方式，让产业发展红利更多地惠及脱贫群众。

（三）实施六大行动

1. 大力实施稳产保供能力提升行动

围绕百姓"菜篮子"产品稳定供给持续发力。一是稳定生猪产能。做好生猪产能监测预警、分级调控等措施，确保能繁母猪存量稳定在合理区间、生猪年出栏达到3000万头以上。二是加强设施蔬菜生产。加快推进蔬菜集约化育苗中心建设，力争新建设施蔬菜基地20万亩、总面积达170万亩，努力把江西打造成为长三角、粤港澳大湾区和"一带一路"的蔬菜供应基地。三是丰富食物供给体系。树立大食物观，推进果、茶、药、菇等高效经济作物发展，建设一批肉牛、肉羊大县，推进百万亩绿色高标准池塘改造行动和设施渔业发展。

2. 大力实施科技创新动力提升行动

强化科技赋能驱动，用高水平的农业科技和现代化的物质装备，破解资源禀赋制约，不断塑造农业发展新动能新优势。一是振兴种业发展。开展国家保护品种乐平猪（东乡花猪）等珍稀、濒危与特色地方品种抢救性收集工作，确保种质资源不流失；开展作物和畜禽水产良种联合攻关，遴选推广一批生产性能好、市场前景广、群众接纳度高的新品种，加快扶持一批"育繁推"一体化种业骨干企业，布局建设20个农作物和10个畜禽种业现代化基地，提高供种保障能力。二是开展技术攻关。坚持产业需求导向，深化24个产业技术体系建设，开展9项农业关键核心技术攻关，加快解决农业急需技术问题。加快构建"研发一个品种、建立一处基地、扶持一家企业、培育一个品牌、带动一方产业"的"五个一"成果转化推广模式，打通新品种、新技术进村入户"最后一公里"。三是补齐农机短板。扎实推进全程机械化综合农事服务中心、水稻机械化育秧中心建设，着力解决用地问题，力争水稻机械化种植率提高6个百分点以上。围绕特色经济作物和设施农业机械化开展技术攻关，推广先进适宜农机具，降低农业劳动生产成本，提高生产效率。创新农机购置与应用补贴办理方式，建设一批农机化示范基地，力争主要农作物耕种收综合机械化率达79%以上。

3. 大力实施乡村产业实力提升行动

围绕产业富民、龙头带动、加工增值、品牌强农等新理念，大力推行"一县一业""一村一品"，引导各地根据自身资源禀赋、风土人情，选准1~2个主导产业，不断增强乡村产业竞争力。一是做实"土"字文章。充分拓展农业多种功能、挖掘乡村多元价值，推进农业与旅游、康养等产业融合发展，推动乡村从主要"卖产品"，向更多"卖风景""卖体验"转变。二是做响"特"字文章。深入推进"赣鄱正品"品牌建设，培育一批"中国第一、世界有名"的农业品牌，创响一批"土字号""乡字号"等特色农产品品牌。三是做强"产"字文章。加快实施"外引头雁引航和内培雏鹰振飞"行动，引进一批优势企业来赣投资或合作，组建一批食品加工"领军型"企业，扶强一批食品加工"骨干型"企业；大力发展农产品精深加工，加快培育稻米、油料、果蔬、畜牧、水产5个千亿级主导产业链和茶叶、中药材2个百亿级特色产业链。

4. 大力实施绿色发展潜力提升行动

扎实推进部省共建江西绿色有机农产品基地试点省，深化农业面源污染治理，不断擦亮江西绿色"金字招牌"。一是护好生态。持续深化农药化肥使用、水产养殖污染、畜禽养殖污染等专项治理，加快推进畜禽粪污资源化利用、绿色种养循环农业试点、农业面源综合治理等项目建设。完成农业外来入侵物种普查，推进国家重点管理外来入侵物种防控。二是建好基地。大力推进部省共建江西绿色有机农产品基地试点省"个十百千万"行动，扎实开展国家农产品质量安全县和国家农业绿色发展试点先行区创建，实施

"三品一标"农产品提质增效三年行动，新建一批绿色食品原料标准化生产基地和有机农产品基地，力争全年新增300个以上绿色有机和地理标志农产品，全省绿色有机全产业链标准化基地达到200个。三是禁好渔。大力开展非法捕捞问题隐患排查治理，深挖禁捕执法监管漏洞不足，加大水生生物资源监测力度，完善修复措施，巩固好重点水域禁捕成效。稳妥推进赣江、抚河、饶河、修河、信江干流禁捕退捕工作，夯实退捕渔民保障措施，推进传统捕捞渔民全面退捕。

5.大力实施和美乡村魅力提升行动

聚焦"让农村基本具备现代生活条件"目标，加快建设宜居宜业和美乡村。一是抓整治建设。稳步推进农村厕所革命、农村垃圾和污水治理等农村人居环境整治项目，继续开展美丽宜居先行县动态监管和美丽宜居乡镇、村庄、庭院创建工作，确保2023年完成6000个省级村点整治建设任务。二是抓长效管护。针对管护不到位，村容村貌不如人意等突出问题，严格落实"五定包干"要求，加大村庄公共空间整治力度，大力开展村庄清洁行动，进一步强化"5G+"长效管护平台运维管理，持续提升群众的知晓率、关注率、参与率和满意率。三是抓乡村治理。按照"三治融合"理念，完善党组织领导的自治、法治、德治相结合的乡村治理体系，探索"互联网+"治理模式。继续深入乡村开展"听党话、感党恩、跟党走"宣传教育活动，大力推进农村移风易俗。

6.大力实施农村改革活力提升行动

持续深化农村改革，激活农业农村现代化的内生动能。一是做好改革试点。稳步推进农村承包地"三权分置"，促进承包地经营权规范有序流转。瞄准打造"江西宅改"样板的目标定位，稳慎推进农村宅基地制度改革试点，完善土地增值收益分配机制。深化垦区集团化农场企业化改革，开展样板国有农场建设。二是提升农业经营。实施家庭农场、农民合作社等新型经营主体提升行动，开展农民合作社质量提升整县推进试点，支持农业服务企业、农村集体经济组织和农民合作社等发展农业生产托管服务。三是盘活资产资源。推进集体"三资"管理平台建设，因地制宜积极建立健全农村产权流转交易体系建设，进一步盘活农村集体资源资产，发展壮大新型农村集体经济。特别是全省还有 3% 的行政村集体经营性收入没有达到 10 万元，各地要因村施策，加强指导服务，确保在 2023 年底前稳定在 10 万元以上。

参考文献

江西省乡村振兴局：《"奋力打造乡村振兴样板之地"新闻发布会》，2022 年 4 月 11 日。

邱烨：《持续推动党的二十大精神在江西"三农"领域落地生根开花结果——江西省农业农村厅党组书记、厅长江枝英接受人民网专访》，人民网，2022 年 12 月 10 日。

《习近平在中央农村工作会议上强调　锚定建设农业强国目标　切实抓好农业农村工作》，新华社，2022 年 12 月 24 日。

于文静：《加快建设农业强国　畅通城乡经济循环——访中央农办主任、农业农村部部长唐仁健》，《中国农垦》，2023 年第 2 期。

江西省文化和旅游厅：《省委农村工作会议召开，尹弘叶建春提出了这些要求》，2023 年 2 月 24 日。

B.6
江西城镇建设发展与展望

江西省住房和城乡建设厅课题组 *

摘　要： 2022年，江西城镇建设坚持以习近平新时代中国特色社会主义思想为指导，全面贯彻党的二十大精神，认真落实习近平总书记视察江西重要讲话和对住建工作重要指示批示精神，聚焦"作示范、勇争先"目标要求，持续深化城乡环境综合整治，扎实开展城市功能品质提升行动、城市更新行动、美丽乡镇建设行动，促进建筑业转型升级、房地产市场调控扎实有效，全力推动城镇建设事业高质量发展。2023年是全面贯彻落实党的二十大精神的开局之年，江西城镇建设将坚持稳中求进工作总基调，完整、准确、全面贯彻新发展理念，以推进"省部共建"为契机，奋力推进全省城镇建设事业高质量发展，为谱写全面建设社会主义现代化江西新篇章做出新的更大贡献。

---

* 课题组组长：李绪先，江西省住房和城乡建设厅党组书记、厅长，研究方向为城镇建设。课题组成员：刘卫国，江西省城镇发展服务中心主任，研究方向为城镇建设；江建国，江西省住房和城乡建设厅办公室主任，研究方向为城镇建设；陈志钢，江西省住房和城乡建设厅政策法规处处长，研究方向为城镇建设；任红丽，江西省住房和城乡建设厅住房保障处处长，研究方向为城镇建设；杜泰洪，江西省住房和城乡建设厅房地产监管处处长，研究方向为城镇建设；陈杰，江西省住房和城乡建设厅建筑监管处处长，研究方向为城镇建设；何师诞，江西省住房和城乡建设厅城市建设处处长，研究方向为城镇建设；王登平，江西省住房和城乡建设厅村镇建设处副处长，研究方向为城镇建设；万根华，江西省住房和城乡建设厅建筑节能与科技设计处处长，研究方向为城镇建设；林伟，江西省住房和城乡建设厅住房公积金监管处处长，研究方向为城镇建设；罗宇萍，江西省住房和城乡建设厅行政审批处处长，研究方向为城镇建设；汪源林，江西省住房和城乡建设厅城市管理处处长，研究方向为城镇建设；王晓霞，江西省住房和城乡建设厅计划财务审计处处长，研究方向为城镇建设；孙兆进，江西省住房和城乡建设厅人事教育处处长，研究方向为城镇建设；谢红星，江西省住房和城乡建设厅建设工程消防监管处处长，研究方向为城镇建设。

关键词： 省部共建　城市更新　城乡环境整治　高质量发展　江西

一　2022年江西省城镇建设发展

2022年，以迎接党的二十大、学习宣传贯彻党的二十大精神为主线，深入贯彻落实习近平总书记视察江西重要讲话和对住建工作的重要指示批示精神，认真落实省委、省政府各项工作部署，在住建部的精心指导下，聚焦"作示范、勇争先"目标要求，统筹疫情防控和事业发展，稳扎稳打、稳中求进，全省城镇建设发展迈出高质量发展坚实步伐。抚州、九江获批国家历史文化名城，实现"一年两批"新突破，是全国年度新增仅有的2座城市；赣州市城镇老旧小区改造、棚户区改造、发展保障性租赁住房工作获国务院督查激励；建筑业总产值首破万亿元大关，是实施链长制的14个重点产业中首个过万亿元的产业；城市功能品质提升、"保交楼"等工作获住建部肯定；装配式建筑发展、建立城市更新规划编制体系、发展保障性租赁住房等工作上榜全国可复制推广经验清单；江西省第一次全国自然灾害综合风险普查房屋建筑和市政设施调查工作一次性通过部级核查，调查进度全国第七。

（一）城市高质量发展成效显著

以建设人民满意城市为导向，落实"省部共建"实施方案，加快建设城市高质量发展示范省。

一是提升功能品质。健全"以城市体检评估为路径、以城市更新行动为载体、以城市功能品质提升为目标"的"三位一体"长效机制。对县城及以上城市深入开展"全覆盖"体检，同步开展省级第三方体检评估，加强体检成果实践应用。抓好城市更新国家试点，推进萍乡等15个市、县开展城市更新省级试点，实施一批城市更新项目。编制《南昌城市高质量发展建设方案》，落实强省会战略，支持南昌城市高质量发展。扎实推进城市功能与品质再提升十大行动，谋划实施城市功能品质提升项目6054

个，完成投资超 7000 亿元，新建升级一大批教育医疗、文化体育、社区配套等公共服务设施，以及地下管网、污水垃圾、园林绿化、交通路网和停车位等市政基础设施。新增城市公共停车位 14.98 万个，基本完成全省灰口铸铁管道和存在安全隐患的球墨铸铁管道的更新改造。新建成海绵城市项目 705 个，南昌入选全国第二批海绵城市建设示范城市。12 个高品质智慧社区（项目）建设试点完成投资 11.77 亿元，绿色社区创建达标率为62.84%。

二是狠抓环境整治。持续推进"减污""降碳""扩绿"行动，助力打造美丽中国"江西样板"。抓好中央环保督察反馈问题和长江经济带警示片披露问题的整改销号，深入开展污水处理提质增效攻坚行动，城市污水集中收集率较 2021 年提高 5.92 个百分点。推进黑臭水体再排查再治理，已完成整治的设区市建成区黑臭水体保持"长治久清"，县级城市建成区黑臭水体消除比例达 50%。推进实施《江西省生活垃圾管理条例》，完善分类设施，加强试点示范，深入推进垃圾分类。新建成生活垃圾焚烧发电厂 1 座，扩建1 座，新增日处理能力 2200 吨；新建成厨余垃圾集中式处理设施 7 座，新增日处理能力 530 吨。出台关于推进全省城市园林绿化高质量发展的意见，加强公园、林荫路和绿道等建设，着力构建分布均衡、结构合理、环境优美的城市园林绿地系统。截至 2022 年底，全省 20 个市县、31 个建制镇达到省生态园林城市（镇）建设标准，建设城市"口袋公园"184 个、面积 84万平方米，新增城市绿道约 470 公里。

三是突出风貌塑造。推进城市整体建设与布局，打造更能体现地域特征和时代风貌的城市。强化城市建筑管控。印发《关于推进城乡建设绿色发展的实施方案》、《江西省城乡建设领域碳达峰实施方案》及《江西省住房城乡建设领域"十四五"建筑节能与绿色建筑发展规划》等文件，推进城乡建设绿色低碳发展。强化民用建筑节能强制性标准执行检查，推广节能新技术新产品应用，做好超限高层建筑工程抗震设防审批。提升城市文化底蕴。制定关于在城乡建设中加强历史文化保护传承的若干措施，2022 年全省新增国家历史文化名城 2 座、省级历史文化名城 1 座、省级历史文化街区

7 片。制定出台文件，大力推进老旧厂房保护利用，拓展文化空间，推动城市风貌提升与产业融合。

四是推动多元共治。突出法治保障、科技支撑，积极打造共建共治共享的新治理格局，提升城市良法善治、友好温馨、安全韧性品质。强化城市管理效能。基本建成省级城市运行管理服务平台，深化城市管理执法协作机制改革，规范城市管理执法行为和执法监督，制定城市市容环卫首违不罚指导清单，持续推进"城管进社区、服务面对面"行动。健全物业管理机制。探索党建引领社区物业治理，出台物业服务企业信用信息管理办法、业主大会和业主委员会指导规则。增强城市安全韧性。压实城市运行领域安全生产责任，深入开展管线管廊、城市燃气、排水防涝等安全整治，扎实做好城市供水安全保障，积极有效应对超历史旱情。

（二）村镇建设绘就美丽画卷

切实做好美丽乡镇建设、农房风貌管控、传统村落保护等重点工作，围绕农房建设、村庄建设、县镇辐射、发展水平等内容开展乡村建设评价，提升村镇建设管理水平。

一是深入实施美丽乡镇建设五年行动。加快推进美丽乡镇建设九大专项攻坚行动，谋划项目 7000 余个，完成投资 260 亿元，百余个乡镇初步达到美丽乡镇示范类建设标准。全省共 90 个县（市、区）及功能区实现农村生活垃圾第三方治理全域覆盖。全省共有 615 个建制镇具备生活污水处理能力，占全省建制镇总数的 85%，远高于全国平均水平。

二是有序推进农房风貌管控。选取 10 个县（市、区）开展农房风貌管控试点，23 个行政村开展农房和村庄建设现代化试点。征集新时代美丽乡村优秀农房设计方案，编制符合江西实际的农房设计方案图集。按时完成农村危房改造和农房抗震改造任务，动态监测全省 135 万余户农村低收入群体等重点对象住房安全情况，监测确认的危房全部进入改造计划并组织改造。

三是切实抓好传统村落保护利用。全省新增 70 个村落列入第六批中国传统村落公示名单，入选数量全国第一。抚州市完成全国传统村落集中连片

保护利用示范任务，吉水县、瑞金市被列入全国 2022 年传统村落集中连片保护利用示范县（市）。积极探索党建引领传统村落保护新模式。

（三）居民住房条件持续改善

扎实推进保障性住房建设，加快完善配套基础设施，努力改善居民住房条件。

一是抓好保障性租赁住房建设。组织开展住房需求和存量土地、房屋资源情况调查摸底，加快项目开工建设，积极扩大保障性租赁住房供给。2022年，全省新建（筹集）保障性租赁住房 6.31 万套（间）。

二是抓好棚户区改造。通过拓宽融资渠道、推进长效管理、强化激励考核等举措推进城市棚户区改造。开展城市棚户区改造攻坚行动，助力扩内需、稳增长。2022 年，全省开工改造棚户区 7.97 万套房屋，开工率 100.8%。同时，持续推进安置住房逾期交付等问题排查整改。

三是抓好城镇老旧小区改造。2021 年城镇老旧小区改造计划任务全部完工，2022 年计划任务的 34.34 万户全部开工，当年完工 40.91 万户。加强既有住宅加装电梯与老旧小区改造工作的统筹，切实解决好群众"上下楼难"问题。既有住宅加装电梯新增审批通过 1064 台，完成加装 909 台。

四是抓好公租房建设管理。建设公租房 2623 套，发放租赁补贴 8.39 万户。深入开展公租房转租转借等违规行为整治，健全公租房管理长效机制。从提高实物保障比例、提高租赁补贴标准、建立动态监测机制等方面发力，进一步做好城镇困难群众住房保障工作。

五是抓好自建房安全隐患排查整治。全省累计排查自建房 1192.67 万栋，其中排查经营性自建房 54.87 万栋，对存在安全隐患的 6481 栋经营性自建房采取了管控措施。制定加快推进城中村和老旧房屋改造的指导意见，进一步改善人民群众居住环境。建立调查系统，高效完成第一次全国自然灾害综合风险普查房屋建筑和市政设施调查工作。

六是抓好住房公积金监管。充分发挥住房公积金的作用，2022 年全省归集额突破 600 亿元，发放贷款 290 亿元，支持职工购房面积约 770 万平方米。

（四）房地产市场调控扎实有效

毫不动摇坚持"房子是用来住的、不是用来炒的"定位，稳妥实施房地产长效机制，房地产市场供需两端部分指标好于全国平均水平。

一是坚持协同发力，落实三稳目标。进一步完善联席会议机制，强化房地产市场调控工作协调联动，制定完善"一城一策"长效机制工作方案，加强市场形势分析、预警提示、调研督导，切实稳地价、稳房价、稳预期。

二是坚持因城施策，支持合理需求。出台促进房地产业良性循环和健康发展的指导意见，各地因城施策完善调控政策"工具箱"，开展房地产消费季活动，支持刚性和改善性住房需求。

三是坚持稳字当头，守住风险底线。优化预售资金监管制度，制定个别头部房企逾期交付风险化解处置"三保"工作方案，积极申报国家专项借款支持已售逾期难交付住宅项目建设，深入推进整治规范房地产市场秩序三年行动，着力攻坚房地产领域涉稳突出矛盾问题风险排查化解。

（五）建筑业支柱地位更加稳固

深入实施房地产建筑产业链链长制，开展推动建筑业高质量发展、冲刺总产值过万亿元百日行动，建筑业年产值首次突破万亿元大关。

一是规模与效益双升。2022年，全省建筑业总产值达1.06万亿元，总量列全国第12位，较2021年前移1位；增速列全国第5位。建筑业入库税收占全省入库税收比重为7.2%，增加值占GDP的比重为8.1%，对经济社会发展、城乡建设和民生改善发挥了重要作用。

二是绿色与智能同驱。2022年，全省新竣工绿色建筑面积达4000万平方米；开工装配式建筑面积约3700万平方米，占总建筑面积的比例达31%；新增省级装配式建筑产业基地28家，6家企业申报第三批国家级装配式建筑产业基地。积极推进房屋市政工程绿色施工和智慧工地建设，评选17个BIM技术应用示范项目、11个智能建造绿色建造案例。

三是质量与安全并进。持续提升在建工程实施质量管理标准化、执行质

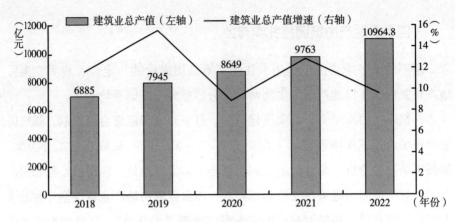

图1　2018～2022年江西省建筑业总产值及增速

资料来源：国家统计局、江西省住房和城乡建设厅。

量首要责任制度和混凝土举牌验证制度的覆盖率。2022年，全省新增中国建设工程鲁班奖4项、国家优质工程奖7项。持续推进房屋市政工程安全生产治理行动，深入开展全省房屋市政工程预防高处坠落、坍塌、物体打击事故专项整治和建筑起重机械安全专项检查，全面排查整治疫情隔离观察场所和已开复工项目复工人员集中居住场所安全风险隐患。全省房屋市政工程领域生产安全事故实现"双下降"，降幅均达50%以上。

（六）住建领域"放管服"改革落地见效

深入推进发展和改革双"一号工程"，落细落实稳经济一揽子政策措施，助力优化营商环境、巩固良好发展态势。

一是"放"出活力。加大工程建设项目审批制度改革力度，全面优化"办理建筑许可"营商环境，全流程审批事项清单由79项精简为44项。制定工程建设项目全流程审批计时规则，实现各地工程审批系统办件信息全部共享至省"一窗式"综合平台。全年通过工程建设项目审批系统办理审批10万余件，平均审批用时51个工作日，比2021年减少1个工作日，住建领域市场活力得到充分激发。

二是"管"出公平。开展转包挂靠出借资质等违法违规行为专项整治，建立住建、法院、公安、检察、审计等部门线索移交联动机制，全省共查处转包挂靠出借资质案例827起，罚没金额2.85亿元，公布违法违规典型案例23批166起。开展工程建设领域职业资格人员"挂证"行为排查，强化建筑施工、勘察设计、招标投标等行业信息公开、信用评价体系建设，营造更加公平有序的市场环境。

三是"服"出效率。稳妥实施资质审批权限调整，优化资质证书有效期延续、工程业绩核查、施工图审查改革、造价服务等事项。"获得用水用气"材料、环节、时限持续压缩，全省各地企业用水用气报装均实现"1份材料、2个环节、3个工作日"，所有县（市、区）对用水用气报装涉及外线工程审批实施了"一窗受理"，并开通了网上（掌上或电话）报装业务。持续推进不见面开标、异地评标，房屋市政工程不见面开标率达85%。大力推进住房公积金全程网办、线上办、掌上办、商转公等便民惠民业务，服务效能不断提升。全面清退省属工程项目历史留存的农民工工资保证金，加大保函形式缴纳各类保证金力度，为建筑业企业减轻约492亿元现金缴存负担。

二　面临的挑战与问题

2022年以来，全省上下深入贯彻习近平总书记视察江西重要讲话精神，坚决落实党中央"疫情要防住、经济要稳住、发展要安全"重要要求，全面做好稳增长、防风险、保稳定、惠民生等各项工作，全省经济运行恢复回稳快、动能后劲足、区域协调好，实现了稳中有进、稳中向好，但仍然面临一些挑战和问题。

一是产业转型步伐还不够快。房地产市场下行压力仍然较大，建筑业核心竞争力不强，施工总承包12个类别的资质中，铁路、港航、冶金等7个类别的特级资质为零，施工总承包高等级企业（特级、一级）占比仅为2.1%，绿色建筑、装配式建筑发展还不平衡。二是城市发展质量还不够好。城市基础设施、配套服务还有短板，生活垃圾分类前端投放精准度、生活污

水收集处理效能需要进一步提升。三是基层治理水平还不够高。安全生产形势依然严峻，物业管理、城市管理等领域距群众期盼需求有差距，数字化发展水平还不高。这需要全省城镇建设系统时刻保持清醒头脑，辩证看待"危"与"机"、科学把握"时"与"势"，充分调动一切积极因素、用好一切政策举措、挖掘一切潜力资源，不断开辟事业发展新境界。

三 2023年江西省城镇建设展望

2023年全省城镇建设工作思路是：坚持以习近平新时代中国特色社会主义思想为指导，全面贯彻党的二十大和中央经济工作会议精神，深入贯彻习近平总书记视察江西重要讲话精神和对住建工作的重要指示批示精神，坚决落实江西省委十五届三次全会、省委经济工作会议和全国住建工作会议部署安排，坚持稳中求进工作总基调，完整、准确、全面贯彻新发展理念，聚焦"作示范、勇争先"目标要求，以推进"省部共建"为契机，以城市功能品质再提升、美丽乡镇建设两大行动为抓手，以促进房地产市场平稳健康发展、推动建筑业转型升级为重点，以创新驱动、深化改革为引擎，不断在增进民生福祉、创造高品质生活、推动绿色发展、保障质量安全上展现新作为，奋力推进全省城镇建设事业高质量发展，为谱写全面建设社会主义现代化江西新篇章做出新的更大贡献。

（一）千方百计提品质

以"省部共建"为契机，按照再提升方案的要求，进一步完善城市功能、提升城市品质，让城市更加宜居、更具韧性、更为智慧。

一是认真抓好省部共建。落实"省部共建"战略合作框架协议，深入推进城市高质量发展示范省建设。健全城市体检评估机制。制定城市体检评估办法，进一步提高城市体检评估实效性，兼顾整体性和颗粒度，完善由部省基础指标、城市特色指标、问题监测指标、社情民意指标等构成的城市体检评估指标体系。常态化开展城市自体检和第三方体检评估，探索开展完整社区、安全韧性等专项体检。建设并用好城市体检评估省级信息平台，加强城市体检数据管理、评价和监测预警。健全体检成果转化机制。根据城市体检中发现的问题，"对症"建立项目库，"靶向"实施更新改造。继续开展"城市体检转化城市更新项目优秀案例"评选活动，推动市县创新实践。

二是全面推进城市功能与品质再提升行动。深入实施再提升十大行动，精准、高效、系统谋划重大工程项目，加快解决群众诉求强烈的城市短板弱项问题，打造高品质生活空间。推进高品质智慧社区、完整社区试点建设，打造一批社区样板。系统化全域推进海绵城市建设，力争38%的建成区达到海绵城市建设要求。持续推进国家园林城市（县城）、省级生态园林城市（镇）创建，强化"口袋公园"、城市绿道建设，扩大城市公园开放共享，推动城市园林绿化高质量发展。多渠道增加城镇公厕数量，完善城镇公厕布点及管理。开展城市公共停车设施提质增量补短板专项行动，各城市基本建立健全停车设施建设和管理的体制机制，建成一批停车示范设施项目。加强无障碍和养老服务设施建设管理，推进创建国家无障碍建设示范城市（县），推进适老化、适儿化改造，打造有温度、有亲和力的"全龄友好社区"。加强历史文化名城、街区、建筑保护规划的实施管理，推进评估划定和活化利用。建设升级城市信息模型（CIM）基础平台、城市运行管理服务平台，研究制定城市精细化管理地方标准。深化"强基础、转作风、树形象""城管进社区、服务面对面"专项行动，强化城管执法监督能力，建设更方便、更舒心、更美好的人民满意城市。

三是大力实施城市更新行动。探索构建"城市更新专项规划—城市更新行动计划—城市更新项目实施方案"三级建设规划体系。研究制定城市更新政策法规和技术标准，着力推进国家和省级城市更新试点。因城分区分类分时实施城市更新，扎实推进既有建筑和旧城区、旧街区、旧厂区改造利用。

（二）凝心聚力助优居

加快建立多主体供给、多渠道保障、租购并举的住房制度，让更多人实

现从"住有所居"向"住有优居"的转变。

1. 不断完善住房市场体系

坚持"房子是用来住的、不是用来炒的"定位，压实城市主体责任，强化省级监督指导，充分发挥房地产市场会商协调暨涉稳风险防范处置联席会议机制作用，加强部门协调联动，更好地支持刚性和改善性住房需求，推动房地产业向新发展模式平稳过渡，促进房地产市场平稳健康发展。一是稳预期、增信心。把稳预期放在更加重要的位置，合力稳地价、稳房价，落实房地产成交价格申报制度，适度调控房价波动幅度，避免地价、房价大幅波动冲击供需两端信心。二是优供给、促投资。建立"人、地、房、钱"四位一体新机制，以需求为导向科学配置土地、金融资源要素，加快房地产项目周边基础和公共服务设施建设进度。支持在建商品房项目在不违反国家法律政策的前提下优化住房户型结构设计，提高住房建设标准，打造"好房子"样板，推动党建引领社区物业治理，加强物业服务企业信用信息管理，提升物业服务水平，以有效供给引导释放有效需求。三是稳销售、扩需求。因城施策、精准施策，进一步优化完善房地产政策，落实、延续已出台的调控措施，清理调整不合理的行政限制性措施，用足用好房贷利率动态调整机制。全力支持购买第一套住房，合理支持以小换大、以旧换新、生育多子女家庭等购买第二套住房，不给投机炒房者重新入市留有空间。稳步提高棚户区改造项目货币化安置比例，支持以购代建方式筹集政策性住房。四是保主体、促循环。认真落实留抵退税、金融十六条等惠企纾困政策，重点增加房企开发贷、并购贷和购房人按揭贷，满足行业合理融资需求，推动行业重组并购，改善房企资产负债状况，帮助企业走出阶段性困境。五是防风险、保稳定。鼓励有条件的城市探索现房销售，逐步提高商品房预售条件，优化预售资金监管，防范增量风险。深入开展"保交楼、稳民生"攻坚行动，做实"一楼一策"方案，加快资产处置，推动两批次专项借款支持的已售逾期难交付商品住宅项目及时建成交付。持续规范房地产市场秩序，开展房地产领域涉稳风险矛盾纠纷排查整治攻坚行动，保持房地产领域社会大局稳定。

2. 不断完善住房保障体系

以大力发展保障性租赁住房为重点，着力解决城镇户籍低保低收入家庭以及新市民、青年的住房困难问题，更好实现"有房住""住得好"。一是大力推进城镇老旧小区改造。加强政策引导，动员群众参与，坚持改造标准、注重改造质量、强化后续管理。2022 年的计划任务要尽快全面完工。纳入 2023 年计划任务的 1245 个小区、37.57 万户，完工率要达到 75%。二是大力推进城市棚户区改造攻坚行动。结合自然灾害房屋普查等成果，将符合当地棚户区改造范围和标准的城市危房纳入棚户区改造计划，优先改造。2023 年计划改造的 13.2 万套棚户区，货币化安置和异地建设安置房的项目 8 月底前要全面开工，就地建设的 10 月底前要全面开工。已经开工的项目要加快建设，早日竣工交付。三是大力发展保障性租赁住房。建立保障性租赁住房项目库，落实土地、财税、金融、民用水电气价格等支持政策。积极引导企事业单位、园区企业、房地产开发企业、住房租赁企业、集体经济组织等各类主体发展保障性租赁住房。利用存量房屋、存量土地，采取改建、改造、收购、新建等多种方式增加保障性租赁住房供给。支持有条件的地方试点发行基础设施领域不动产投资信托基金（REITs），盘活存量资产，拓宽融资渠道。高质量完成新开工（筹集）保障性租赁住房 16.58 万套，基本建成 2.33 万套（间）的目标任务。四是大力加强公租房管理。对城镇户籍低保低收入住房困难家庭依申请应保尽保。全年新建（筹集）公共租赁住房 596 套，发放租赁补贴 7.23 万户。完善公共租赁住房常态化申请、审核、复核制度，提升服务效能。加快推进公共租赁住房管理数字化、智能化，进一步提升居住品质，健全退出机制。五是大力发挥住房公积金作用。深入实施全省住房公积金服务提升三年行动，推进服务标准化规范化便利化。优化政策措施，大力支持新市民、青年提取公积金租房，支持居民住房合理消费。

（三）持续深入优化环境

加快完善环境基础设施建设，深化城乡环境综合整治，全力建设宜居宜

业美丽城乡。

一是持续优化城市环境。加大农贸市场、老旧小区、城郊接合部、校园等重点区域环境整治力度，持续抓好中央环保督察反馈问题整改。实施城镇生活污水处理提质增效攻坚行动，加快补齐城镇生活污水收集处理设施短板，启动第二批省级污水处理提质增效示范工作。健全防止返黑返臭的长效机制，巩固设区市建成区黑臭水体治理成效，大力推进县级城市和县城建成区黑臭水体整治。加强垃圾分类设施建设，不断提升生活垃圾回收利用率和资源化利用率，加快实现原生生活垃圾"零填埋"，力争设区市中心城区生活垃圾回收利用率保持在35%以上，县（市）生活垃圾回收利用率达30%以上。推进建筑垃圾分类收集、分类运输、分类处理，鼓励采用先进技术、工艺、设备推进建筑垃圾源头减量。

二是持续建设美丽乡镇。围绕"年年有变化、三年大变样、五年创特色"，全省基础类、提升类乡镇继续实施九大专项攻坚行动，2023年底前基本消除脏、乱、差现象。示范类乡镇着眼完善镇区功能，不断提升品质，其中第一批示范类乡镇完成建设任务，力争建成200个以上示范类乡镇。补齐农村生活垃圾收集转运短板，因地制宜建设一批资源化处置利用设施，开展美丽乡镇建设行动的所有示范类乡镇全部开展生活垃圾分类。进一步提高建制镇生活污水处理设施覆盖率，实现"五河一湖一江"沿岸建制镇生活污水处理设施全覆盖，美丽乡镇第一批示范类乡镇初步实现建成区生活污水"零直排"。落实国家新型城镇化规划要求，因地制宜建设现代化小城镇。

三是持续提升农村风貌。印发工作方案推进"党建+传统村落保护"，积极支持全国传统村落集中连片示范县（市）建设，继续开展传统建筑调查、认定、挂牌、建档，更好地实现整体保护、合理利用、传承发展。着力整治村庄内部、道路沿线环境卫生"脏乱差"等问题，深入开展乡村建设评价，推动创建美丽宜居村庄示范。制定关于推进农房质量安全提升工程的实施意见，推广应用农房图集，加强乡村建设工匠培训和服务管理，提升农房建设品质。推进农房风貌管控、农房和村庄建设现代化试点建设，年底对试点工作检查验收。

（四）多措并举促转型

以建筑业产值迈上万亿元台阶为新起点，以建筑业工业化、数字化、绿色化为方向，持续做大做强做优"江西建造"品牌。

一是聚力增强综合实力。出台建筑业发展"十四五"专项规划，推进建筑企业综合实力提升行动。加大对龙头骨干企业的培育支持力度，鼓励建筑业企业通过重组、联合、兼并、股份合作等形式做大做强。拓宽企业经营范围，支持骨干建筑业企业采用联合体投标方式参与重大基础设施项目建设。鼓励企业"走出去"发展，拓展省外国外工程建设市场。支持建筑业企业发挥优势向上下游产业延伸，向"投建营一体化"模式转型。推动符合条件的建筑业企业挂牌上市、发行债券。力争 2023 年全省建筑业总产值增长 9% 以上。

二是加快促进绿色转型。深入实施房地产建筑产业链链长制，促进建筑业转型升级，推动智能建造与新型建筑工业化协同发展。加强 BIM 技术、绿色建材及其他新材料新工法新产品推广应用，加快构建以市场为导向、企业为主体、产学研深度融合的绿色低碳技术创新体系。提高星级建筑占比，鼓励建设超低能耗、近零能耗、零碳建筑。发展装配式建筑，推进钢结构装配式住宅建设试点，指导赣州市、抚州市开展装配式建筑国家示范，打造一批装配式建筑龙头企业。积极推广循环生产方式，实施绿色施工，严格施工扬尘管控。

三是着力整治市场秩序。持续推进建筑工人实名制管理，深入开展房屋市政工程领域转包挂靠出借资质等违法违规行为整治，进一步完善建筑施工企业信用评价机制和违法违规行为线索移送机制，提升信息化监管水平，严肃查处、通报一批违法违规行为。

（五）全力以赴保安全

以"时时放心不下"的责任感抓好安全生产工作，建立安全生产信息员制度，提高防灾减灾救灾和应急保障能力。扎实推进安全生产风险专项整

治，坚决守住不发生重特大安全事故的底线，有效控制较大事故，尽可能减少一般事故。

一是大力加强建筑施工质量安全监管。巩固提升房屋市政工程安全生产治理行动，聚焦危大工程、事故多发等重点领域开展专项整治。加大质量手册、举牌验证制度贯彻落实力度，开展质量常见问题治理。推进房屋市政工程智慧工地建设，制定实施"智慧工地"检查标准和"智慧工地"评价办法，提高施工现场数字化、智能化水平，推进建设工程设计、施工、验收、运维闭环管理。

二是持续强化城市安全运行管理。推进人防物防技防相结合，实施城市燃气管道等老化更新改造，因地制宜推进城市地下综合管廊建设。扎实开展城市燃气、管线管廊、城市供水和排水防涝、城市道路桥梁、生活垃圾处理设施、高空广告牌等安全整治。根据安排启动城市基础设施生命线安全工程建设，不断完善城市安全运行体系。

三是深入开展房屋安全隐患排查整治。完成全省自建房安全隐患排查任务，持续开展经营性自建房分类整治，压实产权人、使用人的主体责任和成员单位的行业监管责任，逐步完善自建房长效监管机制。进一步强化农村低收入群体等重点对象住房安全动态监测，持续实施农村危房改造和农房抗震改造。开展既有建筑外立面安全隐患排查，专项整治既有建筑外墙开裂、附着物掉落等问题。推进城中村和老旧房屋改造，力争到2025年底基本完成城市（含县城）建成区范围内的城中村和老旧房屋改造任务。此外，探索研究房屋体检、养老、保险制度，为房屋提供全生命周期保障。建立全省房屋建筑和市政设施专业数据库，推进房屋建筑和市政设施调查数据成果利用。

（六）改革创新添动力

点燃改革和创新"两大引擎"，聚焦重点领域重点问题，加大改革创新力度。

一是全面深化改革。认真贯彻党中央、国务院和省委、省政府关于深化

"放管服"改革、营商环境优化升级"一号改革工程"决策部署，深化重要领域和关键环节改革，不断破除体制机制障碍。深化全省工程建设项目审批制度改革，完善"一张蓝图"底图数据，力争时限再压缩、流程再优化、措施再创新、效能再提升。深化城市管理执法体制改革，强化城市管理执法监督。深入推进"放管服"改革，进一步简政放权。进一步深化工程消防审批改革，提升工程消防审批质量，加快推进工程消防科技创新。依托省建设工程学校新校区，推动省部共建"建设工程火灾实验室"，推动工程消防产学研一体化，助力培育壮大南昌经开区消防产业园。

二是加快制度创新。按照住建部的部署，结合江西实际，全面梳理增量扩张发展阶段形成的一系列政策和基础性制度，做好"废、改、立"工作，加快形成与高质量发展要求相适应的新的制度体系、新的发展模式。

三是推进"数字住建"。坚持目标导向、问题导向和效果导向，提高工作站位，运用 VR、5G、大数据、云计算、物联网、元宇宙等新技术，依托"住建云"，整合各类系统，构建"1+2+N""智慧住建"平台，增强数字驱动和数字赋能作用。重点聚焦住建领域长期存在的痛点难点堵点问题，突出顶层设计和规划引领，以全省统筹建设促管理，以数据共享促融合，推进智慧建造、智慧住房、智慧城管、智慧村镇等 N 个功能板块，持续提质增智，推动数字技术与住建领域全面深度融合，切实提高住建领域数字资源利用水平和信息化服务能力。

参考文献

习近平：《高举中国特色社会主义伟大旗帜　为全面建设社会主义现代化国家而团结奋斗——在中国共产党第二十次全国代表大会上的报告》，新华社，2022 年 10 月 25 日。

杨若男、孙宇枫：《全面学习贯彻党的二十大精神　奋力开创住房和城乡建设事业高质量发展新局面》，《中国建设报》2023 年 1 月 18 日，第 01 版。

江西省住房和城乡建设厅：《全省住房和城乡建设工作会议召开》，2023 年 1 月 17 日。

B.7
江西文化和旅游发展与展望

江西省文化和旅游厅课题组*

摘　要： 2022 年，江西省文化和旅游系统认真落实江西省委、省政府决策部署，深入学习贯彻党的二十大和习近平总书记视察江西重要讲话精神，按照"疫情要防住、经济要稳住、发展要安全"的重要要求，统筹推进疫情防控和文旅行业发展，推动文化强省、旅游强省建设取得新成效。2023 年是贯彻落实党的二十大的开局之年，全省文化和旅游工作将聚焦"作示范、勇争先"目标要求，完整、准确、全面贯彻新发展理念，加快建设更具创造力、创新力、竞争力、影响力的文化强省和更高质量、更强实力、更具影响、更优治理的旅游强省。

关键词： 文化旅游　高质量发展　文化强省　旅游强省　江西

一　2022年江西省文化和旅游发展成效

　　一年来，在江西省委、省政府的坚强领导下，全省文化和旅游系统坚持以习近平新时代中国特色社会主义思想为指导，深入学习贯彻党的二十大和习近平总书记视察江西重要讲话精神，聚焦"作示范、勇争先"目标要求，

---

　　* 课题组组长：梅亦，江西省文化和旅游厅党组书记、厅长，研究方向为文化和旅游。课题组副组长：陈晓平，江西省文化和旅游厅党组成员、副厅长，研究方向为文化和旅游。课题组成员：张爱辉，江西省文化和旅游厅政策法规处副处长，研究方向为文化和旅游；曾本珺，江西省文化和旅游厅政策法规处二级主任科员，研究方向为文化和旅游；陈佳娜，江西省旅游规划设计研究院院长助理、研究所所长，研究方向为文化和旅游。

统筹推进疫情防控和文旅行业发展，推动全省文化和旅游工作取得新成效，为促进全省经济社会高质量发展贡献了文旅力量。

一是艺术创作出新出彩。以"喜迎二十大　奋进新时代"为主题，策划举办第八届江西艺术节，8 大主体活动、15 项系列活动和 2 个线上活动精彩纷呈，充分彰显了"艺术的盛会　人民的节日"办节宗旨。举办汤显祖国际戏剧交流月，峥嵘印记——纪念八一南昌起义、秋收起义、井冈山革命根据地创建 95 周年全国版画作品展等系列展演展览活动，为迎接党的二十大胜利召开营造了浓厚氛围。聚力打造舞台艺术精品，赣南采茶戏《一个人的长征》荣获第十六届精神文明建设"五个一工程"奖，主演杨俊荣获第十七届文华表演奖；江西大鼓《好心缘》荣获第十九届群星奖；青春版·赣剧《红楼梦》等一批优秀剧目成功登上舞台。持续深化国有文艺院团改革，加快推进"一县一团"建设，新增 5 家县级国有文艺院团，江西文演集团深化国有文艺院团改革案例入选文化和旅游部深化国有文艺院团改革创新优秀案例。

二是公共服务提质增效。加快推进省赣剧院新院、江西艺术职业学院新校区建设，聚力打造江西文化新地标。创新公共文化服务供给，打造了 539 个城市书房、文化驿站等新型公共文化空间，推动全省图书馆、文化馆和博物馆夜间开放，有力满足了广大市民的精神文化需求。策划开展"百馆千万场　服务来共享"系列群众文化活动，省、市、县、乡、村五级公共文化服务机构联动，形成全民共享"文化大餐"的浓厚氛围。广泛开展"书香赣鄱"全民阅读、"江西省第十三届少儿艺术节"等品牌文化活动，组织国有文艺院团送戏下乡、进社区演出 1 万余场，深受群众好评。积极推进志愿者服务，江西省博物馆、南昌八一起义纪念馆志愿服务项目入选"全国博物馆志愿服务典型案例"。

三是遗产保护取得实效。加强顶层设计，出台《关于让文物活起来扩大中华文化国际影响力的实施方案》《关于推进博物馆改革发展的实施意见》等文件。推进考古发掘和遗址保护利用，景德镇御窑遗址申报世界文化遗产项目加快推进，樟树国字山战国墓葬入选"2021 年度中国六大考古新发现"，长江中下游早期稻作农业社会的形成考古研究项目列入"考古中

国"重大项目。全省新增抚州市、九江市 2 个国家历史文化名城和 70 个中国传统村落,吉水县、瑞金市入选 2022 年全国传统村落集中连片保护利用示范县。推进革命文物保护利用,深入实施革命文物集中连片保护利用工程,开展首批 10 个革命文物保护利用示范县创建,组织全省第二批革命文物名录核定公布。全面提升全省博物馆陈展水平,1 个展览荣获"全国博物馆十大陈列展览精品特别奖",9 个展览入选新时代十年全国博物馆陈展精品,6 个展览入选国家文物局 100 项年度推介展览。非遗传承卓有成效,"中国传统制茶技艺及其相关习俗"(赣南客家擂茶制作技艺、婺源绿茶制作技艺、宁红茶制作技艺)列入联合国教科文组织人类非物质文化遗产代表作名录,实现全省在该项目上"零的突破"。

四是文旅产业加快复苏。统筹疫情防控和文旅产业发展,推动出台《关于有效应对疫情支持文化和旅游企业纾困解难的若干措施》《关于进一步帮扶文旅企业纾困发展的若干措施》。召开全省文化和旅游产业链工作推进会,开展中小企业服务月活动,通过"文旅贷""文企贷"等平台为文旅企业发放贷款 273.69 亿元,暂退旅行社旅游服务质保金 2.56 亿元,拨付各类纾困资金 4960 万元,让广大文旅企业在市场"寒冬"中感受到政府的"温暖"。强化产业链招商,省、市、县三级联动开展 800 余场文旅招商活动,新签约文旅项目 359 个,签约总金额达 2415.55 亿元,落地项目 279个,总投资达 1677.44 亿元。持续激发文旅消费潜能,创新开展"百城百夜"文旅消费季活动,扩大文旅夜消费服务供给,活动累计实现文旅消费449.39 亿元。开展线上"双创赣鄱"活动,累计开展 1.9 万余场线上线下活动,实现文旅消费 553.22 亿元。景德镇市获国务院文化和旅游产业领域督查激励,新增 6 个国家级夜间文旅消费集聚区。

五是文旅产品提档升级。积极争创国字号文旅品牌,全年新增 1 家国家5A 级旅游景区、24 家国家 4A 级旅游景区,新增 2 家国家级旅游度假区、2家国家工业旅游示范基地、1 家国家级旅游休闲街区、1 家国家旅游科技示范园区。推动文旅产品提质升级,井冈山入选全国首批红色旅游融合发展试点名单,庐山、井冈山、武功山入选文化和旅游部《2022 年旅游景区质量

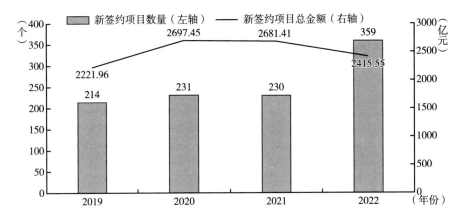

图 1　2019～2022 年江西省新签约文旅项目数量及总金额

资料来源：江西省各设区市文化和旅游部门。

提升案例汇编》。3 个镇、7 个村获评全国乡村旅游重点村镇，12 条线路入选全国乡村旅游精品线路。江西文创旅游商品在 2022 中国旅游商品大赛（健康主题）中斩获 1 金 2 银 3 铜佳绩。推进智慧文旅建设，成功组建江西省文化和旅游产业陶瓷科技创新联合体，助推陶瓷文化和旅游创造性转化、创新性发展。持续推进"一部手机游江西"项目建设，"云游江西"平台注册用户数突破 1290 万。4 个项目获 2022 年全国文化和旅游数字化创新实践"十佳案例"和"优秀案例"。

表 1　2022 年江西省及周边六省重点文旅品牌数量对比

单位：个

品牌名称	江西省	浙江省	安徽省	福建省	湖北省	湖南省	广东省
国家 5A 级景区	14	20	12	10	14	11	15
国家 4A 级景区	214	239	210	115	174	164	192
国家级旅游度假区	4	8	1	1	2	3	2
国家级旅游休闲街区	1	3	2	3	1	2	2
国家级夜间文化和旅游消费集聚区	11	12	8	11	7	10	11
全国乡村旅游重点村	51	54	47	49	52	48	45
全国乡村旅游重点镇	6	7	6	6	7	6	6

资料来源：文化和旅游部及各省市文化和旅游部门，统计截至 2022 年 12 月 31 日。

六是品牌影响持续扩大。成功举办第五届"阿拉伯艺术节",中央政治局委员、中央书记处书记、中宣部部长李书磊同志亲临开幕式现场,宣读了习近平总书记的重要贺信并致辞。艺术节期间举办了中阿文化产业论坛、阿拉伯知名艺术家访华采风精品展、"丝路遗珍"中国古代外销瓷展、"域见阿拉伯"风情创意市集等一系列交流活动,为深化中阿战略伙伴关系、构建面向新时代的中阿命运共同体贡献了江西力量。顺利举办2022中国红色旅游博览会、全省旅游产业发展大会等重大文旅活动。举办首届"江西风景独好"云端旅游推介会,及"全国学子嘉游赣""红土情深嘉游赣""2022迎冬奥·温暖过年嘉游赣""2022不负春光嘉游赣""红五月,再出发"等一系列宣传推广活动,完成中央电视台《长征之歌》专题片拍摄、"江山多娇——探访国家文化公园"系列融媒直播活动。与新媒体联合打造"嘉游赣"系列IP,"dou来嘉游赣"抖音话题全年播放量达26.7亿次,话题阅读量达60亿次。江西省新媒体综合传播力月月进入全国省级文化和旅游新媒体传播力指数TOP10榜单及海外传播力TOP10榜单,"江西风景独好"品牌更加响亮。

七是市场环境持续优化。出台《江西省文化市场综合执法行政处罚裁量基准》《江西省文化和旅游市场轻微违法违规经营行为免罚清单》。制定全省文化市场"双随机、一公开"联合执法检查事项,营造良好营商环境。开展"风暴"整治行动、文化和旅游市场打击整治养老诈骗专项行动、体检式暗访和常态化扫黑除恶斗争,严厉打击各类违法违规行为,派出多个检查组赴各地开展文旅领域疫情防控、安全生产以及市场秩序检查,确保全省文旅市场秩序平稳有序。加大文化市场综合执法队伍建设,开展文化市场综合执法岗位练兵技能竞赛。2022年,全省共出动执法人员12.63万人次,检查文化和旅游经营单位4.6万家次,立案221件,处罚金额189.03万元,责令停业整顿12家次。

二 2023年江西省文化和旅游发展形势研判

进入新时代新阶段,文化和旅游工作既面临空前的发展机遇和光辉前景，又面临世纪疫情和百年变局叠加的严峻挑战。2023 年，江西省文化和旅游发展将牢牢把握新形势新任务，以更高站位、更宽视野、更新举措加快建设文化强省、旅游强省，以文旅高质量发展奋力描绘中国式现代化的江西画卷。

（一）牢牢把握发展机遇

党的二十大强调坚持以中国式现代化全面推进中华民族伟大复兴，文化和旅游作为经济社会发展的重要支撑，在中国式现代化的新征程上，面临难得的发展机遇，前景十分广阔。第一，需求日益旺盛。习近平总书记强调，中国式现代化是物质文明和精神文明相协调的现代化，物质富足、精神富有是社会主义现代化的根本要求。文旅业作为提供"精神食粮"的重点行业，在中国式现代化进程中扮演着重要角色。特别是随着疫情防控政策的调整优化，广大游客积蓄了三年的文旅消费需求将得到集中释放，文旅市场必将迎来"井喷式"发展，2023 年春节期间全国和江西省文旅市场消费的火爆程度就足以证明，文旅消费已日益成为人们的"刚需"。第二，发展迫切需要。中央和江西省委经济工作会议都强调，要把恢复和扩大消费摆在优先位置。文旅业具有拉动内需、促进消费的天然优势，是激发经济社会发展活力不可或缺的重要引擎，是推动经济社会高质量发展不可替代的重要因素。据有关数据统计，2019 年全国旅游业对 GDP 的综合贡献率约 10.94%，受疫情影响，2022 年贡献率跌破 2%。由此可见，后疫情时代的文旅业有着巨大的发展空间。江西省委经济工作会议、省政府工作报告明确提出，要实施"江西风景独好"品牌提升计划，大力实施"引客入赣"工程，加快长征、长江国家文化公园（江西段）建设，打造一批文化旅游精品线路，促进文旅业全面复苏。第三，各级寄予厚望。江西省委十五届三次全会对加快全面建设社会主义现代化江西进行了部署，明确提出到 2035 年建成文化强省、旅游强省。近几年，江西省委、省政府每年召开文化强省建设推进大会、旅游产业发展大会，出台推进文化强省建设、推进旅游业高质量发展等一系列政策文件，在政策、资金、要素等方面给予大力保障。可以说，江西省委、

省政府对加快建设文化强省、旅游强省，加快文旅业复苏振兴寄予了厚望，这为加快提升江西省文旅业竞争力、影响力和综合实力提供了重要支撑。

（二）积极应对各种挑战

江西省文化和旅游发展依然存在一些短板和不足。主要有以下几点。一是文化和旅游融合发展理念还有待深化，融合发展措施还有待创新完善；二是精品化、差异化、高端化的文旅产品还不多，业态提升依然任重道远；三是基层公共文化服务力量薄弱、公共文化场所利用率不高，公共服务效能还要进一步提升；四是市场化程度不高，缺乏大型龙头文旅企业支撑；五是文旅人才队伍建设矛盾比较突出，高水准的专业人才比较短缺，等等。对这些问题和不足仍需高度重视，采取有力举措加以解决。

（三）深刻把握新要求

江西省文化和旅游系统需按照党的二十大部署要求，顺应时代发展大势，加快推进文化和旅游现代化。第一，锚定高质量发展。高质量发展是全面建设社会主义现代化国家的首要任务，要完整、准确、全面贯彻新发展理念。打造创新文旅，着眼文旅工作全要素、全环节、全过程现代化，定目标、制规划、出政策、谋发展。打造协调文旅，推动城乡、区域文旅资源合理布局、文旅业态均衡发展。打造绿色文旅，立足全省绿色生态优势，加快打造生态型、国际化、世界级旅游目的地。打造开放文旅，主动融入长江经济带、粤港澳大湾区、"一带一路"建设等，构建文旅对外开放合作交流平台，讲好江西文旅故事，传播江西文旅声音。打造共享文旅，打造"主客共享"的文旅新形态、新业态、新生活。第二，坚持以人民为中心。坚持以人民为中心的工作导向，着眼满足人民日益增长的美好生活需要，创作更多优秀文艺作品，推出更多优秀文化产品，更好地满足人民文化需求、增强人民的精神力量。推进旅游为民，紧紧抓住旅游业供给侧结构性改革，同时注重需求侧管理，发展大众旅游、智慧旅游、绿色旅游，推动红色旅游、乡村旅游、休闲旅游提质升级，更好地满足人民的旅游需求，不断增强广大群众获得感、幸福感、安全感。第三，推动文旅深度融合。党的二十大报告强调"推进文化和旅游深度融合发展"，较以往增加"深度"二字，充分体现了党中央对文旅融合的高度重视。要深刻把握文化和旅游深度融合发展规律，统筹推进思想和合、资源整合、产业契合、业务结合等全方位、深层次融合，用文化赋能旅游发展，用旅游促进文化繁荣。推动文化和旅游与农业、工业、体育、中医药、乡村振兴、新型城镇化等有机融合，形成兼具文化和旅游特色的新产品、新服务、新业态，推动构建"大文旅"格局。

三　2023年江西省文化和旅游发展思路和举措

2023年是全面贯彻落实党的二十大精神的开局之年，是实施"十四五"规划承前启后的关键之年，也是文化和旅游深度融合高质量发展的重要之年。江西省文化和旅游工作的总体思路是：坚持以习近平新时代中国特色社会主义思想为指导，全面贯彻落实党的二十大和中央经济工作会议精神，深入贯彻习近平总书记视察江西重要讲话以及对文化和旅游工作的重要论述精神，聚焦"作示范、勇争先"目标要求，坚持稳中求进工作总基调，完整、准确、全面贯彻新发展理念，加快构建新发展格局，统筹疫情防控和文旅业发展，统筹发展和安全，着力推出优质产品，着力提升公共服务，着力深化文旅融合，着力推动产业复苏，着力唱响"江西风景独好"品牌，加快建设更具创造力、创新力、竞争力、影响力的文化强省和更高质量、更强实力、更具影响、更优治理的旅游强省，奋力描绘好中国式现代化江西画卷。

（一）扎实推进重大改革发展任务

加强红色资源保护和利用，统筹推进长征、长江国家文化公园（江西段）建设，推进国家级、省级重点项目建设，推出一批精品项目、示范项目，打造国家文化公园"江西样板"。高标准建设景德镇国家陶瓷文化传承创新试验区，全力支持景德镇御窑遗址申报世界文化遗产，积极推动国家陶瓷文化生态保护实验区及国家文化和旅游消费示范城市创建。深化庐山等重

点景区管理体制改革，激发旅游发展活力，全力支持打造国内外知名旅游目的地。深化省级文化和旅游事业单位机构改革，协调加强省级文物部门力量，优化省直文旅系统机构设置和职能配置。推动省市共建江西省采茶戏剧院，加快推动江西戏曲振兴。

（二）持续推动文艺事业繁荣发展

深入实施"四名"（名曲、名剧、名作、名家）工程，推出一批在全国叫得响、传得开、有影响的文艺精品，聚焦革命历史题材、现实题材和江西特色题材等，重点支持创排赣南采茶戏《圳下战斗》、吉安采茶戏《有盐同咸》、盱河高腔《紫钗记》以及复排赣剧《南柯记》等一批精品剧目。积极申办第二十五届全国版画展，办好第二届全国高腔优秀剧目展演、江西文化艺术基金资助项目成果展等。组织开展赣南采茶戏《一个人的长征》、青春版·赣剧《红楼梦》等第八届江西艺术节获奖优秀剧目及近年来江西省优秀剧目、经典保留剧目全省巡演。加强江西画派研究，成立江西画派研究专班，建立"江西画派"资源信息库，组织开展"江西画派"创作活动。

（三）健全完善现代公共文化服务体系

推动出台《江西省公共文化服务高质量发展三年行动计划（2023～2025年）》。制定城市书房建设指南，推进新型公共文化空间建设。做好第七次全国县级以上公共图书馆评估定级。实施全国智慧图书馆体系和公共文化云项目建设，提升全民阅读、全民艺术普及数字化服务水平。深入实施文化惠民工程，广泛开展乡村文化活动年、"千乡万村闹新年""百馆千万场　服务来共享"等系列群众性文化活动和"大地情深"优秀群众文艺作品巡演、赣鄱群星奖评选、"书香赣鄱"全民阅读等基层文化惠民活动，树立基层公共文化服务工作先进典型。加大基层公共文化服务人才培养力度，抓好乡镇（街道）、村（社区）优秀文艺骨干和文化馆（站）业务骨干培训。开展游客中心、旅游厕所、基层综合性文化服务中心服务效能暗访抽查，提升文化和旅游公共服务质量。

（四）不断加强文物和文化遗产保护利用

一是实施博物馆提质培优工程。积极打造省、市、县三级特色博物馆，规范非国有博物馆管理。加强博物馆数字化、智慧化服务。强化文物征集和文物鉴定。举办"5·18 国际博物馆日"活动、全省"文物瑰宝（镇馆之宝）"系列推介活动。树立一批博物馆展览优秀品牌，推出一批示范性博物馆特色情景剧。出版《江西汉代文化研究》（第二辑）。

二是扎实做好文物保护利用。举办"文化和自然遗产日"江西主会场活动。推进南昌汉代海昏侯国遗址、景德镇御窑厂遗址等国家考古遗址公园建设。启动第九批全国重点文物保护单位、第七批省级文物保护单位申报遴选，开展第四批全国文物普查前期工作。实施中华文明探源工程，推进九江荞麦岭遗址、靖安老虎墩遗址和万年眺上等重大考古发掘项目。推进考古数字化资源库、省级考古标本库房建设。

三是创新推进革命文物保护传承。制定出台《关于推进新时代江西革命文物强省建设的意见》。推进革命文物保护利用片区保护利用工程实施。开展第一批省级革命文物保护利用示范县创建评估验收。策划开展"红色印记看江西"系列宣传活动。组织实施红色主题社教活动。积极创建国家革命文物协同研究中心，加强红色文化研究阐释，推出一批红色研究成果。

四是健全完善非遗保护传承体系。出台《江西省省级非物质文化遗产代表性传承人认定和管理办法（试行）》。开展第六批省级非遗代表性项目评审，开展国家级、省级非遗代表性传承人年度评估、记录。评估、认定省级非遗生产性保护示范基地，开展省级非遗代表性项目和保护单位评估。抓好客家文化（赣南）生态保护实验区验收，支持庐陵文化生态保护实验区申报国家级文化生态保护实验区。办好 2023 年中国原生民歌节、湘鄂赣皖四省非物质文化遗产联展、2023 年"江西非遗购物节"暨文房四宝精品展等活动。

五是切实加强文物安全管理。建立全省文物资源基础数据库，推进全

省文物安全监管体系、文物大县文物安全监管平台建设。实施文物安全直接责任人公告公示制度。抓好关键节点和重要时段的文物安全检查、隐患排查和整改，督办重大文物安全案件处置。开展打击防范文物犯罪专项行动。

（五）加快推动文旅产业高质量发展

建立健全现代文化产业体系和市场体系，加快文化产业高质量发展。召开全省文化和旅游产业链链长制工作会议，出台"链主"企业认定培育管理办法，建立省、市、县三级重点文旅企业项目库，带动上下游企业协同发展。完善"文旅贷"管理机制，扩大贷款规模和受益面，帮助更多文旅中小微企业解决融资难、融资贵问题。出台《关于推动文化产业赋能乡村振兴的实施意见》，推出一批文化产业赋能乡村振兴示范案例。开展"头部文旅企业江西行"活动，引进一批标志性、引领性、示范性、带动性的文旅项目。积极创建国家文化产业和旅游产业融合发展示范区、国家级文化产业示范园区（国家文化产业示范基地）、国家夜间文旅消费集聚区，积极培育国家级文化和旅游消费示范城市。策划推出系列文旅产品和消费促进措施，认真组织开展好"三百"（百县百日、百城百夜、百企百创）文旅消费季暨第六届江西旅游消费节活动，大力发展数字文旅产业，推动"一部手机游江西"项目提质升级，开展全省文化和旅游数字化创新优秀案例评选。

（六）着力提升文化和旅游品牌影响力

持续打响"江西风景独好"品牌，策划举办"嘉游赣"系列推介活动、"江西风景独好"云端旅游推介会等重大宣传营销活动，打造江西"爆款"旅游IP。办好2023中国红色旅游博览会、2023年全省旅游产业发展大会、首届江西乡村文化旅游节、江西森林旅游节等重大文旅活动。深化长江中游三省旅游合作发展联盟、湘赣边红色文化旅游共同体、浙皖闽赣国家生态旅游协作区推广合作。全面提升旅游品质，做好国家级旅游品牌创建和省级旅游品牌评定，推进全省文化和旅游资源普查和资源库建设，开展"风景独好"旅游名县、名村（镇）、名景区"三名"创建工作。培育创建高星级旅游饭店和高等级旅游民宿。

（七）加强对外文化交流和旅游推广

推动江西文化"走出去"，提高江西文化知名度、美誉度，增强赣鄱文化国际影响力。推进与柏林中国文化中心、贝宁中国文化中心部省对口合作项目。推进江西文物线上线下国际交流。启动"美好中国·如画江西"境外旅游促进计划。推进百家港澳旅行社、百名香港中小学校长江西踩线活动。组织参加文化和旅游部"茶和天下"雅集海外推介系列活动以及 2023 年长江主题入境旅游推广季（东京）专场活动。策划举办"江西风景独好"港澳推介活动，组织参加"香港国际授权展"和"香港国际礼品及赠品展"。

（八）全力优化文化和旅游市场环境

不断优化文旅市场服务质量，积极推行柔性执法，营造良好法治营商环境。制定优秀旅游服务体验城市评价指标体系，开展优秀旅游服务体验城市创建。开展旅行社服务质量提升活动，全面开展诚信退赔工作，开展首批全国文明旅游示范单位及省级文明旅游示范单位评定。进一步规范文旅市场秩序，组织开展文化和旅游市场"风暴"专项整治、常态化"体检式"暗访等活动，严厉查处未经许可经营旅行社业务、组织"不合理低价游"等违法违规行为。

参考文献

梅亦：《在全省文化和旅游工作会议上的讲话》，2023 年 2 月 24 日。
江西省人民政府办公厅：《关于印发江西省"十四五"文化和旅游发展规划的通知》（赣府厅发〔2021〕21 号），2021 年 9 月 17 日。
江西省文化和旅游厅：《2023 年全省文化和旅游工作要点》，2023 年 2 月 24 日。

B.8

江西金融形势分析与展望

中国人民银行南昌中心支行课题组*

摘　要： 2022 年，江西金融系统坚持以习近平新时代中国特色社会主义思想为指导，认真贯彻习近平总书记关于金融工作重要论述和视察江西重要讲话精神，坚持稳字当头、稳中求进，扎实做好"六稳""六保"工作，全省金融运行呈现"总量稳步增长、结构持续优化、成本稳中有降"的良好态势，为全省经济稳大盘发挥了积极作用。2023 年是全面贯彻落实党的二十大精神的开局之年，江西金融系统将聚焦支撑全省经济高质量跨越式发展，精准有力实施好稳健的货币政策，有力支持恢复和扩大消费、重点基础设施和重大项目建设，创新金融服务惠企利民，持续深化金融改革创新，积极防控金融风险，奋力谱写好全面建设社会主义现代化江西的金融篇章。

关键词： 绿色金融　乡村振兴　普惠金融　金融科技　江西

2022 年江西金融运行保持稳中向好态势，社会融资规模稳定增长，重点领域和薄弱环节的金融支持进一步优化，企业融资成本稳中有降，金融服务实体经济的质效持续提升、力度持续加大，金融改革创新亮点突出，防范

---

* 课题组组长：陈建新，中国人民银行南昌中心支行党委书记、行长，主任编辑，研究方向为金融理论与政策。课题组副组长：杜正琦，中国人民银行南昌中心支行党委委员、副行长，经济师，研究方向为金融理论与政策。课题组成员：曾省晖，中国人民银行南昌中心支行高级经济师，研究方向为金融理论与政策；彭岚，中国人民银行南昌中心支行高级经济师，研究方向为金融理论与政策；朱子欣，中国人民银行南昌中心支行，研究方向为经济金融。

化解金融风险有力有序，推动全省经济加快恢复回稳、动能后劲不断增强。展望 2023 年，全省金融系统将坚持稳字当头、稳中求进的总基调，靠前发力、精准发力、协同发力，全力加大金融服务实体经济的有效供给，积极防范和化解金融风险，深化区域金融开放创新，继续做大做强资本市场"江西板块"，推动江西金融发展能级跃升，为高质量推进中国式现代化江西新实践做出金融贡献。

一 2022年江西金融运行特点分析

2022 年，全省主要金融指标稳中有进。全省金融业实现增加值 2086 亿元，同比增长 5.6%，2018～2022 年五年间增长 69%，占 GDP 的比重由 5.4% 升至 6.5%，占第三产业的比重由 11.5% 升至 13.7%，金融对经济增长的贡献显著提升。全省银行业和保险业总资产稳健增长，其中银行业资产总额达 69444 亿元，同比增长 8.4%；保险业资产总额跨越 2000 亿元大关，达 2166 亿元，同比增长 13%。全省金融运行总体呈现"金融总量稳步增长、信贷结构稳步优化、融资成本稳步下降、区域金融改革成效明显"的特点，为江西经济实现跨越追赶提供有力的金融支撑。

（一）金融总量稳步增长，金融综合实力再上新台阶

一是存贷款余额双双突破 5 万亿元，信贷投放保持合理增长。存款方面，2022 年末，全省本外币各项存款余额 53162 亿元，同比增长 11.3%，比上年同期增加 2.6 个百分点，高于全国平均增速 0.4 个百分点；比年初增加 5406 亿元，为上年全年增量的 1.4 倍，创历史新高。贷款方面，2022 年末，全省本外币各项贷款余额 52776 亿元，较年初增加 5602 亿元。从增速看，贷款余额同比增长 11.9%，比全国平均增速高 1.5 个百分点，增速居全国第 8 位、中部第 2 位，持续位于第一方阵。贷款余额增速与名义经济增长情况基本匹配，保持合理充裕，对实体经济的支持力度较为稳固。

二是社融规模创近三年新高，债务融资工具效用增强。2022 年，全省

社会融资规模增量为8624亿元，比上年同期多333亿元，继续保持同比多增态势；占全国的比重为2.7%，与江西经济占全国份额（2.7%）持平。全省企业直接融资增量为1068亿元，占全省社会融资规模的12.4%。其中，股票融资占比逐年上升，非金融企业境内股票融资275亿元，同比多89亿元，占全省社会融资规模的3.2%，同比上升0.9个百分点；企业债券净融资793亿元，占全省社会融资规模的9.2%。全省债务融资工具发行企业数和金额数分别为55家、1738亿元，同比分别增长3.8%、8.1%，均创历史新高，融资主体及融资品种不断突破。

三是资本市场发展持续提速，赣企上市量面同步进阶。2022年，全省企业上市数量取得历史性突破和跨越式发展，全年新增14家境内外上市公司，创历史最好成绩。目前，全省A股上市公司增至83家（含过审待发），较2018年"映山红行动"实施前实现数量倍增，促进江西资本和产业融合发展的作用增强。上市覆盖面不断扩大，A股上市公司实现11个设区市全覆盖，实现主板、科创板、创业板、北交所、新三板各板块全覆盖，21个县（市、区）实现上市公司"破零"。A股上市公司首发融资累计400亿元，超过前20年首发融资总和。加快培育专精特新企业，是夯实上市后备基础的重要途径。2022年末，江西"专精特新板"企业共101家，覆盖全省11个设区市，通过私募可转债、股权质押等融资工具，入板企业直接融资比例持续提高。积极建设北交所江西上市企业种子库，2022年共516家专精特新企业成功申报2023年省重点上市企业后备库，11家专精特新完成企业股改。

四是保险业稳健发展，农业保险扩面增品提质。2022年末，全省保险机构保费收入973亿元，同比增长6.9%，增速扭负为正；赔付支出355亿元，同比增长6.2%，风险保障能力不断增强。农业保险的"稳定器"效用持续放大，全省农业保险保费规模跨上40亿元台阶，达43亿元，增长56.8%；赔款总额达25亿元。其中，政策性农业保险实现保费规模42亿元，增长55.3%，增幅排名全国第二，为农户提供风险保障达4822亿元，赔款总额达24亿元。同时，油茶、中药材、大棚蔬菜等六大省级地方特色险种快速发展，保费规模达 12 亿元，对服务乡村振兴战略、推进农业产业转型升级发挥了积极作用。

（二）信贷结构稳中优化，精准有力支持重点领域和薄弱环节

一是制造业中长期贷款投放力度加大，做优工业强省金融服务。全省金融系统大力支持制造升级，聚焦"2+6+N"重点产业、14 条重点产业链和 13 个产业规划，深入开展金融保链强链行动，创新应收账款资产池融资模式，持续强化制造业信贷支持。2022 年末，全省制造业贷款余额 4074 亿元，同比增长 24.1%，增速同比提高 8.2 个百分点。从期限看，投向制造业中长期贷款余额同比增长 62.7%，高于各项贷款增速 50.8 个百分点，高于全国平均水平 26 个百分点。其中，高技术制造业、先进制造业中长期贷款增速分别为 76.1%、52.6%，对经济增长新动能的支持力度进一步加大。

二是涉农贷款余额再创历史新高，金融赋能乡村振兴跑出加速度。加大涉农领域信贷投入，推动金融支持乡村振兴走深走实。强化财政金融政策融合，发展银担合作业务，推出"财农信贷通""农村产业振兴信贷通"等产品，"三农"金融供给持续增加。2022 年末，全省涉农贷款余额 17728 亿元，同比增长 13.7%，高于上年同期 3.2 个百分点，连续 9 个月高于各项贷款增速。加强现代种业金融支持，建立制种企业"白名单"，创新"订保贷""智种贷"等信贷产品。稳妥推进林权抵押贷款业务，探索开展农村宅基地使用权、集体经营性建设用地使用权抵押贷款业务。加大乡村支付服务投入，累计建成助农取款点 3.3 万个，发生各类业务 639 万笔，交易金额 39 亿元。其中，2.2 万个助农取款服务点上线社保金融服务功能。

三是深入践行金融为民理念，助力普惠小微主体爬坡过坎。扎实构建小微企业贷款敢贷愿贷能贷会贷长效机制，建立重点企业和群体"白名单" 92 万余户，开展政银企对接活动 300 余次，为企业提供政策咨询、产品推荐、融资辅导等综合金融服务，促成融资意向 7100 余亿元。普惠小微信贷投放"量增、面扩、价降"，2022 年末，全省普惠小微企业贷款余额 7086 亿元，同比增长 20.6%，连续 19 个月保持 20% 以上增速；贷款户数 129 万

户，比年初增加 8.2 万户；全年普惠小微贷款利率同比下降 43 个基点。金融助推创业就业成效显著，截至 2022 年末，全省累计发放创业担保贷款 1825 亿元，位居全国第一，贷款回收率连续 11 年高于 99%，扶持个人创业 145 万人次，稳定和带动就业 586 万人次。其中，2022 年当年发放创业担保贷款 245 亿元，同比增长 36.9%，发放量位居全国第二。普惠小微贷款阶段性减息政策在赣落地，通过直接扣减、先收后返、提前返还等方式批量化、电子化为企业减免利息，截至 2022 年末，全省 5.5 万户小微市场主体获得金融机构减息 1.2 亿元，有效降低企业经营成本，切实助力企业减负。

四是积极释放利率市场化改革效能，综合融资成本稳中有降。深化贷款市场报价利率（LPR）改革，不断优化存款利率监管，助推全省实体经济综合融资成本持续下行。2022 年，全省人民币一般贷款利率为 5.15%，同比下降 41 个基点；其中，企业贷款加权平均利率为 4.63%，处于历史低位，同比下降 34 个基点，普惠小微贷款利率为 5.17%，同比下降 43 个基点。提高精细化定价水平，对制造业、普惠小微、乡村振兴等重点领域和薄弱环节贷款实行 FTP 定价优惠，畅通市场化利率传导渠道。2022 年，全省共 96 家地方法人银行被全国利率自律机制吸纳为基础成员，全国排名第 5 位，江西地方法人银行市场化定价能力进一步彰显。

（三）区域金融改革积极推进，服务创新发展能力提升

一是绿色金融发展多点开花，推动经济低碳转型。作为全国首批绿色金融改革创新试验区，江西推动绿色金融改革向纵深发展，推出碳减排挂钩贷款、碳排放权配额质押贷款、"碳足迹"披露支持贷款、畜禽智能洁养贷等一批创新产品，林业金融产品创新、绿色市政工程地方政府债等 5 项绿色金融改革经验列入国家生态文明试验区改革举措和经验做法推广清单，碳中和基金、中医药研发费用损失保险等 11 条经验列入全国绿色金融改革创新试验区建设经验总结，绿色金融发展综合指数居全国第 4 位。2022 年末，全省绿色贷款余额 5433 亿元，同比增长 39.5%，高于各项贷款增速 27.6 个百分点，高于全国同期平均水平 1.0 个百分点；绿色贷款占各项贷款的

10.3%，高于全国占比 0.2 个百分点，保持增速、占比双高的良好态势。用好"双碳"支持工具，2022 年末，全省碳减排支持工具共支持金融机构新发放碳减排贷款 133 亿元，带动碳减排量约 308 万吨。运用煤炭清洁高效利用专项再贷款支持金融机构新发放煤炭清洁高效利用优惠贷款 39 亿元。全年辖内企业共发行绿色债务融资工具 45 亿元，加权平均利率 2.1%，同比下降 34 个基点。

二是深化普惠金融改革创新，助力老区高质量发展。试验区普惠小微信贷投放稳步提升，2022 年末，赣州、吉安普惠小微贷款余额同比分别增长 18.8%、16.3%，新增贷款中普惠小微贷款占比较全省平均水平分别高 5.7、4.4 个百分点。赣州、吉安法人银行普惠小微贷款利率分别为 6.17%、6.24%，较改革前分别下降 1.38 和 0.71 个百分点。持续推动普惠金融服务下沉，赣州、吉安共建立农村普惠金融服务站 2228 个，比上年新增 164 个。大力推进信用创建，赣州、吉安"信用户、信用村、信用乡（镇）"创建工作实现县域全覆盖。加大支付便民服务有效供给，2022 年全年两地累计银联移动支付交易笔数 1094 万笔。科技创新赋能普惠金融探索新模式，赣州、吉安通过农村经营户信用信息联网核查平台发放的新型农业经营主体贷款中信用贷款占比 100%，居全省第一。

三是强化线上平台应用，加速推进金融数字化转型。创新建设江西省普惠金融综合服务平台，聚集行业发展支持政策、重点扶持白名单企业、特色金融产品、特色投资项目等资源，实现平台融资对接标准化、融资匹配智能化、业务办理线上化、征信服务专业化。2022 年末，平台共入驻金融机构 291 家，上线金融产品 851 个，支持 23 万户企业成功获得贷款 4117 亿元，普惠类信用贷款户数占比 64.1%，畅通政银企对接。创新运用企业收支流水大数据征信平台，依托金融交易信息，开发企业收支流水信用评分模型，推出"动态授信、随借随还"的应收账款资产池质押融资新模式，创新"收支流水云贷"等融资产品，实现线上小额批量全流程放贷。2022 年末，该平台累计查询量 25.7 万笔，支持发放贷款 458.3 亿元，园区小微企业的信贷可得性大大提升。大力推广农村经营户信用信息联网核查平台，依托平

台开发多款纯线上贷款产品，推动建立农户有形资产抵押融资机制，盘活农村资产，为"三农"发展增信。截至2022年末，该平台应用范围已扩大至省内8个地市364家涉农金融机构，业务查询累计11.5万笔，支持6.4万户农户获得贷款44.7亿元。

（四）金融风险总体可控，织密筑牢金融安全网

坚持底线思维，深入推进重点领域风险治理，持续关注大型企业风险变化，加强对全省房地产、融资平台、同业业务等重点领域风险监测，全省保持高风险金融机构"清零"成果，债券风险保持"零"违约。2022年末，全省银行业金融机构不良贷款率1.32%，低于全国平均水平。持续推进融资平台优化升级，12家市、县级平台公司信用等级得到提升，实现市本级平台公司AA+以上信用评级全覆盖。稳妥处置地方法人金融机构风险，协调处置个别上市公司风险。推动网贷行业风险出清，加强私募基金风险排查与整治，在全国率先开展"伪金交所""伪私募"整治。推进非法集资存量案件处置攻坚，2022年化解陈案134件，为人民群众挽回了近10亿元财产损失。全省连续三年在全国防范和处置非法集资工作平安建设考核中获得满分，位列第一档。

二 江西金融发展面临的形势和问题

回顾2022年，江西金融系统支持全省稳定经济大盘力度不断加大，信贷投放与经济发展水平相适应，呈现总量稳增、结构调优、成本下行的良好态势，有力支持了江西经济社会发展的重点领域和薄弱环节，主要金融指标高于全国平均水平、增速位居第一方阵。但当前全省金融运行仍面临多重挑战，主要体现为以下三个方面。

（一）融资结构仍以间接融资为主，直接融资比重有待提高

2022年，全省企业直接融资累计增量1068亿元，占社会融资规模累计

增量的比重为 12.4%，同比下降 8.3 个百分点，相比湖北（14.1%）、河南（13.8%）等中部其他省份存在一定差距。其中，企业债券大幅缩量成为主要拖累，企业债券净融资同比少 734 亿元，占社融规模的比重同比下降 9.2 个百分点。2022 年四季度以来，受市场资金面波动的影响，包括基准利率上行、机构大规模赎回、市场宽松预期降温等因素，债市利率明显上行，企业发债意愿低迷。同时受房地产行业低迷、城投债违约风险高企等因素影响，企业债券融资环境整体不容乐观，江西债券市场发行主体较少且评级偏低，债券融资计划被推迟或取消。在信贷政策支持下，部分企业发债需求转向贷款，贷款和债券置换效应明显。另外，江西企业上市进程明显加快但整体股权融资水平仍显不足，2022 年全省股票融资增量占全国的比重仅为 2.3%，落后全省 GDP 占比（2.7%），新增股票融资比江苏、湖北分别少 991 亿元、40 亿元。上市企业数量较少，截至 2022 年末，江西 A 股上市公司总数居全国第 14 位，仅约为邻省湖北、安徽的 58%、48%。产业结构不优，创新能级不高，上市赣企在战略性新兴产业领域的占比有待提高。要素集聚能力不强，上市龙头企业带动产业链共同发展的氛围还不够浓厚。

（二）有效信贷需求相对不足，后期保持高速增长压力较大

2022 年，受疫情多点频发、供应链不畅、原材料成本上升、收入减少等多重因素的冲击，加之国际上地缘政治风险加剧及美国等国开启加息周期，我国经济下行压力进一步加大，企业和个人的有效信贷需求整体减弱，主要表现在两个方面。一是中长期信贷增长乏力。2022 年 12 月末，全省中长期贷款增速为 11.3%，同比下降 1.9 个百分点。从全国范围看，趋势类似，2022 年 4 月、5 月、7 月当月新增中长期贷款分别比同期少增 9185 亿元、4356 亿元和 3966 亿元，降幅明显。二是票据融资增速较高。受银行信贷额度相对充足但企业中长期融资需求降低等因素影响，2022 年 12 月末，全省金融机构票据融资较年初新增 940 亿元，同比多增 307 亿元；余额同比增长 29.6%，高出上年同期 4.7 个百分点，高于各项贷款 17.7 个百分点。

此外，尽管近五年全省贷款余额增速均超过10%，但整体呈下降趋势，相比2018年已下滑6.1个百分点。2022年末，全省金融机构余额存贷比已达99.3%，创历史新高，高出全国平均水平约16.4个百分点。近年来中小银行信贷投放加快，但收入来源渠道仍较单一，资产质量和资本金消耗较快问题值得注意，未来贷款保持高速增长承压。

（三）经济恢复的基础尚不牢固，重点领域风险需高度关注

当前，我国宏观经济面临的形势依然复杂严峻。全球供应链阻滞的现象仍然存在，主要发达国家加息，导致新兴国家面临跨境资金流出、汇率贬值、债务偿还压力加剧等问题，我国金融政策独立性和人民币汇率相对稳定性受到挑战。从国内来看，输入性通胀压力与内生性通缩压力并存，市场主体信心不足，制约经济复苏。地方政府债务存在潜在风险，随着经济下行、房地产风险暴露，地方政府收入面临较大压力，债务风险主要集中于城投平台等主体形成的隐性债务，特别是财政实力薄弱的地区。中小银行风险需要重视，主要包括公司治理存在不足、经营挑战日益严峻、风险抵补能力有待夯实等问题。房地产市场风险尚未出清，市场预期和信心修复仍需时间，传染性风险值得关注。数字金融的有效监管模式仍有待探索，如金融科技企业可能通过提供风险评估服务参与贷款业务，形成监管套利。

三　2023年江西金融业重点任务与主要举措

2023年，全省金融系统将全面贯彻落实党的二十大、中央经济工作会议和人民银行工作会议精神，突出做好稳增长、稳就业、稳物价工作，保持信贷投放力度不减，进一步优化信贷结构，实现质的有效提升和量的合理增长，努力保持江西金融平稳健康发展态势，为江西经济社会发展提供有力的金融支持。

保持信贷投放量增质优。保持信贷总量合理增长，平衡好贷款投放节

奏，更好地满足实体经济有效融资需求，努力实现全年新增贷款同比多增。积极对接中长期贷款项目和大中型项目，积极支持全省"项目大会战"，为全省项目建设提供高质量、高效率、高水平的金融服务。加大对粮食和重要农产品保供、农业基础设施建设等重点领域信贷投放，因地制宜推出符合当地特色农业需求的区域性、专属性金融产品。不断创新和丰富支持制造业的中长期金融产品，综合运用中长期流动资金贷款、固定资产贷款等方式，满足制造业企业投资扩产、科技研发等需求。着力优化金融服务，把更多资金向小微企业、绿色发展、个体工商户、乡村振兴等重点领域和薄弱环节倾斜，有效提升金融服务的覆盖率、可得性和满意度。

深入推进区域金融改革。稳步推进绿色金融工作，继续推动碳减排支持工具和支持煤炭清洁高效利用专项再贷款在江西落地，切实将政策红利传导至碳减排重点领域和支持煤炭清洁高效领域的企业。充分运用好绿色金融服务管理系统，做好绿色项目融资对接工作，继续加大对绿色、清洁能源等重点领域的信贷支持力度。有序推进金融机构环境信息披露和碳核算工作。做好存续期绿色债券的信息披露，确保募集资金的投放符合绿色用途。全力做好赣州、吉安市普惠金融试验区建设。加大对赣州、吉安分支机构普惠金融的支持力度，强化组织保障和政策激励，积极探索普惠金融和绿色金融融合发展的模式路径。

积极防控重点领域风险。实施防范化解重大金融风险攻坚战成效巩固提升工程，健全金融风险监测预警和早期干预机制。动态监测分析房地产市场边际变化，有效防范化解优质房企风险。积极做好保交楼金融服务，因城施策实施好差别化住房信贷政策，更好地支持刚性和改善性住房需求，加大住房租赁金融支持力度。提升大型企业授信前端预警能力，识别风险隐患，形成常态化监测机制。坚决遏制隐性债务增量，稳妥有序化解存量，增强财政可持续能力。推进非法集资存量案件处置攻坚，加大网贷平台、私募基金等风险防控与处置力度，依法严惩恶意拖欠账款和逃废债行为。统筹发展与安全，把握好"规模与效益、速度与质量、风险与收益"的动态平衡。

参考文献

江西省地方金融监督管理局、江西省发展和改革委员会：《江西省"十四五"金融业发展规划》，2021 年 11 月 3 日。

南昌中心支行：《以党的二十大精神为指南 奋力推动江西金融工作在新起点上迈上新台阶》，2023 年 2 月 6 日。

叶建春：《政府工作报告——2023 年 1 月 11 日在江西省第十四届人民代表大会第一次会议上》，《江西日报》2023 年 1 月 30 日，第 01 版。

B.9

江西商务形势分析与展望

江西省商务厅课题组*

摘　要： 2022 年，江西商务发展呈现良好态势，全省开放型经济和商贸消费"势头向好，稳中有进"。展望 2023 年，江西省商务系统将坚持以习近平新时代中国特色社会主义思想为指导，全面贯彻党的二十大和中央经济工作会议精神，深入贯彻习近平总书记视察江西重要讲话精神，按照省委、省政府部署要求，深入实施扩大内需和高水平开放"两大战略"，着力扩开放、促消费、畅流通、强合作，推动全省开放型经济和商贸消费实现质的有效提升和量的合理增长，努力开创全省对内对外经济贸易新局面。

关键词： 江西商务　开放型经济　扩大内需　高水平开放

　　2022 年，面对世纪疫情和五十年不遇的高温旱情，在省委、省政府的坚强领导下，全省商务系统聚焦"作示范、勇争先"目标定位，全面落实中央"疫情要防住、经济要稳住、发展要安全"的重要要求，全力以赴促消费、稳外贸、强招商、优服务，有效推动全省开放型经济和商贸消费"势头向好，稳中有进"。

---

* 课题组组长：犹瑾，江西省商务厅党组书记、厅长，研究方向为区域商务。课题组副组长：饶芝新，江西省商务厅党组成员、副厅长，研究方向为区域商务。课题组成员：郭维勤，江西省商务厅综合处处长，研究方向为区域商务；黄纪泽，江西省商务厅综合处副处长，研究方向为区域商务；曾令铭，江西省投资促进中心研究实习员，研究方向为区域商务。

一 2022年江西商务发展回顾

商务工作联通内外、贯通城乡、对接产销，是国内大循环的重要组成部分，是联结国内国际双循环的重要枢纽，在构建新发展格局当中发挥重要作用，商务工作地位作用不断提升。

其一，消费成为全省经济增长的第一拉动力。2022年，全省社消零总额达到12853.5亿元，增长5.3%，增速全国第1。其中网络零售额2161.3亿元，增长12.1%；餐饮收入1323.3亿元，增长5.1%，高出全国11.4个百分点。2021年消费对全省经济增长的贡献率达到61.4%，成为经济增长的第一拉动力。

其二，招商引资成为扩大有效投资的主渠道。2022年，招商引资总量达到11585亿元。利用省外项目资金10425.4亿元，增长9.3%；实际利用外资21.7亿美元，外商投资企业再投资149亿美元。招引项目投资额占全省固投的比重超过60%，成为全省扩大有效投资的主力军和主渠道。

其三，对外贸易成为稳经济重要支撑力。2022年，全省外贸进出口6713.0亿元，增长34.9%；出口5088.4亿元，增长38.7%。进出口、出口增速分别居全国第4、第6位，均居中部第1，外贸依存度20.9%，成为经济稳增长的重要支撑。

其四，国际合作成为对外开放的新增长点。2022年，对外直接投资20.3亿美元，增长126.3%，总量居全国第9位；对外承包工程营业额38.7亿美元。

其五，口岸物流成为国际大循环核心环节。2022年，口岸进出口货重825.0万吨，增长25.3%，其中水运口岸进出口445万吨，增长31.9%。开行铁海联运2290列，增长32.9%；开行赣欧班列247列，其中出境184列。

表1 2022年江西省商务运行综合情况

项目		全年累计	
		绝对数	同比增长(%)
国内贸易	社会消费品零售总额(亿元)	12853.5	5.3
	网络零售额(亿元)	2161.3	12.1
招商引资	实际利用外资(亿美元)	170.0	7.7
	引进省外项目金额(亿元)	10425.4	9.3
对外贸易	进出口总额(亿元)	6713.0	34.9
	出口总额(亿元)	5088.4	38.7
	进口总额(亿元)	1624.6	24.2
对外投资合作	对外承包工程和劳务合作营业额(亿美元)	38.7	—
	对外直接投资(亿美元)	20.3	126.3
口岸运行	进出口货运量(万吨)	825.0	25.3
	铁海联运(列)	2290	32.9

资料来源：江西省商务厅。

全年重点抓了以下六个方面工作。

（一）优供给扩需求，推动商贸消费加快复苏

以实施商贸消费提质扩容三年行动为统领，举办"迎春消费季""大宗商品消费季"等各类促消费活动5000余场。评定省级示范商业街区5条、高品质夜间经济街区和美食街区各6条。举办赣菜创新大赛和中国米粉节，中国赣菜品牌推广中心成功揭牌运营。开展"2022年最受欢迎的江西消费品牌"评选。新批1家国家电商示范基地。举办"大宗商品消费季"活动，拿出预算内约8000万元，开展购车抽奖和发放家电消费券，推动各级政府发放消费券12.6亿元，撬动各类商家、平台和企业让利优惠37亿元。举办规上会展（5000平方米以上）173场。全面实施县域商业建设行动，改造提升乡镇商贸中心200个，在20个县启动物流配送体系建设试点。全省限上商贸企业达到15720家。

（二）引项目落项目，推动招商引资平稳运行

成功举办全省扩大开放工作大会。深入实施招大引强"五大专项行

117

动"，精心举办进博会走进江西、跨国公司（上海）合作交流会等重大经贸合作活动。引进重大项目 171 个，签约总投资额 6137.3 亿元、增长 16.7%，引进三类"500 强"、上市公司、高新技术企业投资项目 101 个，六大优势产业项目 154 个。宁德时代、比亚迪等知名企业纷纷落户。充分发挥重大招商项目调度协调机制作用，集中解决用能、用地等 36 项问题。2021 年引进的重大项目完成投资占总投资的 58.9%，投产率达 85.2%。

（三）抢订单拓市场，推动对外贸易快速增长

连续推出稳外贸政策"组合拳"，持续开展省市县三级帮扶，建立 47 家外贸产业链核心企业"白名单"，全省有进出口实绩的企业达到 7023 家。推广运用江西数字外贸、"赣货通全球"等线上服务平台，实施"千企百展"工程，支持 2000 余家外贸企业双线参加境内外重点展会，组织 3 场江西出口商品网上交易会，对"一带一路"沿线国家和 RCEP 贸易伙伴进出口分别增长 58.2% 和 59.8%。推动景德镇陶瓷交易市场获批市场采购贸易方式试点、赣州国际陆港入选国家进口贸易促进创新示范区。新增 6 个跨境电商综试区，推动和支持企业建设海外仓 100 余个。认定 26 家"江西出口名牌"企业和 9 个省级服务外包示范园区。

（四）促合作保安全，推动外经合作稳妥有序

聚焦高质量共建"一带一路"、中非"九项工程"等机遇，推动江西国际、江西中煤、晶科科技等企业新签肯尼亚多功能大坝、加纳高架桥、阿联酋、沙特新能源开发等一批大项目。7 家企业入选 ENR 全球榜单（江西国际、江西中煤、中鼎国际、江水建设、江联重工、省建工集团 6 家企业入选 ENR 全球最大 250 家国际承包商榜单，中国瑞林入选 ENR 国际工程设计公司 225 强榜单），入选企业数量居全国前列、中部第 1。加大制造业对外投资，推进晶科能源 11.4 亿美元的越南光伏组件项目、江铜集团 1.9 亿美元的墨西哥渣选项目，推进赞比亚江西经济合作区一期建设。举办 30 期国际商务官员援外培训班，共培训来自 39 个国家的学员 733 名。

（五）拓功能畅通道，推动口岸通道提能增效

瑞昌港区和彭泽红光港区查验基础设施和配套项目建设全面完成；南昌航空口岸食用水生动物、冰鲜水产品、进境水果指定监管场地通过验收；南昌国际陆港集装箱混装运输平台、铁路海关监管场所完成建设并运行。泰国曼谷到昌北定期国际客运航班复航。赣州综保区置换建设任务全面完成。"铁路进出境快速通关"和水运进口转关"离港确认"试点运行，江西外贸企业国内段物流成本下降80%以上。

（六）转作风优服务，推动营商环境持续优化

先后出台优化商务发展营商环境15条、稳住商务经济20条、外贸促稳提质16条、数字商务发展25条、复商复市10条等政策文件，复制推广自贸区试点经验223项。充分发挥全省物流保通保畅工作机制作用，研究出台《物流供应链重点企业跟踪保障及"一事一协调"工作规范》，确保商贸物流配送畅通。全力推进"新官不理旧账"整治，共梳理招商引资政策不兑现问题41个，办结率超过90%。推动跨境贸易指标各项改革任务落实见效，全省进出口整体通关时间和通关效率均居中部第1、全国前列。整合21项行政审批实现"一窗化"办理。规范"双随机、一公开"监管。

二 当前商务发展面临的新形势

当前，商务发展内外环境发生深刻复杂变化，不稳定不确定因素持续增多，商务发展面临的形势将愈加严峻。在看到成绩的同时，更要清楚地认识到江西商务发展存在的短板和差距。

其一，消费市场增长乏力。2020~2022年，新冠疫情反复蔓延暴发，聚集性、流动性、接触式等传统消费受到严重抑制，特别是住宿、餐饮、零售、批发、会展等服务业领域经营面临较多困难。同时，疫情还对居民就业和收入造成了较大影响，居民消费能力下降、消费意愿转弱，存在"不能、

不敢、不愿"消费心理,成为制约消费的重要因素。

其二,利用外资难度加大。受当前国际形势影响,国际资本总体呈下降趋势,外资企业特别是制造业投资意愿降低,引进外资的难度进一步加大。2022年,全省制造业实际利用外资7.7亿美元,仅占全省实际利用外资的35.7%。

其三,外贸稳增长压力较大。受美西方对我国持续打压遏制,以及土地、劳动力成本上升等因素影响,我国产业链供应链呈现外迁趋势,加上当前外需增速放缓,部分国际订单向东南亚转移分流全省出口,企业面临订单荒,对全省外贸出口造成巨大压力。

其四,外经合作风险加大。国际安全形势不确定性增强,部分合作国家政局和安全形势不稳,海外机构、人员面临多重安全风险,境外合作项目受到不同程度的影响。

其五,口岸客货运出现困难。受疫情等影响,2022年南昌航空口岸仅存来自上海的国际入境分流航班,出入境飞机213架次,比疫情前下降96.5%,出入境人员6702人次,下降99.3%。昌北机场货邮吞吐量40159吨,下降76.8%,其中国际货邮吞吐量下降93%。

其六,新兴发展动能不足。一方面,新型消费发展还不成熟。网红经济、流量经济、创意经济、首店经济等消费新业态发展不足,智慧商圈、智慧商店等消费新场景还建设不足,直播电商、社群电商、生鲜电商等电商经济规模仍然偏小。另一方面,外贸新业态发展相对滞后。跨境电商、保税维修、市场采购贸易等外贸新业态规模相对较小。

三 2023年江西商务发展主要思路和举措

做好商务工作要始终坚持稳中求进工作总基调,完整、准确、全面贯彻新发展理念,加快构建新发展格局,更好统筹疫情防控和经济发展,深入实施扩大内需和高水平开放"两大战略",着力扩开放、促消费、畅流通、强合作,推动全省开放型经济和商贸消费实现质的有效提升和量的合理增长,为谱写全面建设社会主义现代化江西新篇章贡献商务力量。围绕商务发展目标，重点要抓好以下七个方面工作。

（一）牢牢把握消费第一拉动力，大力推动消费提质扩容

以推进商贸消费提质扩容三年行动为统领，实施"江西消费提振年"行动和万亿消费上台阶工程。

一是拓展城乡消费市场。支持南昌打造全国性消费中心城市，支持赣州、九江、宜春、上饶等打造区域性消费中心城市。认定第二批省级示范商业街区，启动智慧商圈、智慧商店创建工作。实施"县域商业建设行动"，改造提升一批县城物流配送中心和乡镇商贸中心，新增 10 个县域物流配送体系建设试点县建设。

二是扩大大宗商品消费。围绕汽车、家电等大宗消费，持续开展"大宗商品消费季"活动，积极开展各类汽车（新能源车）展览展销和汽车下乡、家电"以旧换新"、绿色智能家电消费促进活动。

三是提振餐饮消费。持续实施打造赣菜品牌三年行动计划，精心办好中国米粉节和赣菜美食文化节，加大政策扶持力度，促进餐饮市场主体做大做强，支持重点企业在北京、杭州等中心城市建立赣菜品牌推广中心。

四是壮大新型消费。组织实施电商"十百千万"行动和壮大会展经济"扩容行动"，开展"赣品网上行"、数字生活消费季等线上消费活动 300 场次以上，举办规模以上展会 200 场以上。推广直播电商、即时零售等新模式，培育一批数字消费新场景，打造数字商务平台及电商示范基地 30 家。

（二）牢牢把握扩大有效投资主渠道，大力推动外资保稳增效

深入实施招大引强"五大专项行动"和万亿投资上台阶工程，推动投资稳存量扩增量提质量。

一是推进清单化目标化精准招商。围绕"2+6+N"重点产业，开展产业链清单化、目标化精准招商，引进一批"三百"企业、行业龙头企业以及产业链上下游紧缺的关联配套企业，招引重大项目不少于 150 个，实现进

资 5000 亿元以上。

二是组织开展走进跨国公司总部专项行动。推动各地率队赴外走访跨国公司总部不少于 100 个，对在赣投资的跨国公司，要争取扩大投资；对尚无合作业绩的跨国公司，要建立沟通联络，争取项目合作。

三是推进建设一批国别产业园。推动国家级经开区实现总量规模和质量效益"双倍增"。指导招商引资以特定国家和地区为重点，推进建设中德、中日、中韩等一批国别产业园，引导各地错位发展。

四是完善重大项目落地推进机制。建立完善全省招商引资重大项目要素资源配置协调工作机制，着力解决重大项目用地、用能、环评、金融支持等方面的问题，推动项目早落地、早投产。

五是精心组织重大经贸活动。高水平办好第六届世界绿发会、第四届世界赣商大会、对接粤港澳大湾区经贸合作活动、跨国公司（上海）合作交流会、庐山全球商界领袖论坛等重大经贸活动。

（三）牢牢把握稳经济的重要支撑，更大力度推动外贸稳规模、优结构

一是大力开拓国际市场。继续高质量实施 RCEP，开展出口名牌提升行动。持续推动"千企百展"，引导和支持企业走出去参加 120 个境外专业展会，帮助企业线上线下、境内境外多渠道稳定欧美市场，拓展 RCEP、"一带一路"沿线及阿拉伯国家市场。

二是培育外贸新业态。大力发展数字服务贸易，推进跨境电商"六体系两平台"和综保区"五大中心"建设，办好中国（江西）跨境电子商务发展大会。支持外贸综合服务企业发展，积极开展保税维修业务和跨境电商零售进口业务，进一步扩大二手车出口，探索发展离岸贸易，推动景德镇市场采购贸易方式试点，加快海外仓建设。

三是培育壮大生产型外贸主体。积极承接沿海加工贸易企业转移，下大力气引进生产型外贸主体，特别是龙头外贸企业，夯实发展主体，着力稳住外贸基本盘。

四是积极推动扩大进口。培育引进高能级进口主体，推动赣州国际陆港创新示范区建设。用好国家进口贴息、RCEP、保税备货等政策红利，引导重点进口企业增加资源性产品进口和储备，推动重点进口行业扩大维护产业链安全的先进技术、重要设备和关键零部件进口，支持优质消费品进口。

（四）牢牢把握国际经贸合作新优势，大力推进外经合作有序开展

着力推动企业在国际产业链重构过程中抢占先机，培育全省国际经济合作竞争新优势。

一是突出做好海外矿产资源投资合作。发挥江西矿产资源技术队伍优势，推进重点企业布局全球市场，为全省经济发展提供矿产资源支撑。

二是重点开拓国际合作新市场。开展"大走访、大排查"活动，为全省在外项目建立台账，帮助企业协调解决各类问题。与省出入境管理局建立协作机制，保障外经企业人员跨境流动顺畅。发挥援外培训人脉资源优势，举办各类对接活动，助推企业高质量深耕非洲、开拓中东及中亚、对接RCEP市场。

三是完善境外安全风险防范机制。结合境外安全形势，发布风险预警，按"一国一策""一企一策"原则，做好处突应对，提升企业防控风险实操能力。打击非法中介，提升外派劳务企业管理水平，规范外派劳务健康有序发展。

（五）牢牢把握国内国际物流双循环，大力推动口岸通道提能升级

深化口岸"三同"试点，提升口岸开放水平，畅通国际物流大通道，确保全省供应链产业链稳定。

一是畅通物流大通道。稳定开行赣欧班列、铁海联运精品线路，全面推进铁海联运"一票到底"、"全程提单"及赣欧班列"铁路快通"模式应用。推动九江港设立长江中上游的货物中转港，恢复九江水运口岸直航。加快恢复国际（地区）客运航线，积极引进747~800大型货机落地南昌机场，开行洲际全货机航线，优化提升江西起运、通达全球的国际物流大通道。

二是建设物流大枢纽。重点打造南昌国际航空物流枢纽、南昌国际陆港、九江区域航运中心、赣州国际陆港，加快南昌、赣州2个国家物流枢纽建设，在九江、宜春、上饶、鹰潭等地打造若干个区域性物流中心，构建"2+N"省域流通网络。

三是提升物流大功能。推动海关指定监管场所建设，加强国际贸易"单一窗口"应用推广。推进江西省航空物流公共信息平台、九江智慧港航信息平台和多式联运信息化系统平台建设，推动空地、江海、铁海联运物流信息互联互通，加快5G、区块链等信息技术在口岸推广应用，建设智慧口岸。

（六）牢牢把握经济发展新空间，大力拓展区域合作深度和广度

一方面，要全面融入国家区域发展战略。发挥全省作为"沿海腹地、内地前沿"的区位优势，积极融入中部地区高质量发展，深度对接融入长三角、粤港澳大湾区、海西经济区等重点区域，强化机制共建、平台共通、产业共融、要素共享，促进以产业链供应链为重点的区域经济协作与交流。有针对性地开展省领导走访会见、产业对接经贸合作活动，高质量承接产业转移，让江西商务融入国家区域经济发展大局，促进协同发展、共赢发展。

另一方面，要充分发挥商协会和赣商作用。各地江西商会和江西异地商会，以及外地赣商要充分发挥桥梁纽带作用，主动讲好江西故事，积极把江西优良的发展环境宣传出去、把巨大的发展机遇推介出去，通过自身返乡投资的成功实践，引导更多企业家关注江西、走进江西、投资江西、创业江西。江西赣商总会要积极搭建商会招商引资平台，发挥赣商力量，力争赣商返乡投资实际进资1238亿元，增长12%。

（七）牢牢把握"一号改革工程"，大力推动营商环境优化升级

一是保障投资者合法权益。健全外商投诉工作机制，落实《规范招商引资优惠政策强化依法履约实施办法》，杜绝招商时乱承诺、承诺后不兑现、"新官不理旧账"等现象，强化优惠政策兑现。

二是提升投资贸易便利化水平。加快国际投资"单一窗口"建设，推动在南昌、九江、赣州等重点设区市试点，加快打造全省外商投资"一站式"服务体系。

三是抓好企业帮扶纾困。落实落细稳经济系列政策举措，抓好对外贸易会商协调和省市县三级帮扶等机制，用足用好金融"活水"和信保"工具"，协调解决企业生产经营困难问题。全面推行"双随机、一公开"，探索"互联网+监管"背景下的监管创新，加快推进事中事后监管的信息化、标准化建设。

参考文献

叶建春：《江西省政府工作报告——2023年1月11日在江西省第十四届人民代表大会第一次会议上》，《江西日报》2023年1月30日，第01版。

王文涛：《加快建设贸易强国》，《人民日报》2022年12月20日，第09版。

江西省商务厅：《2023年全省商务工作会议在南昌召开》，2023年2月10日。

B.10

江西科学技术发展报告

江西省科技厅课题组*

摘　要： 2022 年，全省全力推进创新江西建设，主要科技创新指标持续稳步提升，全省综合科技进步水平居全国第 16 位，全社会研发投入占 GDP 的比重预计达 1.8%。2023 年，要坚持以习近平新时代中国特色社会主义思想为指导，深入贯彻落实党的二十大精神，始终把习近平总书记视察江西重要讲话精神作为做好江西工作的总方针、总纲领、总遵循，全面校准科技创新发展的目标方向和重点任务，以更高站位把江西省委省政府关于科技工作的各项决策部署落到实处，以科技强支撑产业强、经济强。

关键词： 创新江西　科技创新　创新发展

2022 年，江西省科技系统以习近平新时代中国特色社会主义思想为指导，全面贯彻党的二十大精神，深入落实习近平总书记视察江西重要讲话精神，认真落实江西省委经济工作会议、省"两会"和全国科技工作会议部

* 课题组组长：宋德雄，江西省科技厅党组书记、厅长，江西省科学院党组书记，研究方向为区域科学技术发展。课题组副组长：鄢帮有，江西省科技厅党组成员、副厅长，研究方向为区域科学技术发展。课题组成员：储怡士，江西省科技厅办公室主任，研究方向为区域科学技术发展；李福瑞，江西省科技事务中心主任、高级工程师，研究方向为区域科学技术发展；史建红，江西省科技事务中心副主任、高级工程师，研究方向为区域科学技术发展；王文芳，江西省科技事务中心副主任、高级工程师，研究方向为区域科学技术发展；翁贤杰，江西省科技厅办公室副主任，研究方向为区域科学技术发展；谢丹丹，江西省科技事务中心副研究员，研究方向为区域科学技术发展；贺菲，江西省科技事务中心助理研究员，研究方向为区域科学技术发展。

署，全力推进建设创新江西。本文回顾了 2022 年江西科技工作重点，展望了 2023 年全省科技发展态势，并提出相关对策建议。

一　2022年江西科技发展回顾

2022 年，在江西省委、省政府的正确领导下，全省主要科技创新指标持续稳步提升（见表1）。全省综合科技创新水平居全国第 16 位；全社会研发投入占 GDP 的比重达 1.8%；全省入选国家库科技型中小企业 10842 家，同比增长 29.67%；全省有效期内高新技术企业 6334 家（2022 年新认定高新技术企业 1891 家）；全省高新技术产业增加值占规模以上工业增加值比重达 40.5%，同比提高 2 个百分点，科技支撑经济社会高质量发展能力明显增强。

表1　2018~2022 年江西省主要科技创新指标

单位：%，家

统计指标类别	2018 年	2019 年	2020 年	2021 年	2022 年
综合科技创新水平	51.28 （19 位）	52.11 （18 位）	56.68 （16 位）	61.11 （16 位）	63.36 （16 位）
全社会研发投入占 GDP 比重	1.41	1.55	1.68	1.7	1.8
全省入选国家库科技型中小企业	3262	5163	6416	8361	10842
全省有效期内高新技术企业	3521	5145	7134	6712	6334
全省高新技术产业增加值占规模以上工业增加值比重	33.8	36.1	38.2	38.5	40.5

资料来源：江西省科技信息研究所。

（一）着力推动全面建设创新江西

健全工作机制。牵头建立创新江西专项工作组办公室，构建以实施方案为总牵引、工作计划为年度重点、工作台账为具体抓手的实施体系，做到可

操作、可评估、可衡量、能落地，创新江西2022年135项台账任务已全部完成销号。

强力统筹推进。江西省委省政府高度重视科技创新工作，2022年召开了5年来规模最大、规格最高的科技盛会——全省科技创新大会，以视频形式开到县（市、区）一级，全力以赴打造中部地区重要区域科技创新中心，加快建设具有更大影响力、更强竞争力的创新江西。

注重政策引导。出台关于全面提升科技创新驱动力的决定，印发中长期科学和技术发展规划（2022~2035年），印发全社会研发投入强攻行动工作方案。通过出台一揽子政策，全面营造了支持创新、参与创新、创新制胜的浓厚氛围。

（二）着力推动重大创新平台创建

加快创建国家级创新机构与平台。根据全国重点实验室布局重组有关要求，江西第一批推荐的"猪遗传改良与种质创新全国重点实验室"和"食品科学与资源挖掘全国重点实验室"获科技部批准建设，第二批推荐的"重大疾病新药靶发现及新药创制全国重点实验室""经典名方现代中药创制全国重点实验室"已顺利完成答辩；依托中科院赣江创新研究院建设的"稀土重点实验室"于2022年6月获中科院正式批复。此外，由中国稀土集团牵头的国家稀土技术创新中心创建工作持续推进，谋划创建的国家中药资源与制造技术创新中心取得了积极进展，庐山植物园已纳入国家植物园候选名单。

省级创新平台布局持续优化。构建了以省实验室为引领，以省重点实验室为支撑，以省技术创新中心、省临床医学研究中心为落脚点的省级创新平台体系。在省实验室建设上，出台省实验室建设工作总体方案，构建"一核、多点、N基地"的建设模式，以创新能力处于国内领先地位的创新平台为核心，带动省重点实验室建设研究分中心，吸引优质企业、产业聚集园区设立转化基地。截至2022年底，已启动建设"复合半导体省实验室"。在省重点实验室建设上，起草了优化重组方案，绘制了总体布局图，有方向、有目标、有步骤地推进平台的布局和优化组合。同时，引导企业在省重点实验室建设"飞地"研究中心，将省重点实验室的人才、科研优势与企业市场优势相结合。在省技术创新中心建设上，聚焦省级百亿以上产业集群和设区市重点产业，在高新区、科创城等地，分市县两个层面探索建立以政府为主导的综合类技术创新中心。编制企业类技术创新中心总体布局图，并与省重点实验室总体布局相衔接，推动应用基础研究、关键技术研究、产品研究和成果转化的全链条贯通。在省临床医学研究中心建设上，围绕江西省优势疾病领域和临床专科，强化国家临床医学研究中心分中心建设，推动省临床医学研究中心优化重组，基本实现了重大疾病领域全覆盖，构建了承接国家先进技术、辐射全省医疗机构的临床医学协同创新网络。

（三）着力推动关键核心技术攻关

融入国家技术创新体系。结合江西省稀土、中医药、种业等优势特色产业，积极争取国家科技项目支持。2022 年全省获批国家项目 1168 项、经费 9.76 亿元，较 2021 年分别增长 14% 和 81%。其中，中科院赣江创新研究院获批国家重大科技攻关项目，总经费达 9 亿元（国拨经费 3 亿元），是迄今为止江西省单项投资规模最大的科技创新项目。中国中医科学院中医药健康产业研究所、中国稀土集团、江西农业大学等获批国家重点研发专项。

围绕产业链布局创新链。聚焦全省 14 个重点产业链发展的难点、痛点和堵点，查找梳理产业链关键技术问题 300 余项。通过组建科技创新联合体，把优势科研单位、院士专家和创新企业组织起来，建立清单销号制，集中攻克"卡脖子"难题。围绕航空、新能源、新材料、现代种业、生物医药、节能环保等领域，2022 年全省投入省级科技专项资金 2.97 亿元，支持或滚动支持 187 个重大重点科技项目。推动在半导体发光材料技术新方向，形成国际优势和中国长板。打破家猪育种芯片由欧美设计制造的技术壁垒，形成我国生猪种业技术"破卡"利器。突破降尿酸果蔬益生菌发酵关键技术，高尿酸血症人群尿酸降低有效率达到 75%。

改革完善项目组织形式。扩大"揭榜挂帅"试点范围和类别,探索"赛马争先""首席科学家制"等新型组织和管理方式,发布重大科技研发专项关键技术类榜单 12 项、企业需求类榜单 25 项,撬动企业研发投入3.69 亿元。联合应急、水利等部门实施"科技+"计划项目,围绕相关领域联合开展关键核心技术攻关。

(四)着力推动区域创新高地建设

推进鄱阳湖国家自主创新示范区建设。先后出台支持鄱阳湖国家自主创新示范区建设的若干政策措施、实施方案和年度工作要点,初步形成了电子信息、航空产业、生物医药、锂电、稀土新材料、新能源汽车等优势特色明显的产业体系和产业集群。在科技部 2023 年 2 月 8 日公布的国家高新区评价结果中,全省 9 个国家级高新区有 7 个实现"相对位次有所提升",其中南昌高新区从上年的 24 位上升至 22 位。

加快升建井冈山国家农高区。以井冈山国家农业科技园区为依托,以"南方红壤丘陵绿色高效农业"为主题,以绿色食品为主导产业,加快升建井冈山国家农业高新技术产业示范区,打造现代农业创新高地、人才高地和产业高地。成立了由江西省人民政府分管领导任组长的升建工作领导小组,建立协调推进工作机制,与 6 位院士、19 家院所开展合作,实施红壤改良、食品加工等关键核心技术攻关和场景应用。

推进科创城建设。围绕各地产业特色,打造了南昌航空、中国(南昌)中医药、南昌 VR、赣州稀金、上饶大数据、鹰潭智慧六大科创城,形成全省重点产业与科技创新高度融合的"主战场";正着力推进吉安光电、九江—抚州数字经济、景德镇—萍乡陶瓷新材料、新余—宜春锂电新能源四大科创城建设,引导创新资源向各地重点产业加快集聚。

(五)着力推动科技成果转化应用

优化技术转移服务体系。出台《江西省科技成果产业化实施方案(试行)》,完善"江西省网上常设技术市场"综合服务平台,平台已汇聚省内外科技成果 24459 项，各领域技术专家 48512 人，服务企业 7905 家。2022 年全省技术合同登记总量 10255 项，合同成交总额 758.23 亿元，同比增长 50%以上。

推进国家"03"专项成果转化。打造了"智联江西"品牌，开辟了"数字江西"建设"新赛道"，被科技部评价为"数字中国"建设样板。网络基础建设在全国领先，开发了 5G 模组、智能电表、智能净水器等一批具有自主知识产权和江西特色优势的物联网产品，建成了"智赣 119""电摩卫士""智鄱源"等 5 个在全国有影响力的百万级品牌工程。2022 年底，全省物联网产业收入突破 1800 亿元，全省虚拟现实产业收入突破 800 亿元。

突出市场导向，推进成果产业化。2022 年，全省共登记科技成果 1705 项，同比增长 39.98%，实现产业化并产生经济效益的成果有 519 项，占总量的 30.44%。以典型示范带动成果产业化，在先进制造与自动化、电子信息、生物技术等领域，遴选出"预硬化塑料模具钢板绿色制造技术开发及产业化应用"等江西省十大科技成果转化典型案例，近三年累计实现产值 360 余亿元。

（六）着力推动科技创新人才引育

优化科技人才梯次引育体系。健全"青年科技人才—科技领军人才—高层次科技领军人才"梯次引育体系，加强对高层次科技领军人才的培育和服务，提供"一人一策"精准支持，引领带动全省科技人才队伍建设。2022 年，全省有 15 名人才入选国家有关人才计划，获国家人才培养计划创新类项目和国家杰青、优青项目资助人数创历年新高。

搭建引才引智平台。指导支持华东交通大学获批建设国家学科创新引智基地，截至 2022 年底全省创新引智国家级平台增至 4 家。成功举办首届无人机组网遥感比测活动，助推江西省无人机产业和低空经济领域发展。支持东华理工大学举办"东华加速器中子源科学装置"专家咨询会，助力江西省院士后备人才以科研交流活动扩大影响力。

强化科技人才服务保障。承办江西省人民政府新年院士专家座谈会，举

办"夜话科学家"活动 7 期，主动跟进服务全省新引进院士和拟引进院士。开展 2020~2022 年庐山友谊奖评选表彰，组织春节前走访慰问外国专家系列活动，进一步提升外国专家在赣归属感、获得感。

（七）着力推动科技创新交流合作

拓宽国际科技合作交流。积极推进与美国、日本等发达国家的科技合作，推动南昌航空大学与美国合作并成功研制出新型眼部结构检测系统，填补我国在该领域的技术空白；江西省 15 家国家级国际科技合作基地通过科技部绩效评估。

深化区域科技合作交流。充分发挥区域科技创新特色优势，江西省人民政府与中南大学、湖南大学签订战略合作协议，支持萍乡市与两所高校谋划共建萍乡（长沙）科创中心。支持全省企事业单位开展跨区域研发合作，与清华大学、武汉大学、中国农科院等联合实施区域科技联合攻关项目 29 项。

强化省院省校合作。积极开展与大院名校的科技合作，推动优质创新资源落地江西。与中科院联合课题组在江西九岭山发现我国首个纯种大鲵野生种群。2022 年，全省新增认定赣南创新与转化医学研究院等 5 家引进共建高端研发机构，累计认定 15 家。对接承办智库峰会及大院大所进江西活动，发布中科院等 112 家国家级大院大所产业技术成果 366 项，促成重大签约项目 20 项，意向签约金额达 28 亿元。

（八）着力推动科技支撑民生改善

有力地推进科技下乡、人才下沉。深入推行科技特派员制度，全年选派 1393 名科技特派员，对接 91 个县（市、区）开展科技服务。全省累计对接农业企业、农民专业合作社 8073 家，培训人员 1.7 万余人次。推动"再生稻"丰产增效技术取得新突破，种植面积突破 200 万亩，在百年一遇的干旱条件下，全省双季稻亩产量逆势突破 1200 公斤。

为打赢疫情防控阻击战贡献科技力量。中国中医科学院中医药健康产业研究所获科技部批准开展新冠病毒中医药"疫苗伴侣"研究，为江西首次牵头承担国家新冠病毒疫苗科研攻关任务。组织江西中医药大学、赣江中药创新中心共同实施"抗新冠肺炎中药研发"重大专项，推动形成预防与治疗新冠"江西方案"。

（九）着力推动科技创新生态优化

深入推进科技体制机制改革。2022 年，印发科技体制改革三年攻坚行动实施方案，提出强化创新平台体系化建设、完善关键核心技术攻关组织体系、夯实企业创新主体地位等 14 项符合江西实际、具有江西特色的重点工作任务，规划了未来 3 年科技体制机制改革"战略蓝图"。

深入推进科技减负行动。制定减轻青年科研人员负担专项行动工作方案，启动"减负行动 3.0"，解决青年科研人员面临的崭露头角机会少、成长通道窄、评价考核频繁、事务性负担重等突出问题。该做法被国家科改领导小组办公室作为典型经验进行宣传，入选科技部科技体制改革典型案例。

推进科技监督与科研诚信建设。强化科技项目全流程监督管理，建立项目季度抽查和问题定期督办制度，追回财政资金 4000 多万元。推进科研作风学风建设，强化科研诚信审核，查处科研诚信案件 22 件，对相关人员进行了处理惩戒。

推动科技金融融合发展。聚焦科技企业和高层次人才的融资难题，积极推进金融活水助力科技创新，全面优化创新创业环境，推动以省政府办公厅名义出台科技金融支持创新创业的若干措施。筹备组建省级科创基金取得实质性进展，创新科技金融服务产品，优化"科贷通"等科技金融服务，与多家金融机构深度合作。2022 年，全省向 1241 家科技型中小企业发放"科贷通"贷款 34.23 亿元、同比增长 43.9%；累计引导撬动银行信贷资金 83.51 亿元，支持企业 3164 家次。

二 2023年江西科技发展态势分析

当前，江西正处于高质量跨越式发展关键时期，迫切需要强化科技对经

济社会发展的支撑作用，但与发达地区相比，科技创新能力不足仍是制约全省发展的短板。一是全社会研发投入不足。2021年，全省研发投入强度为1.7%，排在全国第18位、中部第5位，与全国2.44%的平均水平比还有较大差距。同时，研发投入结构不优，高等院校和政府所属研究机构研发经费占全省研发投入比重分别为6.12%和7.49%，较全国平均水平分别低1.68个百分点和5.81个百分点；基础研究和应用研究占全省研发投入比重分别为4.18%和8.48%，较全国平均水平分别低2.32个百分点和2.82个百分点。二是科技创新基础薄弱。全省无国家大科学装置，在全国有地位、有分量、有影响力的高端研发平台匮乏，大院大所仅有创建不久的中科院赣江创新研究院、中国中医科学院中医药健康产业研究所，国家重点实验室数量仅占全国的1%。院士等高端科研人才匮乏，全省现有非资深院士数量（80周岁以下院士）仅4人，与山西并列排在中部最后，而湖北有56人、湖南有36人、安徽有30人、河南有15人。三是科技成果转移转化不畅。近三年，全省没有牵头获得国家科技大奖，重大创新成果不多、转化不畅。2022年，全省技术合同成交额虽然迈上了700亿元的新台阶，但与湖北（超过3000亿元）、湖南（超过2000亿元）、安徽（超过2000亿元）等周边省份差距较大。全省现有国家级技术转移示范机构5家，仅占全国425家总量的1.2%；省级技术转移示范机构22家，其中12家为国有企事业单位，面向社会开展成果转化能力不足、市场化程度不高。

三　2023年江西科技发展思路

为深入贯彻落实党的二十大关于科技创新的决策部署，按照江西省委、省政府的工作要求，围绕如何做好新形势下科技创新工作，坚持跳出江西看江西，主动在全国创新大格局、大战略、大目标中找准方位和坐标，实施"六大行动"，提速建设中部地区重要创新高地，努力探索找出一条符合江西实际的创新发展之路。2023年全省科技创新工作重点如下。

（一）区域创新协同力升级行动

强化南昌在全省科技创新中的核心地位，支持南昌打造区域科技创新中心。增强赣州科技创新副中心支撑作用，打造具有世界影响力的稀土科技产业创新中心和国际一流的生物医药科创中心。充分发挥融合一体的鄱阳湖国家自主创新示范区带动作用，以科创城、创新型城市跃升发展为重要支撑，推进井冈山国家农业科技园区升建国家农业高新技术产业示范区，力争获批国家创新型县（市）1个、省级高新区1个，加快形成多层次全方位的区域创新体系。

（二）创新平台引领力升级行动

紧抓全国重点实验室重组机遇，在医药、稀土、资源环境等特色优势领域争创全国重点实验室。着力创建国家稀土技术创新中心、国家中药资源与制造技术创新中心等重大创新平台。积极创建庐山国家植物园，推进建设超算中心等基础条件平台。加快推进复合半导体省实验室建设，谋划筹建有色金属、食品、育种等领域省实验室，稳妥推进省重点实验室和省技术创新中心优化重组，提升科技攻关体系化能力，培育江西战略科技力量。

（三）技术攻关硬实力升级行动

以重点领域战略需求为导向，建立"基础研究—关键技术—成果转化—产业集群"链式创新体系，加快探索新型举国体制"江西方案"。设立基础研究联合基金，争创国家基础学科研究中心，集中力量进行原创性、引领性科技攻关，坚决打赢关键核心技术攻坚战。建设高标准技术市场，落实成果转化配套举措，提高科技成果质量和转化水平，力争技术合同成交额突破850亿元。推进"03专项"试点示范提质增效，积极建设移动信息网络创新发展试验区，培育信息技术重大创新应用场景20个。

（四）企业创新竞争力升级行动

突出企业科技创新主体地位，推动企业成为从创新决策、科研组织、研

发投入到成果转化全链条创新的主导力量，营造有利于企业成长的良好环境。组织实施企业分类培育计划，打造"科技型中小企业—高新技术企业—高成长性科技型企业—科技领军企业"梯次培育体系，新增科技领军企业1家，高成长性科技型企业突破600家、高新技术企业突破7000家、科技型中小企业突破13000家。省市联动引导规模以上工业企业、高新技术企业和科技型中小企业建立各类研发机构，提高企业研发创新能力。

（五）科技人才创造力升级行动

聚焦产业所需、市场所求、发展所向，采取一事一议、一人一策，按图索骥、柔性使用等方式大力引才育才用才留才。持续优化"青年科技人才—科技领军人才—高层次科技领军人才"引育体系。定向支持科技领军人才和团队开展应用基础研究和产业化技术攻关，在重大科技项目、重大平台建设和重大技术攻关中培养、造就和集聚人才，力争新增国家级科技人才6名。加大省级各类科技计划项目青年科技人才入选比例，支持青年人才挑大梁、当主角。探索"科技副总"引才机制，引聘高校、科研院所、企业科技领军人才到省内规模以上企业担任"科技副总"。

（六）科技治理支撑力升级行动

加快推进科技领域战略规划、重大平台、重点人才和重大项目"四位一体"配置，提高科技创新供给质量和水平。深化科技计划管理改革，建立行业部门、产业界、专家智库等多方参与的项目指南形成机制。推进科技金融深度融合，优化创新创业环境，力争"科贷通"贷款累计发放额突破120亿元。推进科技监督定期检查调度，探索实施省市联动监督检查，严肃查处科技活动违规和科研失信行为，推动监督检查结果应用。深化科技评价改革，加强科研环境建设，弘扬科学家精神，培育创新文化，倡导"研究真问题、真研究问题、产出真成果"，树立"投入要问产出、花钱要问绩效"的工作导向，营造鼓励创新、宽容失败、诚实守信的创新生态。

参考文献

江西省科学技术厅：《江西科技年鉴》（2022 卷），江西高校出版社，2022。

叶建春：《江西省政府工作报告——2023 年 1 月 11 日在江西省第十四届人民代表大会第一次会议上》，《江西日报》2023 年 1 月 30 日，第 01 版。

宋德雄：《深入学习贯彻党的二十大精神　提速建设中部地区重要创新高地》，2023 年 2 月 26 日。

B.11
江西教育发展与展望

江西省教育厅课题组*

摘　要： 2022年，在江西省委、省政府的坚强领导下，全省教育系统坚决把习近平总书记关于教育的重要论述和重要指示批示有效转化为发展导向、政策举措和工作方法，全力践行"作示范、勇争先"目标要求，推动教育事业取得新进步，各项工作有了新成效。展望2023年，全省教育系统将坚持以习近平新时代中国特色社会主义思想为指导，全面贯彻落实党的二十大精神，加快建设教育强省，努力办好人民群众更加满意的江西教育，为社会主义现代化江西建设提供更有力的人才科技支撑。

关键词： 教育强省　教育改革　高质量教育体系　江西

一　2022年江西教育事业发展回顾

截至2022年底，全省共有各级各类学校23764所，在校生1123.27万人，教职工82.59万人，其中：共有幼儿园14173所，在园幼儿150.9万人，学前教育毛入园率91.12%；共有小学6324所，教学点7553所，在校

---

* 课题组组长：郭杰忠，江西省委教育工委原副书记、省教育厅原厅长，研究方向为区域教育发展。课题组副组长：曹伴好，江西省委教育工委委员、省教育厅总督学，研究方向为区域教育发展。课题组成员：杨锋，江西省教育厅发展规划处处长，研究方向为区域教育发展；朱程红，江西省教育厅研究室主任，研究方向为区域教育发展；沈栩，江西省教育厅发展规划处副处长，研究方向为区域教育发展；叶琳琳，江西省教育厅发展规划处四级主任科员，研究方向为区域教育发展。

生 383.9 万人，小学毛入学率 101.54%；共有初中 2233 所，在校生 208.4
万人，初中阶段毛入学率 104.94%；共有高中阶段教育（包括普通高中、
中等职业教育）学校 824 所，在校生 176.4 万人，高中阶段教育毛入学率
93.52%；共有普通高等学校 106 所（含独立学院 7 所）、成人高等学校 5
所，高等教育在校生规模为 199.8 万人，高等教育毛入学率 56.75%（见图
1、图 2）。

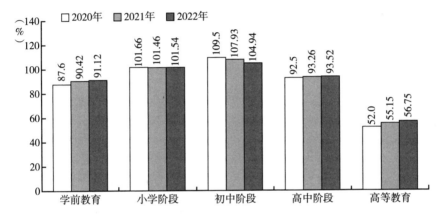

图 1　2020~2022 年江西省各级教育毛入学率

资料来源：江西教育事业统计信息快报。

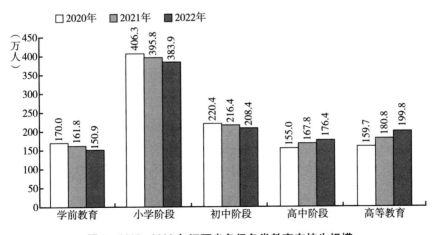

图 2　2020~2022 年江西省各级各类教育在校生规模

资料来源：江西教育事业统计信息快报。

1. 以政治建设为统领，全面加强党对教育工作的领导

一是提升学校党建质量。推动市县两级建立健全党政领导干部联系学校制度，举办高校党委书记校长暑期研讨班、院系党组织书记培训示范班，选派在职干部担任民办高校党委书记实现全覆盖。开展省属本科高校党建工作重大创新基地创建工作和全省首批高校党建"双创"申报，新增1个全国高校党建工作标杆院系和25个样板支部。开展基层党建述职评议考核、举办全省民办高校党委书记座谈会、开展党建工作责任落实情况调研，推动高校基层党组织全面进步全面过硬。二是加强党员思想引领。围绕迎接宣传贯彻党的二十大这一工作主线，举办全省教育系统"喜迎二十大，永远跟党走"暨第七届党的基本知识竞答赛，扎实开展"青春献礼二十大强国有我新征程"系列主题实践活动，做好"新时代赣鄱先锋"选树学活动，推荐43名典型并广泛宣传，听党话、跟党走成为全省广大师生的思想、政治和行动自觉。三是纵深推进全面从严治党。扎实开展勤廉教育建设，推动全省教育系统在"学""查""改""转""督"上下功夫。聚焦"赶考"主题，组织开展以"六个一"为主要内容的警示教育活动。围绕作风建设主题，对24所民办高校党委书记（督导专员）开展集体政治谈话1次，推动民办高校开展内部政治谈话全覆盖。研制出台大中小学和幼儿园小微权力清单、办学（园）行为负面清单，得到中央教育工作领导小组秘书组《教育工作情况》推介，全省教育系统政治生态明显好转。

2. 以立德树人为根本，着力提高人才培养质量

一是推动思政工作落地见效。坚持以习近平新时代中国特色社会主义思想铸魂育人，组建教育系统宣讲团、巡讲团，承办全国大中小学党的二十大精神融入思政课论坛，推动举办20余场"联学联研"活动。深化高校思政课问题式专题化团队教学改革，获批"大思政课"综合改革试验区，入选教育部高校思想政治工作精品项目数量居全国第3，1人获评"全国最美高校辅导员"（实现江西"零"的突破），1人获评教育部"高校辅导员年度人物"。"一站式"学生社区覆盖60余所高校，1所高校入选教育部试点，4个案例入选全国优秀案例。二是推动红色文化润心育人。修订《红色文化》

教材，开齐开足《红色文化》课程，增强红色育人成效。创建高校"红色班级"和大中小幼"红色基因传承示范校"，引导青少年在学习与实践中赓续红色血脉，厚植爱党爱国情感。深化"红色走读""追寻红色足迹"研学实践，持续开展"诵读红色家书"巡演累计38场，红色文化育人品牌更加鲜明，多次被国内主流媒体报道。三是推动素质教育质量提升。出台加强和改进新时代学生心理健康教育工作实施方案，创新开展全省中小学（幼儿园）心理健康教育辅导能力培训，10万名班主任积极参与。深入开展体育、美育"晒课表"及劳动教育示范创建活动，推进中小学生游泳教育试点，有力促进学生德智体美劳全面发展，连续3年获评教育部"大学生年度人物"。

3. 以人民满意为目标，推动各级各类教育协调健康发展

一是推动"双减"工作落实落细。积极引导学科类培训机构转型或注销，全省义务教育阶段学科类培训机构压减率达99.54%。出台全省科技类、文化艺术类、体育类校外培训机构管理办法，全面规范非学科类校外培训行为。全省培训机构预收费线上支付开通率超出全国平均水平近6个百分点。在世界数字教育大会基础教育论坛上就"智慧作业"作典型发言。二是推动基础教育优质均衡。统筹下达中央和省级财政投入50.3亿元，支持各地持续扩充普惠性学前教育资源，推进城乡义务教育一体化发展，改善普通高中学校办学条件。全省新增普惠性幼儿园学位10.79万个（其中公办7.32万个）；完成新建、改扩建义务教育学校868所，新增学位16.8万个；新建改扩建普通高中学校287所，新增学位逾3万个。开展县域义务教育优质均衡发展先行创建工作，5个县区入选全国135个义务教育优质均衡先行创建名单。三是推动职业教育提质创优。召开部省共建职业教育创新发展高地领导小组会议。启动江西省第二轮高水平高职学校和专业群建设计划。成功举办首届世界职业院校技能大赛（江西赛区），斩获世界技能大赛特别赛家具制作项目金牌。"奋力打造全国职业教育改革创新发展高地"入选2021年度全省全面深化改革十佳案例。四是推动高等教育争创一流。启动新一轮"双一流"建设，遴选确定南昌大学为江西省"十四五"一流大学整体建设单位，组建冲击国家"双一流"学科突击队。高校实现A+学科零的突破，新增

1 个 ESI 前 1‰学科、7 个 ESI 前 1%学科。构建"两型四类"高校分类管理体系，首次对 24 所省属高校开展综合考核，引领高等教育内涵特色发展。深入推进"四新"建设，90 个专业获批第三批国家一流本科专业建设点。

4. 以服务地方为己任，不断提升创新发展能力

一是提升科技创新能力。高校获批国家自科基金 1000 项，直接经费 3.56 亿元，立项数和直接经费均创历史新高。获教育部 2022 年度高等学校科学研究优秀成果奖（科学技术）一等奖两项、二等奖两项。江西农业大学首次在 *Nature* 发表江西省研究长文，江西师范大学科研成果获 2022 年"日内瓦国际发明展"金奖。江西师大一号环境遥感卫星成功发射。二是加快人才队伍建设。制定实施《全省教育人才队伍建设三年行动计划（2022-2024 年）》，举办首届江西教育领域海外高层次人才引智专场新闻发布会。持续深化人才评价改革，开展优化人才服务行动，治理人才补贴拖欠问题，协调优质资源扩大人才子女入学优惠覆盖面。高校新增 1 名俄罗斯科学院外籍院士，全职引进 1 名中科院院士担任大学校长，产生杰青 1 人、优青 6 人，7 人当选青年拔尖人才，入选省"双千计划"哲学社会科学领军人才占全省的 91.5%，为近年最好成绩。三是推动产学研用深度融合。聚焦重点产业发展需求，省级层面选聘 31 名产业导师，遴选 9 个重点产业学院、12 个培育产业学院，建设 22 个省级区域性职业教育产教融合公共实训基地，确定 95 家产教融合型企业。开展高校科技服务"走园入企"专项行动，高校科技成果与企业现场签约总金额达到 1.53 亿元。国内首条稀土永磁磁浮轨道交通工程试验线"红轨"等一批重大科技成果成功转化和产业化。四是不断深化对外交流合作。出台了《关于加强江西省教育系统单位公派出国（境）留学管理工作的意见》及《江西省外籍教师聘任和管理办法（试行）》，优化管理服务。成功举办 2022 国际产学研用合作会议（南昌）、2022 江西高校海外展和江西省第十届外国留学生汉语大赛。

5. 以综合改革为抓手，加快推进教育治理体系和治理能力现代化

一是完善顶层设计。印发《江西省"十四五"教育事业发展规划》，将建设高质量教育体系的战略部署转化为可操作、可评估的具体行动。以省"两

办"名义出台基础教育、职业教育、高等教育高质量发展实施方案。印发《江西省"十四五"高等学校设置规划》，统筹谋划"十四五"时期全省高等院校布局结构。印发《江西省"互联网+教育"发展推进方案》，教育部对江西高位推动"互联网+教育"发展给予肯定。二是推进教育数字化。获批国家智慧教育平台整省试点（全国共9个试点省份）。作为全国试点唯一省份，圆满完成了数字化赋能教育事业统计工作试点任务，教育部对此给予充分肯定。出台《关于服务融入数字经济"一号发展工程"促进教育数字化转型的若干举措》，如期完成数字经济"一号发展工程"重点专项工作中涉及教育领域的各项工作任务。三是引导民办教育健康发展。稳步推进民办教育分类管理改革。制定三年行动计划，进一步规范民办高校办学行为。高质量完成规范民办义务教育发展专项工作，教育部两次刊载江西经验做法，并指定江西在全国规范民办义务教育发展专项工作总结座谈会上作典型发言。四是深化考试招生制度改革。研制"职教高考"方案，分20个专业大类遴选35家牵头立项单位，开展职业教育专业技能测试考试资源建设试点工作。出台《江西省加强和改进普通高校艺术类专业考试招生工作实施方案》，稳步推进艺术类专业统考改革。实行专升本考试招生"六个统一"，进一步优化专升本考试流程，规范管理。

6. 以改善民生为导向，全面强化教育保障力度

一是完善教育投入保障机制。2022年，全省一般公共预算教育经费支出1319.7亿元，比上年增长约5.7%。中央安排江西省教育转移支付170.85亿元，比上年增长8.6%；省级财政安排教育项目资金119.66亿元，比上年增长10.1%。二是加强教师队伍建设。2022年全省共招聘补充中小学教师2.5万余名，启动实施"赣鄱名师名校长启航工程"。开展第四届"感动江西教育年度人物"推选活动，蒙芳入选2022年全国"最美教师"，刘志乐入选国家级教学名师。承办2022年全国中小学领导人员师德师风教育示范研修班。在全国率先启动"乡村教师学历提升计划"，增设江西省教学成果奖为省政府表彰常设项目。积极推进义务教育学校教师"县管校聘"管理体制改革，推动34个县（市、区）出台改革方案。三是加强就业创业服务。出台"10条举措"促进高校毕业生就业创业，推动高校书记校长访

企拓岗促就业，加大政策性岗位招录力度，切实帮助重点群体毕业生解决就业困难。2022届毕业生毕业去向落实率为83.16%，留赣率为59.56%，实现逐年稳步提升。四是维护教育系统安全稳定。指导学校建立"三级包保"和"五级联包"措施，严防疫情输入校园和校园疫情扩散，师生员工生命健康得到有力保障。健全安全责任体系，中小学校（幼儿园）校园安防"四个百分之百"建设全面完成，1.3万所符合改建条件的学校（幼儿园）完成安防"四个一"工程建设。开展专项攻坚行动，2022年全省中小学生溺水事故起数和溺亡人数与前一年度相比分别下降70.9%和60.6%。

一年来，全省教育虽然取得了一些成绩，但是与上级要求、先进省份和群众期盼相比，还存在一定差距，比如，优质教育资源配置不充分不均衡问题比较突出，区域、城乡、校际差异明显；教育高质量发展还有短板，学科领军人才比较短缺，高等教育整体实力不强，支撑全局的能力水平有待提升；教育领域综合改革还有不少硬骨头要啃，现代教育治理体系和治理能力建设需要进一步加强；教育系统全面从严治党的形势仍然严峻，风险防控还存在薄弱环节；等等。我们将坚持问题导向，攻坚克难，采取更加精准、有力的措施抓紧解决问题。加快推进教育高质量发展，办好人民满意的教育。

二 2023年江西教育事业发展重点任务和举措

2023年是全面贯彻落实党的二十大精神的开局之年，是深入实施"十四五"规划的关键之年。全省教育系统将在省委、省政府的坚强领导下，在省委教育工作领导小组的直接领导下，坚持以习近平新时代中国特色社会主义思想为指导，全面贯彻落实党的二十大精神，聚焦"作示范、勇争先"目标要求，踔厉奋发，勇毅前行，统筹防治新冠病毒感染与教育事业发展，统筹教育发展与校园安全，坚持稳字当头、稳中求进，保稳定、促就业，提质量、改形象，强作风、创一流，加快建设教育强省，努力办出更高质量、更为公平、更有贡献、人民群众更加满意的江西教育，为社会主义现代化江西建设提供更有力的人才科技支撑。

1. 全面加强党的领导和党的建设

深刻把握首要政治任务的实践要求，在全面学习、全面把握、全面落实上下足功夫，推动习近平新时代中国特色社会主义思想和党的二十大精神入脑入心，完善党中央重大决策部署和省委、省政府工作要求落实机制，坚决捍卫"两个确立"、做到"两个维护"。召开全省高校党的建设工作会议，持续推进"双创"工作。开展高职院校党建工作重大创新基地培育，持续抓好省属本科高校党建创新基地建设。推进高校教师党支部书记"双带头人"培育工程，加大高层次人才发展党员工作力度。抓实中小学校党建工作，基本完成领导体制调整。

2. 全面落实立德树人根本任务

坚持用习近平新时代中国特色社会主义思想铸魂育人，实施"时代新人铸魂工程"，努力把"大思政课"综合改革试验区建成"示范区"。深入推动校园红色基因传承，持续开展"三项文化"和"追寻红色足迹""红色基因传承示范学校创建"等系列德育活动。定期组织青年大学生开展红色家书、红色故事分享活动，实现红色基因传承的自信自立。推广《德育学堂》，加强省级德育教育示范区、示范校建设，打造一批有全国影响力的德育示范基地。改革心理健康教育管理，建成一批心理健康教育与咨询示范中心，持续推进"万师润万心"心理健康行动。坚持五育并举，加强五育融通整合，开齐开足课程，健全德智体美劳全面培养体系，大力发展素质教育，深化综合素质评价改革，着力培养德智体美劳全面发展的社会主义建设者和接班人。

3. 全力推动高质量教育体系建设

坚持以人民为中心发展教育，突出"推动高质量发展"这个主题，聚焦学前教育"补短板"、义务教育"重均衡"、职业教育"扬优势"、高等教育"求突围"，加快构建高质量教育体系。继续加强以公办园为主的普惠性学前教育资源建设，深入推进标准化幼儿园建设与认定。进一步扩充城区义务教育资源，不断推动城乡义务教育一体化和县域义务教育优质均衡发展。实施县中发展提升行动计划，开展普通高中特色学校评估认定。加快构建现代职业教育体系，夯实中等职业教育基础地位，巩固高等职业教育主体

地位，稳步发展职业本科教育；推进职业学校办学条件达标工程建设，全面提高职业教育办学质量。加快高等教育内涵特色发展，深化"双一流"建设，持续推动高校分类管理、分类评价，不断提升高层次人才培养质量。

4. 全面融入江西改革发展新征程

紧密对接国家战略和江西需求，优化高等教育资源配置，全面启动实施"十四五"院校设置规划，贯彻落实关于建设长江教育创新带的实施意见及赣南等原中央苏区、大南昌都市圈等重大战略规划。聚焦关键领域、重点产业需求，持续优化学科专业结构，抓紧实施教育人才队伍建设三年行动计划，突出抓好高校育人主阵地建设，建立翔实的人才台账，聚焦所需"对位"开展工作，全面提高人才自主培养质量，着力造就江西急需的拔尖创新人才。持续深化产教融合、科教融汇，大力实施高校助力全面建设现代化江西"十条措施"，紧扣江西产业高质量发展，集中力量进行原创性、引领性科技攻关。健全完善有利于科技成果转化的服务、激励和保障机制，持续办好高校科技人才成果对接会，推进高校科技服务"走园入企"，促进更多高校科研成果在江西落地转化，促进"科学发现、技术发明、产业发展"一体联动。扩大教育对外合作"朋友圈"，持续办好国际产学研用合作会议等重大活动，使教育强省建设的动能更加强劲、活力更加充沛。

5. 全面提高教育治理能力和水平

抓好教育事业发展规划，完善规划实施监测评估机制，开展规划实施情况中期评估工作，推动重点任务落地见效。紧扣落实立德树人根本任务，以教育评价改革为牵引，深化教育领域综合改革。进一步健全机制、完善举措，打好校外培训综合治理的攻坚落实战。落实好"新高考"改革方案，加强普通高中新课程新教材实施省级示范区示范校建设，走稳普通高考综合改革"最后一公里"。推进民办高校分类管理改革，实施"三年行动计划"，抓好依法办学年检，推动民办高校规范发展。积极推进"互联网+教育"发展，以教育信息化支撑引领教育现代化，加快推进国家智慧教育平台整省试点，优化数字资源供给，不断提升师生数字化素养和能力。持续深化高校就业创业工作，开展高校就业工作体系化建设创新试验区申报工作，持续加大对毕业留赣就业创业工作的经费投入与支持，促进高校毕业生去向落实与留赣就业。

6. 全面筑牢教育事业发展基础

进一步加大教育投入，积极争取中央转移支付和省级重点项目经费，完善多渠道筹措教育经费的体制和教育收费动态调整机制，确保教育投入"两个只增不减"。建立健全教育经费管理制度和预算绩效评价制度，提高教育经费使用效益。打造高素质专业化教师队伍，常态化开展师德专题教育，持续加大师德典型选树力度，讲好江西师德故事。着力提升师范院校办学水平，健全完善教师培养机制，加大教师培训力度。持续推进"县管校聘"管理体制改革，深入推进义务教育学校校长教师交流轮岗，继续组织实施"银龄讲学计划""三区"人才支持计划、高校音体美师范生实习支教计划。加强意识形态领域阵地建设，做好网络舆情监控，形成正面引导和依法管理相结合的教育系统国家政治安全工作格局。推动"平安校园"建设，加快"四个百分之百""四个一"等建设成果转换。持续在防溺水、心理健康教育、防范暴力伤害、交通安全、消防安全和反电信网络诈骗等工作上再下功夫，坚决守护广大师生生命安全。

参考文献

习近平：《高举中国特色社会主义伟大旗帜 为全面建设社会主义现代化国家而团结奋斗——在中国共产党第二十次全国代表大会上的报告》，新华社，2022年10月25日。

江西省发展和改革委员会：《江西省国民经济和社会发展第十四个五年规划和二〇三五年远景目标纲要》，《江西日报》2021年2月18日，第01版。

中共江西省委：《中共江西省委关于制定全省国民经济和社会发展第十四个五年规划和二〇三五年远景目标的建议》，《江西日报》2020年12月9日，第01版。

易炼红：《高举习近平新时代中国特色社会主义思想伟大旗帜 携手书写全面建设社会主义现代化江西的精彩华章——在中国共产党江西省第十五次代表大会上的报告》，《江西日报》2021年11月29日，第01版。

江西省人民政府：《江西省"十四五"教育事业发展规划》（赣府发〔2022〕10号），2022年4月21日。

B.12
江西卫生健康事业发展报告

江西省卫生健康委员会课题组[*]

摘　要： 2022 年，江西省卫生健康系统紧紧围绕全省经济社会发展大局，聚焦战疫情、防风险、促改革、谋发展、惠民生等重要领域，全力落实新时代卫生与健康工作方针。全省 7 家医院获批建设国家区域医疗中心，深化医药卫生体制改革连续三年受到国务院表彰激励，连续三年蝉联健康中国行动优秀省份，多次受邀在健康中国发展大会等重大会议上介绍健康江西建设经验，平安医院建设连续六年位居全国第一方阵。江西省各类健康指标数值在 2022 年已经高于全国的平均水平，人均期望寿命已经提高到 77.8 岁。2023 年将坚持把贯彻落实党的二十大精神作为全年工作的主线，以卫生健康服务能力全面提升三年行动计划为抓手，全面推进卫生健康事业高质量发展，以新担当新作为争创新时代"第一等工作"。

关键词： 卫生健康　健康江西

　　2022 年是党的二十大召开之年，是全面建设社会主义现代化国家新征

---

[*] 课题组组长：龚建平，江西省卫生健康委员会党组书记、主任，研究方向为区域卫生健康。课题组副组长：孙常翔，江西省卫生健康委员会党组成员、副主任，研究方向为区域卫生健康；操秋阳，江西省卫生健康委员会二级巡视员，研究方向为区域卫生健康。课题组成员：黄智德，江西省卫生健康委员会规划信息处处长，研究方向为区域卫生健康；虞昆，江西省卫生健康委员会规划信息处一级主任科员，研究方向为区域卫生健康；罗庆，江西省卫生健康委员会规划信息处干部，研究方向为区域卫生健康。

程的开启之年，也是实施"十四五"规划承上启下的关键之年，更是迈向第二个百年奋斗目标新征程的开局之年。本报告将在全面回顾 2022 年工作的基础上，提出 2023 年全省卫生健康工作思路和若干措施。

一 2022年回顾

2022 年，在省委省政府的正确领导和国家卫生健康委的关心指导下，江西省卫健委始终坚持以习近平新时代中国特色社会主义思想为指导，认真贯彻落实习近平总书记关于疫情防控和卫生健康工作重要指示和系列讲话精神，以"作示范、勇争先"目标定位和"五个推进"的重要要求，统筹推进卫生健康各项工作。深化医药卫生体制改革连续三年（2019~2021 年）受到国务院表彰激励，连续三年（2019~2021 年）蝉联健康中国行动优秀省份，多次受邀在健康中国发展大会等重大会议上介绍健康江西建设经验，平安医院建设连续六年（2015~2020 年）位居全国第一方阵。

（一）坚持人民至上，统筹疫情防控和经济社会发展做出新贡献

始终把疫情防控作为头等大事来抓，保持指挥体系激活状态、高效运转，因时因势调整完善疫情防控措施，从严从紧落实各项防控措施，及时高效处置了 11 个设区市 2022 年 3 月份以来局部的奥密克戎突发疫情，最大程度保护人民生命安全和身体健康，为江西省经济社会发展增速进入全国前列提供了有力的支撑。其间，始终坚持守望相助，圆满完成上海分流入赣国际航班 21 架次 4569 人次疫情防控保障任务，支援了吉林、上海、海南、新疆、重庆等省（自治区、直辖市）疫情阻击战，援助突尼斯、乍得等国开展疫情防控工作，为服务全球全国疫情防控大局做出积极贡献。同时，疫情处置能力持续提升，日最大核酸检测能力提高到 330.65 万管，发热门诊覆盖所有县（市、区），定点医院床位总数达 3847 张，亚（准）定点医院的床位总数达 4600 张，方舱医院床位总数达 25436 张，储备集中隔离场所 2559 个、隔离房间 269514 间，全人群疫苗接种覆盖率达 85.05%，特别是

60 岁以上老年人疫苗接种覆盖率达 91.44%，持续保持在全国前列，构筑起了群防群控的坚固防线。

（二）坚持健康优先，健康江西行动迈出新步伐

实施富有江西特色的"15+3"健康江西专项行动，牵头抓好幸福江西建设，以省政府名义印发《江西省卫生健康服务能力全面提升三年行动计划（2023—2025 年）》，实现全省卫生健康事业"一年有突破，两年见成效，三年大变样"。积极推动卫生城镇创建，3 个设区市、42 个县（市）、150 余个乡镇申报国家卫生城镇，创历史同期新高。编纂出版《健康中国行动管理实践》，总结健康中国战略在赣鄱大地的落地落实和创新实践。作为全国较早出版发行省级卫生城镇创建指导图书的省份，编纂出版《卫生城镇创建务实指南》。继续将健康江西建设纳入全省市县高质量发展考核评价体系，制定江西省健康细胞建设相关规范文件，开展健康城市、健康细胞等建设工作，在全国率先成立健康江西志愿者联合会，宜春市在全国较早以市政府名义出台健康城市工作方案，全力打造健康中国江西样板，推动健康融入所有政策。

（三）坚持项目为王，大健康产业发展呈现新面貌

在全系统大力实施"项目提升年"活动，全省共储备补短板、强弱项的卫生健康项目 770 多个，正在推进的项目有 329 个，总投资规模约 885.5 亿元，省级的南昌医学院、省胸科医院望城院区（省公共卫生临床中心）、省疾控中心项目建设有序快速推进。申报国家区域医疗中心、国家紧急救援基地、现代化疾病预防控制体系建设等各类项目共 47 项，共获得中央预算内投资资金 18.33 亿元。成立了大健康产业发展办公室和江西省医疗健康投资有限公司，着力打造江西省大健康产业发展主平台，成功主办了 2022 中国（南昌）国际大健康产业大会暨博览会，助力推动大健康产业新业态融合发展。

（四）坚持预防为先，公共卫生服务体系建设取得新成效

全面实施村（居）民委员会下设公共卫生委员会，加强疾控机构能力建

设，94 家县级疾控中心可检测项目数超 100 项，争取了 3474 万元用于县级妇幼保健机构服务能力建设。做实做细基本公卫及家医签约履约服务，全省 614 家基层医疗卫生机构开展高血压、糖尿病医防融合试点，建立家庭医生团队 17326 个，重点人员家庭医生签约率稳定在 70% 以上。不断加强重大疾病防控工作，及时高效处置诸如病毒病等 83 起急性传染病，结核病、艾滋病、麻风病等重点传染病防治能力持续巩固提升，景德镇市为全国首个启动"国家创建无结核社区试点"的地区，不断完善呼吸系统疾病、心血管病、脑卒中等慢性病防控体系，重大慢性病过早死亡率降低到 13.72%。不断强化精神和心理卫生工作，全省严重精神障碍报告患病率 5.05‰，在册患者规范管理率 93.60%，综合评分居全国第五。在全国率先建成鄱阳湖区血吸虫病传染源监管平台，全省 39 个流行县（市、区）中 24 个达到血吸虫病消除标准，6 个达到传播阻断标准，9 个维持传播控制标准，向消除血吸虫病目标进一步迈进。独立承接了 2 项国家食品安全标准研制，赣州市作为全国 5 个地市之一，成功申报建设国家食品安全与营养健康综合试验区。

（五）坚持深化改革，医药卫生体制建设频出新举措

持续深化"三医联动"改革，扎实开展三明医改经验学习推广，积极推动公立医院高质量发展，遴选了南昌市、九江市、鹰潭市、赣州市等 4 个设区市作为深入推广三明医改经验示范地区，选择 11 家省、市、县级医院和南昌市、赣州市等 2 个设区市作为公立医院高质量发展示范地区（单位），在全省 82 个县（市、区）全面启动紧密型县域医共体建设，着力构建有序合理就医诊疗新格局。扎实推进综合监管制度落实，全省双随机监督抽查共查办各类卫生违法案件 11036 件，罚没款 3339.89 万元。全面核查消毒产品违法违规线索，查处涉案企业 57 家，吊（注）销生产企业卫生许可证 10 家，罚款 251.45 万元。全面整治医疗乱象，立案处罚 658 件，罚没款 460 余万元。落实基本药物主体地位，强化基本药品使用监测，推进国家基本药物制度在基层顺利实施，全省基本药物采购金额占比 42.2%，基本药物制度落实成效稳居全国第一方阵。

（六）坚持民生导向，全生命周期卫生健康服务能力得到新提升

持续改善医疗服务，全省公立医院门诊患者满意度、住院患者满意度持续保持在全国第一方阵，基本实现城市居民 15 分钟、农村居民 30 分钟的有效就医圈。积极推进急危重症体系建设，完善院前急救与院内救治协作机制，全省共有卒中中心 110 家、胸痛中心 92 家、创伤急救中心 95 家。持续加强临床重点专科建设和医学领先学科建设，共建设 17 个国家级临床重点专科、6 个省域建设项目、49 个省级临床重点专科项目，覆盖全省 11 个设区市，布局了 8 个重点实验室、5 个省医学领先学科、13 家省级临床医学研究中心。快速推进"互联网+医疗"工作，已建成互联网医院 16 家，全年总服务量达到 15 万人次，将 50 余项检查检验项目纳入互认范围，开展线上诊疗 15100 人次，开展各类远程医疗服务 1500 余次。加强血液管理，全省共采集血液 41.65 万人次，采血总量 72.15 万单位。有效扩大托育服务供给，建立婴幼儿入托补贴制度，积极参与中央普惠托育项目，全省共申报项目 66 个，争取资金 6981 万元，全省每千人口托位数达到 3 个，完成年度目标。着力提升家庭服务能力，特殊家庭扶助金标准提高 200 元，增幅 50%，特殊家庭住院护理补贴财政补助标准由每人每月 100 元提高到 220 元。加快推动医疗卫生机构适老化转型升级，全省 1839 家综合性医院、康复医院、护理院和基层医疗机构开展老年友善医疗机构建设，200 家二级以上公立综合性医院设置了老年医学科。持续推进医养结合工作，组织开展全国医养结合示范县（市、区）和示范机构创建活动，争取省级财政 1050 万元支持公办医疗卫生机构建设养老床位，打造了南昌市南昌县莲塘镇莲安南路社区等 33 个全国示范性老年友好型社区。

（七）坚持守正创新，江西中医药传承发展呈现新面貌

围绕中医药强省战略，出台《江西打造全国中医药产业高质量发展示范区实施方案》等政策规划支持中医药改革创新发展。持续提升中医药服务能力，推进市县级公立中医院全覆盖，安排 4455 万元支持 479 个乡镇中

医馆内涵建设，着力打造4个重大疾病治疗重点专科、67个病种专科和3个中医特色治疗平台。不断增强中医药科技创新能力，新增国医大师1名、全国名中医3名，成功获批国家住院医师规范化培训中医重点专业基地2个，新增59个国家中医药传承工作室和25个江西省中医药管理局重点研究室、临床研究基地。大力推动中医药产业发展，对铁皮石斛、杜仲叶、灵芝三味中药实施食药物质试点管理，打造江西省优势药食同源中药品种，全省中药子行业实现营业收入309.41亿元、同比增长9.84%。弘扬优秀中医药文化，加大经典名方、独特传统炮制技术等传承推广力度，加强中医药文化传播基地建设，探索将中医药文化纳入中小学卫生健康教育，多举措传播中医药文化理念和健康养生知识。

二 形势任务分析

（一）推进健康中国建设是中国式现代化的题中应有之义

党的二十大报告明确提出，要把"推进健康中国建设"作为新时代新征程卫生健康工作的主题，明确指出人民健康是民族昌盛和国家强盛的重要标志，要把人民健康放在优先发展的战略位置。江西省卫生健康事业发展取得了明显进展，但与全国比、与中东部省份比，还有较大差距。积极参与国家发展大局，融入"一带一路"、长江经济带发展，深度对接粤港澳大湾区建设、长江地区一体化发展、海峡西岸经济区建设，新时代推动中部地区高质量发展、新时代支持革命老区振兴发展以及国家生态文明试验区、内陆开放型经济试验区、国家中医药综合改革试验区等国家政策在江西集成，这些都为江西省卫生健康事业发展提供了重要的发展机遇。

（二）推进健康中国建设是满足人民健康需求的必然要求

随着人民群众多层次、多样化健康需求的快速增长，要满足人民的健康需求，对于卫健系统来说，就是要推动新时代卫生健康事业高质量发展，就

是要牢固树立发展优先导向，坚持把保障人民健康放在优先发展的战略位置，牢固树立系统思维，坚持科学精准谋划，高效统筹疫情防控和卫健事业产业发展，统筹发展与安全，全力向项目要动力，向创新要活力，向人才要竞争力，努力形成卫健事业和健康产业大发展的新局面。在"一老一小"上，江西省还存在资源不足、支撑体系不完善等问题，需大力发展公办、普惠托育机构，加大完善托育服务供给，完善社区婴幼儿照护，支持有条件的幼儿园开设托班，探索发展家庭式托育点，加快构建综合连续的老年健康支撑体系，深化医养结合服务模式，提升社区医养结合服务能力，开展居家、社区医养结合服务，切实解决群众养老托育的"后顾之忧"。

表1　2018~2021年江西省部分卫生健康指标发展情况

序号	指标名称	2018 年	2019 年	2020 年	2021 年
1	人均期望寿命（岁）	76.9	77.1	77.3	77.8
2	婴儿死亡率（‰）	5.54	4.76	4.2	3.5
3	5 岁以下儿童死亡率（‰）	8.07	7.27	6.6	6.2
4	孕产妇死亡率（/10 万）	8.41	7.34	5.94	5.23
5	每千人口医疗机构床位（张）	5.37	5.73	6.32	6.8
6	每千人口执业（助理）医师数（人）	1.88	2.07	2.32	2.47
7	每千人口注册护士数（人）	2.38	2.58	2.86	3.1
8	个人支出占卫生总费用比重（%）	25.74	26.1	27.09	27.7

注：因 2022 年统计数据仍在确认中，2022 年暂无确切数据。
资料来源：江西省卫生健康委员会。

三　2023年工作展望

2023 年江西卫生健康工作思路是：深入贯彻落实党的二十大精神，紧紧围绕"作示范、勇争先"目标定位，以高质量发展为主线，以实施全省卫生健康服务能力全面提升行动为抓手，找准坐标、抓住大事，把握规律、前瞻布局，升级赛道、做好增量，改革动能、提升势能，统筹发展与安全，统筹当下与长远，持续巩固拓展疫情防控和卫健事业改革发展成果，前瞻性思考、全局性谋划、战略性布局、整体性推进卫生健康事业高质量发展，奋力打造"四区四高地"。

（一）聚焦以防为主，着力提升防控能力

一是进一步落实新冠病毒感染乙类乙管工作要求，不断提升常态化疫情监测预警能力，提高老年人群新冠疫苗接种率，重点抓好老年人和患基础性疾病群体的防控。落实"保健康、防重症"要求，强化医疗资源统筹，加强医疗资源储备和医疗力量配置，不断完善救治措施。强化医防融合，推进公立医疗机构公卫职责清单落实，推动全省重大疫情防控救治体系建设。二是加快构建强大公共卫生体系。深化疾病预防控制体系改革，深入推动村（居）民委员会建立公共卫生委员会，提升疾控队伍能力，制定医疗机构公共卫生职责清单，推进医防深度融合。三是提升各类疾病防控能力。持续提升省、市、县三级疾病预防控制机构标准化水平，加强疾病预防控制机构实验室建设，布局实施区域公共卫生检测中心建设项目，不断优化传染病快速诊断和溯源网络。持续加强结核病诊治能力，强化艾滋病防治综合示范区建设和信息化建设。持续巩固免疫规划基础，全力推进血吸虫病防治达标进程，加强地方病监测评价和消除疟疾规范化管理，巩固提升地方病控制和消除成果。加强食品安全风险监测、营养健康和职业健康工作。全省推广社会心理服务体系建设，促进儿童青少年心理健康。四是增强卫生应急保障能力。继续实施多点触发预警监测平台试点项目，强化新发突发急性传染病的监测预警、风险评估、实验室检测、流行病学调查、现场处置、物资储备，建立实战演训机制，推进国家紧急医学救援综合基地等项目建设，加强突发事件紧急医学救援工作，提升应急处置能力。

（二）聚焦健康优先，着力建设健康江西

一是深入实施健康江西行动。积极推动省人民政府与国家卫生健康委签订委省共建战略合作协议，支持江西建设健康中国省域示范区和全国革命老区卫生健康事业高质量发展示范区。大力实施"15+3"健康江西行动，强

化健康江西行动考核，积极推进"健康中国行动重点联系省份"建设，推动"把健康融入所有政策"。坚持基本医疗卫生事业公益属性，积极争取政府支持，完善财政经费保障机制和补偿政策，构建稳定增长的公共卫生事业投入机制。二是巩固健康扶贫成果同乡村振兴有效衔接。做好脱贫人口慢性病家庭医生签约履约服务，落实基本医疗有保障工作标准，实现乡村医疗卫生机构和人员"空白点"动态清零。建立健全监测预警机制，持续保障重点人群健康需求。加强村卫生室建设，积极推动基层"优质服务基层行"活动和社区医院建设，强化村卫生室人员能力建设。三是广泛开展爱国卫生运动。加快推动爱国卫生工作从环境卫生治理向全面社会健康管理转变。全面推进无烟党政机关建设。推进健康影响评价评估制度建设试点工作。继续加强农村改厕技术指导，科学实施病媒生物综合防制策略。

（三）聚焦重大项目，着力提升服务能力

一是推进项目攻坚发展。以落实《江西省卫生健康服务能力全面提升三年行动计划（2023-2025年）》为抓手，推进公共卫生服务能力建设。明确2023年重点项目、任务、目标，加强省级重大卫生健康项目有关建设用地、配套资金、立项审批的沟通协调，指导各地进一步做好项目储备。加大资金统筹力度，跟进争取中央预算内投资，积极申报地方政府债券资金，盘活存量资金资产，保障重大建设项目资金需求。二是推进医疗服务体系建设。加快江西省七家国家区域医疗中心和四家省级区域医疗中心建设，完成江西省三家重大疫情防控救治基地建设。推进三级医院对口帮扶工作，提升县级医院综合服务能力。加强临床专科能力建设，落实三年行动计划部署，制定江西省临床重点专科管理办法，做好省级临床重点专科建设项目遴选工作。全面推进社会心理服务体系建设，实现全省60%以上的精神专科医院设立并运行心理门诊，36%以上的二级以上综合医院开设并运行精神（心理）科门诊，健全完善心理监测、疏导服务、心理矫治、危机干预等社会心理服务工作机制。加强急危重症救治体系建设，进一步完善院前急救与院内救治协作机制，推进卒中中心、创伤急救中心、胸痛中心等五大中心建

设。推进护理康复体系建设，不断完善护理体系机制。三是改善群众就医体验。加强质控管理信息化，强化医疗质量控制目标问效管理，完成血液内科等9个省级质控中心建设工作。严格采供血机构监管，开展全省血液安全调研，强化血液质量安全管理。推进检查检验结果互认，促进合理诊疗、合理检查、合理用药。全面推进平安医院建设。

（四）聚焦特色优势，着力推进中医药强省

一是提升中医药服务能力。加强中医药综合医改，坚持中西医并重发展方向，推动中医药治未病新模式快速发展。加快建成覆盖城乡的优质高效中医药服务网络，推进政府办县级中医医院实现全覆盖，着力健全中医药服务体系。二是加强中医药科技创新平台建设。推动中医药人才培养"杏林计划"，实施人才引育支持工程，支持江西中医药大学开展中医药一流学科建设，加强高层次人才队伍和基层中医药人才队伍建设，制定江西省"十四五"中医药人才规划。开展"科技+中医药"联合计划重点项目申报工作，探索完善联合计划立项模式。三是推进中医药产业快速发展。着力构建中药现代化产业体系，推进重大项目建设，聚焦中医药优势产业，推进药材种植、加工制造、流通使用等全链条产业衔接。加快培育中医药新兴产业，促进中医药与旅游、食品、养老等有机融合。以"赣十味"和"赣食十味"为重点，提升中药材质量，进一步做强赣药品牌。四是促进中医药文化繁荣发展。推进热敏灸产业与中医药健康旅游、食疗产业、康养产业融合发展。依托"一带一路"建设和上海合作组织传统医学论坛等平台，打造江西中医药文化对外交流的"金色名片"。

（五）聚焦优化完善，着力抓好健康服务

一是完善老年健康服务体系。开展"全国示范性老年友好型社区"等创建，着力建设老年友好型社会。加快完善老年健康服务体系，持续推动二级及以上综合医院老年医学学科建设，加快推进安宁疗护服务发展，不断增加老年健康服务供给。进一步推进医养结合发展，深入实施医养结合工程，

常态化开展打击整治养老诈骗工作。二是推进人口家庭服务发展。完善积极生育支持政策和普惠托育服务体系，重点支持普惠性社区托育中心建设，推动机关、企事业单位、工业园区等用人单位参与普惠托育服务。保障计划生育家庭合法权益，利用智能化手段实现特殊家庭"绿色就医通道"，开展特殊家庭家庭医生签约服务包心理健康检测评估服务项目，强化风险防范化解和信访维稳。三是推动妇幼健康工作发展。继续实施母婴安全行动提升计划和健康儿童行动提升计划，严格落实母婴安全五项制度，全方位保障母婴安全。进一步健全出生缺陷防治网络，落实产前筛查与产前诊断一体化管理，逐步扩大筛查诊断网络，切实强化出生缺陷防治。持续推进妇女生命全周期服务，促进儿童健康全面发展，开展妇幼中医药特色专科建设。

（六）聚力统筹兼顾，着力推进健康保障

一是全面巩固深化医改成果。推进公立医院综合改革和高质量发展，构建县乡一体化、乡村一体化的紧密型县域医共体。开展县域综合医改建设项目，深入推广三明医改经验，促进"三医"协同发展和治理。二是强化人才科技支撑。加强科技创新资源优化配置和高效利用的顶层设计，持续改革完善相应的制度体系。深入推进卫生健康科技创新"四个一批"工程，优化重组领先学科，激发人才培养新活力，探索科研领军人才建设。深入实施住培"质量提升"工程，持续加强住培内涵建设。规范医药卫生类专业设置标准，推进高校附属医院规范化管理，加大全科医生队伍建设和紧缺专业人才培养力度，优化继续医学教育管理。三是加快智慧卫健建设。加快推进电子病历、智慧服务、智慧管理"三位一体"的智慧医院信息系统建设。统筹整合资源，依托赣服通等建设全省卫健行业便民服务与业务协同门户，聚焦公共卫生、医院管理、医疗救治、中医药服务、人口家庭管理等业务领域，加快推进人口监测系统、"智慧托育""云上妇幼""智慧卫监"等应用建设。大力开展省03专项试点示范，加强新一代信息技术在卫生健康领域融合应用，推动5G、VR等新一代信息技术在医疗领域应用，打造一批示范应用场景。按照网络信息安全责任制的要求，确保网络信息安全。

参考文献

王水平：《凝聚"健康强赣"的奋进力量　打造新时代全国革命老区卫生健康高质量发展示范区》，《健康中国观察》2022 年第 7 期。

马晓伟：《时不我待　科学精准抓细抓实各项防控工作》，《人口与健康》2022 年第 4 期。

毛群安：《实施健康中国战略　推进健康中国行动》，《健康中国观察》2022 年第 8 期。

罗礼生：《构建基层公卫与预警应急治理新模式》，《中国卫生》2022 年第 5 期。

李斌：《继续发挥制度优势　突出重点领域和关键环节》，《中国卫生》2022 年第 10 期。

江西省人民政府办公厅：《江西省人民政府办公厅关于印发江西省"十四五"卫生健康发展规划的通知》，《江西省人民政府公报》2021 年第 22 期。

B.13
江西生态环境保护报告

江西省生态环境厅课题组*

摘　要： 2022 年，江西省坚持以高水平保护助推高质量发展为主线，统筹做好疫情防控和生态环境工作，持续深入打好污染防治攻坚战，奋力开创全面建设美丽江西新局面，全省生态环境质量持续稳步改善，环境质量主要指标保持全国前列、中部一流。展望2023 年，全省生态环境系统将坚持稳中求进工作总基调，完整、准确、全面贯彻新发展理念，加快构建新发展格局，以人与自然和谐共生的现代化和美丽江西建设为统领，以改善生态环境质量为核心，以精准治污、科学治污、依法治污为工作方针，深入打好污染防治攻坚战，奋力谱写新时代美丽江西建设新篇章，以高水平保护助推高质量发展、创造高品质生活，为全面建设社会主义现代化江西开好局起好步提供有力保障。

关键词： 环境保护　污染防治　绿色发展　美丽江西

---

* 课题组组长：郑光泉，江西省生态环境厅党组书记，研究方向为区域生态文明建设；李军，江西省生态环境厅厅长，研究方向为区域生态文明建设。课题组副组长：杨鹏，江西省生态环境厅副厅长级生态环境监察专员，研究方向为区域生态文明建设。课题组成员：罗铮，江西省生态环境厅综合协调处处长，研究方向为区域生态文明建设；肖玉，江西省生态环境厅综合协调处副处长，研究方向为区域生态文明建设；王世威，江西省生态环境厅综合协调处干部，研究方向为区域生态文明建设；陈韵伊，江西省生态环境厅综合协调处干部，研究方向为区域生态文明建设。

一　2022年江西省生态环境保护工作回顾

2022年，在省委、省政府坚强领导下，江西省生态环境厅坚持以习近平新时代中国特色社会主义思想为指导，认真学习宣传贯彻党的二十大精神，深入贯彻落实习近平生态文明思想和习近平总书记视察江西重要讲话精神，全力践行"作示范、勇争先"的目标要求，牢牢把握"稳住、进好、调优"的工作思路，迎难而上，攻坚克难，统筹推进污染防治、生态保护、美丽建设，克服一系列困难、战胜一系列挑战，生态环境优势巩固提升，生态环境保护工作亮点纷呈，自然生态持续向上向好。

（一）注重系统治理，深入打好污染防治攻坚战

坚持以改善生态环境质量为核心，以最坚定的决心、最坚决的态度和最坚毅的行动向污染宣战，以"八大标志性战役30个专项行动"为抓手，以"蓝天、碧水、净土"保卫战的扎实成效，推动全省生态环境质量持续大幅改善。2022年与2017年相比，全省设区城市 $PM_{2.5}$ 浓度下降了38.6%，优良天数比率提高了4.8个百分点，国考断面水质优良率提高了6.9个百分点（见表1），江西整体环境质量从市域达标向省域优良提升，美丽生态底色愈加深沉、成色愈加亮丽。一是深入打好蓝天保卫战。积极应对极端气象条件带来的臭氧异常升高不利影响，实施"一保、两手抓、三全、四重点、五联动"工作法，形成全域全境全面大气污染防治新格局。2022年，全省设区城市 $PM_{2.5}$ 浓度为27微克/立方米、同比下降6.9%，优良天数比率为92.1%（见图1），两项指标继续稳居中部六省第一。11个设区城市环境空气质量首次全面达到国家二级标准，111个县（市、区、开发区） $PM_{2.5}$ 浓度全部达标，空气质量整体保持了高水平。二是深入打好碧水保卫战。积极应对2022年超历史极值大干旱，全面构建省市县三级水环境监管责任体系，开展饮用水安全保障提升、工业和生活污水收集处理、城区黑臭水体整治、入河排污口排查整治、鄱阳湖总磷全域系统治理5大专项行动。2022年，

全省国考断面水质优良率 96.2%（见图 2），列全国第 9 位、中部第 2 位、优良率同比上升 0.7 个百分点、比全国平均高 8 个百分点，再创历史新高。赣江干流 33 个断面连续 2 年、长江干流江西段 10 个断面连续 5 年达到或优于 II 类水质；鄱阳湖湖区点位水质优良比例为 22.2%、同比上升 5.5 个百分点，湖区总磷浓度 0.063mg/L、同比下降 7.4%。三是深入打好净土保卫战。推行"摸底调查、源头预防、风险管控、治理修复、评估效果""五步法"全链条管理，完成 154 个涉重金属矿区历史遗留固废排查、845 个地块土壤污染状况调查、961 个农村环境综合整治，受污染耕地安全利用率、农村污水治理率均超额完成年度任务，地下水污染防治综合评价跻身全国 6 个优秀省份之列。开展危废监管处置提升行动，危废处置能力达 78 万吨/年，医废处置能力达 187.5 吨/天。萍乡、新余探索"农水农治、农水农用"新思路，渝水区、上栗县就相关经验在全国会上作典型发言。

表 1　2017 年以来江西省环境质量主要指标情况

年份	PM$_{2.5}$浓度(微克/立方米)	优良天数比率(%)	水质优良率(%)
2017	44	87.3	89.3
2018	35	91.6	92
2019	35	89.7	93.3
2020	30	94.7	96
2021	29	96.1	95.5
2022	27	92.1	96.2

资料来源：江西省生态环境厅。

（二）加强规划引领，全面启动美丽江西建设

一是系统谋划，绘就美丽建设奋斗蓝图。构建全面建设美丽江西"1+1+N"任务体系。印发实施《美丽江西建设规划纲要（2022-2035 年）》，成为全国第六个、中部第一个，也是党的二十大后全国第一个印发的省级美丽建设规划纲要。聚焦省第十五次党代会确定的目标任务，制定《全面建设美丽江西实施方案（2022-2026 年）》，有力地部署美丽江西建设五年行

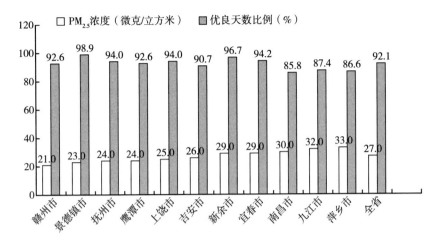

图1　2022年江西省设区城市空气质量主要指标数值

资料来源：江西省生态环境厅。

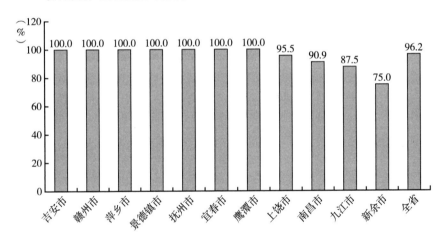

图2　2022年江西省设区市地表水环境质量

资料来源：江西省生态环境厅。

动计划，圆满完成2022年124项工作任务。二是建章立制，形成美丽建设强大合力。印发《全面建设美丽江西专项工作组办公室工作细则》，明确美丽办下设11个专项工作小组，分行业、分领域、分要素强力推进美丽江西建设。建立会议、请示报告、信息报送、工作调度等多项制度。市、县两级成立美丽建设落实领导机构，积极推进地方美丽建设，全省上下形成齐抓共

管的良好氛围和"一盘棋"的工作格局。三是先行先试，强化试点建设示范引领。整合34家省直单位力量，印发《关于支持赣州市开展美丽赣州建设先行先试的若干政策措施》，出台20项政策措施，全面推动美丽赣州建设示范引领。选择崇义县、资溪县等6个获评国家级"绿水青山就是金山银山"实践创新基地的县（市、区），开展美丽建设县级试点，深度挖掘"江西风景独好"潜力，纵深推进市县美丽建设取得初步成效。四是砥砺奋进，扩大美丽江西建设影响。以"绿色低碳新动能 推动构建新格局"为主题的"美丽中国百人论坛2022年会"在赣州成功举办（首次在京外），为全面建设美丽江西营造了浓厚氛围、增添了强劲动力。以"生态文明 绿色发展——建设人与自然和谐共生的美丽中国"为主题的"中国生态文明论坛年会"在南昌召开，充分肯定了近年来江西省大力推进国家生态文明试验区建设的突出成效。

（三）全力服务大局，积极助推经济社会高质量发展

一是强化服务机制建设。深化环评"放管服"改革，制定提质降费增效操作细则，建立开发区、省直单位项目审批事前协调机制，为重大重点项目环评落地提供全方位服务，2022年审批、备案项目环评1.2万余个，总投资1.5万亿元。健全完善"三服务"机制，持续提升便企惠民助发展实效，出台服务地方绿色发展和生态保护40条措施，办理服务企业事项2654件、服务群众事项1500件、基层事项261件。赣江新区探索"区域环评+承诺+排污许可"管理模式，上饶对26家光学电子企业实行打捆环评审批。二是实施差异化环境监管。推行生态环境保护分类监管、正面执法清单、信用监管、企业生态环境保护公开承诺等制度，对环境守法企业"无事不扰"，开展减轻和免予行政处罚的柔性执法，依法依规办理免罚案件220件、免罚金额3740万元。挂牌督办一批重点案件，对环境违法行为"重拳出击"，形成强大震慑。抚州创新环境执法培训方式，在全省率先开展入企实训活动。三是推动绿色低碳发展。与相关部门、企业签订战略合作协议11份，储备减污降碳项目700余个，引导5000亿元以上资金进入生态环保

领域。深入探索碳排放权等环境权益交易，江西省重点企业碳排放配额总体盈余 0.11 亿吨，折合碳资产约 6.05 亿元。推动成立企业自愿减污降碳联盟，开发林业碳汇试点项目，在 46 个社区开展省级低碳试点，减污降碳协同增效工作被作为全国典型进行宣传。景德镇积极推进绿色低碳试点县建设，鹰潭大力强化碳排放重点企业管理。

（四）突出问题导向，统筹实施督察与整改

一是强化督导帮扶。在全国率先出台省级生态环保督察整改实施细则，配套制定疑难复杂问题帮扶、正反典型案例公开等制度，形成"1+N"制度体系，挂牌督办突出问题整改 3 个、指导帮扶解决 12 个、报道正面典型 19 个。第二轮中央环保督察反馈需限期整改的 49 个问题，完成整改 30 个，中央层面督察年度整改任务首次全面完成；交办的 3435 件信访件，办结 3408 件。长江经济带生态环境警示片披露的 62 个问题，完成整改 60 个。省级督察限期整改的 1255 个问题，完成整改 1184 个。南昌市高位推动问题整改，建立市领导包案制度，分类分项解决突出生态环境问题。二是优化督察方式。建立督察成员人选库，严格执行"一督察、两报告"制度，组织对 42 个省直单位开展环保履职情况书面调研，高质量完成对鹰潭、宜春、吉安和江铜集团、江钨控股集团的第二轮省级例行督察工作，曝光典型案例 6 个，移交问责线索 23 个，拍摄突出问题专题片 2 部，推动一批环境突出问题得到有效整治。三是严肃追责问责。对第二轮中央生态环保督察移交的 5 个问题线索组织开展调查，会同纪检监察机关对 42 个责任单位、140 名责任人进行追责问责。扎实开展派驻监察，向地方移交问责线索 4 条、问责单位 13 个、问责人员 53 人，推动生态环保责任压紧压实、绿色发展理念持续增强。

（五）坚守安全底线，深入推进生态保护和修复

一是抓好示范创建。实施"点线面"工作法，扎实推进示范创建"三大工程"，新增 6 个国家级生态创建样板，累计创建国家级"绿水青山就是

金山银山"实践创新基地 8 个、国家生态文明建设示范区 24 个，就经验做法在全国自然生态保护工作会上作书面发言。二是开展生物多样性保护。推动出台全省加强生物多样性保护的实施意见，并建立联席会议制度，开展"绿盾 2022"强化监督，加强生态保护红线监管，江西长江江豚保护案例入选 2022 年全国生物多样性保护优秀案例，全省生态质量指数 75.05、居全国第 3。三是加强监督执法。开展全省生态环境综合行政执法能力建设年活动，组织 4 轮跨区域交叉督导，严厉打击危废、在线监控、焚烧发电等领域环境违法行为，交办问题 1248 个，办理行政处罚案件 1166 件，处罚金额 1.36 亿元。四是加强重点领域安全管理。持续推进危废、医废安全处置，184 家经营和产废单位抽查评估实现全覆盖，合格率突破 90%，指导 110 家经营单位纳入"五全"评价体系，获评良好比例达 80%，布点 47 个小微危废收集试点点位，废铅蓄电池收集率达 87%，远高于 50% 的国家要求。发布 743 家涉重金属重点行业企业全口径清单，17 个减排工程完工，重金属削减率达到 4% 的年度目标。对全省 405 座尾矿库开展污染隐患排查，对 195 座存在污染隐患的尾矿库建立问题清单。

（六）坚持守正创新，加快构建现代环境治理体系

一是推进重点领域监管执法改革。实施有力度、有温度的环境执法，严厉打击危废非法转移处置、企业在线监测数据造假等违法犯罪行为，探索说理式执法、体检式帮扶、"首违不罚"等柔性执法监管。做好综合执法改革后半篇文章，发布 7 批 50 个生态环境综合执法典型案例，完善 12 项执法制度。赣江流域监管执法试点改革取得显著进展，成立由省政府主要领导任组长的鄱阳湖流域生态环境监督管理领导小组，赣江和鄱阳湖流域生态环保监管体制进一步理顺，江西省生态环境厅在省委全面深化改革委员会第二十二次会议上作为唯一省直单位代表作典型发言。纳入省委改革要点的 6 项牵头任务均已完成。二是持续加强监测能力建设。编制"十四五"生态环境监测规划，统筹推进生态环境监测体系与监测能力现代化。开展生态环境监测网络建设，县级及以上集中式饮用水源地水质自动监测能力实现全覆盖，细

颗粒物与臭氧协同控制监测网络基本建成。持续加大污染源自行监测工作监管力度，国家自行监测信息发布平台重点管理类别发证企业的监测方案完善率、数据联网率、数据完成率三项均位列全国前列。三是深化生态损害赔偿制度改革。综合运用经济、行政等手段，加强水、土壤、固废危废等全过程管理，起草制定《关于贯彻落实生态环境损害赔偿管理规定的实施意见》《关于建立健全生态环境保护督察与生态环境损害赔偿、检察公益诉讼协作机制的意见》，2022 年全省办理生态环境损害赔偿案件 1078 件，赔偿金额约 1.64 亿元，在全国生态环境损害赔偿制度改革培训班上作经验交流。

二　当前生态环境保护形势分析

（一）江西生态环境保护的基础和新要求

近年来特别是 2022 年以来，全省生态环境质量持续大幅提升，污染防治攻坚连年获评优秀，美丽江西建设开启新的篇章，公众生态环境满意度连续稳定攀升，江西生态环境保护工作有着良好的基础。一是习近平生态文明思想和习近平总书记对江西提出的打造美丽中国"江西样板"的殷切期望，为新发展阶段做好江西省生态文明建设和生态环境保护工作指明了前进方向；二是碳达峰碳中和目标愿景下的绿色低碳变革和科技创新发展，为江西在这场绿色变革中实现进位赶超、高质量跨越式发展注入了新动能；三是江西山清水秀的生态优势、物产丰富的资源优势、门类齐全的产业优势、"四面逢源"的区位优势与重大国家战略交汇叠加，为江西省生态文明建设和生态环境保护提供了新契机；四是"十三五"时期以来污染防治攻坚战取得阶段性成效，国家生态文明试验区建设取得丰硕成果，为全省生态环境保护实现更高目标奠定了坚实基础。

党中央将生态环境保护作为"国之大者"的坚定意志和坚强决心一以贯之，党的二十大报告系统总结了新时代 10 年生态文明建设取得的举世瞩目重大成就、重大变革，提出了关于"必须牢固树立和践行绿水青山就是

金山银山的理念，站在人与自然和谐共生的高度谋划发展"等一系列新思想、新要求、新目标和新部署。报告从加快发展方式绿色转型、深入推进环境污染防治、提升生态系统多样性稳定性持续性、积极稳妥推进碳达峰碳中和4个方面作出了部署，力度更大、措施更严、要求更高。特别是以"十个坚持"为核心要义的习近平生态文明思想，同中国生态文明建设实践相结合、同中华优秀传统生态文化相结合，成为新时代我国生态文明建设的根本遵循和行动指南。开启全面建设人与自然和谐共生现代化新征程，以中国式现代化推进中华民族伟大复兴，我们需要补短板、强弱项，固底板、扬优势，以"时时放心不下"的责任感、紧迫感牢牢把握工作的预见性、主动性。

（二）江西面临的问题和挑战

当前，生态文明建设正处于压力叠加、负重前行的关键期，战略机遇和风险挑战并存，不确定、难预料因素增多，迫切需要我们在继续坚持这些宝贵经验的基础上，正确把握大势、用好既有优势，准确识变、科学应变、主动求变，全力破解各类困难挑战。

一是环境质量持续改善难度更高、压力更大。生态环境质量要在高起点上实现高水平提升，空间越来越小、压力越来越大，全省空气质量总体受气象条件影响大，重点城市、重点领域、重点时段、重点因子污染问题较为突出，水环境质量特别是鄱阳湖水质整体提升任务非常艰巨，黑臭水体从根本上消除难度较大，土壤风险管控、地下水保护、新污染物治理等长期性工作基础还不够扎实。

二是保持战略定力难度更高、压力更大。对照建设人与自然和谐共生的中国式现代化、打造更高标准美丽江西新要求，认识还不够深刻、准备还不够充分、压力传导还不够扎实，少数地方和干部甚至存在自满松懈的心态和"松口气""歇歇脚"的想法，继续打苦仗、打硬仗的信心不足、定力不够、韧劲不强，面临保护环境与服务经济的矛盾时，斗争精神还不足，底线意识树立还不牢靠，对违法犯罪行为严惩重罚的导向不够鲜明。

三是统筹发展和保护难度更高、压力更大。江西仍处于工业化、城镇化的中后期，面临着做大总量和做优质量的双重任务，特别是随着疫情防控政策调整，在拼经济、拼增长过程中，一些地方可能盲目上马"两高一低"项目，一些企业可能违规生产、违法排污，全系统统筹发展和保护的难度不断加大。

四是推动绿色低碳发展难度更高、压力更大。全省经济发展和能源资源消耗没有实质性脱钩，产业结构偏重、能源结构偏煤、运输结构偏公路、用地结构偏粗放的问题依然存在，减污降碳协同增效、全面推进经济社会发展绿色转型任重道远。对生态产品及其价值实现认识不深、核算不准、机制不全、市场不活、配套不力问题交织叠加，环境权益交易量较少，绿色产业融合发展存在明显短板，生态产品补偿资金来源渠道、生态环境治理投入渠道较为单一，市场化投融资机制有待进一步完善。

五是保障生态环境安全难度更高、压力更大。部分地区和领域生态环境薄弱环节依然较多，水污染治理、化工园区监管、危废处置、农业面源污染治理任务依然艰巨，噪声、油烟、恶臭等成为影响群众获得感的突出环境问题。环境基础设施建设仍有短板，工业园区污水处理厂配套设施不完善，城镇生活污水管网等基础设施欠账较多。有些督察反馈问题整改不够彻底，各地突出生态环境问题仍时有发生。

六是完善环境治理体系难度更高、压力更大。生态文明各项改革任务落地见效还需进一步推进，不同领域之间的联动协作还有待加强，统筹山水林田湖草沙等各种生态要素的协同治理体系有待进一步深化，基层技术力量不强、科技手段不多、环保人才储备不足等问题比较突出，发现问题、监管执法和应急能力严重不足。核与辐射安全监管能力与日益繁重的监管任务要求相比存在较大差距。

三　2023年江西省生态环境保护重点工作

2023年是全面贯彻落实党的二十大精神的开局之年，是实施"十四五"规划承前启后的关键一年，是深入打好污染防治攻坚战、全面推进美丽江西

建设的重要一年。全省生态环境系统将严格贯彻落实党中央、国务院决策部署和省委、省政府有关要求，坚持稳中求进工作总基调，完整、准确、全面贯彻新发展理念，加快构建新发展格局，以人与自然和谐共生的现代化和美丽江西建设为统领，以改善生态环境质量为核心，以精准治污、科学治污、依法治污为工作方针，推动经济社会发展绿色转型，深入打好污染防治攻坚战，加强生态保护与修复监管，切实防范生态环境风险，不断健全现代环境治理体系，以高水平保护助推高质量发展、创造高品质生活，奋力谱写新时代美丽江西建设新篇章，为全面建设社会主义现代化江西开好局起好步提供有力保障。

（一）全面深入推进美丽江西建设

继续深化美丽江西"1+1+N"体系建设，大力推进实施《美丽江西建设规划纲要（2022-2035年）》。加强上下联动、部门协作配合，强化省、市、县三级纵向统筹，形成抓落实、重实效的强大合力。继续发挥"1市6县"试点示范引领作用，做好典型培育工作。及时发掘和总结好的经验做法与特色亮点，全方位、立体式展现江西靓丽风景，讲好美丽江西故事。

（二）持续深入打好污染防治攻坚战

深入推进实施"八大标志性战役30个专项行动"，迎接做好中央对江西省2022年度成效考核工作，并对各设区市开展成效考核。协同控制细颗粒物和臭氧污染，持续推进重点行业VOCs深度治理，继续加强"四尘""三烟""三气"防治，积极推动重点区域大气联防联控；深入开展工业、生活、排污口、黑臭水体整治和饮用水安全保障等专项行动，进一步加强系统治理和综合治理。推进农用地土壤污染防治和安全利用，深入开展农用地土壤镉等重金属污染源头防治行动。

（三）大力推动绿色低碳高质量发展

纵深推进"放管服"改革，完善"互联网+政务服务"，大力实施环评领域纾困惠企政策措施。强化重大投资项目环评服务保障，推动实施生态环境基础设施等重大工程项目。严把新上项目碳排放关，坚决遏制"两高"项目盲目发展。推进落实江西省减污降碳协同增效实施方案，严格发电行业重点企业碳排放数据审核，持续推进重点用能行业能效提升。做好第二个履约周期碳排放配额的核定、分配及清缴工作。

（四）纵深推进生态环保督察

深入推进省级生态环保督察，分两批次对8个设区市开展例行督察。认真抓好中央生态环保督察反馈、长江经济带警示片披露、省委巡视反馈、长江经济带审计等突出生态环境问题整改，强化派驻监察，加强指导帮扶，严格销号把关，确保整改质量。研究制定江西省推动职能部门做好生态环境保护工作的实施意见，继续拍摄全省生态环境警示片，推动各地各部门举一反三排查化解各类生态环境风险隐患，守住全省生态安全底线。

（五）全面加强生态保护和修复监督

贯彻落实进一步加强生物多样性保护的实施意见，提升生物多样性保护水平。推动实施生物多样性保护重大工程，开展生物多样性调查、观测和评估。加强自然保护地生态环境监管，开展"绿盾2023"自然保护地强化监督。组织做好第七批国家生态文明建设示范区、"绿水青山就是金山银山"实践创新基地申报工作。持续推进省级生态县、省级"两山"基地和省级生态乡镇等系列创建工作。

（六）不断完善现代环境治理体系

深化生态环境领域监管体制改革创新，推动环境保护委员会制度向乡镇延伸，做实鄱阳湖流域生态环境监督管理机制。完善生态环境法律法规制度，完善生态环境资金投入机制、碳排放权交易和生态环境损害赔偿、生态产品价值实现制度。大力推进非现场执法方式探索，不断健全跨流域、跨区域行政执法与刑事司法衔接等机制，形成更多具有江西特色的现代环境监管制度。

参考文献

黄润秋：《深入学习贯彻党的二十大精神 奋进建设人与自然和谐共生现代化新征程》，《中国环境报》2023年2月24日，第01版。

九江市生态环境局：《2023年全省生态环境保护暨全系统全面从严治党工作会议召开 以"风清气正"政治生态引领建设"山清水秀"自然生态》，2023年2月27日。

B.14
江西社会稳定与社会治安报告

中共江西省委政法委课题组[*]

摘　要： 在全面回顾2022年江西省政法系统推动高标准政治建设、维护政治社会持续稳定、推进高效能社会治理、服务保障高质量跨越式发展、深化政法领域改革、推进过硬政法队伍建设等六个方面"争一流、站前列"，忠诚履职、勇于担当，各项工作取得新成效的基础上，明确提出2023年重点工作任务，即大力加强政法机关政治建设、进一步深化法治江西建设、全力维护全省大局安全稳定、加快推进社会治理现代化、纵深推进政法领域改革、狠抓全面从严管党治警。

关键词： 政治安全　社会稳定　社会治理　管党治警　江西

一　2022年工作回顾

2022年，江西省政法系统坚持以习近平新时代中国特色社会主义思想为指导，坚决落实党中央决策部署和省委工作要求，聚焦"作示范、勇争先"的目标要求，紧扣为党的二十大胜利召开创造安全稳定的政治社会环境工作主线，推动全省政法工作在六个方面"争一流、站前列"，忠诚履

＊ 课题组组长：黄文辉，江西省委政法委副书记，研究方向为区域社会稳定。课题组副组长：刘朝阳，江西省法学会原专职副会长，研究方向为区域社会稳定。课题组成员：李镜鸿，江西省委政法委研究室主任，研究方向为区域社会稳定；唐俊，江西省委政法委研究室副主任，研究方向为区域社会稳定；程彬，江西省委政法委研究室副主任，研究方向为区域社会稳定；张力忠，江西省委政法委研究室二级主任科员，研究方向为区域社会稳定。

职、勇于担当，各项工作取得新成效，有力维护了国家安全、社会安定、人民安宁。全省刑事立案和治安案件总量分别为 11.58 万起和 20.76 万起，同比分别下降 25.4%、26.1%，均为近十年来最低值，公众安全感和政法机关满意度分别达 98.71%、98.07%。

（一）突出走深走实，全力推动高标准政治建设

全省政法机关始终坚持以加强党的政治建设为统领，切实把党对政法工作的绝对领导落到实处。

1.党的创新理论武装更加扎实

坚持深学细悟习近平新时代中国特色社会主义思想和习近平法治思想，认真学习《习近平谈治国理政》第一、二、三、四卷，及时跟进学习习近平总书记发表的系列重要讲话、重要指示批示精神，常态化长效化开展党史学习教育，认真落实政治学习"第一议题"制度，持续加强科学理论武装，打牢对党绝对忠诚的思想根基。党的二十大召开后，通过开展"大学习、大调研、大宣传、大落实"系列举措，持续掀起学习宣传贯彻党的二十大精神热潮。举办全省政法领导干部加强政治建设专题研讨班，分级分系统开展全员政治轮训，教育引导广大政法干警践行最讲党性、最讲政治、最讲忠诚、最讲担当。

2.对标对表落实质效全面提升

始终将习近平总书记重要指示批示作为第一政治要件来办好，将党中央决策部署和省委工作要求作为工作重心来落实，确保不折不扣落地见效。出台落实《关于全省政法机关狠抓工作落实提升履职效能的意见》，明确 21 条举措，建立健全体系化、全贯通、可衡量、闭环式的抓落实长效机制。扎实开展政治督察和纪律作风督查巡查，跟进督促抓好相关问题整改，确保各级政法机关方向不偏、落实不虚。强化长效制度机制保障。深入贯彻《中国共产党政法工作条例》和省委《关于贯彻〈中国共产党政法工作条例〉实施细则》，组织开展专题督导调研，狠抓问题整改落实。持续落实江西省加强政法机关政治建设"1+N"制度体系，坚决彻底肃清周永康、孙力军政

治团伙等流毒影响，深入开展政治谈话，提升对"一把手"和领导班子成员的日常监督实效。抓实政法干警政治素质项目化考核评价，推动全省政法机关建立政治素质档案，防止政治建设"脱实向虚"。

（二）突出主业主责，切实维护政治社会持续稳定

围绕为党的二十大胜利召开创造安全稳定的政治社会环境工作主线，确保全省社会大局稳定。

1. 坚决维护国家政治安全

坚持把维护国家政治安全摆在首要位置，全面贯彻总体国家安全观，严密防范打击境内外敌对势力渗透破坏颠覆分裂活动，切实维护国家政权安全、制度安全、意识形态安全。

2. 有效维护社会大局稳定

圆满完成党的二十大维稳安保任务，得到省委、省政府主要领导批示肯定。圆满完成全国"两会"、北京冬奥会和冬残奥会、"六四"等一系列重要节点维稳安保任务。出台落实《江西省重大决策社会稳定风险评估实施办法（试行）》，全省共完成稳评 4108 件。常态化组织开展影响社会稳定矛盾隐患排查化解，深入贯彻《信访工作条例》，集中排查化解涉法涉诉信访突出问题。

3. 持续压实维稳领导责任制

出台并实施《关于新时代深化涉稳问题分类归口处理机制的实施方案》，进一步健全完善维稳责任体系，夯实维稳制度基石。大力落实涉稳问题属地管理、分级负责以及分类归口处理等机制，齐抓共管整体推进的格局进一步深化，相关风险平稳化解，工作做法被中央政法委专题简报推介。

（三）突出创优创新，加快推进高效能社会治理

坚持以完善社会治理体系、提升社会治理效能为突破口，持续创新完善具有江西特色的社会治理模式，推动平安建设取得更大成效。

1. 高效推进市域社会治理现代化试点

按照一次性高质量通过中央验收的目标，继续深化市域社会治理现代化试点项目建设，江西省 9 个列入试点的设区市均已基本完成试点任务，其中 5 个市相继在中央政法委相关会议上交流发言，成为在全国层面作经验介绍城市最多的省份之一。江西省红色治理、综治中心、多元化解三大特色项目持续优化。

2. 巩固拓展常态化扫黑除恶斗争成效

深入贯彻《反有组织犯罪法》，高质高效办理涉黑涉恶案件，深入开展教育、金融放贷、市场流通行业领域整治以及围标串标、非法采矿突出问题专项整治，相关经验做法得到中央政法委多次推介。2022 年全省新打掉涉黑恶组织 59 个，查封、冻结、扣押涉案资产 17.8 亿余元，新立案查处涉黑恶腐败和"保护伞"案件 261 件 320 人。针对养老诈骗犯罪多发问题，发起宣传打击整治强大攻势，专项行动以来，全省共立案侦办养老诈骗犯罪案件 1893 起，立案数是过去五年总和的 9 倍，为群众挽回损失 19 亿余元，得到全国专项办第 13 督导组的充分肯定。针对电信网络诈骗高发问题，强化依法严厉打击治理，2022 年全省电信网络诈骗立案数、损失金额数同比分别下降 33.17%、25.63%，打击成效被国务院联席办通报表扬。

3. 持续夯实平安建设基层基础

江西省人大常委会出台《江西省平安建设条例》，用立法固化优势、夯实基础。在每月发布《江西省平安报告》基础上，探索建立平安江西建设月度分析研判工作机制。优化平安江西建设年度考评体系，坚持平时评与集中评、综合评与专项评、部门评与群众评相结合，推动各地各部门树立践行平安建设"全周期管理"理念。扎实开展平安江西基层基础建设提升年活动，组织开展平安建设重点工作暗访检查，推动问题整改。持续筑牢社会治安防控体系，全省 7 个示范和重点支持城市的雪亮工程顺利通过国家验收评估。扎实推进智能安防小区建设，建成 11752 个，占计划数的 96.2%。注重发挥群防群治力量，全省 230 余万名平安志愿者活跃在基层一线，2022 年开展各类志愿活动 1.5 万场。

4. 强力推进社会治理效能提升

江西省委政法委、省委组织部、省民政厅联合印发《关于党建引领社区网格治理的若干措施》，推动社区网格化服务管理提档升级，2022 年全省配备社区专职网格员 13855 名，专职配备比例达 79.96%。完善集"智能汇聚、智慧研判、智辅决策"功能于一体的江西省社会治理现代化大数据平台，高质量实现由省到村（社区）"一键调度"。巩固拓展鄱阳湖区联谊联防机制，深入部署开展水域执法能力提升年和突出问题集中整治等专项行动，确保湖区持续和谐稳定，持续擦亮"大江大湖治理"品牌。扎实推进铁路护路联防和道路交通治理，全省较大交通事故起数较十年前下降79.49%。做细做实在赣新疆籍人员服务管理工作，跟进落实系列服务管理举措，及时排查化解矛盾风险，促进了民族团结和社会稳定。

（四）突出有力有为，积极服务保障高质量跨越式发展

全省政法机关始终坚持向中心聚焦、为大局聚力，坚定不移发挥法治引领规范保障作用，为推动江西高质量跨越式发展保驾护航。

1. 精准完善执法司法措施

围绕营商环境优化升级"一号改革工程"，出台《全省政法机关以改革创新为引领全力打造一流法治化营商环境的指导意见》，江西省法院、省检察院、省公安厅、省司法厅分别出台配套文件和正负面清单，形成"1+4+4"系列制度体系，建立特邀监督员、省级政法机关打造一流法治化营商环境联席会议等制度，更好地对接发展所需，受到广大企业家的好评。

2. 不断提升法治服务能力

围绕服务疫情防控、畅通货运物流、帮扶企业纾困等方面出台系列措施，组织广大政法干警和各类群防群治力量全力服务保障经济社会平稳健康发展。围绕重商、安商、护商、兴商，在服务重大发展战略、加强依法平等保护等方面持续发力，有力地助推全省经济加快企稳回升。全省公安机关开展"歼击""猎狐""昆仑"等专项行动，依法打击破坏市场秩序和侵害企业合法权益的犯罪。

3. 有效解决群众"急难愁盼"问题

坚持严格规范、公正文明执法司法，持续完善公共法律服务，深入开展法治宣传教育，让人民群众的法治获得感成色更足。深化综合治理执行难工作格局，工作成效位居全国前列。江西省法院创新设立的"赣法民意中心"，被最高人民法院评为人民法院一站式建设十大典型经验之一，工作经验入选中国社会科学院司法制度法治蓝皮书。江西省司法厅推动加快公共法律服务"三台融合"，形成标准、内容、流程、功能、考核"五个统一"的全省公共法律服务一体化应用大平台，有效提升便民效率。

（五）突出落地落实，不断深化政法领域改革

始终紧紧扭住执法司法突出问题，持续深化全省政法领域改革，为政法工作高质量发展增添更强动能。

1. 执法司法制约监督更加有力

江西省执法司法制约监督"1+N"制度体系有力落实，进一步提升执法司法质效和公信力。深入贯彻《中共中央关于加强新时代检察机关法律监督工作的意见》及中共江西省委相应的《实施意见》，推进检察机关、公安机关侦查监督与协作配合机制建设，在全省县级公安机关设立派驻检察室116个，检察机关法律监督综合效能进一步提升。江西省深化执法司法制约监督改革经验被中央政法委专题简报推介。

2. 执法司法责任落实更加到位

制定《关于加快推进全省政法领域执法司法责任体系改革和建设的实施意见》及配套举措，强化员额法官、检察官办案责任落实，制度刚性更加彰显。推进法检编制、员额动态调整。深化以审判为中心的刑事诉讼制度改革，健全公益诉讼制度，优化"放管服"和法律援助举措，全省法院结案率、一审服判息诉率等主要业务指标保持全国前列，全省检察机关综合业务指标跃居全国前列。

3. 执法司法基础支撑更加扎实

政法机构职能体系、执法司法权运行模式持续健全完善，完成南昌铁路

公安局党工团组织关系移交省公安厅管理，开展农村"交所融合"试点。全面推进政法跨部门大数据办案平台应用，实现刑事案件从侦查、起诉、审判到执行全流程数字化，办案质效得到有力提升。

（六）突出治党治警，持续推进过硬政法队伍建设

坚持压紧压实全面从严管党治警政治责任，持之以恒推进政法战线自我革命。

1. 巩固深化政法队伍教育整顿成果

认真落实中央办公厅《2022 年巩固全国政法队伍教育整顿成果　推进全面从严管党治警 10 项重点工作》，出台江西省相应的实施意见，全省各级政法机关跟进出台实施方案和总体安排，推动政法队伍建设走深走实。出台并实施《常态化推动政法干部交流的实施办法》《江西省党委政法委协助党委和纪检监察机关做好监督检查、审查调查工作暂行办法》等。

2. 持之以恒深化正风肃纪反腐

狠抓新时代政法干警"十个严禁"、防止干预司法"三个规定"等铁规禁令的学习、执行、监督，认真做好相关举报平台线索办理工作。精心组织落实中央八项规定精神十周年"回头看"，持续推动全系统进一步纠"四风"、树新风。坚持刀刃向内刮骨疗毒，持续释放全面从严管党治警永远在路上的强烈信号。深化以案示警，以肖毅、龚建华、李小豹、万凯、叶国兵等为反面镜鉴，警示教育广大干警知敬畏、存戒惧、守底线。

3. 加强素能建设，激发动力活力

突出实战实用实效导向，分系统分岗位分层次采取视频培训、案例剖析、业务竞赛、实训练兵等多种形式，不断提升政法干警执法司法综合素质和专业化水平。大力弘扬政法英模精神，举办全省政法英模先进事迹报告会，激励广大政法干警自觉拉高标杆、奋力争创一流。全省政法系统涌现出"全国模范公安单位"井冈山市公安局茨坪派出所，全国"人民满意的公务员"黄永坚、刘莹等一大批先进典型，政法英模、贵溪市法院周淑琴同志当选党的二十大代表，省委政法委林强同志、省公安厅胡满松同志被省委评

定为积极践行"孺子牛、拓荒牛、老黄牛"精神干部。

同时，也应清醒认识到，当前全省维护安全稳定的任务依然十分艰巨繁重，各种矛盾风险仍然不少，社会治理水平还需进一步提升等，我们将在下一步工作中攻坚克难、改进加强。

二　2023年重点举措

2023 年，全省政法机关将坚持以习近平新时代中国特色社会主义思想为指导，深入贯彻习近平法治思想，全面贯彻党的二十大，二十届一中、二中全会精神，深入落实习近平总书记视察江西重要讲话精神，深刻领悟"两个确立"的决定性意义，增强"四个意识"、坚定"四个自信"、做到"两个维护"，坚持党对政法工作的绝对领导，坚持统筹发展安全两件大事，锚定"作示范、勇争先"的目标要求，以"争一流、站前列"的奋进姿态，埋头苦干、创新破难，全力履行维护国家政治安全、确保社会大局稳定、促进社会公平正义、保障人民安居乐业的职责使命，努力在推进新时代新征程政法工作现代化中勇争一流，建设更高水平的平安江西、法治江西，为全面建设社会主义现代化江西贡献更大政法力量。

（一）大力加强政法机关政治建设

深刻领悟"两个确立"的决定性意义，坚决做到"两个维护"，坚定不移筑牢政治忠诚、强化政治担当、扛牢政治使命。

1. 全面、系统、整体地落实党的绝对领导

健全落实党领导政法工作的制度机制，认真落实《中国共产党政法工作条例》和省委相应的实施细则，扎实推进政治督察、纪律作风督查巡查、请示报告、政治素质项目化考核评价等制度机制落实。严守政治纪律和政治规矩，时刻牢记"五个必须"，坚决防止"七个有之"，全面彻底肃清周永康、孙力军政治团伙等流毒影响。

2. 持之以恒强化党的创新理论武装

扎实开展中央部署的主题教育，持续深化学习贯彻党的二十大精神"大学习、大调研、大宣传、大落实"活动，精心组织举办全省政法领导干部专题研讨班和政法干警全员政治轮训，用好用活江西丰富红色文化资源开展理想信念教育。学习贯彻习近平法治思想、总体国家安全观和习近平总书记关于政法工作的重要论述、重要指示批示精神。坚持马克思主义在意识形态领域的指导地位，坚决防范和抵御西方错误思潮干扰渗透。

3. 切实提升对标对表落实质效

健全落实习近平总书记重要指示批示任务分工、督促检查、情况通报、监督问责等全流程体系。始终胸怀"两个大局"、牢记"国之大者"，时时事事处处向习近平总书记看齐、与党中央精神对表。

（二）进一步深化法治江西建设

坚持以习近平法治思想为指引，认真对照落实"十一个坚持"，积极推动各方面工作法治化。

1. 严格规范、公正文明执法司法

公安机关加大关系群众切身利益的重点领域执法力度，全面推进行政裁量权基准制度，推动执法办案管理中心提质增效。司法行政机关积极发挥监督协调职能，支持、监督、促进各级行政机关依法行政，推进法治政府建设。法院系统依法审理各类民生领域司法案件。加大解决执行难工作力度。检察系统全面履行"四大检察"职能，加强法律监督工作，做亮"案-访比"质效分析管理特色品牌。

2. 全面推进全民尊法学法守法用法

全面落实"谁执法谁普法"的普法责任制，完善典型案例定期发布、重大案件庭审直播等制度。推动"八五"普法规划全面有效实施，建立落实公民法治素养测评指标体系，建立健全领导干部应知应会法律法规清单制度，巩固做实提升"法律明白人"培养工程，增强全民法治观念。大力推广首席法律咨询专家制度，深入开展"百名法学家百场报告会"等法治宣

讲活动，加快推进中华苏维埃共和国法制建设纪念馆相关工作，打造赣都特色红色法治品牌。

3. 着力打造一流法治化营商环境

开展打造一流法治化营商环境提升年活动，持续推动"1+4+4"政策体系落地落实。健全以公平为原则的产权保护制度，加大知识产权保护力度，依法平等保护各类市场主体产权和合法权益。全面推进涉案企业合规改革。加大反垄断、反不正当竞争执法司法力度，加强金融司法、破产审判工作，维护社会主义市场经济秩序。构建覆盖城乡、便捷高效、普惠均等的现代化政法公共法律服务体系，强化优质法治服务供给。

（三）全力维护全省大局安全稳定

进一步健全国家安全体系和维护社会稳定体系，不断提升保安全、护稳定工作现代化水平。

1. 坚定有力捍卫政治安全

严防敌对势力在江西省开展渗透破坏颠覆分裂等活动，深化反奸防谍斗争。加强国家安全人民防线建设，推进国家安全教育。深化反恐怖反邪教斗争，大力打击网络违法犯罪，加强网络安全基础设施建设，加强个人信息保护，有力维护网络安全。

2. 防范化解涉稳风险

严格落实中国共产党中央委员会办公厅、中华人民共和国国务院办公厅《关于加强新形势下重大决策社会稳定风险评估机制建设的意见》和《江西省重大决策社会稳定风险评估实施办法（试行）》，配套制定第三方评估机构和社会稳定风险评估专家库管理办法，推动稳评工作实现提质增效。深化影响社会稳定的矛盾、问题常态化排查化解机制，持续压降涉稳风险。

3. 严格责任落实

落实分级负责与归口处理相互衔接的维护社会稳定责任制，层层压实属地主体责任和部门牵头主管责任，推动"统筹发展和安全""抓发展、抓稳定两手都要硬""管行业、管领域必须管稳定"等要求落到实处。

（四）加快推进社会治理现代化

认真落实《"十四五"平安江西建设重点任务和重要措施工作方案》，加强统筹，细化措施，加快构建共建共治共享的社会治理新格局。

1. 打造新时代"枫桥经验"升级版

坚持好发展好新时代"枫桥经验"，深入贯彻落实《江西省矛盾纠纷多元化解条例》。推进"一站式"矛盾纠纷多元化解，全覆盖建设运行县级"一站式"矛盾化解中心。全面建设应用矛盾风险管控清单制度及预警提示系统，规范实施矛盾纠纷大排查大化解专项行动。积极探索新业态矛盾纠纷化解机制，进一步提升化解实效。

2. 提升市域社会治理质效

加快推进市域社会治理现代化，确保全省高质量一次性通过中央政法委组织开展的市域社会治理现代化试点评估验收。研究推进市域社会治理现代化的长效机制，部署开展推进市域社会治理提升年活动，组织实施防范化解"五类风险"、增强"五治融合"、优化社会治理体制、夯实基层治理平台、推进数字赋能社会治理的"五大提升行动"，更好地实现长治久安。

3. 强化社会治安整体防控

加快构建完善立体化信息化社会治安防控体系，全面落实"打防管控建"各项措施。推进扫黑除恶常态化，推进重点行业领域专项整治行动。严密枪支弹药、管制刀具、危爆等重点物品摸排管控措施，深化危险化学品、交通运输等行业领域安全隐患排查整治，严厉打击利用疫情实施违法犯罪活动。深化"雪亮工程"建设，深入推进智能安防小区建设和公共安全视频监控建设联网应用。强化人防、物防、技防建设，加强落实社会面巡逻防控"四项机制"和"1、3、5"快速反应工作机制。加强见义勇为激励保障，不断发展壮大群防群治力量。

4. 夯实平安建设基层基础

强化基层党建引领，深化落实城市基层党建引领基层治理措施。加强乡镇（街道）综治中心和人民法庭、检察室、公安派出所、司法所等标准化

规范化建设，完善乡镇（街道）政法委员履行职责的工作运行保障机制。强化基层网格化服务管理，大力推进"多网合一"，健全落实一社区一专职网格员、网格员职责清单式管理等运行工作机制。

（五）纵深推进政法领域改革

推进全省新一轮政法改革，下大力气解决影响执法司法公正的深层次问题。

1. 推动责任落实更加到位

全面准确落实司法责任制，常态化落实司法惩戒线索集中管理、研判和分类处置机制。完善员额、编制统筹使用、动态调整机制，深化司法辅助人员管理机制改革。

2. 推动职能体系更加优化

深入推进全省三级法院审级职能定位和内设机构改革，有序推进市县两级公安机关大部门大警种改革。深化以审判为中心的刑事诉讼制度改革，强化审判机关对侦查起诉的引导职能。加强检察机关法律监督，深入推进民事案件繁简分流，促进深化诉源治理。

3. 推动制约监督更加有力

巩固拓展执法司法制约监督"1+N"系列制度机制建设成果，加快构建系统完备、规范高效的制约监督体系。完善党委政法委执法监督机制，建立健全常态化案件评查制度，推进执法司法跨部门监督管理平台建设和应用。

4. 推动科技支撑更加扎实

加强智慧法院建设，深入实施数字检察战略，实行科技兴警三年行动计划，加快"数字法治、智慧司法"建设，全面提升政法智能化建设和应用水平。进一步优化升级江西省社会治理现代化大数据平台，推进跨部门大数据办案平台建设应用。

（六）狠抓全面从严管党治警

牢记"两个永远在路上"，发扬自我革命精神，着力锻造一支政治过硬、本领高强、作风优良的精兵劲旅。

1. 深化正风肃纪反腐

全面压紧压实管党治警政治责任，坚持严的基调不动摇，一体推进不敢腐、不能腐、不想腐。狠抓防止干预司法"三个规定"、新时代政法干警"十个严禁"贯彻执行，持续深化纠治"四风"。认真做好以案促改、以案促治、以案促建工作，加强党纪国法、警规警纪教育和警示教育。

2. 大力提升专业本领

紧紧围绕提升政法队伍法律运用、风险防控、群众工作、对敌斗争、科技应用"五大能力"，加强业务培训，强化实战练兵。实施新时代政法领军人才培养计划，分系统建设高水平政法智库和业务专家库。完善政法机关与高等院校合作培养人才机制，提高后备人才培养质量。

3. 激发队伍动力活力

加大政法英模培育推树、表彰奖励和宣传工作力度，充分发挥先进典型的示范带动作用，持续营造尊重英模、关爱英模、学习英模的浓厚氛围，激励广大政法干警奋进新征程、建功新时代。

参考文献

郭声琨：《建设更高水平的平安中国（学习贯彻党的十九届六中全会精神）》，《人民日报》2021 年 12 月 2 日，第 6 版。

郭声琨：《坚持以习近平法治思想为指引 在新起点上奋力谱写全面依法治国新篇章》，《人民日报》2021 年 12 月 13 日，第 6 版。

郭声琨：《推进国家安全体系和能力现代化（认真学习宣传贯彻党的二十大精神）》，《人民日报》2022 年 11 月 24 日，第 6 版。

陈一新：《全面理解把握党的二十大报告阐明的新时代重大理论和实践问题》，《学习时报》2022 年 10 月 28 日，第 A1 版。

陈一新：《完善社会治理体系（认真学习宣传贯彻党的二十大精神）》，《人民日报》2023 年 1 月 11 日，第 9 版。

B.15
江西人力资源和社会保障报告

江西省人力资源和社会保障厅课题组*

摘　要： 2022年，面对严峻复杂的经济形势和疫情反复等多重因素考
验，江西省各级人社部门坚决落实中央和省委省政府决策部
署，扎实推进就业、社保、人才、劳动者权益保障等工作，
取得新进展新成效，为全省高质量跨越式发展做出积极贡献。
2023年，江西人力资源和社会保障事业将坚持以习近平新时
代中国特色社会主义思想为指导，深入贯彻党的二十大精神，
全面做好稳就业工作，稳妥推进社会保障制度改革，扎实加
强人才发展工作，完善工资收入分配制度，积极构建和谐劳
动关系，努力为谱写中国式现代化江西篇章做出新的更大
贡献。

关键词： 就业　社会保障　人力资源　劳动关系　江西

2022年，在江西省委省政府的坚强领导下，全省各级人社部门统筹疫
情防控和人社事业发展，着力稳就业、保民生、促发展，各项工作取得了积
极进展。

　＊　课题组组长：钟志生，江西省人力资源和社会保障厅原党组书记、原厅长，研究方向为区域
人力资源。课题组成员：张朝文，江西省人力资源和社会保障厅办公室主任，研究方向为区
域人力资源；黄圣斌，江西省人力资源和社会保障厅办公室副主任，研究方向为区域人力资
源；龚翔坤，江西省人力资源和社会保障厅办公室干部，研究方向为区域人力资源。

一 2022年江西省人力资源和社会保障工作情况

（一）实施就业优先战略，就业局势保持总体稳定

坚决扛牢稳就业、保就业的政治责任，加力推动稳经济稳就业一揽子政策落地落实，全力保障就业局势企稳向好。2022 年全省城镇新增就业 45.19 万人、失业人员再就业 15.02 万人、新增转移农村劳动力 58.29 万人，分别完成全年计划的 112.98%、115.54%、121.44%；城镇调查失业率从最高峰的 6.2% 回落至年底的 5.4%，低于全国平均水平，居中部第二。一是强化就业优先政策。在全国率先出台"一个实施意见、四个 10 条措施"①，打出"降、缓、返、补、创"政策组合拳，全力帮助企业纾困解难，人社部门直接为市场主体和个人减负 104.13 亿元，其中稳岗返还政策受益率居全国前列。全省筹集就业补助资金 27.2 亿元，是历年来最高。二是稳定重点群体就业。开发政策性岗位 5.95 万个，募集就业见习岗位 6.12 万个，2022 届高校毕业生就业基本稳定。实时监测农民工就业状况，开展"暖心服务行动"，帮扶 59 万返乡未就业农民工实现再就业。建立"一对一"帮扶机制，推行"131"就业服务②，全省 170.1 万脱贫劳动力就业 137.6 万人，超额完成国家任务，全省 8.28 万监测对象劳动力实现就业 5.44 万人，有就业意愿未就业的困难群体实现动态清零。三是稳步提升就业质量。持续优化创业担保贷款政策，全省新增发放创业担保贷款 245.21 亿元，居全国第二，直接扶持个人创业和带动就业 52.47 万人次，举办全省创业担保贷款政策实施二十周年展示活动。全省建设创业孵化示范基地 285 家，入驻实体 1.32 万个，举办创业培训 5700 余期，第五届"中国创翼"创业创新大赛获奖数位

---

① 即：省政府办公厅关于强化就业优先导向推进就业工作责任落实的实施意见，关于应对疫情保主体促就业 10 条政策措施，关于促进 2022 年江西省高校毕业生就业创业 10 条措施，关于促进农民工就业创业 10 条措施，关于完善稳就业工作机制 10 条措施。

② 即提供至少 1 次职业指导、3 个适合的岗位信息、推荐至少 1 个适合的培训项目。

列全国第二。围绕主导产业和数字经济领域,推行"企业下单、机构接单、劳动者点单、政府买单"培训模式,开展补贴性职业技能培训45.04万人次,完成全年计划的140.75%。四是健全就业服务体系。持续开展公共就业招聘服务活动,组织"赣就有位来"百县联动直播带岗主题招聘会436场,开展"春风行动"线上线下招聘活动2649场。全面推行人力资源服务许可告知承诺制,全省人力资源服务机构超2800家,年产值突破600亿元,建成人力资源服务产业园14个。创建国家级充分就业社区34个、省级充分就业社区249个。打造75个具有江西特色的劳务品牌。

(二)推进社会保障制度改革,社会保障安全网织密扎牢

扎实推动社会保障制度创新、提质增效,为人民群众提供了更可靠更充分的保障。截至2022年底,全省职工基本养老保险、城乡居民养老保险、失业保险、工伤保险参保人数分别为1361.98万人、2081.05万人、357.51万人、558.05万人,均超额完成年度目标任务。一是深化社保制度改革。以省政府名义出台《关于加快完善覆盖全民的多层次社会保障体系的意见》,提出七个方面20条举措。落实企业职工基本养老保险全国统筹制度,推进统一社会保险费征收模式改革,全国第三个全险种整体接入养老保险全国统筹业务中台。建立全省统一的城乡居民养老保险丧葬补助办法,在全国率先将连续缴费人员全部纳入丧葬补助对象范围。二是持续扩大参保覆盖面。深入实施全民参保计划,建立跨部门联动协作机制,新增110万人参加企业职工养老保险。在全国率先将被征地农民全部纳入养老保障范围,累计筹集709亿元解决226万名被征地农民养老保障问题。累计为190.51万名困难人员代缴城乡居民养老保险费1.91亿元。办理"助保贷款"1.86万人次,发放贷款6.82亿元。帮助6.37万名退捕渔民参加基本养老保险。失业保险新增参保人数49.56万人,增量居全国前列。三是稳步提高待遇水平。持续提高退休人员基本养老金,在全国率先将371万企业和机关事业单位退休人员的调整待遇全部发放到位。城乡居民养老保险养老金水平实现"三连涨",月人均待遇水平168元,居中部第一。失业保险金提高到每月1557

元。连续 18 年提高因工伤残人员伤残津贴等定期待遇，首次建立伤残津贴和供养亲属抚恤金最低保障机制，一次性工亡补助金标准提高到 94.82 万元。四是基金运行安全平稳。全省养老、失业、工伤三项保险基金累计结余 1380 亿元，企业职工养老保险基金可支付月数 9.9 个月。基金投资运营顺利实施，职业年金资产净值达 424.42 亿元，累计投资收益率 20.22%；城乡居民基本养老保险委托投资运营基金 175 亿元。全国第二个建立联合追回违规领取社保待遇部门协作机制，持续开展专项整治、打击欺诈骗保等活动，基金安全得到有效保障。

（三）深化"放管服"改革，人才创业创新活力迸发

瞄准"两类人才"[①] 工作中的堵点、痛点、难点，全力做优"引、育、用、服"工作，推进人才人事工作取得新成效。截至 2022 年底，全省共有专业技术人才 311.6 万人、技能人才 521 万人；享受国务院特殊津贴专家 2242 人、省政府特殊津贴专家 1293 人；百千万人才工程国家级人选 72 人，博士后工作平台 249 个；中华技能大奖获得者 7 名、全国技术能手 147 名，国家级高技能人才培训基地 30 家、国家级技能大师工作室 40 家。一是推动专业技术人才队伍建设。分类推进人才评价机制改革，制定《江西省职称评审管理办法》，修订 52 个系列（专业）职称申报条件。聚焦"2+6+N"主导产业，向 135 家单位和 9 个主导产业集聚区下放职称评审权，将数字经济领域新兴职业纳入职称评审范围。修订完善《江西省专业技术人员继续教育办法》。完善市场化引才、专家举荐人才等机制，新增引进人才 3.3 万人，其中博士等高层次人才 1300 余人。新增博士后科研工作站 9 家，博士后创新实践基地 30 家，在全国博士后揭榜领题大赛中，获得"1 银 3 铜"，成绩位列全国第四。选拔首批 94 名高层次高技能领军人才。二是加强技能人才队伍建设。加快技工院校建设步伐，升格和新增技工院校 27 所，招生突破 10 万人，全省技工院校达到 134 所、在校生 25 万人，技工院校总数、在校生人数分别居全国第七位、第五位。技工院校 80% 新增专业对

---

① 即专业技术人才和技能人才。

接江西省主导产业，与1800多家企业签订校企合作协议，遴选5个省级产业学院和10个省级重点特色专业（群）。以省政府名义出台《江西省职业技能竞赛管理暂行办法》，组织参加世界技能大赛特别赛，斩获家具制作项目金牌。成功举办江西省第一届职业技能大赛。三是深化人事管理和工资制度改革。出台支持高校和科研院所高质量发展8条措施，全面实行自主招聘，试点自主确定专技岗位结构比例，新增高级岗位2.4万个。建立实行"能上能下"岗位动态管理制度，稳步推进县以下事业单位管理岗位职员等级晋升工作，探索省直事业单位绩效工资按行业分类管理核定，推进公立医院薪酬制度改革；有序组织完成62项、89.4万人次人事考试，规范实施了及时奖励和表彰考核工作。

（四）持续强化综合治理，劳动关系总体和谐稳定

坚持标本兼治、分类施策，强化有效治理，守住了不发生系统性、区域性风险底线。2022年全省依法受理劳动人事争议案件5.93万件，仲裁结案率达99.3%，调解成功率达89.1%。一是加强劳动关系协调工作。实施劳动关系"和谐同行"能力提升行动，上线电子劳动合同平台，创建全国和谐劳动关系创建示范单位14家，表彰省级模范劳动关系和谐单位120家。建立完善劳动人事争议调解仲裁多元化解机制，选树金牌劳动关系协调员102名、金牌劳动人事争议调解组织31家、金牌协调劳动关系社会组织11家。二是维护新就业形态劳动者劳动保障权益。研究制定新就业形态劳动权益维护实施意见，出台快递员、外卖送餐员等群体合法权益保障举措，建立维护新就业形态劳动权益"1+10"政策[①]体系。在景德镇、赣州分别开展职

---

① 即：关于维护新就业形态劳动者劳动保障权益的实施意见，关于开展维护新就业形态劳动者劳动保障权益专项行动的通知、关于做好基层快递网点优先参加工伤保险工作的通知、关于做好快递员群体合法权益保障工作的实施意见、关于转发加强网络预约出租汽车行业事前事中事后全链条联合监管有关工作的通知、关于切实保障新就业形态劳动者合法权益的实施意见、关于在新就业形态劳动者中开展集体协商工作的通知、关于加强网络餐饮平台综合治理切实维护外卖送餐员权益的实施意见、关于建立维护新就业形态劳动者劳动保障权益部门联动机制的通知、关于开展"新就业形态劳动者权益维护百场政策宣传活动"的通知、关于同意建立江西省交通运输新业态协同监管联席会议制度的函。

业伤害保障试点和补充工伤保险试点，参保人数 80 万人。三是抓好根治欠薪工作。完善落实"两金六制"① 等长效制度，工资保证金、总包代发制度落实比例均超过 99.9%，通过社会保障卡为 10.5 万人次农民工发放工资 13.68 亿元。持续开展根治欠薪专项行动，国家平台转办线索办结率保持在 98.5% 以上，线索处置率位居全国第五，为 2.4 万名劳动者追发工资 3.16 亿元。四是强化企业工资分配调控指导。开展企业薪酬调查，定期发布企业工资指导线、劳动力市场工资指导价位及企业人工成本信息，月最低工资标准（一类区域）提高到 1850 元。推进国企工资决定机制改革，建立国有企业负责人薪酬管理"1+12"制度体系②。

（五）不断优化人社公共服务，群众办事更加便捷高效

坚持"对外一张笑脸、对内强身健体"，深入推进营商环境优化升级"一号改革工程"，用"好的政策、优的服务、美的形象"，实现人社公共服务可视、可感、可及。一是推进服务办事便利化。率先在人社领域推行政务服务便利化审核，公布第一批无证明事项清单 28 项，行政许可事项办理材料精简 78%。二是推进服务平台数字化。优化江西人社一体化综合信息系统，人社领域业务网办率达 80%。率先推动 9 个事项接入"惠企通"平台，推出 10 个事项"一件事一次办"、139 个事项"异地通办"、40 类电子证照，归集人社部门各类印章 300 多枚，91% 的退休人员实现养老待遇领取资格"静默认证"。三是推进服务渠道多元化。构建"窗口端、网端、掌端、自助端"立体式服务，设置人社综合窗口 445 个，优化升级"赣服通"人社专区，备案社银网点 1500 余家，配备自助机 500 台，推出 200 项业务网上办、70 多个事项"掌上办"。开通 12333 自助服务、老年专属服务，电话接通率 90% 以上。四是推进社会保障卡居民服务"一卡通"。全国第二个制

---

① 即：农民工工资保证金、政府应急周转金，农民工实名制管理制度、按月足额支付制度、工程款支付担保制度、总包代发工资制度、农民工工资专用账户管理制度、设立农民工维权信息告示牌制度。

② 即省委省政府关于国有企业负责人薪酬制度改革的政策文件及与之配套的相关政策。

定地方性法规，如《江西省社会保障卡一卡通条例》，以省委省政府名义出台《关于推进社会保障卡居民服务"一卡通"的意见》，推动民生服务一卡通办、公共服务一卡通行、收支结算一卡通付、社会服务管理一卡通用。江西被国务院确定为全国社会保障卡居民服务"一卡通"应用试点的十个地区之一，累计制发社会保障卡4700余万张，签发电子社保卡3000余万张，签发率居全国第四。

二　江西省人力资源和社会保障工作的形势研判

当前，全省人力资源和社会保障工作仍面临不少困难和问题，就业总量压力和结构性矛盾并存，社会保障制度公平性、流动性、规范性、可持续性还有不足，人才发展体制机制还不够健全，和谐劳动关系治理效能还有待提高，人社公共服务、基层基础能力建设还有不少短板。

就业创业方面，一是岗位供需结构性矛盾更趋凸显。第七次人口普查显示，江西省15~59岁人口达2764万人，占总人口的61.17%，劳动年龄人口的总规模较大，但结构性供需矛盾仍然突出。同时，由于技能人才供给不足、人力资源服务产业发展水平不高等，部分行业招工难尤其是招聘技能型人才难。二是青年群体和大龄困难群体就业难度加大。青年群体求职心态、就业观正发生较大转变，择业更加求稳求优，"缓就业""慢就业"现象突出，16~24岁失业人员和大专以上学历者失业比重较大。困难群体普遍年龄偏大或技能不足，就业门路偏窄，求职难度大，就业稳定性不高，影响就业质量。受疫情和外部经济影响，各类群体就业稳定性有所下降，灵活就业占比偏高，抗风险能力不强。三是公共就业服务基础薄弱。基层公共就业服务力量少、人员流动大，导致基层就业监测不扎实；人力资源市场、零工市场、创业孵化基地、实训基地等公共就业平台建设滞后，技能人才培养能力弱，人力资源服务业发展不充分，难以满足求职者和用人单位多样化需求。

社会保障方面，一是人口老龄化对社会保险制度可持续性带来挑战。老年人口呈现规模"高增长"、结构"高龄化"、抚养"高负担"的趋势。全省常住人口中，60 岁及以上达 762.5 万人，占总人口的 16.87%，比 2010 年上升 5.43 个百分点，导致在职职工与退休人员的抚养比持续降低。二是参保扩面难度不断增大。当前形势下，企业短时间内扩大生产经营较难，增加就业岗位、参保扩面提升空间受限，工业园区企业参保率仍然不高，中小微企业和城镇个体工商户参保意愿降低，灵活就业人员、农民工等群体中断缴费情况增多。三是企业职工养老保险基金运行压力较大。受人口老龄化、减免社保费、连续调待等因素叠加影响，基金收入下降、待遇支出上升，基金收支平衡矛盾日益突出。企业职工基本养老保险基金刚性缺口越来越大，支付压力日益增加。

人才人事方面，一是人才整体规模不大。专技人才总量仅占全省人口的 6.6%；技能人才、高技能人才总量在全国的占比均低于全省人口占比。二是人才分布也不尽合理，高层次人才主要集中在体制内，服务战略性新兴产业领域的复合型高新技术人才及工程技术专业人才缺乏，院士、长江学者等全国领先的拔尖人才严重匮乏。三是技工院校与职业院校政策互通互认程度不高，培养层次、专业设置和师资建设等方面未能形成有效衔接，技工院校存在"小、散、弱"现状。

劳动关系方面，一是新业态从业人员劳动用工关系界定难。新业态新模式不断涌现，打破了传统意义上的固定劳动关系，难以厘清责任边界。二是新业态从业人员劳动权益维护难。平台企业用工"去劳动关系化"，政策保障不健全，维权渠道不畅通，主体地位不平等，劳动权益保障面临新挑战。三是新业态从业人员参加社会保险意愿低。平台企业规避用工责任，不愿为劳动者缴纳社会保险；劳动者就业不稳定、收入预期不确定，参保积极性也不高。

三　2023 年江西人力资源和社会保障工作的总体目标和主要举措

（一）总体目标

2023 年，实现全省新增城镇就业 41 万人以上，城镇调查失业率控制在

5.5%左右。实现城镇失业人员再就业13万人、就业困难人员就业4万人，开展补贴性职业技能培训30万人，参加城镇职工基本养老保险、失业保险、工伤保险人数分别达到1370万人、360万人、560万人。新增取得高级工以上职业资格证书或职业技能等级证书的人数超过2万人，新增取得技师、高级技师职业资格证书或职业技能等级证书的人数超过1500人，技工院校招生人数达到8万人，劳动人事争议调解成功率、结案率分别达到60%、90%以上，劳动保障监察举报投诉案件、拖欠农民工工资举报投诉案件结案率分别达到98%、99%以上，社会保障卡持卡人数超过4790万人，申领电子社保卡人口覆盖率突破60%，人社政务服务好评率实现97%以上。

（二）主要举措

1.积极实施就业优先政策，推动实现高质量充分就业

一是强政策，扩容量。稳定优化阶段性减负稳岗扩就业政策，加大对就业容量大的服务业、小微企业、个体工商户的倾斜支持，推动政策精准落实、高效直达。健全促进就业长效机制，强化政策实施的督查考核，压实各方责任，推动实现就业增长和经济运行持续向好。深入实施重点群体创业推进行动，完善创业项目培育、金融支持等政策体系，开展创业贷款改革试点。二是抓重点，稳基本。加大促进青年特别是高校毕业生就业工作力度，强化就业引导、招聘服务和供需对接，稳定政策性岗位，拓宽市场化就业渠道，做到就业促进、创业引领、基层成长、见习培训同向发力。强化农民工就业帮扶，建好用好"农民工地图"，强化园区企业、重点企业与农民工供需对接帮扶，鼓励引导农民工有序外出就业和就近就地就业。兜牢困难群体就业底线，广泛开展就业援助专项行动，对脱贫劳动力、监测对象、城镇困难群体实行精细化帮扶，加大公益性岗位安置力度，确保零就业家庭动态清零。三是提技能，拓空间。紧扣企业需求和就业者需要，推行"四单式"①职业技能培训模式，提高就业人员技能水平。健全完善终身职业技能培训制

---

① 即企业点单、机构接单、学员选单、政府买单。

度，大规模高质量开展政府补贴性培训和社会化培训，增强培训的针对性、时效性。引入省内外知名职业培训机构，在共建培训平台、合作办学、引进优质培训资源等方面广泛开展合作。四是优服务，提质量。加强人力资源市场、人力资源服务产业园等基础性服务平台建设，加快培育和引进知名人力资源服务企业，提升劳务品牌、创业孵化基地等服务重点群体就业和主导产业发展的水平，提供全方位、全链条就业服务。加强就业监测预警，完善应对预案，做好政策储备。

2. 持续深化社保制度改革，加快推进社保体系建设

一是促改革。贯彻落实企业职工基本养老保险全国统筹制度改革要求，建立市级政府养老保险工作考核机制，压实地方政府主体责任。推进被征地农民参加基本养老保险全覆盖。开展个人养老金制度先行城市试点，探索建立城乡居民养老保险弹性缴费机制。扩大补充工伤保险试点范围，推进工伤、失业保险基金省级统收统支。修订江西省实施《工伤保险条例》办法，完善公务员工伤保险政策。二是抓扩面。继续实施全民参保计划，健全开发区参保扩面部门协作机制，持续开展社保服务"百千万行动计划"①，重点推进工业园区企业职工、新业态从业人员、灵活就业人员参保。巩固提升国家级、省级工业园区参保质量，积极推进城乡居民基本养老保险适龄参保人员应保尽保，落实常规性和阶段性失业保险扩围政策，完善按建筑项目参加工伤保险长效机制。三是保发放。适时提高参保人员待遇水平，根据国家统一部署，继续做好企业和机关事业单位退休人员基本养老金调整工作，鼓励有条件的地区自主提高城乡居民基础养老金标准，适度调整伤残津贴等定期待遇。强化基金运行监测，规范基金收支管理，确保各项社保待遇按时足额发放。四是强监管。推动出台加强社会保险基金监管工作的意见，着力构建党委领导、政府负责、部门协同、社会共治的基金监管机制。开展基金管理监督巩固提升行动，进一步健全"四位一体"风险防控体系，完善"四防"

---

① 即：组织百场社保政策宣讲，深入千家企业上门服务，向万名中断缴费的贫困群众推送续保帮扶政策。

协同风险防控机制，持续开展打击欺诈骗保专项行动，确保基金安全规范。推动有条件的地区做实职业年金，稳步推进职业年金和城乡居民养老保险基金投资运营。

3. 紧紧围绕中心大局，扎实做好人才人事工作

一是加强专技人才服务。健全人才分类评价和职称评审机制，优化实施政府特殊津贴制度，完善高层次领军人才培养体系，组织实施高层次高技能人才培养工程。落实《江西省专业技术人员继续教育办法》，实施专业技术人才知识更新工程。加强博士后工作站、流动站建设管理服务。常态化开展"才聚江西 智荟赣都"引才活动，引入知名人才猎聘机构，寻访引进高端人才，汇聚一大批高层次、创新型人才。二是强化技能人才培育。贯彻落实加强新时代高技能人才队伍建设的意见，健全技能人才培养、使用、评价、激励机制，打响"赣都工匠"人才品牌。加快推动技工教育"资源重组、机制重构、品牌重塑"，构建"1+11+N"① 技工院校布局。结合产业需求优化专业学科设置，深化产教融合式办学、工学一体化培养，实施技工院校产业学院、重点特色专业（群）、一体化名师工作室项目建设。全面推行职业技能等级自主评价。积极备战第二届全国职业技能大赛。三是深化事业单位人事和工资制度改革。继续推进县以下事业单位管理岗位职员等级晋升工作，完善事业单位人事管理事前事中事后监管机制。优化落实高层次人才工资分配激励政策，探索推进高校、科研院所薪酬制度改革试点，完善科研人员职务科技成果转化现金奖励制度，保障义务教育教师工资待遇。同时，组织实施好各项人事考试，认真做好表彰奖励、及时奖励工作。

4. 切实维护劳动者合法权益，积极构建和谐劳动关系

一是加强劳动关系协商协调。进一步完善劳动关系三方协调机制，继续实行劳动关系"和谐同行"提升行动，出台新时代和谐劳动关系创建示范行动方案，打造一批有特色的和谐劳动关系品牌。加强灵活就业和新就业形

---

① 即：建设 1 个国家级技能人才培养综合园区，在 11 个设区市各办好 1 所示范性技师学院，在人口大县、经济强县和重点园区围绕特色产业办好一批技工院校。

态劳动者权益保障，探索建立适应新业态的协商机制。加强劳务派遣全链条监管，全面推广使用电子劳动合同，强化企业劳动用工指导。加强劳动关系协调员队伍建设，强化劳动关系风险监测预警。二是加大监察执法力度。持续加大执法力度，规范监察执法，加强平等就业、工资报酬、社会保险、休息休假等重点领域专项治理，落实劳动保障守法诚信等级评价制度，及时公布重大劳动保障违法行为。持续抓好根治欠薪工作，突出工程建设领域农民工工资支付保障制度落实，扩大政府和国企项目无欠薪试点范围，推广通过社会保障卡发放农民工工资，加强劳动用工领域信用惩戒和恶意欠薪行刑衔接。三是抓好调解仲裁工作。健全劳动人事争议协商调解机制，推动劳动人事争议多元处理，多措并举强化纠纷调处，加大仲裁办案力度，推进"类案同裁"。加强"一体化"劳动争议调处平台建设，强化调解仲裁机构"四化"建设，加快推进"互联网+调解仲裁"工作。四是规范收入分配秩序。加强企业工资分配调控指导，推动企业工资分配向关键岗位和一线岗位倾斜。适时调整最低工资标准，完善企业薪酬调查和信息发布机制、工资指导线形成机制。持续巩固国有企业工资分配制度改革成果，推进国有企业重大科技创新薪酬分配激励政策，加强国有企业工资内外收入监督管理。发布实施科技人才薪酬分配指引，推动建立以体现知识价值为导向的薪酬分配制度。

5. 有力推进便民服务创新，不断提升人社公共服务水平

一是规范服务标准。开展人社政务服务标准化提升行动，编发统一的服务事项基本目录，建立服务事项动态调整管理机制，推动标准化服务事项与"一窗式"平台深度对接，实现服务事项同源发布、联动管理。进一步加强综合窗口标准化建设，全面推行无差别受理。二是优化服务模式。适应办事群众和企业新需求，推进多领域、多层次数据共享应用，优化升级一体化信息系统，完善多元化服务渠道，推行人社系统证照电子化，深化"一件事一次办"集成改革，让网上办、掌上办等"不见面"服务成为主渠道。深入推进服务事项集成办理、就地办理，拓展便民服务圈，强化老年人、残疾人等特殊群体的针对性服务。贯彻落实社会保障卡一卡通条例，持续推进社会保障卡居民服务"一卡通"应用。三是提升服务水平。深化"厅局长走

流程"活动,开展练兵比武,落实政务服务"好差评"制度。完善窗口管理制度,开展窗口作风明察暗访,强化经办服务队伍教育管理,加强基层基础能力建设,选树和宣传先进典型,进一步增强服务能力。

参考文献

江西省人大:《江西省社会保障卡一卡通条例》,2022 年 5 月 31 日。

江西省人民政府:《关于加快完善覆盖全民的多层次社会保障体系的意见》(赣府发〔2022〕19 号),2022 年 8 月 30 日。

江西省人民政府办公厅:《关于强化就业优先导向推进就业工作责任落实的实施意见》(赣府厅明〔2022〕33 号),2022 年 6 月 8 日。

江西省人民政府办公厅:《关于做好当前和今后一段时期高校毕业生等青年就业创业工作的通知》(赣府厅明〔2022〕49 号),2022 年 8 月 22 日。

江西省人民政府办公厅:《关于切实做好被征地农民参加基本养老保险相关工作的通知》(赣府厅字〔2022〕56 号),2022 年 6 月 14 日。

专题报告
Monographic Reports

B.16
中国式现代化的江西路径研究

蒋金法 等*

摘 要： 党的二十大报告开启了以中国式现代化推进中华民族伟大复兴的
新征程，全面梳理中国式现代化的实践探索和主要特征，对比我
国部分关键指标数据，研判分析江西现代化的基本情况及存在的
主要制约，立足实际，提出加快建设质量强省、开放江西、美丽
江西、文化强省、幸福江西等，以加快推动江西与全国基本同步
实现基本现代化，奋力谱写中国式现代化的江西篇章。

关键词： 现代化 中国式现代化 江西

* 课题组组长：蒋金法，江西省社会科学院党组书记，二级教授，博士生导师，研究方向为财
税制度、生态经济。课题组成员：盛方富，江西省社会科学院江西发展战略研究所副研究
员，主要研究方向为区域经济、农业农村经济；王露瑶，江西省社会科学院江西发展战略研
究所助理研究员，主要研究方向为区域经济、农业农村发展；张启良，江西省统计局研究
员，研究方向为宏观经济。

党的二十大报告开启了以中国式现代化推进中华民族伟大复兴的新征程，对江西而言，实现与全国同步基本实现现代化，奋力谱写中国式现代化的江西篇章，是需要深入研究与探讨的重大课题。本文回顾梳理中国式现代化的探索实践、远景目标，对比我国实际，研判分析江西现代化的基本现状以及存在的主要短板弱项，并据此提出相应对策建议。

一　中国式现代化的实践与理论

中国式现代化是全球现代化坐标中的一种现代化模式和基于中国国情的实践探索，既具有现代化的一般特征，更具有中国特色，并由此丰富和发展了现代化理论。

（一）中国式现代化的探索实践

1840年的鸦片战争揭开了中国近代史的序幕，在饱受西方列强国家欺凌的屈辱中，中国社会各个阶级尤其是先进人物为实现现代化和民族复兴进行了艰辛探索和实践。直到中国共产党成立后，才逐步真正找到适合中国国情的中国式现代化道路并取得成就。

1. 近代中国探寻现代化的进程

近代中国现代化探寻的实践主要分为两类，一类是以洋务运动和戊戌变法为代表的"改良"方案，其特征是并不打破中国传统社会结构、传统政治制度和传统思想道德体系，但已经意识到工业化、现代化发展的巨大力量，是近代中国走向现代化的萌芽期与觉醒期。另一类是以辛亥革命和新民主主义革命为代表的"革命"方案，其特征是彻底推翻中国传统封建君主专制制度，猛烈冲击传统思想道德体系，对中国传统生产方式和社会结构进行深度变革，是近现代中国现代化意识的形成期与开创期。

2. 中国共产党成立以来的现代化实践进程

自成立以来，中国共产党始终以"为人民谋幸福，为中华民族谋复兴"为宗旨，坚持不懈探索实现强国富民、民族复兴的现代化道路，并在实践中不断调整和丰富现代化内容。先后有"四个现代化"战略、"三步走"战略、"新三步走"战略、"两个一百年"奋斗目标等。在以习近平同志为核心的党中央坚强领导下，中国特色社会主义进入新时代。党的十八大明确提出两个"一百年"奋斗目标：到建党一百年时全面建成小康社会；到新中国成立一百年时基本实现现代化，把我国建成社会主义现代化国家。2017 年，党的十九大把即将开启的现代化也分为两个阶段，第一个阶段从 2020 年到 2035 年基本实现社会主义现代化；第二个阶段，从 2035 年到本世纪中叶，把我国建成富强民主文明和谐美丽的社会主义现代化强国。党的二十大报告，明确提出我国的中心任务，就是要以中国式现代化全面推进中华民族伟大复兴，由此开启中国式现代化的新征程。

（二）中国式现代化是全民全域全面全球的现代化

中国式现代化是中国共产党领导的社会主义现代化，这鲜明指出了其内含的基本要件，即中国共产党、社会主义、现代化。根据中国式现代化的中国特色和本质要求，特别是中国共产党代表最广大人民根本利益的政党属性，可知中国式现代化是全民、全域、全面、全球的现代化，其特征主要体现为四个尺度，即以全体人民为核心的人民尺度、以全域范畴为取向的区域尺度、以全面跃升为指向的领域尺度及以全新文明形态为要义的文明尺度。

1. 人民尺度：全民

人口规模巨大的现代化、全体人民共同富裕的现代化，是中国式现代化的中国特色，与以资本为核心且服务少数人的西方现代化具有本质区别，这是由中国共产党的根本宗旨和社会主义的本质要求决定的。中国共产党自成立以来，始终代表最广大人民的根本利益，将为人民谋幸福、为中华民族谋复兴作为初心使命，所有奋斗的主题就是为了实现中华民族伟大复兴，并且这个复兴是全体人民共同参与、共同奋斗、共同享有的"中国梦"。因此，中国式现代化是以全体人民的现代化为核心的中国特色社会主义现代化。

2. 区域尺度：全域

人口规模巨大的现代化、全体人民共同富裕的现代化，内在要求中国式

现代化是全域的现代化，而不是少数区域的现代化，与西方现代化无视区域差距、城乡差距拉大的现代化完全不同，这与中国共产党作为整体利益党的根本特质有关。100多年来，中国共产党始终寻求全中国的解放、建设和发展，虽然在不同发展阶段，区域发展战略的重点有所差异，但全国"一盘棋"的整体战略考量、战略谋划、战略举措一以贯之，实施的系列区域重大战略和区域协调发展战略就是最好体现，就是为了解决区域发展不平衡不充分的难题，共同富裕的"共"与"同"本质上就是全域共同的理念。因此，中国式现代化是致力于全国各地均实现现代化。

3. 领域尺度：全面

物质文明和精神文明相协调的现代化、人与自然和谐共生的现代化是中国式现代化的重要特征，表明中国式现代化不仅是经济的现代化，也是涵盖政治、文化、社会、生态等全面的现代化，这是与西方现代化注重经济现代化而忽视其他领域现代化的重要区别。中国式现代化是一个发展的事物，随着时代的发展，全面现代化的领域不断拓展，各个领域实现现代化的程度不断跃升，其中经济现代化是中国式现代化的物质基础，政治现代化是中国式现代化的根本保证，文化现代化是中国式现代化的动力支撑，社会现代化是中国式现代化的重要条件，生态现代化是中国式现代化的基本前提。因此，中国式现代化是全面的现代化。

4. 文明尺度：全球

走和平发展道路的现代化，体现了中国式现代化的文明高度。在当今世界，一些国家企图继续通过战争、殖民、掠夺等方式来实现现代化，不可行也行不通。中国通过走和平发展道路，创造了经济快速发展与社会长期稳定"两大奇迹"，开创了人类文明新形态，这将为世界大家庭中主要以发展中国家为主体的全球现代化提供新的选择，打破"现代化＝西方化"的迷思，展现现代化的另一幅图景。并且，中国跨越中等收入国家陷阱，将使发达国家人口在世界的占比从16%上升到34%，这在人类历史上是一件有深远影响的大事，将彻底改写现代化的世界版图，展现出人类社会现代化的多样化路径和光明前景，是一种全新的人类文明形态。

二 中国式现代化的目标要求及江西差距

党的二十大明确了中国式现代化的战略安排和目标要求，对比全国主要经济指标，江西现代化发展还存在明显短板与弱项。

（一）中国式现代化的目标要求

党的二十大报告提出"以中国式现代化全面推进中华民族伟大复兴"，并从 8 个方面对 2035 年基本实现社会主义现代化的目标进行了规划和描绘。

（1）经济实力、科技实力、综合国力大幅跃升，人均国内生产总值迈上新的大台阶，达到中等发达国家水平。

（2）实现高水平科技自立自强，进入创新型国家前列。

（3）建成现代化经济体系，形成新发展格局，基本实现新型工业化、信息化、城镇化、农业现代化。

（4）基本实现国家治理体系和治理能力现代化，全过程人民民主制度更加健全，基本建成法治国家、法治政府、法治社会。

（5）建成教育强国、科技强国、人才强国、文化强国、体育强国、健康中国，国家文化软实力显著增强。

（6）人民生活更加幸福美好，居民人均可支配收入再上新台阶，中等收入群体比重明显提高，基本公共服务实现均等化，农村基本具备现代生活条件，社会保持长期稳定，人的全面发展、全体人民共同富裕取得更为明显的实质性进展。

（7）广泛形成绿色生产生活方式，碳排放达峰后稳中有降，生态环境根本好转，美丽中国目标基本实现。

（8）国家安全体系和能力全面加强，基本实现国防和军队现代化。

（二）江西与全国同步基本实现现代化的主要差距

对照与全国同步实现现代化目标要求，江西已经具有较好基础条件，如江西在生态现代化方面的森林覆盖率、城市空气质量优良天数比率、地表水

达到或好于Ⅲ类水体比例方面表现突出，预测可以提前实现基本现代化目标要求，同时也存在不少短板弱项，具体体现在以下几个方面。

1.体现较高物质生产水平要求的"量能"短板

没有较高的物质生产水平，中国式现代化不可能实现。与全国同步基本实现现代化，江西最大的短板仍然是经济总量不大、人均水平不高的省情现实。2022年江西人均GDP为7.1万元左右，而同期全国人均GDP达到8.6万元左右。如果扣除价格因素，实现目标值的程度不到50%[①]，同时，根据此预测，在人口作为长变量的趋势中，按照江西4500万人口的大数测算，到2035年江西GDP需超过6万亿元（2020年价格），而2022年江西GDP为3.2万亿元，要实现这个目标，需要每年保持6%以上的GDP增速。与此同时，江西11个设区市区域发展差距依然较大，2022年赣州市人均GDP不到南昌市的一半，只有全省平均水平的70%左右，低于全省平均水平的还有上饶市、抚州市等（见表1）。

表1　2022年江西11个设区市经济发展情况

设区市	2022年GDP（亿元）	GDP实际增速(%)	面积（平方公里）	2021年末常住人口（万人）	人均GDP（万元/人）	经济密度（亿元/平方公里）
南昌市	7204	4.1	7195	644	11.19	1.00
赣州市	4524	5.2	39363	898	5.04	0.11
九江市	4027	4.3	19077	456	8.83	0.21
宜春市	3473	5.3	18669	497	6.99	0.19
上饶市	3310	5.1	22737	644	5.14	0.15
吉安市	2750	5.1	25284	443	6.21	0.11
抚州市	1946	5.0	18798	358	5.44	0.10
新余市	1252	4.8	3160	120	10.43	0.40
鹰潭市	1238	4.9	3560	115	10.77	0.35
景德镇市	1192	4.7	5262	162	7.36	0.23
萍乡市	1160	2.0	3831	181	6.41	0.30

资料来源：根据公开资料整理。

[①] 根据《中共中央关于制定国民经济和社会发展第十四个五年规划和二〇三五年远景目标的建议》及对该建议的说明，"到2035年实现经济总量或人均收入翻一番，是完全有可能的"。因此，按照翻一番目标，到2035年我国人均GDP按2020年（人均GDP为72000元）不变价计算为144000元。

2. 体现高质量发展要求的"质效"短板

中国式现代化，必然是质量导向的现代化，然而，江西在研发投入强度、全员劳动生产率等反映质量与效益的方面差距依然较大。2022 年，江西研发投入强度为 1.8%，较全国平均水平低 0.75 个百分点，2017~2022 年江西研发投入强度年均仅增加 0.1 个百分点左右，如果继续按照年均增加 0.1 个百分点左右的速度，到 2035 年江西研发投入强度将仅达 3% 左右，与全国平均水平的差距亟待缩小。经济学上，衡量发展质量高低的一个重要指标是全员劳动生产率，折射的是全社会参与生产的整体生产率，2020 年数据显示，江西全员劳动生产率只有全国平均水平的八成多，与浙江、江苏等沿海发达地区的差距更为明显。与此同时，江西现代产业体系构建依然任重道远，传统产业绿色化高端化、新兴产业集群化支撑化进程较慢，产业现代化进程的滞缓将制约全省现代化的有序推进。

表 2　2017~2022 年江西研发投入强度比较

单位：%

年份	江西	全国
2017	1.28	2.12
2018	1.37	2.19
2019	1.55	2.23
2020	1.68	2.40
2021	1.70	2.44
2022	1.80	2.55

资料来源：根据《江西统计年鉴（2022）》及公开资料整理。

3. 体现新发展格局要求的"循环"短板

加快构建以国内大循环为主体、国内国际双循环相互促进的新发展格局，是我国推进中国式现代化的战略举措和必由之路。江西打造全国构建新发展格局重要战略支点，面临现代化交通体系运行成本较高的制约，2022 年江西铁路、公路、水路货运量占全省货运量的比重分别为2.64%、90.58%、6.78%，一般而言公路运输成本是铁路运输成本的 10

倍以上、是水路运输成本的 20 倍以上，这也是长期以来江西综合物流运输成本偏高的重要原因，并且以公路运输为主体的交通运输结构与低成本化、绿色化、低碳化的现代畅通循环要求不相适应。作为内陆开放型经济试验区，江西存在开放平台链与产业链融合不足、体制机制与制度型开放趋势适配性不足、本地产业与赴外投资领域联动不足、消费升级与进口规模不相适应等短板，这些均制约了开放型经济高水平发展，进而不利于全省产业升级、消费升级、制度创新等。与此同时，新发展格局是更加注重消费在高质量发展中的第一牵引力作用，这也是世界现代化国家的普遍特征，2021 年江西最终消费支出对经济增长贡献率为 52%，虽成为江西省经济增长第一拉动力，但比 2012 年仅提高 4.1 个百分点；而 2021 年全国最终消费支出对经济增长的贡献率达到 65.4%，比 2012 年提高 10 个百分点，可见，要与全国同步实现现代化，江西在挖掘消费潜力方面还有较大空间。

4. 体现人与自然和谐共生的"美丽"短板

中国式现代化是人与自然和谐共生的现代化，江西作为全国生态文明试验区，长期以来持续推进美丽中国"江西样板"建设，取得显著成效。同时，对照现代化的目标要求，江西在制度体系集成创新、美丽经济发展壮大等方面依然存在短板。生态系统保护与修复是一项系统工程，空气、水、土地等生态环境保护与治理涉及气象、水利、农业农村、自然资源、生态环境等众多职能部门，各职能部门之间的相关制度体系如何衔接、如何贯通、如何协同，是提升生态环境领域治理能力的关键。中国式现代化进程正是由碳达峰转向碳中和跃进的过程，江西正处于经济中高速增长、工业化城镇化快速发展阶段，到 2035 年追赶全国平均水平，还需要保持一定的经济增速，因此，能源需求会持续增加，节能减排、能耗双控等工作面临的压力巨大。中国式现代化必然要求大力发展绿色经济，提升生态产品价值在国民经济中的份额，然而，在加快生态产品价值实现方面，江西面临自然资源产权归属不清、核算评估难、结果认可度不高，绿色金融创新与防范金融风险的平衡难，交易制度体系不完善，绿色产业"接二连三"融合发展存在明显短板等瓶颈制约，进而影响了江西绿色生态资源优势转化为经济优势、发展优势和竞争优势的良性循环及潜力释放和品牌打造等。

5. 体现自信自强要求的"文化"短板

中国式现代化是物质文明与精神文明相协调的现代化，缺乏自信自强的内在精神文明支撑，现代化也终将"昙花一现"。江西拥有丰厚的文化资源禀赋，具备在现代化进程中发挥文化引领作用的条件。然而，江西公共文化事业发展力度与群众对文化繁荣发展的需求不相适应，2020年江西人均公共文化财政支出为266元，而对照一般现代化国家的标准，2035年这一指标应达到800元，对照测算会发现，江西人均公共文化财政支出的实现程度不到40%、仅为33%左右。与此同时，现代化必然是文化产品与文化服务极为丰富和发展的局面，体现在文化产业发展方面，则是文化及相关产业增加值占GDP的比重将显著提升，2021年江西这一指标值为4.3%，而结合世界现代化国家的普遍状况来看，2035年这一指标值需达到7%左右，对照测算江西这一指标的实现程度只有六成左右，并且根据近几年疫情笼罩下的发展态势，江西文化产业发展受到较大制约，文化及相关产业增加值占GDP比重的提升明显滞缓。

6. 体现共同富裕要求的"共享"短板

中国式现代化是全体人民共同富裕的现代化，主要体现为物质生活水平、公共服务水平等的跃升。从收入水平来看，江西居民收入与全国相比仍有较大差距，2022年江西居民人均可支配收入为32419元，相当于全国平均水平（36883元）的87.9%，要如期实现基本现代化目标的挑战不小。在公共服务方面，短板比较突出的指标是医疗卫生服务方面，伴随人口老龄化的加速加深以及群众对健康需求的不断提升，医疗卫生服务需求将快速增加，而江西每千人口执业（助理）医师、每千人口医疗卫生机构床位等指标不容乐观，以每千人口执业（助理）医师为例，2021年江西这一指标为2.47人，同期全国平均水平为3.04人；每千人口医疗卫生机构床位为6.8张，与发达省份相比短板明显。

三 江西与全国同步基本实现现代化的路径建议

力争与全国同步基本实现现代化，聚焦短板弱项，不断提升江西能级，需加快建设质量强省、开放江西、美丽江西、文化强省、幸福江西等。

（一）以高质量发展为首要任务提升江西发展能级

在高质量发展为首要任务的现代化进程中，江西仍应坚定不移持续做大经济总量、提升发展能级。一是确保全省 GDP 增速持续位居全国"第一方阵"。精准分析研判进入新时代以来江西 GDP 增长的主要贡献力量，挖掘可能的潜在动力，从而采取精准应对举措和相关政策安排，延续并保持近年来江西 GDP 增速持续位居全国"第一方阵"的良好态势与势能。二是聚力增强区域协调发展的"核引擎"。出台立体化差异化专项政策举措，聚力重点打造省会城市（南昌）、省域副中心城市（赣州）、赣江新区、区域中心城市（上饶、宜春）、全国百强县（市、区）、全国千强镇（乡）等核心支点，快速提升核心支点的发展引领力和辐射带动力。三是加快提升开发区整体能级。以国家开发区为核心引领，突出质效导向，积极拥抱数字化、智能化、联网化大势，推动开发区协作联动链式发展，提升工业技改精准性、有效性，以亩均效益、碳均效益等为"指挥棒"，加快提升开发区发展能级，以开发区产值翻番助力江西 GDP 翻番。四是大力发展新经济、新业态、新模式。聚焦信息通信、新材料、新能源、生命健康、负碳零碳等未来产业领域，数字化消费场景链接、智能化零售运作等未来消费领域，新能源汽车与电网高效互动、与交通及通信等领域融合发展的未来公共交通领域，提前谋划和布局，不断拓展经济社会发展新的增长点。

（二）以创新驱动为第一动力建设质量强省

建设质量强省是奋力谱写中国式现代化江西篇章的重要途径。一是全力攻坚研发投入增加、研发强度提升。实施研发投入强度倍增攻坚行动，动态跟踪分析全省研发投入总体概况与结构情况，精准出台立体化系统性政策举措，紧抓全省重点企业、重点科研机构、重点高校研发投入，充分发挥国有企业、上市公司、头部研发机构、重点高校等的"关键作用"，完善科技金融体系，打造有利于知识产权资产化、证券化、产业化的"生态雨林"，推动到2035年全省研发投入强度实现倍增。二是加快构建具有江西特色的现代制造业体系。围绕"2+6+N"产业高质量跨越式发展，持续升级完善产业链链长制，顺应产业发展大势，推动短板产业补链、优势产业延链、传统产业升链、新兴产业建链，增强产业发展的接续性和竞争力，加快提升产业基础高级化和产业链现代化水平。加快构建"科技-金融-产业"循环融合体系，增强现代化产业发展的支撑力。深入实施数字经济做优做强"一号发展工程"，加快全省数字产业化和产业数字化进程，提升全省数字经济发展整体水平。深化制造业与现代农业、现代服务业融合互促发展，以融合发展促进现代产业体系加快构建。三是加快打造天下英才重要首选地。人才发展，短期看政策、中期看平台、长期看环境。加大引才力度，强化人才招引竞争比较优势，提升政策综合效能；拓宽引才渠道，大力实施以才引才、中介引才等方式，多措并举广纳英才；强化平台支撑，提升人才承载能力；积极放权赋能，激发用人主体引才活力；优化服务环境，构建一流引才生态；提升人才发展现代化水平，优化促进人才效能发挥的数字化、系统化体系。

（三）聚焦战略支点，建设开放江西

加快打造全国构建新发展格局重要战略支点，是江西推进现代化建设中的战略举措。一是打造全国现代交通体系的"大通道大枢纽"。推动强化连接京津冀、长三角、粤港澳大湾区、长江中游协作区等省外地区的铁路、公路、水路、航空等交通网络，谋划省际联动的新型基础建设项目建设，提升江西在全国现代交通格局中的地位与作用；加密省内各地的交通物流网络，推动交通物流网络与城镇发展布局、产业发展布局等紧密衔接，大力发展铁水联运、水水联运等，大幅度降低江西交通物流成本。二是打造内陆双向开放高地。以开放型体制机制创新为"牛鼻子"，深入实施营商环境优化提升

"一号改革工程",加快向制度型开放拓展。结合江西经济条件、区位特点和发展需求,加快推进南昌昌北国际航空货运枢纽、赣州国际陆路货物集散地、九江水运区域航运中心等建设,打通水、陆双向通道,服务赣欧班列双向对开、常态运行,打造"粤(闽)—赣—欧"国际贸易新通道,打造现代陆港型国家物流枢纽中心。与时俱进推动江西经济、国内江西人经济、海外江西人经济深度融合,加快向更好利用两个市场、两种资源转变。三是大力提升最终消费支出对经济增长的贡献率。深入贯彻实施《扩大内需战略规划纲要(2022-2035年)》,并根据江西省情实际,制定出台相应的行动方案和实施计划,以明确江西现代化进程中加快消费提质扩容增贡献率的阶段性目标、重点领域、主要举措等。以大众消费、文旅消费、升级发展消费等为重点,大力发展新型消费业态、创新未来消费场景、供给优质消费产品等,推动消费领域实现质的有效提升与量的合理增长。

(四)以和谐共生为价值依归建设美丽江西

绿色生态是江西最大财富、最大优势、最大品牌,也是现代化目标的内在要求,江西有基础有优势有条件打造全国人与自然和谐共生现代化先行示范区。一是巩固提升生态环境整体质量。深化大气、水、土壤等污染防治,落实"三线一单"生态环境分区管控,严守生态保护红线。将环境绩效与政绩考核结合起来、统一起来。健全长效机制,着力解决生态文明建设过程中深层次问题。二是探索开展"碳均效益"改革探索,高质量推进碳达峰碳中和。探索开展"碳均效益"(即单位碳排放带来的经济效益)改革,强化碳排放权指标和"碳均效益"指标在引进项目、项目立项落地等过程中的"硬约束"作用。聚焦工业、农业、建筑、交通运输等重点领域,发挥江西碳中和研究中心科研和智库作用,实施"碳达峰碳中和问诊"行动,因地施策、因势施策、因项目施策、因产业施策、因企业施策,提出减碳、降碳、固碳的推进路径。聚焦清洁能源、节能环保、清洁生产、碳捕集利用和封存等"碳中和"未来产业发展领域,着力突破关键核心技术,抢占全国碳达峰碳中和技术制高点,着力打造全国"碳中和"产业发展高地。三是全域全面推行生态产品价值实现。探索构建具有江西特色的 GEP 核算和考核制度，探索创新森林资源价值核算标准和实现路径，全域全面推进 GEP 核算应用体系建设。打响"江西绿色生态"品牌，畅通生态产品价值实现多元化路径，强化数字技术赋能，提高生态产品价值转化效率和效益。深化赣江新区国家绿色金融试点建设，探索创新绿色金融与普惠金融融合互促发展。探索"生态飞地"机制，破解生态功能区保护与发展的矛盾。

（五）以创造创新为主要路径建设文化强省

立足江西丰厚的形式多样的文化资源禀赋优势，推动中华优秀传统文化创造性转化、创新性发展，大幅度提升江西人民精神富足程度。一是利用现代技术推进优秀传统文化传承创新。运用数字孪生技术等现代信息技术，推动文化遗产、革命文物、历史文化名城、传统村落等的全要素数字化和虚拟化、全状态实时化和可视化，形成物理维度上的文化遗产实体和信息维度上文化遗产虚拟实体同生共存、虚实交融。高标准建设景德镇国家陶瓷文化传承创新试验区，构建更具江西特色的考古遗址公园体系和遗址博物馆群。搭建赣鄱文化"走出去"平台载体，举办形式多样的交流活动，提升江西文化对外整体影响力。二是加快提升文化事业现代化水平。加大文化公共财政支出力度与强度，健全政府向社会力量购买优质公共文化服务机制。加快跨部门、跨行业、跨地域公共文化资源整合，构建覆盖面更广、功能更完善的基本公共设施体系，完善市、县、乡镇（街道）、村公共文化服务体系，使城市的优质文化资源不断向乡村延伸，缩小城乡公共文化服务差距。三是加快文化产业高质量发展。优化文化产业结构，充分运用 5G、大数据、云计算等技术，培育壮大数字出版、数字演艺、数字动漫、元宇宙等重点数字文化产业，加快推进文化制造向文化"智造"转变。聚焦数字文化、文化创意、文化旅游等产业链细分链条，重点培育一批链主企业和具有高成长性的"瞪羚"企业和高创造性的"独角兽"企业。提升全省优质红色文化、陶瓷文化、戏曲文化等赣鄱特色文化资源开发效果，提高文创衍生品、非遗产品等设计赋能，推出一批红色文化、赣鄱非遗文化等文创精品。提质扩容

"天工开物园"线上线下文创专卖店，积极发展"文化电商"。深入挖掘全国、全省"唯一性、不可替代性"的文化资源，全力打造别具一格、具有强烈赣鄱地域印记的文化产业项目，科学培育并打响江西文化产业标志性品牌。

（六）以共建共享为根本目的建设幸福江西

共同富裕是社会主义的本质要求，是中国式现代化的重要特征。对江西而言，现代化进程中应重点在提高收入、提升服务、提标治理上下功夫。一是多措并举提高居民收入。全面落实就业优先战略，完善高校毕业生、农村转移劳动力、退役军人等重点群体就业支持体系，健全覆盖城乡的全方位公共就业创业服务体系，合理提高劳动报酬及其在初次分配中的比重，不断增加居民工资性收入。完善产权制度和要素市场化配置，支持企业实施灵活多样的股权激励和员工持股计划，探索全面开展农村集体经营性土地入市，引导农户自愿以土地经营权、林权等入股企业，着力提高居民财产性收入。加大税收、社保、转移支付等调节力度并提高精准性，以制度创新提升居民转移性收入。二是优化提升公共服务水平。加快建设教育强省，根据城乡人口变化情况合理布局并优化城乡基础教育学校，推进基础教育公平而有质量发展。集成政策、聚焦资源推进"双一流"建设，持续重点打造几个具有江西基础优势的重点学科。强化全省高等教育分类设置和分类管理。优化全省职业院校发展布局，聚焦各级各类重点产业链和未来产业发展新赛道、新风口，整省推进职业教育综合改革提质创优。加快建设健康江西，织密织牢公共卫生防护网，优化全省医疗卫生资源布局，以重点区域、重点领域、重点医院、重点科室为引领，推动整体医疗卫生服务能力提升，以"互联网+医疗健康"发展实现优质医疗资源服务城乡均等化发展，充分发挥江西省中医药资源优势，加快打造中医药强省。精准制定相关政策，切实提升社会居民特别是现代年轻人的生育意愿。加大适老化基础设施建设和相关公共服务供给力度，提升老年人社会优待水平。健全完善社会保障和社会救助体系。三是打造省域治理现代化创新示范区。推动全省市域社会治理体制不断完善、治理布局不断优化、治理方式不断创新、治理能力不断提升，全面推进乡村善治，推进建设更有张力的社会治理共同体。加强地方国家安全体系和能力建设，推进社会治安防控体系现代化，推动矛盾纠纷多元化解，建立健全公共安全风险排查和隐患治理体系，推进建设更有保障的平安江西。

参考文献

何传启：《世界现代化研究的三次浪潮》，《中国科学院院刊》2003年第3期。
洪银兴：《论中国式现代化的经济学维度》，《管理世界》2022年第4期。
戴木才等：《实现人民美好生活之道：中国式现代化道路》，人民出版社，2022。
罗荣渠：《现代化新论——中国的现代化之路》，华东师范大学出版社，2013。

B.17
江西推进"一号改革工程"的
成效评估与提升对策

营商环境调研课题组*

摘　要： 2022年是江西省深入实施营商环境优化升级"一号改革工程"的开局之年，各地各部门迅速行动、强力攻坚，努力干出新时代"第一等的工作"，呈现"认识高度统一、工作推进有力、氛围空前浓厚、阶段成效凸显"的良好局面。本文在分析江西营商环境优化提升的做法与成效基础上，对标国内一流，深入调研梳理存在的困难和问题，为实现"一年求突破、两年大提升、五年树品牌"的总目标，进一步增强营商环境工作质效，从突出系统性、数字化、普惠性、保障性、常态化五方面提出提升对策，为奋力谱写全面建设社会主义现代化江西新篇章贡献更大力量。

关键词： 江西　营商环境　"一号改革工程"

优化营商环境，是以习近平同志为核心的党中央在新时代作出的重大决策部署，是区域全面深化改革、重塑发展竞争优势的重要推手，也是江西省

---

* 课题组组长：喻学锋，江西省发展和改革委员会经济体制综合改革处处长，研究方向为区域营商环境。课题组成员：刘东，江西省社会科学院江西发展战略研究所助理研究员，研究方向为区域营商环境；元丹，江西省发展和改革委员会经济体制综合改革副处长，研究方向为营商环境；刘锋，江西省发展和改革委员会省生态文明研究院办公室主任，研究方向为营商环境。

第十五次党代会明确的全省"一号改革工程"。为梳理总结江西实施"一号改革工程"一年以来优化营商环境的做法和成效,分析存在的困难和问题,提出下一步优化对策和建议,课题组对 29 个省直单位、11 个设区市和赣江新区开展了书面调研,与 11 个省直单位及 8 名省优化营商环境咨询专家、监督员进行了座谈交流,通过"互联网+监督"平台收集 38 条问题线索,并赴上饶市、南昌市进行实地调研,对市、区、县政务服务中心及市场主体进行了暗访,形成如下专题调研报告。

一 江西省优化营商环境的做法和成效

2022 年江西省委省政府举全省之力推进营商环境优化升级"一号改革工程",政策体系不断完善,指标提升速度不断加快,惠企纾困力度持续加大,各地改革亮点纷呈,营商环境取得突破性成效。

(一)全省重视程度前所未有

一是高位推动、高标定位。2022 年春节上班第一天,省委省政府以"新春第一会"的形式,高规格召开全省推进动员大会,提出了"一年求突破、两年大提升、五年树品牌"的目标,出台了以"一号改革工程"意见为统领的"1+N"政策体系,吹响了营商环境大提升的冲锋号角。各地各部门迅速行动、加压奋进,成立党委政府主要负责同志任"双组长"的领导小组,组建工作专班,以最强阵容扎实推进"一号改革工程"。二是压实责任、压茬推进。以"一号改革工程"意见为核心,35 家省直单位细化配套政策 300 余条,各地出台配套措施 2000 余条,形成了"1+N"政策体系。各地各有关部门与省政府签订责任书、立下军令状,建立 80 条营商环境优化升级"一号改革工程"的意见任务台账、228 条优化营商环境对标提升方案任务台账、30 条降本增效促进市场主体发展若干政策措施任务台账、13 条纵深推进"放管服"改革进一步提升政务服务若干措施任务台账,梳理71 项营商环境主要季度监测指标,实行"每月一调度、每季一通报、半年

一讲评、全年一考核"。三是凝聚合力、共建共为。省人大、省政协、省纪委、省委组织部、省委宣传部、省委统战部、省委改革办等将"一号改革工程"纳入监督、考核、宣传等重点工作内容。省委政法委、省法院、省检察院等大力实施优化法治化营商环境行动,全省各地各部门出台"一号改革工程"实施方案并广泛开展领导干部"走流程"活动。党代表、人大代表、政协委员以及各民主党派、无党派人士围绕营商环境建言献策。"人人都是营商环境、事事关乎营商环境"的氛围空前浓厚。

(二)对标提升速度不断加快

一是整体水平明显提升。全省营商环境整体水平显著提升,办事效率、办事环节均明显优化。企业开办实现全程网办、一日办结、零成本。办理建筑许可全流程审批平均用时由上年 79 个工作日压减至 55 个工作日。多测合一率、联合验收率、招标投标全流程电子化率、不见面开标率分别提高至 100%、78.62%、99%、88%。实现 160 千瓦及以下小微企业"三零"服务城乡全覆盖,获得电力低压(非三零)、高压单电源、高压双电源用电报装分别由上年 7.98、29.8、39.2 个工作日压减至 6、22、32 个工作日以内。获得用水用气由上年平均 7 个工作日压减至不超过 3 个工作日。纳税由上年 4.8 次压减至 4 次。进口、出口整体通关时间分别为 13.51 个小时、0.24 个小时,居中部第 1、全国前列。法院执行质效居全国第一方阵。政务服务网上可办率 94.66%、"一次办"事项比例为 99.75%、"零跑动"事项比例为 92.64%。二是各地改革亮点纷呈。涌现出南昌触发式监管、人才奖励补贴"免批秒兑",九江离港确认转关模式、10 分钟办税服务圈,景德镇项目审批"超时默许"、知识产权律师调解中心,萍乡"住建+消防"一次办、执行与破产无缝衔接模式,新余一照通办、"不动产登记+水电气网视"一链办,鹰潭知识产权质押融资"政银园担"模式、就业"直播进企",抚州全市域通办、金融+生态融资模式,吉安"吉事即办·吉岗即聘"、拿地即开工,上饶人生十件事联办、法人全生命周期"一件事"集成改革,宜春全链协同审批、环境信用修复"代办",赣州项目"一站式集成"审批、市县同权，赣江新区电子印章办税"全程网办"、"1+7"综合行政执法改革等一批经验做法。

表 1　2022 年江西省营商环境各指标领域取得的成效

开办企业	1. 企业开办全程网办、一日内办结、"零成本"；推广准入准营"一照通办" 2. 积极推行电子营业执照和电子印章同步发放
劳动力市场监管	1. 劳动人事争议仲裁结案率稳定在 90% 以上 2. 上线"农民工就业地图"，入库农民工信息 1289 万条 3. 上线电子劳动合同平台，免费提供合同网签服务
办理建筑许可	1. 全流程审批平均用时 55 个工作日 2. 设区市、县（市、区）应用电子证照种类平均为 16 种、3 种 3. 联合验收率 78.62%，同比增加 17.22 个百分点
政府采购	1. 中小微企业合同金额占比达到 90% 2. 政府采购电子卖场累计交易额突破 80 亿元 3. 政府采购意向公开占比 90% 左右
招标投标	1. 全流程电子化率 99% 2. "不见面开标"占比 75% 以上 3. 保证金退付率 85%
获得电力	1. 实现 160kW 及以下小微企业"三零"服务城乡全覆盖 2. 低压居民、非居民用户全过程办电时间分别为 3.5 个、7.21 个工作日；高压用户平均办电时长压减至 39.95 个工作日 3. 平均停电 11.77 个小时，同比压缩 18.8%
获得用水用气	1. 办理环节精简为申请受理、验收通水通气两个环节 2. 无外线工程、涉外线工程无须审批；涉外线工程需审批的全流程耗时分别不超过 3、5、15 个工作日 3. 实现建筑区划红线外用水用气接入"零成本"
登记财产	1. 实现"不动产登记+水电气网视"一件事一次办；推行"不动产登记+司法查控"不见面办 2. 探索"交地即交证""交房即交证"新模式 3. 推进"不动产登记+金融服务"一站式服务
获得信贷	1. 普惠型小微企业贷款平均利率降到 5.23% 2. 2022 年 12 月末，全省融资担保直保费率为 0.7% 3. 2022 年 12 月末，江西省金融机构本外币各项贷款余额为 52775.58 亿元，同比增长 11.88%，增速位列全国"第一方阵" 4. 新增 14 家上市公司
保护中小投资者	1. 对 11 起上市公司年报虚假记载、内幕交易等行为进行行政处罚 2. 投资者教育基地达 10 个

知识产权创造、保护和运用	1. 每万人有效发明专利拥有量 6.93 件 2. 专利质押登记额 85.67 亿元,同比增 111.4% 3. 2022 年全省共处理专利侵权假冒案件 2859 件,同比增长 184%
跨境贸易	1. 进出口通关时间持续保持中部第 1、全国前列
纳税	1. 年平均纳税 4 次 2. 增值税留抵退税平均办理时长 4.5 天 3. 南昌、九江、赣州、赣江新区全年平均纳税时间压缩至 80 个小时,其他城市压缩至 100 个小时内
执行合同	1. 大力推进民事诉讼程序繁简分流,加强审判管理提质增效,审判执行主要质效居全国第一方阵 2. 民商事案件法定审限内结案率达 99.5%
办理破产	1. 破产案件审理质效进一步提升,全年共清理债权债务达 249 亿元,盘活土地 7938 亩,房产 200 余万平方米 2. 全面建立府院联动工作机制
市场监管	1. 联合双随机事项占比达到 82% 2. 率先建设市场主体信用风险分类管理系统,低风险市场主体"无事不扰"率达 85.47% 3. 全面推广"首违不罚""轻微免罚""企业安静日"制度
政务服务	1. 网上可办率 94.66% 2. "一次办"事项比例为 99.75% 3. "零跑动"事项比例为 92.64%
包容普惠创新	1. 全省研发投入强度 1.8% 2. 战略性新兴产业、高新技术产业增加值占规上工业企业增加值比重分别为 27.1%、40.5% 3. 发放创业担保贷款 245.2 亿元,同比增长 36.85%

(三)惠企纾困力度持续加大

一是利好政策高频出台。围绕贯彻国家大规模留抵退税、稳住经济大盘系列政策举措,因时因势出台降本增效"30 条"、助企纾困"28 条"、稳经济"43 条"、接续措施"24 条",为市场主体送上及时雨。二是政策兑现快速落地。开通全省统一的"惠企通"政策兑现平台,搭建"线上—网、线下—窗"惠企政策快速兑现服务体系,建立每周监测调度服务机制,持续推动惠企政策"免申即享""即申即享""承诺兑现"。全省制造业留抵退税平均到账时间0.46个工作日，位列全国第1。三是入企帮扶暖心爽心。省市县三级领导干部深入园区开展"入企走访连心"活动，实现103个开发区以及1.5万多家规上工业企业全覆盖。各地推出企业家早餐会、政企圆桌会、恳谈会等政企沟通活动，及时为企业解决复工复产、要素保障等急难愁盼问题。2022年全省共为市场主体减负超2000亿元，减负成效为历年之最。

（四）监管执法温度更加暖心

一是坚持无事不扰。拓展部门联合"双随机、一公开"监管覆盖范围，做到"重点监管之外，双随机监管全覆盖"。全面推广"企业安静日"制度，安静日期间不得对企业进行各类行政执法检查。在全国率先出台市场主体信用风险分类管理实施意见，建设省市场主体信用风险分类管理系统，将"双随机、一公开"监管与信用监管相结合，执行差异化监管措施，现场检查数同比降低50%，低风险企业无事不扰比例近90%。二是坚持柔性执法。省直单位出台市场监管、交通运输、文化旅游、应急管理、农业和林业、生态环境保护、城市管理等领域300余项"首违不罚""轻微违法不处罚"等免罚清单。全省11个设区市和赣江新区均出台了33个行政执法领域免罚清单，基本实现了行政执法领域全覆盖。全面落实"少捕慎诉慎押"刑事司法政策，2022年，全年非公经济人员不捕率56.68%、不诉率42.43%，同比上升22.68、16.18个百分点。三是坚持铁腕维权。大力实施"新官不理旧账"、行政审批中介服务、招标投标领域、营商环境领域腐败和作风问题等四大专项治理，妥善化解纠纷问题2000件，帮助企业维护合法权益25.48亿元。

（五）招商投资热度日益迸发

宁德时代、比亚迪、格力、吉利、欣旺达等一批知名企业加大在江西投资布局力度。2022年，全年招商引资总量达到11585亿元。利用省外项目资金10425.4亿元，增长9.3%；实际利用外资21.7亿美元，外商投资企业

再投资 149 亿美元；全省实有各类市场主体 482.6 万户，比上年底增长 19.93%，为支撑全省主要经济指标增速位居全国前列做出积极贡献。国家统计局江西调查总队最新调查显示，97.8% 的市场主体对江西省优化营商环境表示满意。江西省实施"一号改革工程"的做法获国务院第九次大督查通报表扬。

二 江西省优化营商环境存在的困难和问题

聚焦"一流坐标系"、对标对表标杆地区，通过进一步深入调查研究，江西"一号改革工程"工作实践中存在一些困难和问题，突出体现在以下几个方面。

（一）改革协同性还不够

目前，只有赣州、鹰潭、九江实现市县两级相对集中行政许可权改革全覆盖，有的地区窗口仅有受理权没有审批权，无法实现并联办理，导致审批环节多、周期长。有的权限因基层承接能力不足放不下去，如在个别区级政务服务中心，还未实现营业执照与食品经营许可证"一照通办"，企业仍需跑市、区两次，提供两次材料。有的省直部门还存在"一件事一次办"事项办事标准不一致、办事指南不够精准、网上办事入口需要多次认证问题。改革联动机制虽已基本建立，但常态化推进具体问题协商解决还明显不够。

（二）数字化水平不高

跨部门、跨层级业务数据共享、信息互通困难，信息壁垒问题仍然存在；如有的部门还存在数据"私有"的旧观念，以数据敏感、有文件规定、上级没有明确要求等理由不愿共享，有的部门对正式发布的供需对接清单任务推进缓慢，有的部门和地区遇到开通数据接口费用难题，这些都制约了江西省"一网通办"服务能力的提升与数字营商建设。电子证照和电子印章推广力度不够，部分证照获取率低，除南昌市以外的其他 10 个设区市电子印章申领率均低于50%。有的地方对省级回流数据缺乏应用场景，导致数据应用率不高。全省一体化政务服务平台上线的特色服务专区存在数量少、服务内容质量不高、服务不完善等问题。部分营商环境数字化项目建设审批效率不高，资金保障还不够及时、有力，导致在推动政府审批事项数字化智能化转型方面有一定不足。

（三）市场秩序还不够规范

有的领域依然存在不正当竞争、垄断经营等现象，如有些地区以方便监管为由仅允许少数共享单车市场主体在本地区运营。新兴产业监管方面因边界模糊，公众参与度不高，存在内涵不清、"准入不准营"、市场退出遇阻等问题，如全省大部分地区虽已制定"四新经济"领域包容审慎监管的相关政策，但尚未有实践探索案例。招投标领域出借资质、围标串标、转包挂靠、违法分包等行为还时有发生。有的事业单位或国企以资金紧张为由拖欠中小企业账款，不督办不付款，"新官不理旧账"、招商引资政策不兑现问题仍有发生，政务诚信建设有待加强。

（四）惠企政策效果还有待提升

部分政策制定时未充分听取市场主体意见，政策精准度不高、针对性不强。有的地方制定政策照搬照抄上级文件，上下一般粗，没有与本地企业、行业发展实际相呼应，政策效果不明显。有的政策在征求意见时，"干货"被删除，导致可操作性、实用性不强。如调研中企业普遍反映：当前惠企政策主要集中在服务业，普惠性还不够；政策宣传效果还不理想，企业主要通过新闻、政务服务大厅获知政策，"惠企通"知晓率和使用率还不高；个别政策执行打折扣，企业获得感还不够强。

（五）改革成色还需进一步擦亮

个别地区改革思路还停留在优惠减免规费上做文章，在降低制度性交易成本上下功夫不够。部分地区尤其是县区关注政务环境多，纷纷推出"某

某办"口号,比拼办理时间,内卷服务花样,而深层次推进体制机制改革的力度不够,对改善产业配套、创新、人才、融资、法治、基本公共服务等方面环境办法不多,如2021年全省R&D经费投入强度与全国(2.44%)以及营商环境标杆城市北上广深(已超3%)比仍有差距;全省每千人口拥有执业(助理)医师数、每千人口注册护士数表现最优的南昌分别为2.98人、4.09人,而北京市每千人口拥有执业(助理)医师、每千人口注册护士数分别已超4人、6人。首创性、突破性的改革成果和全国标杆性经验较少,离打响江西营商环境品牌还有差距。

三 提升营商环境"一号改革工程"质效的对策建议

营商环境没有最好,只有更好。为全面贯彻落实党的二十大、中央经济工作会议等精神和省委经济工作会议和省政府工作报告部署要求,坚持市场化、法治化、国际化原则,完整、准确、全面贯彻新发展理念,以打造一流营商环境为目标,以市场主体需求和群众满意为导向,以更大力度、更实举措、更严作风持续推进营商环境攻坚提升。

(一)突出系统性,推动营商环境"三全"改革

一是全链条优化审批。构建"横向集中、纵向贯通"的审批服务格局,整体推进相对集中行政许可权改革,实现全省市县两级和国家级开发区全覆盖;加快推广"市县同权"改革,将更多的行政审批和公共服务资源向基层下沉,建立市县联动审批机制,推动跨层级审管衔接互动,让企业群众办事"不出县、不出园""最多跑一次"。二是全过程公正监管。充分发挥信用监管基础性作用,事前推广信用承诺制度,实现行政管理和公共服务领域"一纸承诺、容缺办理"。事中推动更多行业管理部门建立"通用+专业"信用分级分类监管机制,增强市场主体信用风险分类结果在工程建设、招标投标、安全生产、消防安全、医疗卫生、生态环保、价格、统计、财政性资金使用等重点领域的应用效果。事后严格查验履约情况,强化"守信有奖,

失信必罚",实现信用承诺制闭环管理。三是全周期提升服务。推广自然人和法人全生命周期"一件事一次办"做法,推出更多高频"一件事"事项,强化业务融合和集成改革,建立健全联办机制,加强对各"一件事"全流程操作指南的解读解说,打造政务服务"升级版"。

(二)突出数字化,破除智慧办事"三点"掣肘

一是疏通"共享难"堵点。研究制定江西数字化营商环境建设的实施意见,树立"数据公有""共享增值"的新理念,加快培育数据要素市场,建立健全数据资源产权、交易流通、安全等基础制度和标准规范,健全数据质量反馈整改机制,完善数据标准规范,提升共享数据质量。狠抓政务数据供需对接清单落实,完善数据专员制度,对突出典型问题进行集中专项整治,破除信息孤岛,实现应通尽通。二是消除"互认难"痛点。拓宽电子营业执照、电子印章在不动产登记、企业投资、工程建设、缴纳税费、医保社保、交通运输、公用事业服务、公共资源交易等领域的全面应用,实现纸质与电子同等效力,推动更多事项"无证办理"。持续拓展"省内通办"事项范围,实现高频事项"全省通办"。发挥江西"左右逢源"的地理优势,积极与粤港澳大湾区、长三角经济区、中部地区、海西经济区等开展"跨省通办"业务,将江西打造成政务服务事项通办的区域中心和全国标杆。三是解决"应用少"难点。聚焦营商环境18项评价指标领域,对标标杆做法,瞄准短板弱项,充分开发利用政务数据资源,不断丰富应用场景。全面整合政府涉企资源,谋划打造集企业全生命周期服务、惠企政策查询与兑付、第三方服务、营商环境宣传、涉企诉求办理等功能于一体的数智平台,提升企业办事便利度,助力政府优化营商环境决策。推动"赣服通"迭代升级,大力推广"赣服通"微信小程序;扩大"赣政通"覆盖范围,推动更多业务系统、办公系统、公文运转系统等与"赣政通"对接;强化"惠企通"平台建设,加快推进税务、人社、国资、工会等系统的惠企兑现数据归集至"惠企通",丰富"惠企通"应用场景。

（三）突出普惠性，提升市场主体"三感"体验

一是降成本增强获得感。抓好江西省降低市场主体制度性交易成本"58条"和巩固提升经济"28条"等政策措施落地见效，按照"该延续的延续、该优化的优化、该调整的调整"原则适时研究出台新惠企政策。严格落实企业家参与涉企政策制定的要求，广泛听取企业家意见，提升惠企政策的精准性。同时，推动降企业成本向降产业、行业成本并举转变，鼓励各地结合当地产业特点、成本痛点，有针对性优化本地区差异化降成本综合措施。二是护权益增强安全感。严格规范公平竞争审查，探索研究行业性公平竞争审查规则，全面清理妨碍公平竞争的政策、文件与法律法规，加快修订江西省反不正当竞争条例，加大反不正当竞争反垄断案件的查处力度。压茬推进《江西省推进全国统一大市场建设实施方案》"21条"重点任务，在主动服务和融入全国统一大市场建设进程中着力破除市场分割、市场垄断与地方保护，着力维护市场公平竞争。深入推进"新官不理旧账"、拖欠账款等专项整治，因案施策、分类化解，规范招商引资、项目投资等行为，建立因政务失信行为造成企业合法权益受损的补偿机制，逐步实现标本兼治。三是强帮扶增添幸福感。持续开展领导干部挂点帮扶园区和企业活动，以"办实事"为标准考核挂点干部，力促干部"沉底"为群众办实事、解难题成常态。大张旗鼓宣传推介优秀民营企业创业创新典型、优秀民营企业家先进事迹，助力营造尊重企业家价值、鼓励企业家创新、激发企业家担当的浓厚氛围。

（四）突出保障性，促进现代产业"三高"发展

一是项目高效率落地。鼓励各地建立招商引资项目代办服务机制，负责项目办证、建设、投产等全周期服务，变"项目业主围着部门转"为"部门干部围着项目转"。全面推进工程建设项目"一站式集成"审批，全面推广"容缺审批+承诺制""拿地即开工""竣工即验收""住建+消防"协同办等改革，努力打造项目落地"江西速度"。二是要素高水平流动。参照先

进地区做法，加快土地、资本、劳动力、技术、数据等要素市场化改革步伐。探索江西省城镇土地使用税差别化政策，推动全省土地二级市场繁荣发展，依法高效处置"僵尸企业"用地，促进土地节约集约利用；做大做强"赣金普惠"省级地方征信平台，为市场主体提供更便利、更多样的融资服务；加快"人力资源地图"项目建设，率先完成"农民工地图"绘制和应用，打通劳动力供给和需求两端信息链；深化科技成果使用权、处置权、收益权改革，持续培育发展网上技术交易市场，完善技术交易服务链条，加速技术成果落地转化；加快出台《江西省数据应用条例》，试点推行首席数据官制度。三是区域高质量发展。借鉴深圳等产业创新集群发展做法，立足江西省优势产业，完善质量标准等技术公共基础设施，建设一批专业化创新公共平台，围绕专业孵化、人才引进和服务、实验室共享、国际交流等，持续加大 R&D 经费投入，深入推进省产业链科技创新联合体建设，进一步完善产业链链长制，积极争取国家级高技能人才培训基地建设项目，全方位、全链条提升江西省创新创业生态，为高质量发展提供源源不断的动力。提升养老服务质量与医疗服务水平，引导鼓励养老机构提高护理型床位占比，加强卫生人才队伍建设，推动医疗资源配置从注重物质要素转向更加注重人才技术要素。

（五）突出常态化，创建营商环境"一流"品牌

一是考核评价常态化。加快建设全省营商环境智慧监测评价平台，以市场主体和基层"无感"方式，推动营商环境考核评价从"线下"向"线上"、从"个案"向"全量"、从"事后评价"向"过程监测"转变，真正实现日常化智能化科学化评价。同时，前瞻应对世行评估体系新变化，加强宜商环境研究，完善江西省营商环境评价体系。二是督帮一体常态化。持续开展"领导干部走流程"活动，坚持以解决问题、落地见效为目的，做到发现问题、破解难题与推介经验、以点带面并重，实现既督查更帮扶。持续开展营商环境民主监督，持续支持各民主党派、无党派人士开展全省优化营商环境民主监督，进一步发挥好营商环境社会监督员和咨询专家等各界人士

监督和参谋作用。三是借鉴创新常态化。加快国家营商环境典型经验和创新举措的借鉴应用，积极争取国家营商环境试点。大力推动南昌、赣州、鹰潭等省级营商环境创新试点工作，积极探索改革先行先试，形成更多首创性、突破性的制度成果。开展营商环境省级部门"一指标一品牌"、各地"一市一品牌、一县一亮点"创建活动，聚焦重点发力，深化改革创新，形成江西全领域全区域营商环境品牌，从点点"盆景"跃向全域"风景"，全力打造一流营商环境品牌。

参考文献

中共江西省委、江西省人民政府：《关于深入推进营商环境优化升级"一号改革工程"的意见》（赣发〔2022〕5号），2022年3月9日。

江西省人民政府：《江西省政府工作报告全文（2023年）》，2023年1月31日。

国家发展和改革委员会：《优化营商环境百问百答》，中国地图出版社，2021。

乔文汇：《优化营商环境需持续发力》，《经济日报》2023年2月22日，第08版。

B.18
江西打造具有区域竞争力的
数字产业集群研究[*]

卢福财　占 佳[**]

摘　要： 当前，世界经济已全面进入数字经济时代。在党中央系列方针和
重大举措推动下，我国数字经济发展取得显著成效。在新发展阶
段，数字产业集群是我国数字经济发展的新战略。江西应紧抓战
略机遇，着力打造具有区域竞争力的数字产业集群，实现江西经
济社会高质量发展。近年来，江西优势数字产业加快培育壮大，
数字产业集群竞相发展，数字产业领域自主创新动能强劲，数字
产业集群发展生态不断优化。但是仍存在数字产业集群规模偏
小、核心竞争力偏弱和产业集群发展处于低度化状态等问题。因
此，应加强顶层设计，优化数字产业集聚区空间布局；强化企业
集聚主体地位，支撑数字产业集群发展；持续优化数字营商环
境，夯实数字产业集群发展基础；强化要素支撑，构建数字产业
集聚保障体系。

关键词： 数字经济　数字产业集群　区域竞争力　江西

---

*　本文为江西省社会科学基金项目"数字化赋能江西制造业高质量发展的作用机制与对策研
究"（ZZYJ36）的阶段性成果。

**　卢福财，江西财经大学党委书记，博士，教授，博士生导师，主要研究方向为数字经济、产
业经济；占佳，江西财经大学经济学院副教授，博士（后），硕士生导师，主要研究方向为
数字经济、反垄断经济。

当前，世界经济已经全面进入数字经济时代。数字经济正成为重组全球要素资源、重塑全球经济结构、改变全球竞争格局的关键力量。在党中央系列方针和重大举措推动下，我国数字经济发展取得显著成效。在新发展阶段，我国数字经济发展需要重新布局从而开创新局面。国家"十四五"规划和党的二十大报告均明确提出要"打造具有国际竞争力的数字产业集群"；集群化发展是我国数字经济发展的新方向和新目标。在全国数字产业集群尚处初级阶段的历史机遇期，江西作为中部欠发达省份，应积极抢抓数字经济发展新战略机遇，全力打造具有区域影响力和竞争力的数字产业集群，加快打造全国数字经济发展新高地，为推进江西省经济社会高质量发展提供新动能、形成新优势。

一 江西打造具有区域竞争力数字产业集群的战略机遇

（一）数字经济是世界各国积极抢占的战略高地

世界各国高度重视数字经济在全球经济复苏中的关键和支撑作用，诸多国家不断提升战略层级，并以顶层设计的形式，陆续出台了诸多数字经济发展政策，积极抢占数字经济发展的战略高地。全球数字经济基本形成了由美国、中国和欧盟构成的三极格局。根据中国信息通信研究院的测算，2021年，美国数字经济规模达15.3万亿美元，蝉联世界第一；中国以7.1万亿美元居世界第二，但数字经济规模仅为美国的46%；德国则以2.9万亿美元居世界第三。日本、英国和法国等国家数字经济规模均超过1万亿美元。从数字经济占GDP的比重来看，德国、英国和美国均超过65%，而我国同期占比仅为39.8%。

（二）数字经济是我国经济社会发展的"加速器"和"稳定器"

我国数字经济起步于信息传播和电子商务，从最初作为赋能传统工业的新技术，到如今作为经济发展的重要环节，数字经济在发展规模和发展质量上均实现了飞跃式发展。2005 年，我国数字经济总规模为 2.6 万亿元，到 2021 年增长到 45.5 万亿元，增长了 16.5 倍；同时，数字经济占 GDP 的比重也从 14.2% 提升到 39.8%（见表 1）。数字经济在国民经济中的地位更加稳固、支撑作用更加明显。特别是近两年，面对复杂的国际国内局势以及新冠疫情和全球经济下行的冲击，我国数字经济实现了逆势增长。2020 年我国数字经济同比名义增长 9.7%，是同期名义 GDP 增速的 3.2 倍多；2021 年同比名义增长 16.2%，比同期名义 GDP 增速多 3.4 个百分点。可以说，数字经济已经成为新常态下支撑我国经济发展的新引擎，是我国经济社会发展的"加速器"和"稳定器"。

表 1　2005～2021 年我国数字经济总体规模及占 GDP 比重

单位：万亿元，%

年份	数字经济总规模	占 GDP 比重	年份	数字经济总规模	占 GDP 比重
2005	2.6	14.2	2017	27.2	32.9
2008	4.8	15.2	2018	31.3	34.8
2011	9.5	20.3	2019	35.8	36.2
2014	16.2	26.1	2020	39.2	38.6
2016	22.6	30.2	2021	45.5	39.8

资料来源：根据中国信息通信研究院发布的《中国数字经济发展白皮书》整理。

（三）数字产业集群是我国数字经济发展的新战略安排

在新征程上，我国需要对数字经济发展作出新的战略布局。各级政府正加快建立数字产业集群，打造具有国际竞争力的产业体系。《关于巩固回升向好趋势加力振作工业经济的通知》专门提出打造具有国际竞争力的数字产业集群的具体措施。《国务院关于数字经济发展情况的报告》提出，推动数字产业集群化发展，高质量建设中国软件名城、名园，提升软件产业集聚度，打造世界级数字经济产业集群。工信部出台《国家新型工业化产业示范基地管理办法》，确定 10 批国家新型工业化产业示范基地，其中数字经

济产业基地 102 家。

2021 年以来，多个省市出台的数字经济"十四五"规划中提出打造先进数字产业集群的目标。培育数字经济产业集群正成为各地构建新发展格局、推动区域高质量发展和抢占未来发展战略制高点的重要举措。《2021 中国数字经济发展形势报告》指出，部省协同共建的 25 个先进制造业集群中，以数字产业为主导方向的占四成。一些省市先后出台专项政策，促进数字经济产业园高质量发展。截至 2022 年第一季度，我国以"数字经济"命名的产业园区累计超过 200 家。

（四）打造数字产业集群是江西省实现弯道超车的历史机遇

近年来，江西省委省政府结合自身独特的人才、地缘和政策优势，加快培育和发展数字经济、拓展发展新空间。先后出台了《江西省实施数字经济发展战略的意见》《江西省数字经济发展三年行动计划（2020-2022 年）》《关于深入推进数字经济做优做强"一号发展工程"的意见》《江西省"十四五"数字经济发展规划》等系列政策文件，构建了支撑江西省数字经济发展的"四梁八柱"，数字经济取得了突破性增长。2021 年江西省数字经济规模首次突破万亿元大关，达到 10378 亿元，提升至全国第 15 位；数字经济增加值占 GDP 比重达 35.0%，数字经济增速在全国一直名列前茅。

当前，在全国乃至全球范围内，数字产业集群仍处起步阶段。江西与其他省份在数字产业集群化发展时代站在了同一起跑线上，为江西换道超车提供了重要的历史机遇。除了前述国家和江西在数字经济方面的政策外，长江经济带发展、中部地区高质量发展、革命老区振兴发展等国家战略在江西叠加。江西还具有对接数字经济发展最快的粤港澳大湾区和长三角数字经济产业示范区的独特地缘优势，为江西抢占发展先机、打造具有区域竞争力的数字产业集群提供战略机遇。提前谋划具有区域竞争力的数字产业集群，充分发挥产业集群的溢出效应和带动效应，对江西开创数字经济发展新局面、实现全省高质量发展，具有十分重要的战略意义。

二　江西打造具有区域竞争力数字产业集群的发展基础

（一）取得的成效

1. 优势数字产业加快培育壮大

近年来，江西省的数字产业发展迅速，产业规模持续发展壮大，产业业态和产业链持续完善。在推进数字产业发展的过程中，形成了以电子信息产业、VR 产业和物联网产业等为代表的优势产业。

电子信息产业作为江西省持续发力的支柱型产业，是江西数字产业中的"领头羊"。2016 年，江西省电子信息产业营业收入 1838.6 亿元，2022 年首次突破万亿元大关，跃居全国第 4，达 1.03 万亿元；6 年内营业收入实现了5.6 倍的快速增长。

VR 产业已跻身先进之列，成为数字江西的新名片。江西于 2016 年率先部署 VR 产业发展，并借助举办世界 VR 产业大会的平台，吸引了大批企业和项目落户江西，赢得了先发优势和坚实的基础。目前，江西省共有 VR 企业400 余家，全国 50 强 VR 企业有 18 家。2020 年，江西省 VR 及相关产业营业收入达 298 亿元；2021 年产业规模突破 500 亿元，2022 年高达 812 亿元。

物联网是江西数字产业的又一张名片。自 2017 年国家"03 专项"成果转移转化工作在江西省开展试点示范后，江西省委省政府高度重视物联网产业发展，先后出台《江西省人民政府关于加快建设物联江西的实施意见》《江西省人民政府办公厅关于印发"智联江西"建设三年行动方案（2021-2023 年）的通知》《江西省加快推进物联网新型基础设施建设实施方案》等政策，倾力打造"物联江西品牌"。2022 年，江西新增工业互联网标识解析二级节点 10 个，累计接入 13 个，累计标识解析量突破 25 亿次。物联网及相关产业主营业务收入达 1909 亿元，增速超 20%。

2. 数字产业集群竞相发展

近年来，江西在顶格推进数字经济"一号发展工程"一盘棋的基础上，

根据不同地市资源禀赋优势，形成较具特色的数字产业集聚。鹰潭紧抓"03专项"试点示范重大机遇，持续推动物联网产业集聚发展。目前，鹰潭在城市移动物联网络、平台、应用、产业等4个领域达到国内领先水平，是全国首批5G商用城市、国家IPV6技术创新和融合应用综合试点城市、全球智慧城市，入选国家首批新一代信息技术战略性新兴产业集群地。上饶聚焦大数据产业，通过引进华为、阿里巴巴、网易等头部企业以及江西师范大学数字产业学院、华东数字医学工程研究院等创新平台，积极打造全国知名的大数据集聚区。目前，落地了全省首条国际互联网数据专用通道、光伏行业工业互联网标识解析二级节点等一批重大项目。上饶被评为国家新型工业化产业示范基地（大数据），并成功跻身全国数字经济百强城市榜。

2022年1月，江西省发布《江西省数字经济集聚区建设行动计划》，提出力争在3~5年内打造100家左右核心产业集聚度超70%的数字经济集聚区。截至2022年底，江西省先后认定两批次共43个省级数字经济集聚区，辐射全省11个设区市，覆盖基础赛道、新型赛道和融合赛道。从各设区市已认定的省级数字经济集聚区的数量上来看，省会南昌（含赣江新区）已认定8个集聚区，赣州和上饶分别认定5个，宜春、吉安、九江分别认定4个，萍乡、鹰潭、新余分别认定3个，抚州和景德镇分别认定2个（见表2）。各地已认定省级数字经济集聚区的数量排名与其在省内数字经济发展规模排名基本一致。

表2 江西省各设区市已认定省数字经济集聚区情况

单位：个

设区市	数字经济集聚区数量	主要赛道
南昌	8	专业芯片；信息技术服务；虚拟现实；信息安全；大数据和云计算；流量经济、电子商务；数字商贸；智慧家居
赣州	5	信创、信息安全；电子材料；电子元器件；软件及信息技术服务；5G
上饶	5	信息技术服务；电子元器件和智能终端；光电子元器件；数字文创、软件和信息服务
宜春	4	锂电新能源、电子材料、电子元器件；锂电新能源；大数据及文创；数字健康

设区市	数字经济集聚区数量	主要赛道
吉安	4	智能终端、电子元器件;工业互联网;产业互联网
九江	4	电子材料、电子元器件;新型光电;物联网、大数据;平台经济
萍乡	3	电子材料及元器件;工业互联网
鹰潭	3	电子材料、专业芯片;物联网;信息安全、数据服务
新余	3	软件及信息技术服务;电子元器件;电子商务
抚州	2	信息技术服务;智能能源
景德镇	2	电子材料、电子元器件;数字文创、流量经济

资料来源:根据江西省发展改革委 2022 年公布的第一、二批省数字经济集聚区认定名单整理。

3. 数字产业领域自主创新动能强劲

江西省在推动数字经济发展的过程中,始终坚持创新引领、融合发展原则,把创新作为引领江西省数字经济发展的第一动力,数字产业领域的自主创新成绩斐然。

积极搭建各类创新平台。积极创建南昌航空科创城、南昌 VR 科创城、鹰潭智慧科创城及上饶大数据科创城。积极建设创新型市县,目前已有 1 个国家级创新型市县、19 个省级创新型市县。积极推动大院大所落户江西,目前已有北京大学、中国信息通信研究院、中国移动、中国联通等知名大学和研究机构在江西设立分部。

持续健全科技成果转化体系。2022 年,江西省技术合同登记共 1.03 万项,合同成交额达 758.23 亿元;登记科技成果 1705 项,其中 30% 以上的成果实现产业化并产生经济效益。深入开展赋予科研人员职务科技成果所有权或长期使用权试点工作,在 14 家高校、科研院所等试点单位为 460 余项科技成果赋权。2023 年 2 月发布《江西省科技成果产业化实施方案(试行)》,具体部署全面提升江西省科技成果转化和产业化整体效能等方面的工作。

此外,江西省始终把数字人才视为实现数字经济高质量发展的第一资源,在数字人才引培方面取得了较突出的成绩。制定《江西省高层次高技

能领军人才培养工程实施方案》，着力推进"双高"人才培养工程。省内多所高校积极响应数字时代对人才的需求，相继成立数字经济相关专业、学院。江西财经大学成立了虚拟现实产业学院，该校经济学院于2020年招收经济学大类数字经济学方向的本科生，并于2022年获得全国首批数字经济专业本科招生资格。此外，江西财经大学建立了赣州研究院（产业学院），南昌大学和江西师范大学则分别建立了人工智能工业研究院、数字产业学院。鹰潭高新区获批全国首批工业和信息化重点领域（数字经济）产业人才基地；泰尔物联网研究中心获得国家实验室CMA资质认定，成为全省首个在电子信息、物联网、通信终端领域获得CMA资质认定的实验室。

4. 数字产业集群发展生态不断优化

近年来，江西将优化营商环境作为"一号改革工程"来抓，建立了高位推动的工作机制，数字营商环境不断优化。江西省汇聚多方力量，聚焦发展目标、重点项目、新型基础设施等数字经济发展关键点，着力打造一流数字生态。目前，江西构建了"1+3+4"政策体系，为做优做强数字经济提供了良好政策保障。树立"项目为王"的发展理念，着力推动数字经济重点项目开发。2022年第一季度，新开工重点项目18项、累计开工87项，完成投资249亿元；利用省外数字经济项目实际引进资金486.7亿元，引进"5020"项目15项，总投资额达395.5亿元。此外，江西省还从供给侧和需求侧两端同时发力，以产业赛道和应用场景作为破题关键，研究制定了基础赛道、新兴赛道和融合赛道，实施"一道一策"政策，精准培育优势数字产业；以申报应用场景清单、产品需求清单等方式，努力促进应用场景供需对接。

（二）存在的问题

1. 数字经济规模偏小

数字经济发展水平是数字产业集群的基石。从纵向上比，江西数字经济在发展规模和速度上均取得了较大的进步。但从横向来看，江西数字经济规模总体偏小。

从表3可见，数字经济发展总体水平方面，江西数字经济总指数为25.55，位列中部地区第5，低于河南9.9个指数值，低于全国平均水平3.54个指数值。数字产业化方面，江西位列中部地区第5，低于河南8.25个指数值，低于全国平均水平3.65个指数值。产业数字化方面，江西位列中部第5，低于安徽4.25个指数值，比全国平均水平高0.01个指数值。数字化治理方面，江西与河南并列中部第2，比安徽低0.11个指数值，高于全国平均水平0.09个指数值。相对而言，江西在数字化治理做得较好，数字产业化需大力赶超。

表3　2021年中部六省数字经济发展指数

指数	河南	湖北	安徽	湖南	江西	山西	全国均值
数字经济总指数	35.45	33.25	32.65	29.89	25.55	17.44	29.09
数字产业化指数	18.3	14.55	12.8	12.43	10.05	8.47	13.7
产业数字化指数	15.85	17.45	18.44	16.27	14.19	7.83	14.18
数字化治理指数	1.3	1.25	1.41	1.2	1.3	1.14	1.21

资料来源：江西省数字经济研究课题组著《江西省数字经济发展报告（2022）》，江西人民出版社，2022。

2. 核心竞争力偏弱

打造具有区域竞争力的数字产业集群，关键发力点和核心竞争力在于数字产业化、产业数字化和数据要素价值化。在新时期新阶段，促进数字经济与实体经济融合发展是关键。但是，江西省两化融合水平较低，导致数字产业集群的竞争力偏弱。从表4可见，截至2022年第二季度，江西省两化融合发展指数仅有76.6，中部排名第6，低于安徽省18.4个指数值，低于全国两化融合发展指数23.3个指数值。其中，江西省生产设备数字化率为47.2%，排名第6；数字化研发设计工具普及率为71.7%，排名第5；关键工序数控化率50.7%，排名第5。

表4　2022年中部六省两化融合发展情况

单位：%

地域	两化融合 发展指数	生产设备 数字化率	数字化研发设计 工具普及率	关键工序 数控化率
全国	99.9	51.8	75.1	55.7
安徽	95.0	51.5	78.6	53.6
湖北	88.8	51.1	77.4	58.1
河南	88.7	50.3	80.3	52.9
湖南	87.9	48.4	78.3	46.7
山西	84.1	50.5	70.2	58.1
江西	76.6	47.2	71.7	50.7

资料来源：国家工业和信息化部两化融合服务平台，数据截至2022年第2季度末。

此外，江西资助研发水平较低。一是创新研发投入不足。江西省全社会研发投入在中部六省中处于较低水平。2021年，湖南省全社会研发投入27900亿元，湖北也有1005.3亿元，而江西仅为500亿元。二是技术创新平台不足。据《江西省2022年国民经济和社会发展统计公报》，江西省国家重点实验室拥有量在中部六省中垫底，仅有6家，而湖北省有28家，湖南省有19家；江西省仅有31家国家认定企业技术中心，而湖北省和湖南省分别是74家和65家，而且除山西省外，中部地区其他省份均是江西省的2倍多。

3. 数字产业集群发展处于低度化状态

江西省数字产业集群的产业链不太完善，集群内企业之间的分工协作不明确，协调成本比较高，大型项目的完成效率也普遍偏低。集群中跨国企业、行业领军企业相对较少，难以在数字产业集群发展中起到引领作用。此外，由于江西省内创新氛围不浓，省内数字产业集群中的大多数企业没有掌握相关核心技术，只能加工一些低技术要求、低附加值的低端产品，整体产业链偏低端。

数字产业集群并不是简单将产业链相关企业汇聚到同一地理空间，而是要让集群内企业之间加强合作互动，共享生产流程中的关键数据信息，优化生产流程参数，使数字产业集群的效率、贡献和竞争力均能得到较大幅度的提升。但是，江西数字产业集而不群的现象较为突出。当前，江西尚缺乏覆盖全省、全产业链条的统计检测体系，无法对省内各数字产业集群内的发展规模、产业链布局等关键指标进行动态、有效的检测，从而无法精准把握数字产业集群的发展情况。

三　江西省打造具有区域竞争力数字产业集群的对策建议

（一）加强顶层设计，优化数字产业集聚区空间布局

1. 建立和完善高位推动的统筹协调机制

一是在数字经济创新发展领导小组的基础上，创新和优化数字产业集群工作机制，协同推进实施数字产业集群发展战略，协调制定数字产业集群重点领域的规划和政策，统筹数字产业集群发展，引导和支持一批专业化、特色化数字产业集群建设。二是制定数字经济产业集群发展政策。贯彻落实《江西省数字经济集聚区建设行动计划》，形成布局合理、定位清晰、各具特色、竞相发展的数字经济产业发展新格局，制定具体的实施方案和路径；研究制定市（县）联动的支持性政策，引导省内外优质资源高效地向江西省数字产业集群集聚。

2. 优化数字产业集聚的空间布局

要持续优化数字产业集聚布局，强化数字产业跨区域联动。此外，还要在省内现有数字产业集群空间分布的基础上，构建和优化承载粤港澳、长三角等地区的数字产业转移的空间布局。积极承接数字经济发达地区数字产业的梯度转移是加快实现数字产业转型升级和倍增发展的重要路径。针对当前江西数字产业赛道重硬件偏基础的现实情况，可提前筹划承接数字经济发达地区产业转移集聚的顶层设计。充分发挥南昌、上饶、九江、宜春等地在数字融合应用产业方面的优势，承接发达地区 VR、数字文创等创新融合数字产业项目的转移；依托赣州、吉安两地的国家级、省级合作共建园区，承接电子元器件、智能终端等数字基础产业项目的转移；其他设区市依托各自的

特色承接省内外相应的数字产业转移集聚，努力构建特色鲜明、分工合理、优势互补的空间承载布局。

（二）强化企业集聚主体地位，支撑数字产业集群发展

1. 培育龙头企业，扶持中小企业，强化企业在数字产业集聚中的主体作用

一是引进和培育龙头企业，指引数字产业集群发展方向。以平台化思维，大力引培一批数字领军企业，充分发挥大企业、大平台在核心技术创新和应用场景开发中的创新作用，带领整个产业集群向高端化发展；鼓励、支持大企业和大平台加强横向和纵向产业协同，积极整合省内、省际创新资源，实现数字产业集群跨区域协同、促进数字要素市场化流动，实现研发、生产和销售资源最大化利用。二是培育科技型中小企业，推动专精特新化发展。针对中小企业推出更多优惠政策，扶持中小企业生存和发展，不断提高数字产业集群的创新能力。一方面，强化梯度培育，加大"专精特新"中小企业支持力度。着力构建大数据分析体系，精准判断"专精特新"中小企业在远、中、近期挂牌上市的成熟度以及市场定位和要求等，制作企业画像和标签，按照不同成熟度层次，实施靶向培育，提供"点对点"定制化服务。另一方面，着力推动产业链上大中小企业协同发展。采取政府指导、平台承办、双向互动形式，常态化组织产业链"链主"与中小企业供需见面、路演推介等系列活动，推动大中小企业融通创新。

2. 强化数字技术创新应用

一是发挥企业主体作用，加大数字技术创新力度。鼓励和支持集群企业数字技术创新，加大数字领域的研发投入，激发企业创新热情；建立完善数字技术创新奖励制度，对在重大核心技术领域和基础研究领域有突出贡献的企业给予奖励和税收减免等优惠政策。二是加大数字技术应用力度。引导企业重视创新数字技术应用，将数字技术渗入生产全过程，提高生产过程信息化和智能化水平。

3. 建立数字产业集群协作组织

一是搭建资源共享平台，众多合作伙伴围绕新基建组成生态系统，使各主体和竞争者都有机会共享资源和设施；鼓励集群企业共享知识资源和服务，充分发挥数字要素的价值。二是构建"科研院所+数字集群"的发展模式，为集群提供战略咨询服务。协助数字产业集群制定发展战略目标，形成各具特色的数字产业集群网络；协助企业选择参与集群的不同途径，因企制宜，找到适合的策略措施。

（三）持续优化数字营商环境，夯实数字产业集群发展基础

1. 持续优化数字营商环境，为数字产业集聚筑巢引凤

营商环境是数字产业集聚区建设的土壤，也是地方核心竞争力和软实力的集中体现。坚持将优化营商环境作为江西省的"一号改革工程"来抓，积极推动和参与制定数字经济领域治理规则，打造开放、公平、公正的数字发展环境。搭建平台，推进省内省际乃至国际数字产业集群间的合作交流。

2. 努力提升政府数字化治理水平

一是大力推进"互联网+政务"创新发展。搭建和完善数据感知网络、智能服务门户和云计算平台，建立城市数据库，促进统一高效的数字化公共服务云平台的建立和完善，促进政务数字化发展。二是打造覆盖全省的综合治理平台，结合集群内各项业务服务和事前、事中与事后监管，实现集聚区服务、管理和治理的有机统一。

3. 探索建立不同层次的数字化转型促进中心，构筑数字生态共同体

支持数字产业集群和数字园区等集聚区主体、行业协会和头部企业建立数字化转型促进中心，并以此为载体，促进数字产业链上的大型企业和中小微企业融合发展。探索建立数字产业集群开元平台体系，创新数字产业融合体制机制和数字产业集群模式，构筑包括政府、数字服务供应商、各类研发机构等在内的数字生态共同体，打造安全可控的数字产业集群生态。

（四）强化要素支撑，构建数字产业集聚保障体系

1. 强化数字基础设施保障

新型数字基础设施是打造数字产业集群的重要基础和保障。继续加大对新型数字基础设施建设的财政支持力度，加快建设千兆城市，实现行政村及以上区域千兆光纤网络全覆盖，乡镇及以上区域 5G 网络全覆盖。加快传统产业内外网改造，积极推动 5G、千兆光纤网络、IPv6、TSN、SDN 等新型网络技术在传统产业领域的应用。统筹布局以南昌为中心的数据中心建设。此外，还应率先部署技术、规模、速度、服务均处于全国领先地位的物联网络。

2. 强化数据要素支撑

数字应用场景是新技术、新模式、新业态培育和成长的土壤。要完善数字应用场景的供需对接机制。依托世界 VR 产业大会等国际平台，面向国内外征集具有应用推广价值和创新引领型需求的数字应用场景解决方案。以场景吸引数字企业、以数字企业带动数字产业、以数字产业构建产业集群生态。要加快数据公司和数据平台建设，推动各类数据要素资源有序归集、开放和共享，加强对数字资源的开发、利用和保护，鼓励政府、企业和个人等各类主体深度挖掘、分析和开发利用数据资源，鼓励和支持企业对数据资源实行全生命周期管理，充分释放数据要素的潜力和价值，打造具有特色和优势的应用示范，支撑多元化数字场景建设，形成开放共享的数据生态环境。

3. 强化资金支持

加大财政政策扶持力度，加大对数字产业集聚重点领域、重大项目和应用示范的支持力度，落实数字产业集聚领域高新技术企业的各类税收优惠政策。创新融资方式，支持符合条件的企业进入多层次资本市场进行融资，鼓励金融机构开展知识产权和数据资产等无形资产抵押贷款，加快形成各具特色、充满活力的数字产业集群发展投资机构体系。

4. 强化人才智力支撑

加快高水平数字人才引培步伐是打造数字产业集群的重中之重。一是根据数字产业集群的现实需要，围绕引、育、留、转等关键环节，制定人才引培专项行动计划。二是强化数字型人才的培育。鼓励高校加强对数字型人才的培育；引导和支持企业建立一体化人才选培制度；地方政府应建立数字技术人才培训库和资源库，促进数字人才交流合作。三是充分发挥高校和科研院所的智力资源优势。鼓励和支持省内外知名高校、科研院所与数字产业集群对接与合作交流，进行定向化科研攻关、技术指导和人才培养。

参考文献

欧阳日辉：《"十四五"时期中国发展数字经济的重点和策略》，《新经济导刊》2021 年第 1 期。

卢福财：《做好三篇文章　把基础优势转变为产业优势》，《江西日报》2022 年 7 月 20 日。

江西省数字经济研究课题组著《江西省数字经济发展报告（2022）》，江西人民出版社，2022。

中国信息通信研究院：《中国数字经济发展报告（2022 年）》，2022。

中国信息通信研究院：《全球数字经济白皮书（2022 年）》，2022。

江西省大数据中心、中国信息通信研究院、江西省发展改革委：《2022 江西省数字经济发展白皮书》，2022。

B.19
江西打造中部地区重要区域科技创新中心的对策

邹　慧*

摘　要： 为深入贯彻习近平总书记关于科技创新的重要论述，江西聚焦"作示范、勇争先"的目标要求，实施创新驱动发展战略、科技强省战略、人才强省战略，全力以赴打造中部地区重要区域科技创新中心。本文先是分析了江西在中部地区打造重要区域科技创新中心的基础与差距，然后介绍了北京、上海、粤港澳大湾区、成渝、武汉、西安六大区域科技创新中心建设进展及经验做法，最后提出江西要打造中部地区重要区域科技创新中心，需要建设高能级创新平台、强化企业创新主体地位、做好人才"引育留用"、推进区域协同创新发展、深化科技体制机制改革等。

关键词： 区域科技创新中心　中部地区　江西

区域科技创新中心是指在一定区域范围内，科技创新资源和创新活动相对集中，科技创新实力较强，在产业、人才、资金、技术和信息等方面对区域创新发展具有引领与辐射带动作用，以科技创新作为主要发展动力的城市或地区。改革开放以来，我国逐渐形成长江三角洲、京津冀、粤港澳大湾区三大区域创新动力源，布局建设了若干综合性科学创新中心、国家实验室、重大基础设施等国家战略科技力量，为打造原始创新策源地和攻克"卡脖

---

* 邹慧，江西省科学院科技战略研究所所长、研究员，研究方向为区域科技创新。

子"技术提供重要支撑，创新引领和协同支撑创新型国家建设。从现有创新布局来看，在特定地区建设区域性科技创新中心，通过系列组合区域创新资源，完善区域协同创新机制，共同打造研发网络，强势推进区域创新协作，是地方对接国家和全球创新生态系统的关键环节。

党的二十大报告提出，要"统筹推进国际科技创新中心、区域科技创新中心建设"。江西聚焦"作示范、勇争先"的目标要求，深入实施创新驱动发展战略、科技强省战略、人才强省战略，全力以赴打造中部地区重要区域科技创新中心。本文通过深入分析江西在中部地区打造重要区域科技创新中心的基础与差距，总结现有区域科技创新中心建设进展及经验做法，提出江西布局中部地区重要区域科技创新中心的对策建议。

一　江西打造中部地区重要区域科技创新中心的基础条件

近年来，围绕全面建设创新江西，江西科技创新各项工作取得积极成效。2022 年，江西综合科技创新水平指数在全国排第 16 位，排名比 2012 年上升 9 位。

（一）集聚了丰富的科技创新资源

一是创新资源不断壮大。近年来，江西省聚焦"2+6+N"重点产业，遴选实施了重大科技研发专项 63 个，在航空、先进装备制造、生物医药、新材料、新一代信息通信等领域取得了一批重大成果，荣获国家级科技奖励 51 项。为让更多的科技成果在本省落地开花，印发的《江西省网上常设技术市场技术交易补助管理办法》对交易相关方进行补助，截至 2021 年底，江西省网上常设技术市场汇集了省内外科技成果和专利技术 23172 项、技术需求 3454 项、技术专家 44561 人。二是科技人才质量不断提升。通过搭建高端领军人才（院士后备人才）、省主要学科学术和技术带头人、省高层次和急需紧缺海外人才相结合的梯次培育体系，以人才项目引导集聚各类高层

次科技人才。截至 2022 年，全省拥有两院院士 6 人、国家级人才工程入选者 200 余人、省主要学科学术和技术带头人 1077 人。

（二）拥有充满活力的创新主体

一是在科技创新平台建设方面，推动了中国科学院赣江创新研究院、国家中药先进制造与现代中药产业创新中心、国家稀土功能材料创新中心等国家级重大创新平台、国家重点实验室相继落地，出台了《江西省实验室建设工作总体方案》，围绕省 14 个重点产业链完成组建了 24 个产业科技创新联合体，为江西产业高质量发展提供了硬核科技支撑。二是在企业创新方面，大力培育独角兽企业、瞪羚企业、科技型中小企业、专精特新"小巨人"企业等高成长性企业。2022 年，新增国家级制造业单项冠军企业 5 家、专精特新"小巨人"企业 70 家。

（三）打造了一批高水平的创新载体

一是鄱阳湖国家自主创新示范区建设取得突出成效。鄱阳湖国家自主创新示范区自 2019 年 8 月批准建立后，江西省成立了以省长为组长、相关省直单位和设区市人民政府为成员单位的领导小组，并出台了支持鄱阳湖国家自主创新示范区建设的若干政策措施、实施方案和年度工作要点，围绕强化高端人才集聚、加速科技成果转移转化、促进科技金融深度融合等方面明确具体任务。2022 年，科技部火炬中心公布的国家高新区评价结果显示，鄱阳湖国家自主创新示范区内的 7 个国家级高新区均实现进位。二是科创城建设进展明显。布局建设的南昌航空、中国（南昌）中医药、南昌 VR、赣州稀金、上饶大数据、鹰潭智慧六大科创城，已成为全省重点产业与科技创新高度融合的"主战场"，重大科技项目、创新平台载体、科技型企业等不断向科创城聚集。与此同时，为进一步拓展和完善区域创新布局，吉安光电、九江-抚州数字经济、景德镇-萍乡陶瓷新材料、新余-宜春锂电新能源四大科创城建设紧随其后。

（四）创建了良好的创新创业生态

一是在科技项目资金管理方面，紧紧围绕重点产业迫切需求，加大单个项目支持强度，推动科研项目资金落实落地。二是在科研项目组织形式方面，推行重大科研项目"揭榜挂帅"和"赛马争先"制，为真正能创新、能出大成果的科技人员提供机会和展示舞台，累计发布关键技术类榜单128项、企业需求类榜单55项，榜单金额超10亿元。三是在"放管服"改革方面，通过推行"减负行动"和科技计划项目"包干制"，开发科研助理岗，开展赋予科研人员职务科技成果所有权或长期使用权改革试点，让科研人员把主要精力投入科研中去。四是在科技金融深度融合方面，以金融杠杆推动社会资本投资科技创新，将单纯解决融资问题拓展到对项目研发、平台建设、人才引进、成果转化等创新全链条的支持。

（五）占据着极好的区位优势

江西是全国唯一同时毗邻长三角、珠三角和海西经济区的省份，在中部地区具有得天独厚的开放优势。随着内陆开放型经济试验区、中部地区崛起等国家重大区域战略的集成，江西不断拓宽省际科技合作领域，推进赣浙、赣粤、赣湘产业合作园建设，全面融入"一带一路"建设、长江经济带发展、长三角一体化发展、粤港澳大湾区建设，推动更大范围、更宽领域、更深层次的全方位高水平开放。

二 江西打造中部地区重要区域科技创新中心存在的差距

虽然江西科技创新成效瞩目，但是还存在不少问题和差距，亟待加强和改进。

（一）创新要素：R&D 经费投入不高，高层次人才储备不足

R&D 经费投入总量仍然偏低，R&D 经费投入强度远低于全国平均水

平。《中国科技统计年鉴 2022》显示，2021 年，江西 R&D 经费投入达502.17 亿元，自 2017 年起已连续 5 年排全国第 18 位。江西 R&D 经费投入与湖北（第 8 位）、湖南（第 9 位）、河南（第 10 位）、安徽（第 11 位）四个省相比存在一定的差距，与北京、上海等科技创新中心相比差距更大。江西 R&D 经费投入强度为 1.70%，排全国第 18 位、中部第 5 位，远低于全国平均水平（2.43%）；而北京、上海等已有的科技创新中心 R&D 经费投入强度都高于全国平均水平。

表 1　2021 年全国部分省市 R&D 经费投入情况

单位：亿元，%

地区	R&D 经费投入	R&D 经费投入强度
山西	251.89	1.12
江西	502.17	1.70
重庆	603.84	2.16
陕西	700.62	2.35
安徽	1006.12	2.34
河南	1018.84	1.73
湖南	1028.91	2.23
湖北	1160.22	2.32
四川	1214.52	2.26
上海	1819.77	4.21
北京	2629.32	6.53
广东	4002.18	3.22
全国	27956.31	2.43

资料来源：《中国科技统计年鉴 2022》。

基础研究经费投入占比较低。2021 年，江西基础研究经费投入 20.99亿元，排全国第 20 位、中部第 5 位，与北京（422.51 亿元）、广东（274.27 亿元）、上海（177.73 亿元）相差甚大。从基础研究经费占 R&D经费比重来看，江西基础研究经费投入占比为 4.18%，排全国第 24 位、中部第 5 位，远低于北京（16.07%）、上海（9.77%），与全国平均水平（6.50%）相比也有一定差距。

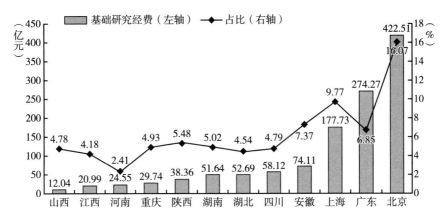

图1 2021年部分地区基础研究经费情况

资料来源:《中国科技统计年鉴2022》。

科技领军人才不足。全国共计2190人入选科技创新领军人才、1158人入选科技创业领军人才。其中,江西共有13人入选科技创新领军人才,占比为0.59%,排全国第22位、中部第6位;31人入选科技创业领军人才,占比为2.68%,排全国第12位、中部第4位,高于河南、山西、重庆。江西科技创新领军人才和科技创业领军人才远少于北京、上海等地。

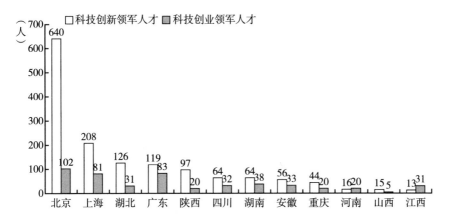

图2 部分地区科技创新领军人才和科技创业领军人才分布情况

资料来源:作者根据相关数据整理得到。

（二）科技成果：产出水平相对较低，技术市场创新活力有待提升

科技有效供给相对不足。2021 年，江西发明专利授权量和有效发明专利拥有量分别为 6741 件、23086 件。其中，发明专利授权量占全国的 1.15%，排全国第 18 位、中部第 5 位；有效发明专利拥有量占全国的 0.83%，排全国第 20 位、中部第 5 位。每万人发明专利授权量为 1.49 件，排全国第 19 位、中部第 4 位；每万人有效发明专利拥有量为 5.11 件，排全国第 23 位、中部第 6 位。与已有的科技创新中心城市相比，江西发明专利数量相对较少。

表 2　2021 年全国部分省份发明专利情况

单位：件

地区	发明专利授权量	每万人发明专利授权量	有效发明专利拥有量	每万人有效发明专利拥有量
山西	3915	1.13	19474	5.60
江西	6741	1.49	23086	5.11
重庆	9413	2.93	42349	13.18
河南	13536	1.37	55749	5.64
陕西	15516	3.92	67379	17.04
湖南	16564	2.50	70114	10.59
四川	19337	2.31	87186	10.41
湖北	22376	3.84	92920	15.94
安徽	23624	3.86	121732	19.91
上海	32860	13.20	171972	69.09
北京	79210	36.19	405037	185.03
广东	102850	8.11	439607	34.66

资料来源：《中国科技统计年鉴 2022》。

技术市场活跃度有待提升。近年来，江西技术合同成交额虽然不断增长，但存在的问题也比较突出。具体表现为：（1）整体成交额处于全国中下游。2021 年，江西技术市场技术合同 6625 项，排全国第 20 位、中部第 5 位；技术合同成交额为 414.0 亿元，排全国第 17 位、中部第 5 位。（2）技术吸纳能力弱。2021 年，江西输出技术合同 6536 项，成交额 409.38 亿元，成交额排全国第 17 位、中部第 5 位；吸纳技术合同 9278 项，成交额 596.13 亿元，成交额排全国第 19 位、中部第 5 位。（3）区域发展不平衡。南昌、赣州两地技术合同 4658 项，合同成交额 177.6 亿元，占全省技术合同成交额的 42.9%，省内技术市场区域发展不平衡现象比较突出。

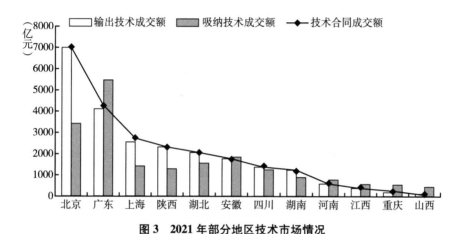

图3　2021 年部分地区技术市场情况

资料来源：科技部火炬中心《关于公布 2021 年度全国技术合同交易数据的通知》。

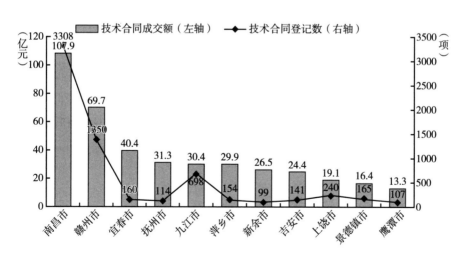

图4　2021 年江西各设区市技术市场情况

资料来源：《2021 江西省科技成果转移转化发展报告》。

（三）创新载体：国家级创新平台偏少，企业创新能力有待提升

国家级平台的建设对于集聚和培养高水平科研和管理人才具有重要作用。由于缺少大院名校支撑，江西省在国家大科学装置、国家实验室、国家重点实验室等国家级平台建设方面与其他省份相比存在较大差距。比如，南昌仅有2个国家重点实验室（不包括省部共建及第一单位不是南昌的国家重点实验室），在中部六省省会中仅高于太原（1个），与北京（124个）、上海（45个）、广州（19个）等城市相差甚大。

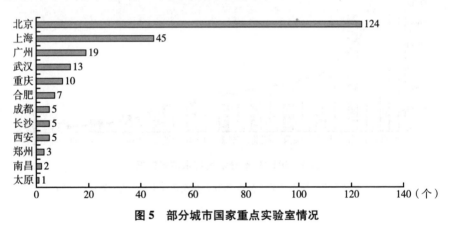

图5 部分城市国家重点实验室情况

资料来源：根据公开资料整理。

企业创新能力相对不足。欧盟企业委员会发布的2021年全球企业研发投入2500强名单显示，中国共有683家企业上榜，分布在72个城市。北京高居首位，有115家企业上榜；江西仅有4家企业上榜，其中南昌有2家企业上榜，在城市中排第41位；景德镇有1家企业上榜，新余有1家上榜，均在城市中排第57位。

表3 全球R&D投入2500强企业中国部分企业分布情况

单位：家

排名	城市	企业数
1	北京	115

排名	城市	企业数
2	上海	57
3	深圳	52
4	杭州	35
5	广州	19
6	武汉	13
7	苏州	12
8	南京	10
9	宁波、天津、无锡、济南	8
13	厦门、合肥、佛山	7
16	青岛、福州、绍兴、烟台	6
20	长沙、成都、西安	5
23	重庆、珠海、惠州、中山	4
27	大连、石家庄、沈阳、郑州、乌鲁木齐、保定、嘉兴、芜湖、淄博、潍坊、威海、宜昌、东莞、绵阳	3
41	呼和浩特、长春、南昌、贵阳、西宁、南通、连云港、扬州、泉州、龙岩、济宁、临沂、黄石、襄阳、株洲、柳州	2
57	太原、哈尔滨、海口、昆明、邯郸、常州、镇江、温州、台州、马鞍山、景德镇、新余、德州、洛阳、南阳、江门	1

注：中国大陆上榜企业 597 家，中国台湾上榜企业 86 家，合计中国上榜企业 683 家。本表所列的是中国内地城市（不含港澳台地区）的全球 R&D 投入 2500 企业。

资料来源：欧盟委员会发布 2021 年全球企业研发投入 2500 强。

三　我国区域科技创新中心建设进展及经验做法

（一）我国区域科技创新中心建设进展

截至 2023 年 2 月，我国已布局建设北京、上海、粤港澳大湾区 3 个国际科技创新中心，以及成渝、武汉、西安 3 个具有全国影响力的科技创新中心。

1.国际性科技创新中心建设进展

2016 年 4 月，国务院印发《上海系统推进全面创新改革试验加快建设

具有全球影响力的科技创新中心方案》，支持上海向具有全球影响力的科技创新中心进军。2022年，上海国际科技创新中心建设取得了一系列成果。一方面，创新资源要素不断积聚：拥有国家重点实验室、国家技术创新中心等国家级平台205家；在沪院士178人，院士工作站80个。另一方面，高水平创新成果竞相涌现。上海科学家在《科学》《自然》《细胞》三大国际顶尖期刊发表论文120篇，占全国的28.8%。

2016年9月，国务院印发《北京加强全国科技创新中心建设总体方案》，提出把北京建设成为全球科技创新引领者。《国际科技创新中心指数2022》显示，北京首次超越伦敦，在全球国际科技创新中心排名中位列第三。近年来，北京围绕高水平科技自立自强目标，开展关键核心技术攻关，涌现了一批世界领先的原创科技成果，如在量子信息领域，研发"天工"量子直接通信样机，创造量子直接通信距离100公里的世界纪录。

2019年2月，中共中央、国务院印发《粤港澳大湾区发展规划纲要》，提出将粤港澳大湾区打造成具有全球影响力的国际科技创新中心。粤港澳大湾区正加速打造全球科技创新高地和新兴产业重要策源地，《国际科技创新中心指数2022》显示粤港澳大湾区进入全球前十强，位居第六。产业转型升级也迎来新机遇，粤港澳大湾区"1小时经济圈"基本形成，充分满足外资企业快速响应的现代生产体系和现代物流体系需求。截至2022年底，粤港澳大湾区已聚集了24家世界500强企业、5.7万家高新技术企业。

2. 全国性科技创新中心建设进展

2020年12月，科技部印发《关于加强科技创新促进新时代西部大开发形成新格局的实施意见》，提出支持成渝科技创新中心建设。川渝两地全力推动成渝双城经济圈建设具有全国影响力的科技创新中心，不断加强战略协作，成渝双核联动联建工作机制全面施行，双城"1+5"合作协议加快落地，成渝21个对口单位、27个市区开展结对合作，获批共建全国首个跨省域电子信息先进制造集群。

2022年4月，科技部等批复《武汉具有全国影响力的科技创新中心建设总体规划》，并协调中央25个部门和最高人民法院，提出51项重大支持举措，武汉自此迈向高质量发展新阶段。截至 2022 年底，1 家国家实验室挂牌运行、8 家全国重点实验室获批建设、智能设计与数控等 5 个国家级创新中心投入营运，共拥有各类国家级科创平台 148 家。

2023 年 1 月，《陕西省 2023 年政府工作报告》公布西安获批建设综合性科学中心和科技创新中心，同时提出建设西安国家重大科技基础设施、打造国家"3+N"人才聚集平台等，全面实施创新驱动发展战略，积极融入国家创新体系布局。

（二）我国区域科技创新中心建设经验及做法

1. 强化科创平台建设布局

科创平台是科技创新中心建设的基础支撑，在创新发展中具有基础性、先导性作用。依托重大科技基础设施，布局前沿交叉研究平台、科技基础支撑服务平台，构建跨学科、跨领域的协同创新网络，是强化科技创新中心原始创新能力和成果转化能力的重要途径。广东积极推进国家大院大所在粤港澳大湾区布局，全面推进新型显示、第三代半导体等领域国家技术创新中心建设，协同港澳科研力量布局建设国家应用数学中心等一批重大创新平台。北京则聚焦高精尖产业共性技术需求，围绕新一代信息技术、医药健康、智能制造、绿色低碳等高精尖产业领域，布局建设多个共性技术平台，不断完善共性技术平台体系，以行业需求为牵引组织开展共性技术攻关，全面支撑高精尖产业发展。

2. 加强企业创新主体地位

企业是推动创新创造的生力军，各科技创新中心高度重视企业创新工作，大力实施创新型企业培育行动和创新主体培育工程，通过搭建平台、打造梯队、资金支持、优化生态等一系列措施，加快推动企业创新步伐。如北京实施"筑基扩容""小升规""规升强"三大工程，系统支持高新技术企业发展。上海加强创新企业孵化培育，开展"创新创业服务能力提升计划"，全面完善企业创新政策服务体系，推动更多优质企业进入科创板。武汉市实施市场主体培育壮大工程，启动"创新型企业育苗行动"，探索创业

导师在各类"双创"载体中开展"全科式"帮扶，着力推动"千名创客创新"，推进惠企政策直达快享。

3. 打造优良的创新创业环境

优良的创新创业环境是促进科技创新的基础，各科技创新中心不断优化创新创业生态、完善鼓励创新的体制机制。如北京高效推动先行先试和科技体制机制改革，在加强企业财税支持、科技成果转化、科技金融等方面推出一批突破性政策，率先开展科技成果先使用后付费等改革。粤港澳大湾区不断完善"基础研究+技术攻关+成果转化+科技金融+人才支撑"的全过程创新生态链，加快构建深港河套和粤澳横琴"两点"、广深港和广珠澳"两廊"的创新格局。武汉全面落实科技体制改革三年攻坚任务，不断更新《武汉创新地图》。

4. 完善区域协同创新格局

科技创新中心肩负着辐射带动周边区域协同创新、引领全国创新发展的使命。构建区域一体化创新发展体系，需要推动科技管理、成果转化、人才培养、科技金融、知识产权保护等各方面政策有效对接。广东不断推动粤港澳科技创新协同发展，促进科技创新要素高效流动，联合港澳完善财政科研项目资金跨境使用的审计规程，高水平共建粤港澳先进制造业科技创新成果转化基地。长三角"三省一市"充分发挥上海国际科技创新中心龙头带动作用，共建共享重大科技创新基地和科技基础设施，联手推进重大科研任务布局，合力构建一体化科技成果转移转化体系等。川渝两地全力推动成渝双城经济圈建设，推动印发《成渝地区建设具有全国影响力的科技创新中心总体方案》，打造川渝科技资源共享服务平台，组织实施川渝联合研发重点项目。

四 江西打造中部地区重要区域科技创新中心的对策建议

（一）建设高能级科技创新平台，打造创新成果策源地

高能级的科技创新平台是吸引科技人才的"强磁场"、原始创新的"策

源地"，也是打造区域科技创新中心的"强引擎"。一是打造高能级科技创新平台"国家队"。紧抓全国新一轮战略科技力量布局机遇，全面对接国家科技创新战略，支持中国科学院赣江创新研究院牵头筹建稀土国家实验室，积极争取国家实验室在江西设立基地，在钨和稀土、航空、农业等领域组建全国重点实验室。二是大力培育国家级科技创新平台"预备队"。对省内有潜力的平台和基地，提前引导其规划好功能定位、重点发展方向和阶段任务，有计划地培养推进。以争取"国字号"平台为纽带，设立国家创新平台和基地建设专项资金，并积极争取中央财政经费支持。三是加快建设一批高水平新型研发机构。鼓励国家"大院大所"、知名高校、上市公司及大型企业，在赣设立综合性、高水平、对江西省产业转型升级具有支撑和引领作用的重大新型研发机构。

（二）强化企业创新主体地位，提升企业技术创新能力

企业是科技创新活动的主要组织者和参与者，强化企业创新主体地位是加快区域科技创新中心建设的核心基础。一是构建企业主导的产学研深度融合的创新体系。进一步强化企业作为出题人、主答题人和阅卷人的地位，推动更多任务由企业提出、企业成为研发主体。推动骨干企业牵头组建科技创新联合体，支持企业布局建设省级以上重点实验室、技术创新中心、工程研究中心等创新平台。二是推动科技企业融通创新。进一步优化"众创空间-孵化器-加速器-产业园"创新创业载体，为初创期中小企业注入研发理念和创新文化基因，推广"投资+孵化"模式，提升培育科技型中小企业的载体效能。支持科技型中小微企业瞄准所属细分领域加大创新投入，掌握更多具有自主知识产权的重要技术，努力成为专精特新的创新主体。

（三）写好"引育留用"大文章，打造人才发展新高地

科技人才集聚是区域科技创新中心形成和发展不可或缺的因素。一是以灵活多样的方式引才育才。积极探索项目经理、合同科研等制度，赋予领军人才在研究团队组建、项目经费使用、绩效工资管理等方面更多自主权，真

正做到"平台引人、项目留人"。依托国家和省人才工程，以"定点培养+公平竞争"方式，聚焦江西省优势和特色产业，整合江西省科技创新资源，以项目为纽带，以团队为支撑，自主培育国家级和省级高端领军人才。二是以优良的生态留才用才。着力优化人才发展环境，切实解决广大人才的住房、医疗、子女就学等"急难愁盼"问题，让人才充分发挥专业优势，心无旁骛地"留赣干"，实现自身价值。加快建立以创新价值、能力、贡献为导向的人才评价体系，避免简单以学术头衔及人才称号确定薪酬待遇、配置学术资源的倾向，为"帽子热"降温。

（四）提高对外开放合作水平，推进区域协同创新发展

江西想要打造中部地区重要的区域科技创新中心需要不断地推进省内外协作。一是深化省际科技开放合作。高标准建设江西内陆开放型经济试验区，深度融入粤港澳大湾区、长三角一体化等区域战略，建立省际创新成果转移统筹协调机制、重大承接项目促进服务机制等，支持引导省内创新平台或龙头骨干企业独立或联合在北京、上海、深圳以及粤港澳、长三角等发达地区设立研发飞地，探索建设多个"技术在外头、转化在江西"的"科创飞地"。二是下好全省区域协调发展"一盘棋"。根据各个设区市的资源禀赋条件，不断调整完善区域规划与政策，既要避免各类要素、资源在各地区间分配的平均主义，更要杜绝产业结构雷同和发展模式照搬的现象。各设区市要立足本地优势，明确具有本地特色的发展思路、方向与路径。比如打造南昌的中医药、VR，赣州的稀土，景德镇的陶瓷、航空，宜春的锂电新能源等特色优势产业集群。

（五）深化科技体制机制改革，激活科技创新内生动能

持续推动科技体制机制改革向纵深发展，能为江西打造中部地区重要的区域科技创新中心提供强大的动力。一是健全基础前沿研究投入支持机制。加快形成以政府投入为主、社会投入多元化的机制，推动基础研究财政投入持续增长，引导企业和金融机构以适当方式加大支持力度，鼓励社会以捐赠

和设立基金等方式多渠道投入，扩大基础研究资金来源。二是完善促进科技成果转化工作体制机制。聚焦"2+6+N"重点产业，建立贴合产业发展需求、以转化成果为目标的科技项目立项组织机制和评价机制，在科技项目评审、平台验收、机构评价、人才评选、奖励评审中破除"四唯"。三是加快建立区域科技资源共建共享机制，整合利用各类大型科学仪器共享平台资源和政府部门、科研院所、企业的科技数据资源。借鉴长三角"三省一市"人大协同立法，推动大型科学仪器跨省市共享的做法，江西可以联合湖北、湖南签订合作协议，打破行政区域界线，共同推动三省大型科学仪器设备资源和技术资源对接，加快大型科学仪器跨省市开放共享。

参考文献

刘冬梅、陈钰、玄兆辉：《新时期区域科技创新中心的选取与相关建议》，《中国科技论坛》2022 年第 7 期。

马海涛、陶晓丽：《区域科技创新中心内涵解读与功能研究》，《发展研究》2022 年第 2 期。

《建设创新江西打造中部地区重要区域科技创新中心》，https：//baijiahao. baidu. com/s？id＝1749780931202232599&wfr＝spider&for＝pc，2022-11-18。

《以科技创新为核心推进创新江西建设》，https：//jxrb. jxwmw. cn/system/2022/01/24/019517336. shtml，2022-01-24。

《强化企业科技创新主体地位》，https：//baijiahao. baidu. com/s？id＝1757219726549975368&wfr＝spider&for＝pc，2022-12-26。

B.20
高校服务江西高质量跨越式发展的现状与提升对策

肖洪波 等*

摘　要： 高等院校作为人才培养、科技创新和智库研究的主阵地，是省域经济社会高质量跨越式发展的重要支撑。本文探讨了高校服务江西高质量发展的现实基础，客观分析高校服务江西高质量发展存在的短板与主要瓶颈。新时代，为促进高校服务江西高质量跨越式发展，结合江西的实际情况，本文提出高质量建设"双一流"大学及学科群、强化中部高校创新高地建设、高标准建设中部高校人才中心、提升高校智库决策咨询能力、创新服务举措、推动校地校企协同等对策建议。

关键词： 高校服务　智库　江西

高等院校作为人才培养、科技创新和智库研究的主阵地，是省域经济社会高质量跨越式发展的重要支撑。党的十八大以来，在江西省委、省政府的高度重视下，江西高校坚持贯彻科教兴省战略，取得明显成效，但在服务省域高质量跨越式发展上仍然存在短板与瓶颈。新时代，为促进高校

---

* 课题组组长：肖洪波，江西省社科院党组副书记、院长，研究方向为区域经济。课题组成员：龙晓柏，江西省社科院经济研究所副所长、研究员，研究方向为世界经济、国民经济；卢小祁，江西省社科院经济研究所研究员，研究方向为财政学；陈德明，江西省社科院哲学研究所副研究员，研究方向为中国哲学；汪婷，江西省社科院经济研究所助理研究员，研究方向为国际经济与贸易。

服务江西高质量跨越式发展，亟待进一步完善顶层设计、创新改革和高位推动。

一 高校服务江西高质量发展的现实基础

教育是国之大计、党之大计。在新时代新征程上江西高校始终坚持习近平新时代中国特色社会主义思想铸魂育人，深入推进高等教育内涵式发展，突出重点加快一流学科建设，引导全省高校办出特色、争创一流，在奋力建设教育强省中稳中有进。

（一）高等教育内涵特色发展取得新进展

江西省立足发展实际，对43所普通本科高校分类管理，着力构建"两型四类"高校发展体系。同时，稳步推进高峰学科群建设，南昌大学材料科学与工程学科入选"世界一流学科"建设学科，确定了南昌大学整体和其他高校的33个学科作为江西省"双一流"建设对象，一级学科博士点由25个增加到47个。

（二）高校科研平台成果转化水平有一定提升

截至2022年底全省高校现有国家重点实验室6个，教育部重点实验室11个、教育部工程研究中心7个、江西省重点实验室170个和国家级大学科技园4个。全省高校牵头组建十大产业和技术创新战略联盟，连续举办三届江西高校科技成果对接会。通过"校企通"江西高校科技成果转化服务平台，促成校企合作项目2853个。

（三）留赣人才队伍稳中有进

近四届江西高校毕业生留赣就业人数和留赣率均呈增长趋势。2022届全省高校毕业生留赣率为59.96%，同比提升2.31个百分点。江西生源毕业

生近 6 成留赣就业，省外生源超过 1/4 的毕业生留赣就业。从返赣比例来看，江西省高校培养的本省籍出省的毕业生，近 5 年回流率约 30%，带回了大量的经验、技术和资金，助力全省经济社会发展。

表1　2019~2022届江西省高校毕业生毕业去向落实率及留赣率

单位：万人，%

届别	毕业生人数	毕业去向落实率	留赣就业人数	留赣率
2019	31.33	83.17	13.37	51.32
2020	32.06	79.51	14.10	55.33
2021	32.39	88.36	16.50	57.65
2022	40.15	83.16	19.20	59.96

资料来源：江西省教育厅。

（四）高校智库建设扎实推进

江西省高度重视高校新型智库建设，成立了江西百家高校智库联盟。推进高校智库和人文社科研究机构建设，56 个高校人文社会科学重点研究基地各具特色。围绕国家和全省发展热点领域开展智库科学研究，"十三五"期间全省 56 个高校人文社会科学重点研究基地累计获支持研究项目 600 余项，智库服务水平不断提升。

（五）产教融合机制走深走实

通过建设一批现代产业学院、设立研究生工作站等，开展产业教授、产业导师选聘工作，促进教育链、人才链与产业链、创新链有机衔接。2022年遴选首批省级现代产业学院建设项目 20 项。作为中部地区第一个部省共建国家职业教育创新发展高地省份，全省已开展 21 个国家级、23 个省级现代学徒制试点。截至 2022 年底，全省技工院校招生和在校生规模分别居全国第 6 位和第 7 位，在世界技能大赛和全国技工院校创业创新大赛上屡获佳绩，2022 年江西学子在世界技能大赛家具制造比赛项目荣获冠军。

表2　江西省普通本科高校现代产业学院立项建设项目

学院名称	所属高校	项目类型
1. 智能物联与网络安全产业学院； 2. 数字产业学院； 3. 虚拟现实（VR）现代产业学院； 4. ICT现代产业学院； 5. 航空制造现代产业学院； 6. 现代中药制药产业学院； 7. 脐橙现代产业学院； 8. 新能源产业学院	1. 南昌大学； 2. 江西师范大学； 3. 江西财经大学； 4. 华东交通大学； 5. 南昌航空大学； 6. 江西中医药大学； 7. 赣南师范大学； 8. 宜春学院	重点类
9. 食品营养与健康产业学院； 10. 北斗翱翔学院； 11. 绿色矿业现代产业学院； 12. 稀土产业学院； 13. 现代陶瓷材料产业学院； 14. 家居现代产业学院； 15. 智能医学产业学院； 16. 有机硅新材料产业学院； 17. 机器人现代产业学院； 18. 智慧水利现代产业学院； 19. 新能源产业学院； 20. 纺织服装现代产业学院	9. 南昌大学； 10. 江西师范大学； 11. 东华理工大学； 12. 江西理工大学； 13. 景德镇陶瓷大学； 14. 赣南师范大学； 15. 赣南医学院； 16. 九江学院； 17. 南昌工程学院； 18. 南昌工程学院； 19. 新余学院； 20. 江西服装学院	培育类

资料来源：江西省教育厅。

（六）校地合作积极探索

江西省积极探索校地战略合作新模式，南昌、赣州、鹰潭等市与省内高校签订市校战略合作框架，突出高校学科优势，围绕重点产业发展需求，搭平台、建机制。创新借用省外高校优势资源，全省围绕"2+6+N"重点产业领域，积极与国内大院名校共建新型研发机构。2022年，已有52家大院大所在江西省落地，北航、浙大等部分在赣新型研发机构运营效果初显。

二　存在的短板与主要瓶颈

高校除了具备人才培养、科学研究、学科专业合作等方面的独有特性之外，

在服务省域经济社会高质量发展方面同样发挥着举足轻重的作用。当前,在江西全面聚焦"作示范、勇争先"目标要求、高质量建设"六个江西"的关键时期,高校在服务全省经济社会发展上还存在若干明显短板,需要加以重视。

(一)高校毕业生服务江西产业发展效能仍然偏低

一是高校专业设置、人才储备与重点产业发展需求存在错位。江西省部分高校学科布局、人才培养与招生计划不尽合理,尤其特色理工科高校在优势理工学科招生数量相对不高,反而在文史哲甚至文艺体育等专业方面招生数量居高不下(见表3)。同时,东华理工、江西理工、华东交大、景德镇陶瓷大学等高校博士毕业生每年不到100人,新兴前沿理工学科的博士点偏少,导致人工智能、航空航天、先进陶瓷制造、高端装备(核工、现代运输装备)、新材料等重点新兴产业人才储备不足。

表3 江西特色理工科高校在校生构成情况(2021学年)

单位:人,%

特色高校	专业分类	本科		硕士	
		人数	占比	人数	占比
东华理工	理工	14987	72.07	1714	62.42
	文史哲经济及文体	5809	27.93	1032	37.58
华东交大	理工	15567	68.53	2342	55.42
	文史哲经济及文体	7147	31.47	1884	44.58
江西理工	理工	16777	68.74	2604	68.11
	文史哲经济及文体	7629	31.26	1219	31.89
南昌航空	理工	16159	70.56	2491	75.17
	文史哲经济及文体	6742	29.44	823	24.83
景德镇陶瓷大学	陶瓷艺术类	3845	26.89	838	45.87
	理工	5792	40.51	409	22.39
	文史哲经济及文体	4660	32.59	580	31.75

资料来源:根据江西省教育厅数据整理。

二是高校毕业生人才流失与重点产业人才需求缺口巨大并存。一方面,受广东、浙江等东南沿海地区"人才虹吸"的影响,江西高校培养的高素质人才流失严重。江西省六大优势产业中就业毕业生人数总体上呈现下降趋势，2021 届高校毕业生在六大优势产业中省内就业总人数为 10302 人，较 2019 届减少 3045 人，仅占留赣就业总人数的 6.13%。除电子信息外，装备制造、航空、新能源、新材料以及中医药 5 个产业吸纳江西省高校毕业生占留赣毕业生比例均不超过 1%。另一方面，重点产业人才非常短缺。江西省 2021 届高校毕业生在装备制造、航空、电子信息、新能源、新材料以及生物医药六大重点产业中就业的博士生不足 10 人，硕士生不足 500 人。从 2022 年《江西省"2+6"重点产业急需紧缺人才目录》来看，全省 8 个重点产业急需紧缺人才岗位超 9000 名。其中，急需博士毕业生 200 余人，硕士毕业生 1195 人，本科毕业生 6400 余人。

表 4　江西省 2021 届高校毕业生在六大优势产业就业分布

单位：人，%

产业	就业人数	就业占比	省内就业人数	省内就业占比
装备制造	5872	2.01	1617	0.96
航空	936	0.32	369	0.22
电子信息	21453	7.36	7578	4.51
新能源	944	0.32	254	0.15
新材料	823	0.28	353	0.21
中医药	185	0.06	131	0.08

资料来源：江西省人力资源和社会保障厅。

三是高校应用型人才培养链与产业链、创新链尚未实现深度融合。高校现代产业学院建设仍处于起步阶段，产业导师、产业教授不足，实用型人才如熟练技工、高级技师有效供给严重不足。此外，产教融合、校地融合不够紧密。江西高校与地方政府、园区和重点企业联合开展产教融合工作较少。大部分本科高校尚未围绕江西省优势产业集群或重点园区等搭建现代产业学院、研究生工作站、协同创新研究院等产教融合平台。

（二）高校一流顶尖科研团队少且投入不足

一是江西高校一流顶尖科学家少。在赣工作的两院院士只有 6 人，与周

边省份相比处于末端。同时，江西尚无"985"高校，"双一流"学科群数量和高校国家级研发创新平台少，国家重点实验室中的学科重点实验室仅1个，省部共建国家重点实验室仅3个，导致江西高校长期难以集聚国内外科技创新领军团队、知名专家或者海外科创人才，进而影响了研究生高层次人才的培养，国家级重大科技任务缺乏高层次人才团队承接。

表5　江西与周边省份院士人数情况（按工作地分布）

单位：人

区域	中国工程院院士	中国科学院院士	两院院士合计
浙江	35	20	55
广东	26	24	50
湖北	42	29	71
湖南	39	10	49
安徽	18	23	41
福建	2	17	19
江西	3	3	6

资料来源：中国工程院、中国科学院。

二是受江西地方财政能力有限制约，江西高校产学研平台建设和科技研发投入经费与发达地区高校、部属高校存在较大差距。2021年，江西高等学校研发经费支出为30.71亿元，仅占全省研发投入的6.1%，同期全国高等学校研发经费所占全国研发投入的平均比重为7.8%，且江西高校研发经费支出占全国高校研发经费支出的比重仅为1.41%。加上，江西省部分高校科技成果转化相关制度仍不完善，科研成果收益分配以及科研绩效考评机制不尽合理，无法有效调动高校学者科研的积极性，不利于科技成果落地转化。

（三）高校科研创新成果产业化成效弱

一是科研创新成果偏少。高校在重点产业领域高质量创新性研发成果较少，科技成果转化能力较低。2021年江西高校有效发明专利拥有量仅5249件，只有毗邻内陆省份安徽、湖南、湖北的33.62%、22.22%和17.11%。

表6 江西与周边省份高校专利发明拥有量情况

单位：件

省份	有效发明专利拥有量			
	2019 年	2020 年	2021 年	2022 年（1～8 月）
浙江	30367	38721	48459	58098
广东	23521	29396	38124	47094
湖北	18831	24035	30682	38286
湖南	13871	17930	23623	29343
安徽	9114	12030	15613	19523
福建	8804	10246	12703	15698
江西	3003	3861	5249	6843

资料来源：相关省份知识产权局、教育厅。

二是高校科技园孵化能力、产业化水平有待提升。全省高品质的高校科技园较少，多数高校科技园在科技成果创新与转化、孵化高新技术企业以及促进地方新兴制造业发展等方面未充分发挥积极作用，在孵和毕业企业总收入、出口、高学历人才占比以及税收贡献、企业成长性等指标偏低（见表7、表8）。截至2022年底，全省国家级大学科技园数量仅4个，占全国的比重为2.86%；省级大学科技园仅14个。

表7 江西国家级高校科技园主要发展指标（2022 年）

单位：亿元，个

国家级大学科技园	在园企业数（个）	在园企业转化、转移科技成果（个）	在园企业上缴税收（亿元）	孵化基金总额（亿元）	累计毕业企业		
					累计毕业企业个数	其中：上市（挂牌）企业数	其中：收入过亿元企业个数
东华理工大学	6	0	0.005	0.05	51	0	0
江西师范大学	27	4	0.015	0.05	104	0	1
南昌大学	104	279	0.441	0.23	414	4	9
南昌工程学院	21	18	0.005	0.06	48	0	0

资料来源：江西省科技厅。

表8 江西国家级高校科技园主要发展指标（在孵企业，2022年）

单位：亿元，人

国家级大学科技园	在孵企业总收入（亿元）	在孵企业出口总额（亿元）	在孵企业从业人数	其中：			
				博士人数	硕士人数	R&D人员数	留学回国人员数
东华理工大学	0.76	0	376	29	31	20	2
江西师范大学	5.29	0	765	13	82	35	9
南昌大学	4.29	0	3269	147	268	1784	72
南昌工程学院	0.57	0	1092	1	28	45	2

资料来源：江西省科技厅。

三是江西高校科技成果转化服务的社会化组织机构欠发达，科技成果转化服务发展不足，一定程度上影响了科技成果应用转化效果和创新收益的提高。江西高校在R&D人员数、R&D经费内部支出以及专利所有权转让及许可收入等指标方面与周边省份差距明显（见表9）。

表9 江西与周边省份高校科技创新情况对比

省份	R&D人员合计（人）	高等学校R&D经费内部支出（亿元）	高等学校专利所有权转让及许可收入（万元）	形成国家或行业标准数（项）
浙江	77838	114.54	23297	98
广东	97638	222.62	28701	139
湖北	60641	102.72	22344	30
湖南	58565	96.15	38771	81
安徽	51910	95.13	5050	23
福建	46335	70.31	4624	26
江西	26112	30.71	1904	29

资料来源：《中国科技统计年鉴2022》，表中均为2021年数据。

（四）高校智库决策咨询的服务效能有待提升

一是江西高校智库话语权偏弱。全省17家重点智库主要在高校。近年来，全省高校智库积极提升服务经济社会发展的能力和水平，形成了一批具有影响力的智库成果。但对标江西省委、省人民政府的更高要求，江西高校智库的决策咨询质量不高，尤其围绕"中部崛起""长江经济带""内陆开放开发""六个江西"建设等重点发展战略在全国、跨省域智库话语权影响力弱。

二是智库成果服务成效不理想。智库报告被采纳转化为国家、全省各级党委和政府决策的比例较低。据统计，近年来全省高校重点研究基地研究成果获中央和部委领导批示的很少，江西省委、省人民政府主要领导批示不多，被中央部委、省级部门采纳的成果也较少（见表10）。

表 10 江西高校重点研究基地研究成果获批示、采纳情况

单位：件

批示、采纳等级	批示、采纳量			
	2019 年	2020 年	2021 年	2022 年（1~8 月）
国家领导	1	0	0	0
省主要领导（正省级）	9	11	5	5
部委领导（副部级）	1	0	3	0
副省级领导	30	48	38	15
中央部委采纳	0	3	11	9
省级部门采纳（含设区市）	8	11	17	3
合计	49	73	74	32

资料来源：江西省教育厅。

三是江西高校新型智库建设还有待加强。在制度建设、专家管理、成果转化方面还有短板，高校智库实体化运行效果偏弱。部分高校对人文社会科学重点研究基地建设不重视，人力物力投入不足，智库成果质量与智库专报编审水平参差不齐，基地建设甚至处于停滞状态。主动开展研究工作劲头不够，智库专家没有才尽其用。

（五）借大院大所之力助江西产业发展的模式有待创新

一是体制机制障碍制约了省外大院大所助推江西高质量发展的引领潜力。以南昌为例，较早引进的清华大学科技园、北京大学科技园等，基本上是"跑马圈地"，并没有产生很好的效益。近年来引进的10多家新型研发机构主要沿用高校院所事业单位的管理模式，造成了绩效激励不足、决策过程缓慢、管理体系冲突，在很大程度上制约了大院大所助力江西重点产业发展。

二是引进的省外大院大所多数还处于初步建设阶段，在人才团队引进、服务地方企业、促进科技成果产业化应用转化方面仍显不足。全省引进大院大所，主要目的是支持省内重点产业领域发展，但在实际推进与江西省本土高校人才培育合作、提升江西省重点产业科技创新水平方面，还有较大差距。

三　对策建议

（一）精准战略定位，高质量建设"双一流"大学及学科群

第一，深入贯彻党的教育方针，高质量推进科教兴省战略。培养"双一流"大学，建设"双一流"学科群，铸就国内外有影响的高等学府，是江西高校中长期服务省域高质量发展的首位支撑。江西省要深化推进"双一流"建设，引领推动一批高校稳步进入国内同层次、同类型高校一流行列，并力争若干所高校和一批学科进入世界一流大学和一流学科行列。

第二，进一步推进"两型四类"高校分类体系建设，按照综合研究型、学科特色型、地方应用型、技术技能型等不同类型，找准办学定位，突出发展重点、特色办学，在不同层次、不同类型中争创一流。

第三，在服务方位上始终坚持地方性特色建设，对标江西在新征程中"作示范、勇争先"。聚集优势资源，积极融进江西创新驱动发展战略当中，培养宽口径、应用型、复合型优秀人才。

（二）强化中部高校创新高地建设，提升高校"高精尖"科技研发成效

第一，加强顶层设计和战略谋划，加快实施新一轮江西高校创新驱动战略。瞄准世界科技前沿和产业变革新趋势，聚焦国家和江西重大需求，以院士领衔、高校高端人才为主体，立足江西，打造国内领先、中部创新一流的国家实验室——赣江实验室。按照创新链、产业链、学科链、人才链相互衔接、互为支撑的要求，全面提升高校科技创新能力。对荣获国际和国家级科学大奖荣誉的江西高校学者予以重奖。

第二，深化产学研融合，大力推进科研组织模式创新，鼓励高校与企业建立协同创新的战略联盟（职教集团），使高校努力成为催化江西产业技术变革、加速创新驱动的策源地。完善有关高校科技成果转化的创新政策，持续推进江西省高校科技成果使用权、处置权、收益权改革，充分释放高校科技人员创新创业活力。

第三，深入推进大学科技园、创业园建设，完善大学科技园孵化器功能及其支撑服务体系，培育产生更多的高科技企业，增强高校优势学科创新资源服务江西重点产业发展能力。引导高校建立专门的科技成果转化机构和专业化推广平台，健全大学科技园技术转移服务机制，优化"校企通"科技成果转化服务内容。

（三）高标准建设中部高校人才中心，支撑省域产业结构升级

第一，加快建设中部高校人才中心，打造"天下英才"首选地。根据全省"一圈引领、两轴驱动、三区协同"区域发展格局，制定与区域禀赋相适应的高校人才发展结构战略布局。省会南昌拥有全省最多的"一流"高校、学科和研究生群体，高校学科专业结构发展的主要思路是围绕建设"中部省会一流、建设鄱阳湖国家自主创新核心示范区"目标，大力优化引培高科技创新型人才的政策机制，促进大南昌都市圈建设中部高校人才中心。

第二，夯实产教融合机制，加快发展现代职业教育。持续推进"双高计划"，加大"双师型"教师培养力度。促进全省重点现代产业学院可持续发展，建设一批全国高水平产教融合实训基地。高标准推进江西职教强省建设，打造中国（南昌）现代职教示范城。上饶、宜春、鹰潭、九江、赣州等制造业中心城市，需坚持职业教育现代化，支持有条件的技工院校转型升级技师院校，培养大量服务产业一线的实用型、技能型人才。

第三，优化高等教育专业结构，科学编制高校专业建设中长期发展规划，尤其是特色理工科高校要聚焦江西省优势产业打造一批有影响力的创新学科群，避免在文史哲甚至文艺体育等学科分散教育资源。全省要构建高校招生规模、专业结构调整联动机制，定期公布《江西省"2+6"重点产业急需紧缺人才目录》，聚焦电子信息、航空制造、人工智能、生物医药等重点领域，特别涵盖新一代产业技术革新应用催生的新业态、新职业、新岗位。

（四）广纳真知灼见，提升高校智库的决策咨询能力与影响力

第一，提高高校咨政研究质量，强化党的二十大精神学习研究阐释。制定《新时代江西高校智库建设实施方案》，系统深化高校高端智库建设。统筹搭建高校咨政服务平台，建立需求库、信息库、专家库和成果库，构建高校智库信息资源共享机制。全省可建立高校咨政成果评估和激励机制，定期重奖有突出成果贡献的高校智库学者。

第二，高校要充分解放思想，树立智库意识。高校要高质量搭建智库交流和学习的平台，吸引更多的学者参与高校智库建设。推动高校紧密围绕国家和江西经济社会发展中的重大理论和实践问题开展深入研究，为区域、产业、企业发展决策提供科学依据和咨询服务。

第三，构建高校新型智库成果的转化渠道，扩大新型智库成果的社会影响力。支持出版发行高校智库期刊、书籍、交流资料等，在核心刊物刊登最新的智库研究成果；定期举办研讨会、报告会等咨政交流活动。要破除唯论文、唯学历等倾向，推动高校在教师考核评价改革中，将智库成果纳入教师工作量和职称评聘、岗位考评体系。

（五）创新服务举措，激励省外知名高校在赣高水平发展

第一，做好跟踪服务，提升省外知名高校在赣新型研发机构运营质量。对运营良好并初见成效的新型研发机构，要加强跟踪，做好服务，采用"揭榜挂帅"等方式，鼓励新型研发机构联合江西省高校院所、企业开展关键核心技术攻关。对尚无运营成效的新型研发机构，要协助新型研发机构解决落实场地、科学试验设备购置、人才入驻等困难，促进人才、技术、成果在当地转移转化和落实落地。

第二，突出支撑产业导向作用。要鼓励引进的高校新型研发机构围绕江西省"2+6+N"产业，尤其电子信息、航空、新能源汽车、生物医药、新材料、人工智能等重点产业的关键共性技术等领域进行研究开发、成果转化，并将创新成果优先在省内转化和产业化。

第三，建立奖优惩劣机制、实行动态管理。对在赣创建研发平台、获得科技成果以及成果在赣转化表现突出的给予现金奖励和融资支持，把更多的资源赋予实力强、能干事的外省高校在赣新型研发机构。

（六）校地、校企协同，搭建推动高校服务全省经济社会发展的对接机制

第一，健全政策管理协调体系。江西省高校大部分都签署了校地、企校共创战略合作，当前务必加速相对应的体制机制建设，摆脱现行高校服务地方建设的政策短板。要制订科学的整体服务实施计划，明确高校服务模式，实现稳定可持续的高校服务与地方支持关联。

第二，校地、校企要夯实共创、共建协作的工作机制。鼓励江西省重点园区主动与本地高校对接，积极促进高校人才培养模式创新。江西省重点头部企业主动进校园，深度参与校企协同创新。建立健全校地、校企协同激励制度，特别优化高校毕业生立足江西发展的就业创业渠道，最大化校地、校企合作共溢效益。

第三，高校应积极主动配合地方政府，建立"高校+乡村振兴""高校+

绿色农业""高校+特色产业集群"等各种合作交流模式。鼓励持续开展高校人才服务"走园入企入村"结对活动,进一步拓宽高校助力地方发展建设的服务渠道。形成政府引导、行业协调、校企互助、社会联动的校企合作良性运行机制。

参考文献

魏小鹏:《高等教育强国目标下的高等教育区域中心建设》,《中国高教研究》2010年第8期。

周昪决、张丽敏:《高等教育与区域经济发展互动机制研究》,《国家教育行政学院学报》2011年第6期。

姜艳艳、刘向:《重点大学建设中高校科技创新服务区域经济快速发展的现实审视与实现路径》,《科学管理研究》2021年第5期。

刘鑫桥:《高等教育与区域经济的互利共生——来自"京校外迁"的自然实验证据》,《清华大学教育研究》2022年第5期。

黄海刚、毋偲奇:《高等教育在全球价值链攀升中的贡献研究》,《复旦教育论坛》2022年第3期。

李春林、王开薇、陆凤、林童:《一流大学建设中高校科技创新服务区域经济社会发展研究》,《科技管理研究》2020年第24期。

苏丽锋、高东燕:《"双一流"高校创新能力与经济发展协调度研究》,《教育经济评论》2021年第1期。

阙明坤、王佳桐:《协调发展视域下地方高校与城市共生发展研究——基于韩国地方高校与创新城市联动的分析》,《高校教育管理》2022年第6期。

赵凤霞:《应用型高校专业智库建设的突出问题及化解之策》,《智库理论与实践》2022年第5期。

王传毅、辜刘建、袁济方:《基于学科特色的高校分类研究——以"双一流"建设高校为例》,《中国高教研究》2022年第11期。

张卫国:《以服务国家战略需求为导向　建设富有效能的高校创新体系》,《国家教育行政学院学报》2022年第12期。

冀文彦、刘林:《构建高校服务乡村振兴的科技创新体系》,《中国高等教育》2022年第21期。

高德友、赵欣、冉艺姣、卢乔森、武梅:《本地高校助力成渝地区双城经济圈高质量发展的路径探究》,《研究与发展管理》2022年第6期。

杜绍祥、王为一著《以马克思主义实践观指导高校服务经济社会发展》，湖北人民出版社，2013。

程肇基著《地方高校服务区域经济建设研究——以江西为例》，人民出版社，2019。

刘群彦、刘艳茹、高立志、刘燕刚著《科研与经济：高校服务社会的举措和路径研究》，上海交通大学出版社，2019。

楼世洲、吴海江著《高校服务地方创新驱动发展的政策研究：浙江省的实践》，经济科学出版社，2018。

张志元、李洋：《高等教育服务经济社会高质量发展的目标要求与路径选择》，《党政干部学刊》2022年第2期。

叶明国、李娟、于立芝：《高校院所主导的新型研发机构区域模式及发展研究》，《中国高校科技》2022年第6期。

王颖：《提升高校服务地方经济社会发展的水平》，《中国社会科学报》2022年12月30日。

B.21
江西科技金融发展的
现状、问题与对策

桂荷发 罗玛*

摘　要： 习近平总书记在党的二十大报告中指出，要"加快实现高水平
科技自立自强"。科技创新离不开金融的支持，高水平科技自立
自强需要强有力的科技金融体系的系统性支撑。江西省近年来在
发展科技金融、服务科技创新方面进行了诸多有益探索，初步构
建了科技金融支持政策体系，科技金融信贷产品不断创新，科技
金融环境持续向好，资本市场支撑作用得到提升。但是也存在科
技金融产品不够丰富、科技金融服务能力不强、财政科技经费使
用方式单一、科技金融配套服务体系亟须完善等问题。针对以上
问题，本文从加强政策协调配合形成政策合力、优化机制增强服
务能力、完善配套提升支撑能力、提升基金作用和效能、完善财
政科技经费管理等方面提出对策建议。

关键词： 金融体系　科技金融　江西

习近平总书记在党的二十大报告中指出，要"加快实现高水平科技自
立自强"。科技自立自强能力显著提升是未来五年我国经济社会发展的主要
目标任务之一，必须坚持科技是第一生产力、人才是第一资源、创新是第一

* 桂荷发，江西财经大学金融学院院长，江西省政协常委，民进江西财经大学委员会主任委员，
江西财经大学财经数据科学重点实验室研究员，研究方向为区域经济；罗玛，江西财经大学金
融学院博士生，江西省地方金融监督管理局资本市场处二级主任科员，研究方向为区域经济。

动力,深刻认识高水平科技自立自强作为我国现代化建设基础性、战略性支撑的重大意义。科技创新离不开金融的支持,高水平科技自立自强需要强有力的科技金融体系的系统性支撑。

一 科技金融内涵、要素与生态系统

一国的经济发展,本质上是持续的科技创新和产业升级,在这个发展过程中,内生出与之相匹配的金融体系。当一国处于主要依赖要素投入和技术引进来促进经济增长的发展阶段,以银行为主导、具有强大的信贷动员能力、风险偏好相对较低的金融体系是合适的选择;但是,当一国进入主要依赖创新驱动经济发展的阶段时,以股权投融资和资本市场为核心、风险偏好相对较高的金融体系可能是更好的选择。在该阶段,创新驱动发展战略的落实需要与之相匹配的金融体系,该体系被称为科技金融体系。

(一)科技金融内涵

基于科技创新链条、科技企业生命周期和金融功能三个维度,科技金融是适应科技创新特点和需求的各类金融创新活动的总称,是针对科技创新在风险性、成长性、效益性、外部性等方面特点的一系列金融工具、金融制度、金融政策与金融服务的创新性安排,是为科技创新及其商业化和产业化提供综合金融服务的金融新业态。其核心是引导金融资源向科技企业积聚,在促进科技创新的过程中,推动金融创新和金融发展。科技金融的服务对象主要是科技型中小微企业,科技金融的服务主体是商业金融,科技金融的本质要求是金融创新,科技金融的显著特点是公共财政与商业金融的融合,科技金融的目标是要实现第一生产力和第一推动力的有效结合,提升自主创新能力和国家竞争力。

(二)科技金融要素

覆盖科技创新全链条和科技企业全生命周期的科技金融系统,包括一些

江西蓝皮书

必备的科技金融要素，主要有科技金融平台、科技金融机制、科技金融工具以及科技金融资源。在科技金融发展的不同阶段或者不同科技金融要素组合中，政府作用和市场作用存在差异（见图1）。从科技创新链条来看，越是接近前端，商业金融越不愿意进入，尤其是基础研究，主要依赖政府、依靠财政投入；越是接近后端，商业金融进入意愿越强，政府的干预越少越好。从科技企业生命周期来看，融资困难主要出现在种子期、创始期和成长期，政府需要推动金融创新，发挥"有形之手"的作用，组合科技金融要素，引导金融资源向早期的中小微科技企业聚集。

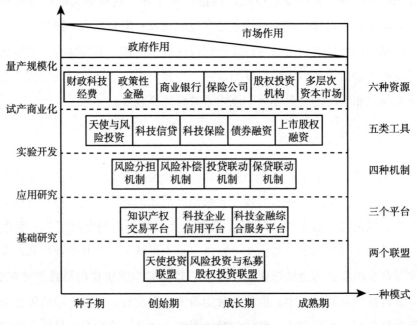

图1 科技金融生态系统

科技金融平台。科技金融是一个生态系统，要协调各参与者、各要素协同发挥作用，就需要相应的协调平台，主要包括两类，一类是行业性联盟，比如天使投资联盟、风险投资联盟、科技金融联盟等，这类联盟能够在政府和市场之间起到桥梁作用；另一类是专业性平台，比如知识产权交易平台、科技企业信用平台以及科技金融综合服务平台，这些平台是科技金融领域的

276

基础设施。

科技金融机制。科技金融要素的有效组合，需要具体的科技金融机制在其中起到黏合剂和润滑剂的作用。科技金融机制主要包括风险分担机制、风险补偿机制、投贷联动机制以及保贷联动机制等。

五类工具。从科技企业融资的角度看，根据其所处生命周期的不同阶段，可以采取不同的融资工具，主要包括天使与风险投资、科技信贷、科技保险、债券融资和上市股权融资。政府为了引导社会资金支持科技企业发展，通常通过建立上述科技金融机制，引导金融机构对融资工具进行组合使用。

六种资源。从科技金融资源的供给来看，主要包括财政科技经费、政策性金融、商业银行、保险公司、股权投资机构以及多层次资本市场。从另一个角度看，这些科技金融资源又可以分为政策性科技金融资源和市场化科技金融资源，政策性科技金融资源的运用体现国家政策导向，表现为政府的"有形之手"或者"扶助之手"，主要起引导性、激励性和杠杆性作用；市场化科技金融资源的运用主要体现市场在资源配置中的决定性作用，表现为市场的"无形之手"，在科技金融资源配置中起主导作用。

（三）科技金融生态系统

在科技金融要素的组合使用和科技金融平台的建设运营过程中，逐渐形成包含各种科技金融主体的科技金融生态系统。如同自然生态系统一样，土地越肥沃、物种越多样，系统越有活力。科技金融生态系统也是如此，主体越多元、工具越丰富、制度越完善、机制越灵活、政策支持力度越大、平台支撑能力越强，科技金融生态系统也将越具有活力。

从科技金融生态系统的参与主体来看，主要包括政府、金融机构、辅助支持单位以及科技企业等。政府主要提供政策支持、支持平台建设、投入财政科技经费和引导工具运用；金融机构既包括各类具有独立法人资格的金融机构，如创业投资公司、科技担保公司、科技银行、科技小额贷款公司等，也包括单独核算的非法人组织，如科技支行、科技创业投资子基金等，还有

的是传统金融机构的内设专门机构，如科技信贷业务部、科技保险业务部等。辅助支持单位主要包括知识产权机构、律师事务所、会计师事务所、资产评估机构、高校科研机构等。科技企业是科技金融服务的对象。各类主体相互作用，共同形成共生共荣的复杂的科技金融生态系统。

二 江西科技金融发展现状

长期以来，江西高度重视科技创新工作，在发展科技金融、服务科技创新方面进行了诸多有益的探索。经过数年努力，初步构建了科技金融支持政策体系，科技金融信贷产品不断创新优化，科技金融环境持续向好，资本市场对科技金融的支撑作用得到提升。

一是科技金融政策支持体系加快建立健全。近年来，为促进科技金融发展，提升金融对科技的支撑作用，江西省政府出台了一揽子支持政策，逐步构建起省内科技金融政策"四梁八柱"。省政府办公厅及相关部门先后出台《关于加强科技金融结合促进科技创新和高新技术产业发展若干意见》《关于金融支持科技创新和高新技术产业发展的指导意见》《金融支持江西科技创新和数字经济高质量发展若干措施》《金融支持南昌数字经济高质量发展试点实施方案》《深入推进南昌高新技术产业开发区金融创新试点工作方案》，进一步完善省科技创新配套金融服务，并开展了一系列试点工作。2022年12月，为深入实施创新驱动发展战略和科技强省战略，切实解决科技创新融资难题，江西省政府办公厅印发《关于发展科技金融支持创新创业的若干措施》，围绕增强科技信贷服务能力、营造科技创业投资发展环境、发挥科技保险风险保障作用、推进科技型企业对接资本市场、强化基础服务和改革保障等五方面15条进行系统支持和保障。

二是科技信贷产品创新服务能力不断提升。为引导商业银行加大对科技型中小企业的信贷支持力度，江西推出政银合作科技信贷产品——"科贷通"，出台了《江西省"科贷通"贷款贴息资金管理细则（试行）》《江西省科技型中小企业信贷风险补偿资金管理办法》，基于省、市财政资金设立科技信贷风险补偿金，银行放大 6~8 倍杠杆向符合条件的科技型中小企业发放贷款，贷款出现风险后政府以风险补偿金为限给予补偿。截至 2022 年 12 月末，"科贷通"业务已在省内的建设银行、交通银行、景德镇农商银行、中国银行等商业银行推出，"科贷通"在贷企业 1219 家、贷款余额 33.32 亿元，历年累计放款额 83.51 亿元、支持 3164 家次企业。商业银行积极创新知识产权质押贷款业务，2022 年全省共实现专利权质押融资登记 681 项，质押登记额 85.67 亿元，有力地推动了企业创新发展和应对了疫情冲击。南昌高新区创新"人才担保贷"，以 1：10 撬动信贷资金并由省融资担保公司提供担保，支持国家、省、市级高层次人才创办的创业型中小企业发展。

三是科技金融保障环境日趋优化。持续加大融资担保公司对科技企业的融资担保力度，提升科技企业融资可得性。2009 年，江西省财政出资成立江西省科技融资担保有限公司，注册资本为 7000 万元。截至 2021 年末，江西省科技融资担保有限公司已累计为 460 余户科技企业提供融资担保，担保融资总金额近 42 亿元。2018 年 3 月，江西省科技融资担保有限公司牵头组建江西省科技担保联盟，成员 20 余家。2020 年，联盟内担保机构为 118 家科技企业提供担保融资余额 13.60 亿元，累计为科技企业提供担保融资达 30 亿元。目前，江西省科技融资担保有限公司已整体划转给江西大成国资集团。

四是基金对科技企业的发展支持不断加大。2015 年以来，江西省科技厅先后出台了《江西省科技成果转化引导基金管理暂行办法》和《江西省科技成果转化引导基金设立创业投资子基金管理暂行办法》，以引导基金推动科技成果转化。同时，私募股权投资和创业投资逐渐兴起。根据中国证券投资基金业协会的备案资料，截至 2022 年 12 月，江西省共有私募股权投资、创业投资基金管理机构 168 家（其中，国有控股 41 家），实收资本 34.30 亿元，共管理基金 517 只。此外，相关部门和地方政府积极引入国内知名私募股权投资机构，据不完全统计，仅 2022 年全省科技企业获得 PE、VC 机构投资规模总计 91.76 亿元。

五是科技企业资本市场融资多元化。为充分发挥资本市场直接融资功能，江西出台了一系列针对本土高新技术企业上市的专项奖励及服务政策，

由江西省金融监管局牵头整合各项资源全力推进，支持有条件的科技企业在主板、创业板、科创板及北交所上市融资。在"映山红"政策推动下，2018年至2022年新增A股科技类上市公司共30家，首发募集资金共计363.82亿元。针对规模较小、暂时达不到场内上市的科技型中小企业，积极推动其在全国中小企业股份转让系统和江西联合股权交易中心开展股权融资。截至2022年末，全省共有1327家科技企业在江西联合股权交易中心挂牌展示（其中挂牌73家，展示1254家），融资金额39.76亿元。支持科技型上市公司再融资、科技型企业发行债券，2022年晶科电力、天音控股等7家科技企业增发、发行可转债、公司债券等共计融资63.39亿元。

三 江西科技金融发展的主要问题

总体而言，江西科技金融产品相对单调，科技金融服务能力有待提升、配套支持体系亟待完善。主要问题表现在如下方面。

一是科技金融产品不够丰富。江西科技金融产品以科技信贷为主，围绕科技信贷，开发了"科贷通"、"人才贷"、知识产权质押贷款等产品，但科技保险产品、资本市场产品和跨市场产品比较匮乏，对政策性金融、开发性金融利用较少，没有形成丰富的产品体系，难以发挥协同效应，不能满足科技企业的多样化融资需求。

二是科技金融服务能力不强。科技信贷方面，省内的科技金融专营机构屈指可数，且多数冠以"科技支行"等名号的专营机构往往"名不副实"，尚未建立与科技型企业高风险、高成长、轻资产等主体特性及融资需求相匹配的产品创新体系和管理模式。股权投资方面，以风险投资为代表的股权投资业没有受到足够重视，现行的人事管理制度、薪酬制度、考核制度等制度安排对国有风险投资机构束缚较大。资本市场方面，囿于对证券市场的认知，不能主动利用多层次债券市场、拓宽债务融资渠道。此外，保险业没有在科技金融发展中发挥应有的作用，政策性开发性金融对科技创新的支持还处在起步阶段。

　　三是财政杠杆效应发挥不够。2021年江西本级财政科技经费为21.94亿元，列全国第18位。2022年江西本级财政科技经费为21.3亿元，同比下降2.9%。财政科技经费的使用主要采取无偿资助的方式，而能够发挥财政科技经费杠杆作用的金融化使用方式很少被采用。2012年，江西省财政出资200万元成立的江西省科技创业投资管理有限公司并未开展引导基金和科技成果转化基金工作，现已与江西省科技担保公司一起整体划转给了江西大成国资集团，拟用于科技成果转化基金的资金也被财政部门收回。国内沿海发达省份则注重通过构建多层次基金体系，充分发挥财政资金的杠杆作用。例如，2022年1月15日，浙江省人民政府办公厅印发《关于加快构建科技创新基金体系的若干意见》，明确构建政府科技创新基金、科技公益基金、科技私募基金、重大创新平台科技创新基金四类基金为主体的科技创新基金体系，到2025年各类科技创新基金规模达到万亿元以上，撬动年度全社会研发投入3200亿元以上。

　　四是科技金融配套服务体系亟须完善。一方面，科技金融综合服务平台、知识产权交易平台、科技企业信用平台等科技金融基础设施几乎空白，科技金融统计监测制度尚未建立；另一方面，科技金融人才培养、市场化的中介服务体系等未能对科技金融发展形成有效支撑，没有形成充满活力的科技金融生态系统。发达省份在这些方面都进行了卓有成效的探索，例如，江苏省搭建了科技金融服务平台，通过"线上+线下"模式，依托江苏省综合金融服务平台（线上）、省科技企业融资路演服务中心（线下），为省内科技企业提供一站式综合金融服务。再如，江苏省依托南京大学、南京审计大学等高校，先后设立江苏省科技金融思想库、江苏科技金融体系创新研究基地，为省内优化科技金融服务提供人才支持。此外，目前江西科技金融工作主要由省金融管理部门和省科技厅推动，其他部门参与较少。

四　推动江西科技金融发展的政策建议

　　推动全省科技金融的持续快速发展，需要系统性思维，围绕健全完善科

技金融政策体系、科技金融服务体系及配套支持体系，优化组合科技金融要素，探索符合江西实际的科技金融发展模式。

（一）加强政策协调配合，形成科技金融政策合力

一是形成部门合力。建议成立由省科技厅、省金融监管局、人行南昌中支牵头的省科技金融发展专项工作小组，吸纳财政、国资、工信、发改、教育、江西银保监、江西证监等部门，搭建推动全省科技金融发展的组织协调机构，在架构上实现体系化推进。

二是加强上下联动。以省科技金融发展专项工作小组为媒介，进一步加强对市、县两级政府的指导联系，确保《关于发展科技金融支持创新创业的若干措施》等省级层面的政策措施能够落实落细。

三是加强机构指导。《关于发展科技金融支持创新创业的若干措施》中涉及大量以金融机构为落实主体的政策，如加大服务科技型企业力度，对科技型企业"白名单"中企业的贷款增速不低于各项贷款增速、鼓励银行、担保机构采用"贷款（担保）+远期权益""贷款（担保）+外部直投"等业务新模式支持科技型企业。需要依托省科技金融发展专项工作小组，进一步加强对金融机构的政策指导，确保政策能够精准传递到科技企业。

（二）优化科技金融机制，增强科技金融服务能力

一是优化科技信贷风险补偿机制，探索开发"科债通"产品。对现有的科技信贷风险补偿资金管理办法进行升级，在风险补偿资金来源、安排方式和资金规模，丰富金融机构间合作模式，合理设定银行贷款放大倍数和单笔科技贷款上限，设置差异化补偿比例，突出绩效管理等方面与时俱进，根据新形势和新任务进行优化升级。延伸"科贷通"功能，探索开发"科债通"产品，由政府、园区和证券公司共同出资设立风险资金池，建立风险分担机制和风险补偿机制，为科技企业、创投企业发行债券和知识产权证券化产品提供增信服务，引导科技企业对接债券市场。"科债通"主要针对科技企业和创投企业缺乏有效增信手段的问题，重点是丰富服务于科技创新的

债券产品，包括"双创"专项债务融资工具、创投企业债务融资工具、小微企业增信集合债务融资工具、创新创业公司债券、知识产权证券化产品等。

二是建立科技保险补助与补偿机制。鼓励保险机构针对全省优势产业和重点产业链研发创新和科技成果转化开发保险产品，对参加科技保险的科技企业提供一定比例的保费补贴。尤其鼓励保险公司针对科技信贷开发保证保险产品，对科技信贷保证保险提供一定的风险补偿，在政府、银行和保险公司之间建立风险分担机制。

三是建立首台（套）设备补助机制。以首台（套）示范应用为突破口，运用财政科技经费对首台（套）设备采购方提供部分经费补助，激活"江西制造"的创新之源。此机制核心就是利用财政资金杠杆作用，突破首台（套）设备市场化初期面临的不敢用、不愿用等"老大难"问题。将使用首台（套）设备的企业纳入向银行推荐的白名单，利于其获得银行信贷支持。

（三）完善科技金融配套，提升科技金融支撑能力

一是加强科技金融基础设施建设。科技金融基础设施包括两类：一类是科技金融平台和载体，另一类是科技金融统计监测制度。前者是金融支持科技创新发展的基础支撑，后者是用好、管好、发展科技金融的必然要求。第一，要加快构建和完善科技金融平台建设。由政府金融管理部门和科技主管部门协同，充分利用现代数字金融技术，通过公共财政和社会资本合作共建科技金融综合服务平台，为江西科技金融发展提供强有力的基础性支撑。第二，政府科技主管部门协调推动成立风险投资联盟、科技金融联盟等载体，运用少量的财政科技经费对其活动提供补助，使其成为政府与市场之间的桥梁和纽带。第三，提前布局科技金融统计监测系统。由人行南昌中支、省统计局等部门会同金融、科技部门，探索建立科技金融统计指标体系和科技金融统计与监测制度，对科技金融发展做到"心中有数"和管理有方。

二是发挥省智慧金融技术创新战略联盟作用。2022年1月，江西智慧金融技术创新战略联盟成立，旨在推动全省金融与科技双向赋能、融合发

展。建议充分发挥该联盟的部门优势和专业特点，给予资金和政策支持，将创新战略联盟打造成为人才、宣教、创新、合作的平台。第一，发挥联盟产教深度融合优势，加快科技金融人才培养。第二，加强协同创新，对关键共性技术开展攻关，当前要重点研发科技企业创新能力的评价指标体系和评价方法，将其纳入商业银行的风险控制体系。第三，加大科技金融产品和服务的宣传推广力度，由联盟设立科技金融创新奖项，每年进行评选、发布和推广活动，奖励科技金融创新团队，浓厚科技金融创新氛围。第四，加强与重点产业链合作，以产业链为核心推动创新链、产业链、资金链、人才链四链深度融合，加快形成富有活力的科技金融生态系统。

（四）加快科创基金落地，激活当地股权投资行业

传统以企业为对象，采取财政科技资金无偿资助的方式，在财政资金使用效率和社会影响程度上都存在局限。建议通过归集不同管理口径的科技支持资金，以集中化、金融化的方式，通过设立规模较大的科创基金，撬动当地的股权投资，发挥财政科技资金的引导性和激励性作用以及杠杆效应，这种做法已经成为国内经济发达省份的典型经验。目前，省科技厅正在与江西省现代产业发展引导基金进行对接，探索在引导基金架构下，围绕江西优势、重点和战略性新兴产业设立一定规模、首期20亿元的江西省科技创新发展基金。建议采取"母基金+子基金"的形式，通过与市场化的风险投资机构合作成立子基金，由子基金以股权方式投资于科技企业。子基金在投资企业阶段、投资产业方向上应各有侧重，建立系统性、全周期的科技创新基金体系。采取激励措施，对长期投资于江西或者在江西投资达到一定规模的股权投资机构给予奖励；对合作的风险投资机构让渡一定的投资收益；对合作机构投资江西本地企业的比例要求相对灵活，允许用引资金额抵充。同时，积极发展科技私募基金。

（五）完善财政科技经费管理，提高科技金融绩效

财政科技经费的管理涉及外部监管和内部管理等诸多方面，对引导科技

金融发展的财政科技经费管理，关键要抓好以下两个方面。

一是转变理念，区分采取金融化使用方式的财政科技经费与国有资产在保值增值方面的要求。例如，用于风险补偿的财政科技经费不能要求其保值增值；科创基金在年度考核中也不应要求保值增值。科技主管部门应会同财政、审计、纪检、监察等部门，对金融化使用的财政科技经费监管制定专门的规范。

二是聚焦绩效，分类设定考核目标和考核指标。比如，风险补偿资金项下贷款项目绩效目标管理及评价，重点围绕贷款规模、科技型小微企业户数、贷款综合成本、贷款项目管理规范性、风险防控、不良贷款率、不良贷款清收履职情况，以及新增创新成果、带动就业人数等指标进行管理及评价。

参考文献

房汉庭：《科技金融本质探析》，《中国科技论坛》2015 年第 5 期。

桂荷发、宋高堂：《科技金融创新与实践》，江西人民出版社，2017。

田轩：《创新的资本逻辑》，北京大学出版社，2021。

赵昌文、陈春发、唐英凯：《科技金融》，科学出版社，2009。

B.22
中国式现代化进程中江西制造业发展的再认识

陈石俊[*]

摘　要： 党的二十大是在我国迈上全面建设社会主义现代化国家新征程的关键时刻召开的一次十分重要的会议，贯穿制造强国的重要思想和丰富内涵。江西工业一路走来，在工业现代化的道路上进行了卓有成效的探索。当前江西制造业发展应注意把握：第一，看到良好的发展态势，增强自信；第二，对有利与不利因素，保持清醒认识；第三，看到肩负的责任；第四，把握好与制造业发展密切相关的吸引产业转移、政府与市场的关系、产城融合、企业根植性等问题。

关键词： 中国式现代化　制造业　江西

党的二十大是在我国迈上全面建设社会主义现代化国家新征程的关键时刻召开的一次十分重要的会议，大会提出了一系列向第二个百年奋斗目标进军过程中必须牢牢把握和遵循的重要思想、理论、目标及重大方略。制造业作为国民经济最重要的支撑部门，要实现高质量发展，最关键的是把思想认识统一到党的二十大精神上来，以二十大的视角审视制造业肩负的新使命、面临的新形势，谋划好新发展。

---

* 陈石俊，江西省政府原副秘书长、研究室原主任，江西省文史研究馆馆员，江西科技学院副校长、研究员，主要研究方向为区域发展。

一 党的二十大报告，贯穿制造强国的重要思想和丰富内涵

我们党历来重视制造业发展。20 世纪 20 年代，有"以农立国"与"以工立国"之争。1933 年 7 月，《申报月刊》出版"中国现代化"特辑，涉及诸多工业化的讨论。我们党早期理论家杨明斋、恽代英、瞿秋白等，从不同的角度提出了鲜明的工业立国思想。

1949 年 3 月召开的七届二中全会上，毛主席提出"使中国稳步地由农业大国转变为工业大国，把中国建设成为伟大的社会主义国家"。[①] 1953 年《过渡时期总路线》提出"要在一个相当长的时期内，逐步实现社会主义工业化"。其核心是"一体两翼"。"一体"：实现社会主义工业化是主体；"两翼"：实现农业、手工业以及资本主义商业改造。[②] 新中国成立后提出的"四个现代化"，工业始终是排在第一位的内容。

进入新时代，在习近平新时代中国特色社会主义思想指引下，我们党创新和发展了工业现代化的一系列思想与理论；创新的思想和理论，在党的二十大报告中有充分的体现。

党的二十大报告涉及制造业的有关内容十分突出：一是看成就，制造业是辉煌的亮点。党的二十大报告总结新时代十年经济实力实现历史性跃升时，特别指出战略性新兴产业发展壮大，载人航天、探月探火、深海探测、超级计算机、卫星导航、量子计算、模电技术、新能源技术、大飞机制造、生物医药十个项目的亮点。这十个亮点，与制造业密切相关。二是看任务，制造业是首要任务的核心。党的二十大报告鲜明地提出"高质量发展是全面建设社会主义现代化国家的首要任务"，报告第四部分"加快构建新发展格局，着力推动高质量发

---

① 《毛泽东选集》第四卷，人民出版社，1951，第 1437 页。
② 中国社会科学院当代中国研究所：《新中国 70 年》，当代中国出版社，2019，第 40 页。

展"对此作了详细部署。作为全面建设社会主义现代化国家"首要任务"的高质量发展，其最主要的载体和体现，就是制造业。三是看使命，制造业肩负强国的重要使命。党的二十大报告鲜明地提出建设"六个强国（制造强国、质量强国、航天强国、交通强国、网络强国、数字强国）"。这"六个强国"，制造强国居首位，其余的网络强国、数字强国，也都与制造业密切相关。四是看格局，制造业处于新发展格局的关键地位。党的二十大报告在强调构建新发展格局时，鲜明地提出"把扩大内需战略同深化供给侧结构性改革有机结合起来，增强国内大循环内生动力和可靠性，提升国际循环质量和水平""着力提升产业链供应链韧性和安全水平"这两方面的要求，制造业在保障国内循环的可靠性、提升国际循环的质量、提升产业链供应链韧性和安全水平上，起着关键作用。五是看目标，制造业具有标志性意义。党的二十大报告在描述到 2035 年我国发展的总体目标时，鲜明地提出"基本实现新型工业化、信息化、城镇化、农业现代化"。这四个"化"，是"两步走"中的第一步"基本实现社会主义现代化"的重要标志，实现新型工业化，具有重要的标杆性意义。六是看责任，制造业首担其责。增进民生福祉与推进绿色发展，是党的二十大报告的庄严宣示。党的二十大报告鲜明地指出"江山就是人民，人民就是江山"，"必须坚持在发展中保障和改善民生"；同时也提出"统筹产业结构调整、污染治理、生态保护、应对气候变化，协调推进降碳、减污、扩绿"，"推进工业、建筑、交通等领域清洁低碳转型"。这既是我们党向人民作出的庄严承诺，也是我们党执政理国的一份责任。面对这份承诺和责任，制造业首担重任。

学习领会党的二十大精神，应当更加深刻地认识到：制造业在全面建设社会主义现代化国家的新征程上，任务更艰巨、使命更光荣、责任更重大；以这样的一种责任和担当去奋斗、拼搏，中国的制造业必将站上新高度、迈入新境界、展现新风采。

二 江西工业一路走来，在工业现代化的道路上进行了卓有成效的探索

看江西工业发展，应当"两头看"。既要"回头看"，看清来时的路，知得知失；又要"向前看"，辩明前进方向，勇毅前行。回望新中国成立以来江西工业发展的历程，深感其在对经济发展规律的认识不断清晰和对省情把握不断深化中坚韧走来，走出了一条有江西特点的工业化发展之路。这条路，有经验，有教训，更有为之自豪的巨大成就。

（一）在重工、重农交互关系中一路走来

在20世纪50年代，江西工农业关系是既重农业也重工业，江西提出"积极发展农业，积极发展工业"的工作方针，但强调工农相互支持。

"一五"计划规定的任务主要有三项：一是以发展工业为中心，保证国家在江西建设工程及央属企业建设任务的完成；二是集中足够力量发展农业；三是夯实对资本主义改造的基础。省第五次党代会总结1953年以来的工作，首先是讲工业，其次讲农业；在部署工作中，鲜明提出"尽可能迅速地实现社会主义工业化和进行对整个国民经济的技术改造，是今后我们所面对的艰巨任务"。特别指出的是，这一时期几件大事：一是"一五"时期，国家"156项重点工程"，有4项落在江西；同时，169个大中型企业及小企业相继建设（江纺、江纸、江拖、第一糖厂等），为江西工业化奠定了基础，是江西工业发展的"第一波"。二是1953年全省抽调850名县级以上干部、1598名区级以下干部到公交部门工作；至1954年，抽调干部达到3934名，并提拔15000名干部到公交部门和企业的领导岗位。[①] 三是1958年的"工业热"。提出"全党办工业、全民办工业、县县办工业、乡乡办工业，地方工业遍地开花"和"集资两亿，兴办工业，支援农业"，以及"大炼钢铁"。

---

① 邓立群等主编《当代江西简史》，当代中国出版社，2002，第101页。

20世纪60年代初、中期,在反思中提出"大办农业,大办粮食",重农观念更浓了。在省第六次党代会报告中,总结工作时先谈农业,再谈工业、交通等。在工作反思中,指出存在"误以为农业已经基本过关了"的倾向。强调了贯彻中央"以农业为基础、以工业为主导的国民经济的总方针",但提出"摆在我们面前的中心任务是:继续抓好农业,做好各方面的工作,力争农业生产有更大、更全面增长",强调"把工业工作转移到以农业为基础的轨道上来",认为"做到了这一点,我们就为逐步实现农业发展纲要的要求,逐步争取农业现代化、工业现代化、国防现代化和科学技术现代化的实现,制造了更多更好的条件"。这一时期,特别要提到三件事:一是1960年下半年开始,提出下放100万~120万劳动力到农村。其中,从城市动员下放40万~50万人(包括精减20万职工)。① 二是1964年中央作出"调整一线,建设三线"的战略部署,给江西工业发展带来了重大机遇。省内布局"大三线"项目6个,"小三线项目"64个。当时国家"小三线"总投资20亿元,华东区8亿元,江西占3.9亿元。② 三是1969年之后,所谓"第二次工业革命","一步炼钢法,两个突破";70年代对工厂进行"大拆、大迁"(仅南昌轻化行业就拆迁工厂114个)。③ 这些做法,对工业造成了严重的破坏。

20世纪80时代初、中期,重视农业,但也注重工业,提出"伸长两条短腿(农业多种经营、城乡集体工业)"。"伸长两条短腿",写好"田园诗"、画好"山水画",是符合省情发展思路的重要探索,对江西80年代乃至90年代发展影响深远。这一时期省里对乡镇工业高度重视,乡镇工业在这一时期快速发展。1985年,乡镇工业总产值占全省工业产值的16.5%。但这一时期,沿海地区乡镇企业发展更快,并拉开了与内地的差距。省第八次党代会提出"发展农业多种经营和城乡集体工业,已成为近期振兴江西省经济的一个首要的战略性问题",提出"大力发展消费品工业,加速发展原材料工业"。

---

① 邓立群等主编《当代江西简史》,当代中国出版社,2002,第192页。
② 邓立群等主编《当代江西简史》,当代中国出版社,2002,第221页。
③ 邓立群等主编《当代江西简史》,当代中国出版社,2002,第289页。

20 世纪 90 年代，强化"农基"理念。省第九次党代会首次提出"把江西经济大厦建立在现代化农业基础之上，打好农业开发总体战，加强基础农业和基础设施建设，推进农业工业化"。省第十次党代会提出"我们必须坚持把江西经济大厦建立在现代农业基础之上……加强农业，主攻工业，繁荣第三产业……"

21 世纪初，鲜明地提出"以加快工业化为核心"的战略思路。省第十一次党代会提出"我们必须坚持以加快工业化为核心，以大开放为主战略，以体制创新和科技创新为强动力……"；特别是提出"各设区市要集中力量办好一个工业园或开发区；县（市）要依托县城办好工业园区"。在对待农业上，提出"农业是经济发展和社会稳定的基础，也是推进工业化的有力支撑"。"以加快工业化为核心"的提出，成为江西推动工业化发展的一个重要里程碑。

（二）在"轻轻重重"中一路走来

如何对待轻工业与重工业？这个问题在相当长的时间里令江西困惑。

"一五时期"，省第五次党代会提出"江西省地方工业建设的方向是：在国家优先发展重工业的总方针和整个国民经济的统一计划下，充分利用本省各方面的资源，适当发展重工业，积极发展轻工业"。显然，这是重"轻"、轻"重"。省第六次党代会提出"贯彻执行调整、巩固、充实、提高的方针，按照解决吃穿用问题，加强基础工业、兼顾国防建设的要求，进一步做好国民经济的调整工作"。这时轻重工业面临着调整，对重工业有所重视。省第八次党代会总结"六五计划"时提出"轻工业在整个工业中的比重由 1978 年的43.9% 上升到 47.6%。重工业的服务方向相应的进行了调整，为农业、轻工业和人民生活服务的产品大幅增长，产品结构趋向合理"。因为针对不同情况对轻、重工业采取不同的举措，轻、重工业比例关系也就出现波动。

从 1953 年至 1995 年的 40 余年间，有 16 个年份轻工业比重高于重工业（见表 1）。

表1　1953~1995年江西省轻工业比重高于重工业的年份梳理

单位：%

年份	轻重工业占比		年份	轻重工业占比	
	轻工业	重工业		轻工业	重工业
1953	64.8	35.2	1963	51.5	48.5
1954	63.4	36.6	1964	62.6	37.4
1955	63.1	36.9	1965	59.5	40.5
1956	62.0	38.0	1966	55.4	44.6
1957	61.6	38.4	1967	56.7	43.3
1958	51.9	48.1	1968	54.5	45.5
1961	51.2	48.8	1981	51.7	48.3
1962	55.3	44.7	1982	50.8	49.2

资料来源：根据中国统计出版社2021年出版的《江西统计年鉴（2021）》整理。

（三）在工业化与城镇化的关联中一路走来

工业化与城镇化联动，是我们改革开放40多年来的一条重要路径和经验。工业化推动了城镇化，城镇化的红利也极大地惠及了工业化。

进入20世纪90年代，推进城镇化逐步被纳入江西省委省政府重要战略视野，并与工业化战略关联部署。江西省第十次党代会提出"加速工业化、城镇化"发展；省第十一次党代会提出"加快推进城市化和城市工业现代化"；省第十二次党代会提出"坚持把大力推进新型工业化、新型城镇化与解决'三农'问题作为一个相互联系、相互促进的系统工程……探索以工业化致富农民、城镇化带动农村……的路子，促进城乡协调发展"；省第十三次党代会提出"坚定不移实施以新型工业化为核心的发展战略，坚定不移实施加速城镇化发展战略，努力实现城乡协调发展"；省第十四次党代会、十五次党代会，都对新型工业化、新型城镇化作出了清晰的部署。

从2001年至2020年，全省城镇化率由30.41%提高到60.44%。20年间提高了30.03个百分点，每年提高1.5个百分点左右，城镇人口由2001

年的 1272.9 万人增加到 2020 年的 2731.1 万人（比农村人口多 943 万）。从农村转移出来的劳动力，相当一部分成为制造业从业人员。可以肯定，没有城镇化快速发展的联动，就不可能有今天工业的成就。

（四）在改革与开放的探寻中一路走来

实行改革开放以来，制造业企业发展的路径有三条线：一是改制线。国企、集体企业改制，从企业数来讲，做的是减法。二是开放线。通过招商引资，不断壮大企业数量，做的是加法。三是市场线。这是既有改革因素又有开放因素的社会主义市场经济体制推进线，激活民间活力，民营企业不断涌现。这条线既做加法也做减法（优胜劣汰），但总的是做加法。这三条路走过来，特别是体制内企业一波一波地改制、破产、退出，以及相应的人员转岗、下岗、内退、买断等，十分不易。这里有忍痛割舍，有迫于无奈，有"壮士断腕"，有浴火重生。种种改革摸索，成就了今天的模样。

在开放方面，江西省做了很多的尝试：20 世纪 80 年代，省里针对沿海开放形势，提出"支持、跟进、接替"方针；90 年代提出"建设昌九工业走廊"；21 世纪初，提出"三个基地一个后花园"的构想，以及"对接长珠闽、融入全球化"等，都是不断推进对外开放的重要理念和实践。近些年力度空前的招商引资、区域经济合作、融入大湾区等，是江西经济发展中获取外部资源、拓展市场等最重要的动力。

三 判清当前制造业的"局"与"势"

一国或一地经济发展的战略、理念、思路、举措，总是打上特殊时代的烙印。看待中国经济发展，要把握好几个时间节点：一是 1978 年党的十一届三中全会：实行改革开放。二是 1992 年党的十四大：提出建立社会主义市场经济体制的改革目标；特别是十四届三中全会作出《中共中央关于建立社会主义市场经济体制若干问题的决定》，从此理直气壮地实施社会主义市场经济改革。三是 2002 年党的十六大后：全面建设小康社会，转变经济

发展方式。十六届三中全会通过《中共中央关于完善社会主义市场经济体制若干问题的决定》，提出统筹城乡发展、统筹区域发展、统筹经济社会发展、统筹人与自然和谐发展、统筹国内发展和对外开放。十六届四中全会提出了一个很重要的观点"两个趋向"——"在工业化初始阶段，农业支持工业，为工业提供积累是带有普遍性的趋向；但在工业化达到相当程度以后，工业反哺农业、城市支持农村，实现工业与农业、城市与农村协调发展，也是带有普遍性的趋向"。四是以2012年党的十八大为标志，进入新时代：全面建成小康社会，"双碳目标"，贯彻新发展理念，经济发展转入新常态。五是以党的二十大为标志：推进中国式现代化，构建新发展格局，到2035年基本实现社会主义现代化。这是最大的局、最大的势。

回望过去，把握现在，面向未来，我们既要看到历史性的变化，也要看到面临的形势，更要把握好发展的趋势。关键要看到以下三个方面。

第一，看清历史性的变化。从经济体制、市场环境、城乡关系、发展条件等方面看，由计划经济转向社会主义市场经济，由短缺经济（卖方市场）转向过剩经济（买方市场），由城乡分割转向城乡融合，由交通严重制约转向交通通达，由要素市场封闭转向要素市场开放等，这些都是标志性的变化，也是经济发展问题分析、判断的基础。

第二，看清当前中国制造业面临的挑战。中国经济在全球的地位，有两个"历史性变化"：一个是2010年中国制造业增加值首超美国，成为全球制造第一大国；另一个是2019年中国国内生产总值99.09万亿元，占世界经济比重近16%，成为全球第二大经济体。这两个"历史性变化"的背后，中国制造业面临四大挑战：一是逆全球化趋势的挑战。全球产业链、供应链面临威胁。二是"新工业革命"的挑战。咨询公司埃森哲2016年发布研究报告，人工智能技术应用，可使劳动生产率提升40%。中国制造业大而不够强，在人工智能等高端技术上存在差异，面临极大竞争压力。三是国内"去工业化"现象的挑战。我国自2006年第二产业占GDP的比重达到47.6%最高位后，逐年下降，至2020年下降到39.0%。中国的工业化，还需要一个深化的过程，缺少这一过程，不是"成熟的去工业化"，脱实入虚，甚至跌入"中等收入陷阱"，将带来严重后果。四是工业化进程不平衡不充分的挑战。区域不平衡、实体经济与虚拟经济不平衡、现代制造与制造服务业配备不平衡、工业化建设与资源环境承载力不平衡、工业化与城镇化及农业现代化相互协调不充分等，都是我们面临的现实挑战。

第三，看清当前我国制造业运行及竞争呈现的新特点。一是由存量与增量的双向竞争向存量竞争更为明显转变。经过40多年的发展，中国进入一个物质相对丰富、一般市场相对饱和的阶段，加之某些重要的海外市场萎缩，部分产能转向国内市场，制造业从存量与增量的双向竞争转变为存量竞争更为明显。2023年2月以来，出口订单总体下滑严重，有可能加剧存量竞争的压力。二是制造业从模仿式创新向原始创新的深刻转变。在市场竞争激励与国家鼓励创新政策的激励下，企业的知识产权保护意识逐步提升，越来越开始注重自己的技术专利，涌现出了一大批拥有核心技术优势的企业。原始创新将推动制造业竞争格局的改变。三是从人口红利向人效红利转变。随着我国教育水平普遍提高，劳动力素质逐渐提升将有效冲抵人口红利的弱化，人效红利逐渐显现出来。四是整体制造水平由中低端向中高端制造转变。随着我国加快传统制造业转型升级，推动制造业高质量发展将有力促进中国制造业从中低端制造向中高端制造转变。五是从追求利润率和现金流向追求利润与现金转变。在外部出口环境约束以及内部成本上升等因素制约下，制造企业承担着内外双重压力；同时，制造业的可贷款性、可融资性较差，企业资金状况容易出现问题。在此情形下，企业更关注的是当下的利润与现金兑现，让企业活下来成为"硬道理"。六是由全面建成小康社会向全面建成社会主义现代化强国转变。以党的二十大为标志，随着构建新发展格局、推动高质量发展等一系列战略的实施，中国制造业迎来高质量发展的新阶段。以创新推动为标志，中国制造业必将站上历史新高度。

四　认识当前江西制造业发展应注意把握的几个问题

认识当前江西制造业的发展，应客观、全面，尤其要把握以下几点。

第一，看到良好的发展态势，增强自信。近年来，江西实施工业强省战略，成效显著。一是筑牢强省之基，工业实力显著增强。二是扬起追赶之势，工业增速靠前、总量排名晋位。三是催化创新之力，动能转换加快。四是谋划长效之策，为制造业长远发展创造了良好条件。近10多年来，江西工业增速连续高于全国平均水平。2020年全省工业增加值8952.7亿元，列全国第15位，开始进入"工业大省行列"。2021年全省工业增加值23843亿元，增速11.4%，列全国第8位。

第二，对有利与不利因素，保持清醒认识。一般认为江西制造业发展的有利（或机遇）因素有六个方面：一是"后发优势论"，二是"政策叠加论"，三是"宏观导向论"，四是"要素禀赋论"，五是"抢占先机论"，六是"区位优势论"。关于不利因素（或说挑战），主要有四个方面的共识："差距论""短板论""优势弱化论""机制不活论"。此外，江西制造业发展，还面临一些相对特殊的条件、环境制约，如东部地区相对于中部地区先行优势的挤压、人才流失，商流渠道与节点在先行地区相对固化，等等。面对有利与不利因素，要有清醒的认识，要有辩证的眼光。比如，很多开放性政策的边际效应已经远不如过去，对"政策叠加"能有多大效果，应有客观的判断。

第三，看到肩负的责任。2022年11月，江西省提出"六大双重任务"：既要有效提升经济质量，又要加快做大经济总量；既要对内促进区域协调，又要对外增强集聚效应；既要加快推进乡村振兴，又要继续提高城镇化率；既要扎实推进共同富裕，又要有效促进效率提升；既要加快推进经济发展，又要巩固提升生态质量；既要努力加快发展步伐，又要防范化解重大风险。面对"六大双重任务"，全省制造业肩负三个方面的重要使命：一是在贯彻落实"作示范""勇争先"的战略任务中，制造业肩负高质量发展的重要责任和使命。把江西放在全国及中部地区去考察，排名前移主要得益于工业，发展的最大潜力也在工业。只有坚定信心、更加扎实地推进工业强省战略，"作示范"才有更清晰的抓手，"勇争先"才有更清晰的着力点。二是在打造全国新发展格局重要战略支点中，制造业肩负核心支撑的责任和使命。三是在全面建设社会主义现代化新征程中，制造业肩负承载现代化建设的基础责任和使命。

第四，把握好与制造业发展密切相关的几个问题。

（1）吸引产业（企业）转移的目标把握问题。招商引资、吸引产业转移落户江西，是实现制造业增量扩张的重要途径，但对如何锁定招引对象，应有全盘考量。产业转移动机大致有四种：一是为规避环境约束而来（多在20年前的早期）；二是冲着优惠政策边际效益最大化而来（土地、税费等）；三是因感情打动而来（三请三回）；四是因企业发展战略所需而来（产业布局、市场占领）。前面三类企业能否来、来多久，因情况而定；只有最后一类才是真的想来，这类企业才是江西招商引资应该锁定的目标重点。此外，现在各地都以产业资金为条件吸引客商，有的市里发文，要求县里分别设立20亿元、15亿元、10亿元产业基金，这实际上是企业与政府"捆绑"，隐含较大的风险。在此情况下，对如何因企、因势招商，应当有理性考量、理性抉择。

（2）政府与市场的关系问题。一个好的制度，能给企业家以稳定的发展预期。不同的地区，政府与市场存在四种关系：市场强—政府弱；政府强—市场弱；政府强—市场强；政府弱—市场弱。市场强，意味着社会主义市场经济制度更完善；政府强，意味着政府的服务和引导更好，这是我们希望的一面；反之，则不然。我们常说两句话：市场在资源配置中起决定性作用，更好地发挥政府的作用，但实际上，在不同地区是存在差异的。我们对应如何把握好这个关系，应有清晰的考量。

（3）关于产城融合的问题。产城融合，是多年来推进高新区、开发区建设的一条重要经验。随着形势的变化，应有更长远的谋划。城市（镇）化的规律，大致是城镇化（特指早期的城镇工商化发展）—城市化—城市圈—城乡一体化。这四个环节中，每个环节、每个阶段都有特定的任务和要求，要能有序过度，而不是上一阶段成为下一阶段的包袱（如城镇化阶段对土地的分割，为后来的城市化带来障碍）。从总体来讲，城市（镇）化应该实现三个目的：城市能够吸引年轻人，农村能够安得住中老年人，城乡市

场吸引投资人。这三个目标都能兼顾，城乡才能真正融合，制造业才能不断拓展发展新空间。

（4）高度重视企业的根植性。一个地方适合什么样的企业生存、发展，有其选择性，也与地方的地理、文化、创业环境等密切相关。作为地方政府，应有长远的眼光，更多扶持那些能够扎根的企业。经济学界有"山峰企业""山基企业"之说。山峰企业，指生产成品（终端）的大企业，掌握市场话语权和标准；山基企业，指处于产业链中上游、掌握技术话语权和供应链特别环节的企业，大企业是其客户。与山基企业类似的企业，德国叫"隐形冠军"，日本叫"利基企业"，中国叫"专精特新"企业，或叫"小巨人"企业。山基企业的特点是有很好的根植性，对江西来说，在帮助有条件的企业做大的同时，应该更好地关注那些根植性强的"山基企业"。国务院发展研究中心 2022 年 11 月整理出台《31 省区市"专精特新"政策汇总》。从汇总表大致可以看出，东、中、西部的政策有明显的差距。总的来看：东部地区含金量更高，更实惠；中西部地区往往口惠而实不至，更多是在政府办事服务上改进。从这点看，培植根植性企业，还有很多工作要做。

参考文献

危仁晟主编《当代江西简史》，当代中国出版社，2002。

《毛泽东选集》第四卷，1951，人民出版社。

中国社会研究院当代中国研究所：《新中国 70 年》，当代中国出版社，2019。

B.23

"双碳"背景下江西新能源产业高质量
发展的对策研究

江西省科学院课题组*

摘　要： 新能源产业是江西省战略性新兴产业，省委、省政府将其作为六
大优势产业之一予以重点扶持，通过产业集聚、资源整合、政策
引导等多方位推动光伏、锂电产业发展，新能源产业已成为江西
在全国乃至全球具备一定比较优势的产业。近几年江西省新能源
产业乘势而上，进入跨越式发展阶段。但产业发展仍存在创新能
力不足、链条亟须完善、产业发展同质化等问题。建议从统筹优
化产业布局、提升产业科技创新能力、加强补链延链强链、拓展
新能源应用及加强行业交流合作等方面补齐短板，全面推进新能
源产业高质量、可持续发展。

关键词： 新能源　锂电　光伏　可持续发展　江西

---

* 课题组组长：范敏，江西省科学院能源研究所所长、研究员，研究方向为应对气候变化与能源
战略。课题组组员：谢运生，江西省科学院能源研究所副所长、副研究员，研究方向为应对气
候变化与能源战略；孙李媛，江西省科学院能源研究所实验室主任、助理研究员，研究方向为
低碳发展与新能源；王贺礼，江西省科学院能源研究所副研究员，研究方向为应对气候变化与
能源战略；杨蕾，江西省科学院能源研究所助理研究员，研究方向为能源与低碳经济；涂亚
斯，江西省科学院能源研究所助理研究员，研究方向为能源经济与管理；吴晓方，江西省科学
院能源研究所助理研究员，研究方向为应对气候变化与低碳发展；张贵香，江西省科学院能源
研究所助理研究员，研究方向为应对气候变化与低碳发展；何桂金，江西省科学院能源研究所
助理研究员，研究方向为应对气候变化与低碳发展；才瀚涛，江西省科学院能源研究所实习研
究员，研究方向为应对气候变化与低碳发展；邹俊华，江西省科学院能源研究所助理研究员，
研究方向为能源催化；陈泊宏，江西省科学院能源研究所助理研究员，研究方向为锂离子电池
电极材料；戴欣助，江西省科学院能源研究所助理研究员，研究方向为太阳能电池技术研发；
黄振雄，江西省科学院能源研究所助理研究员，研究方向为能源催化材料理论设计。

党的二十大报告指出，积极稳妥推进碳达峰碳中和，深入推进能源革命，加强煤炭清洁高效利用，加快规划建设新型能源体系。能源是经济社会发展的重要物质基础，新能源产业高质量发展对江西省实现中国式现代化具有重大意义。

一　世界新能源及其产业发展现状、趋势

（一）新能源发展渐成国际战略竞争制高点

能源是国民经济发展的重要物质基础与动力引擎，对于国家和地区发展具有重大的战略意义。在新冠疫情、俄乌冲突及极端气候事件频发等因素叠加下，全球能源出现供需失衡，能源供应链异常紧张。为保障国家和地区的能源安全，减少对化石能源的依赖，全球主要国家纷纷制定并优化能源战略，将新能源技术及产业发展列为能源转型的重中之重。2022年欧盟公布《欧盟重新赋能计划》，旨在快速推进清洁能源转型，建立更有弹性的能源体系，降低对俄罗斯化石燃料的依赖。加速构建绿色能源发电为主体的新型电力系统，已成为新一轮国际战略竞争的关键。2022年底，全球可再生能源发电累计装机达33.72亿kW，新增可再生能源装机占新增电力装机的83%；中国可再生能源发电装机达12.13亿kW，风能、太阳能累计装机占全球风能、太阳能累计装机的39%[①]。2022年全球清洁能源发电占发电总量的39%，风能和太阳能发电占12%；全球近一半的风能和太阳能发电增长量来自中国。2022年中国风能、太阳能发电量达1.24万亿kWh，占全国发电总量的14%，占全球风能、太阳能发电量的36%（见表1）。

表1　2015~2022年中国电力生产量

单位：亿 kWh

类别	2015 年	2016 年	2017 年	2018 年	2019 年	2020 年	2021 年	2022 年
化石能源发电	42228	43550	46431	49903	50982	51841	56240	57088

---

① Irena：Renewable Capacitystatistics 2023，2023 年 3 月 21 日。

类别	2015 年	2016 年	2017 年	2018 年	2019 年	2020 年	2021 年	2022 年
太阳能发电	395	665	1178	1769	2240	2611	3270	4177
风电	1856	2409	3046	3658	4053	4665	6556	8237
水电	11145	11533	11651	11989	12725	13217	13000	13182
核电	1714	2132	2481	2950	3487	3662	4075	4177
生物质发电	541	621	796	937	1127	1356	1699	1718
发电总量	57878	60910	65583	71206	74615	77353	84840	88581

资料来源：Ember：《2023 年全球电力评论》，2023 年 4 月。

据 IEA 统计，全球能源活动碳排放的 42% 来自电力和热力生产，电力生产是全球碳排放的主要来源。为应对气候危机，世界各国正全力推动能源行业深度变革。习近平总书记提出"3060"双碳目标以来，国家发布多项文件促进新能源发展，并明确提出到 2030 年风电和太阳能发电总装机容量达 12 亿 kW 以上、新能源全面参与市场交易等目标。推动能源革命、大力发展新能源成为实现"双碳"目标至关重要的一环，新能源将逐步过渡为替代能源最终成为主导能源。

（二）国际国内新能源产业发展形势

太阳能是可再生能源发展最快的行业，2021 年提供 430 万个岗位，超出全球可再生能源就业岗位的 1/3[①]。近 2/3 的可再生能源岗位在亚洲，中国占全球总量的 42%，欧盟和巴西各占 10%，美国和印度则各占 7%。中国是光伏制造和安装大国，东南亚逐步成为主要的光伏制造中心和生物燃料生产基地。欧洲风电设备制造产能占全球总产能的 40%，并努力重建光伏产业。墨西哥是领先的风力涡轮机叶片供应者，巴西是生物燃料领域的领先者。经过多年发展，我国新能源产业已具备良好产业基础并逐渐取得国际竞争优势。

---

① Irena、ILO：《可再生能源及就业：2022 年回顾》，2022 年 9 月。

表2 中国主要新能源产业现状

产业	产业现状
光伏	世界最完善的产业供应链,晶硅技术水平全球领先,产能产量优势明显(见表3)。2022年多晶硅、硅片、电池、组件产量分别达82.7万吨、357GW、318GW、288.7GW,行业总产值突破1.4万亿元①
储能	锂离子电池工艺技术日趋成熟,产能规模迅速扩大。2022年中国储能锂电池出货量达130 GWh②,2021年全球储能电池出货量前十位均为中国企业。截至2022年底,我国锂离子储能累计装机9025MW③,占全球锂离子储能装机的45.22%
风电	中材科技跻身全球风电叶片制造前三名,涡轮发电机年产能达98GW,占全球产能的60%。全球153家涡轮发电机厂商中,100多家在中国
氢能	初步掌握氢能制备、储运、加氢、燃料电池和系统集成等技术和生产工艺,氢气产能全球第一。2021年产量达3300万吨④,占全球产量的47%。规上工业企业超300家,集中分布在长三角、粤港澳大湾区、京津冀等区域

注:①中国光伏行业协会。
②高工产业研究院(GGII)。
③CNESA《储能产业研究白皮书2023》,2023年4月7日。
④中国煤炭工业协会。

表3 2021年光伏主要产品产能产量

项目	多晶硅	硅片	电池	组件
全球产能	77.4万吨	415.1GW	423.5GW	465.2GW
中国产能在全球占比	80.5%	98.1%	85.1%	77.2%
全球产量	64.2万吨	232.9GW	223.9GW	220.8GW
中国产量在全球占比	78.8%	97.3%	88.4%	82.3%

二 江西省新能源产业发展现状

新能源产业是江西省战略性新兴产业,省委、省政府将其作为六大优势产业之一予以重点扶持,通过产业集聚、资源整合、政策引导等多方位推动产业发展,新能源产业已成为江西在全国乃至全球具备一定比较优势的产业。

(一)产业发展格局初定,生产体系日趋完备

江西省新能源产业已形成光伏、锂电"一体两翼"的发展格局,具备完

整的上下游产业体系,风电、氢能、生物质等产业也在培育中。2022 年全省新能源产业营业收入 4065.1 亿元,占规上工业比重的 8.4%;其中,光伏营收 1402.9 亿元,锂电营收 2352.8 亿元(见表 4)。江西省"十四五"新能源发展规划目标:到 2025 年新能源装机 3950 万 kW,新能源发电量 360 亿 kWh。目前,江西省新能源发电主要为风能、太阳能、垃圾焚烧和生物质发电。截至 2022 年底,全省清洁能源发电装机达 2563.4 万 kW,占全省电源总装机的 46.83%;光伏发电装机 1202 万 kW,占全省电源总装机的 22%;全省规模以上工业发电量 1568.6 亿 kWh,其中风力发电量 112.4 亿 kWh,占总发电量的 7.2%;太阳能发电量 58.7375 亿 kWh,占总发电量的 3.7%[①]。

表 4　光伏、锂电规上工业经济指标

单位:亿元

年份	营业收入(光伏)	利润(光伏)	营业收入(锂电)	利润(锂电)
2020	730.6	54.7	313.8	14.5
2021	710.9	59.4	503.5	53.6
2022	1402.9	97.3	2352.8	520.5

1. 光伏产业

江西省光伏产业以上饶、新余两地为核心,九江、赣州、南昌等地协同发展,已形成从硅棒/硅锭、硅片,到太阳能电池、组件,再到应用产品和发电系统集成的较为完整产业链。硅片、电池及组件综合产能规模居全国前列,光伏胶膜、背板、多晶硅片等环节也具备一定竞争力。全省规上光伏企业 136 家,拥有晶科能源、上饶捷泰、赛维、明冠新材料等行业龙头。营收过 10 亿元的企业 37 家,其中硅片、电池、组件制造企业 22 家,主要分布在上饶、新余、南昌;太阳能发电应用企业 4 家,全部在上饶;光伏其他辅材制造企业 11 家,分布在上饶、宜春等地。2022 年,晶科能源光伏组件出货居全球第二、全国市场占有率 15.24%,N 型组件出货超过 10GW,居全

球第一。海优威新材料光伏胶膜出货居全球第三，其上饶基地全面达产将形成年产 5 亿平方米胶膜产能。

2. 锂电产业

全省已形成宜春、新余、赣州三大锂电产业集群，抚州、九江、南昌等地协同发展，具备贯通"锂资源—锂盐—锂材料—锂电池—锂应用—锂回收"的完整产业链，是全国锂电产业链最齐全的省份之一。规上锂电企业 228 家，集聚赣锋锂业、江西雅保、孚能科技、紫宸科技、九江天赐等多家行业龙头企业，并引进宁德时代、国轩高科、吉利科技、比亚迪等锂电头部企业，国内动力电池十强企业已有 6 家落户江西。截至 2022 年 11 月，全省规划锂盐产能 143 万吨，三元材料及前驱体产能 12.6 万吨，磷酸铁锂及前驱体产能 36 万吨，负极材料产能 14.5 万吨，隔膜产能 40 亿平方米，电解液产能 29 万吨，铜箔和铝箔产能 28 万吨，动力与储能电池产能 332 GWh，锂电回收产能 80 万吨。全省亿元以上在建锂电项目达 100 多个，产业链条正持续完善，发展动力和后劲不断增强。江西拥有全球最大的锂盐加工基地，2022 年全省年产综合锂盐 30 万吨，超全国总产能的 40%，产能产量居国内第一。

3. 其他新能源产业

江西省风机叶片生产和组装初具规模，萍乡中材科技风电叶片年产能达 1000 套，是中东部及南部地区综合实力最强的风电叶片产业基地。氢能产业已初步涵盖制、储、输、用各环节，集中在九江、赣州等区域，氢气年产量约 30 万吨，氢能制备企业 10 余家。江西省生物质能产业规模较小，各地区陆续有项目落地。2020 年，江西省首个年产 10 万吨燃料乙醇项目在抚州东乡区投产；2021 年，年产 100 万吨纯烃生物柴油项目于九江都昌县签约落地。

（二）资源优势明显，人才、创新资源有效整合

1. 丰富的资源储备

江西省锂矿资源丰富，拥有世界最大的锂云母矿——宜春钽铌矿。宜春云母核心地带共有 10 个云母矿，原矿总产能约 1050 万吨/年，折合碳酸锂产能 7 万吨/年，矿界内累计查明储量约 6000 万吨，丰富的石英矿储备是发展多晶硅的主要原料。江西省蕴藏丰富的生物质资源：作为农业大省，大量废弃稻秸秆是生物燃料的重要原料；江西中药制药位列全国前茅，中药提取后的中药渣是被"优化加工"过的生物质资源。此外，江西风光资源有一定潜力，全省 70m 高风能资源总储量约 9000 万 kW，技术可开发量约 1090 万 kW；全省绝大部分地区属太阳能资源丰富区域，年总辐射量也属稳定区。

2. 初见成效的产学研创新模式

江西拥有国内唯一的国家光伏工程技术研究中心、国家企业技术中心，并拥有"国家新能源科技示范城""国家硅材料及光伏应用产业化基地""国家新型工业化示范基地（光伏）"等称号。2022 年 10 月，江西省光伏、锂电产业科技创新联合体成立，着力推动产学研用一体化，打造技术研发、人才集聚、成果转化的创新示范高地；江西省新能源产业协会，致力于整合新能源创新资源，推动产业高质量发展。宜春市依托中南大学等高校，攻克锂云母提取碳酸锂技术，硫酸盐焙烧法整体工艺达国内外一流水平。晶科能源自主研发的 N 型 TOPCon 电池转化效率突破 25.7%，连续多次刷新世界纪录。赣锋锂业开发了无水高氯酸锂、无水碘化锂、硫化锂等省级新产品，工艺水平达国际先进、国内领先；固态锂电池技术研发位于全国第一方阵，赣锋一代固态锂电池在全球率先实现装车首发。

3. 立体的人才培养体系

省内重点高校、科研院所开设了新能源相关专业、建立了重点实验室，为产业发展贡献创新人才与核心技术。南昌大学设有光伏研究院、省太阳能光伏重点实验室。南昌航空大学材料科学与工程学院设有硅基太阳能电池等研究方向。新余市制定《锂电产业人才培养方案》，新设中职目录外专业"锂电技术工程与应用"，新余学院、江西新能源科技职业学院等院校开设了光伏、新能源等专业，为新能源产业培育专业人才。宜春市与江西理工大学共建锂电新能源产业研究院，推动宜春学院等与锂电头部企业共建新能源

305

产业学院。江西省碳中和研究中心也成立了新能源实验室，在光伏光热利用、生物质能资源化利用、燃料电池正负极材料等多个方向开展研究。

（三）多层次、全方面扶持政策，精准服务助力产业发展

江西省从规划、管理、财税等多方面出台了促进全省新能源产业发展的政策，近几年主要措施见表5。

表5　江西新能源产业发展政策

序号	政策措施	发布部门
1	江西省新能源产业高质量跨越式发展行动方案（2020~2023年）	省工信厅
2	江西省能源局印发《关于规范风电和光伏发电行业管理有关事项的通知》	省能源局
3	《江西省"十四五"新能源产业高质量发展规划》	省工信厅
4	《江西省"十四五"新能源发展规划》	省发改委、省能源局
5	江西省人民政府印发关于做优做强江西省锂电新能源产业若干政策措施的通知	省人民政府
6	江西省发展改革委关于印发《江西省整体推进开发区屋顶光伏建设三年行动计划（2022-2024年）》的通知	省发改委
7	江西省能源局关于加快推进新能源项目建设有关事项的通知	省能源局
8	江西省能源局关于做好新型储能项目全过程管理工作的通知	省能源局
9	《江西省氢能产业发展中长期规划（2023-2035年）》	省发改委、省能源局

全省各地市纷纷制定产业扶持政策，支持新能源产业发展。宜春出台《宜春市人民政府关于加快推进锂电新能源产业发展的实施意见》《宜春市锂电新能源产业发展优惠政策》《关于进一步加快锂电新能源产业发展的若干政策（2022-2025）》《关于加快宜春市新能源（锂电）产业高质量跨越式发展的指导意见（2021-2025）》等政策，打通土地、能耗等要素保障堵点，破解发展瓶颈，高效推动项目落地。新余出台《促进赣锋雅保龙头拉动　打造全球锂电高地三十条措施》，通过实施"锂电30条""规上企业30

条""锂电人才 16 条""锂电工程师资格条件""锂电链长制"等政策，促进全市新能源产业发展。赣州市拟出台《赣州市锂电新能源产业高质量发展推进方案（2023-2025 年）》，推进锂电产业高质量发展。

三　江西省新能源产业发展面临的主要问题

（一）创新基础薄弱，高质量发展动能不足

江西省光伏、锂电产能产量规模在全国甚至全球处于前列，但总体研发投入不足，在中部六省中研发经费总量和强度均倒数第二（见表 6）。基础相对薄弱，研发能力和装备技术水平有待提升。全省有研发平台的企业仅占 1/3，虽然一些龙头企业拥有部分领先技术，但整体行业技术水平提升较慢，研发后劲不足。此外，受限于地区经济等因素制约，企业引进高端骨干技术人才受阻。科技合作攻关、产业交流等平台建设亟须加强。综观江西锂电产业发展轨迹，在锂矿采选、矿石清洁提锂、卤水综合开发利用、产品深加工、电池材料升级、锂电池梯次利用及清洁回收等技术问题上，仍存在不少瓶颈。主要原因是技术路线单一，在新能源高速成长和快速技术迭代的长周期里，重点领域少有突破。

表 6　中部省份 2021 年研发经费

单位：亿元，%

地区	R&D 经费	R&D 经费投入强度
湖北省	1160.2	2.32
湖南省	1028.9	2.23
河南省	1018.8	1.73
安徽省	1006.1	2.34
江西省	502.2	1.70
山西省	251.9	1.12

资料来源：《2021 年全国科技经费投入统计公报》。

（二）产业配套协同度低，需持续补链强链

目前，江西省锂电产业虽已初步形成完整产业链，但整体呈现"头重脚轻"的特点。以低附加值的矿产资源开采和冶炼等高能耗初加工的上游企业为主，产能规模较大；中后端下游产业及配套企业少，缺乏材料企业，大部分锂电池企业几乎找不到本地配套客户。上下游企业之间关联度、协同度不高，战略合作、协作配套较少，产业链呈现两头在外的情况。光伏产业规模和技术优势也集中在硅片、电池和组件等核心环节，产业下游及光伏逆变器、光伏玻璃等核心零部件配套产能不足，制约了产业发展。2022年江西省太阳能电池、组件出口量占全国出口总量的 7.40%，远不及江苏、浙江（见表7）。氢能、风电、生物质能等产业尚未形成产业链。

表7 2022年中国太阳能电池、组件出口

单位：GW，%

区域	出口量	出口占比
江苏	55.0	30.39
浙江	46.8	25.86
陕西	17.8	9.83
江西	13.4	7.40
安徽	13.2	7.29
全国	181.0	—

（三）产业发展同质化，需优化发展环境

面对新能源蓬勃发展的态势，江西各地市大力引进新能源项目，宜春等地锂电产业呈现井喷式发展。但各地的重点发展方向出现同质化现象，易造成地市间的竞争。不仅如此，江西光伏产业基本维持现有产业结构及产业规模，"光伏大省"的地位也大不如前。2020年江苏、浙江、安徽电池产量分别为 5383.4 万 kW、2860.6 万 kW 和 2060.7 万 kW，位居全国前

三；江西省仅为 940.9 万 kW，位居全国第五。此外，江西新增光伏装机容量也远不及河南、安徽、湖北（见表8）。同质化竞争不利于产业高质量发展，统筹优化产业布局、产业链及产业配套、市场及应用场景的拓展等对于行业的良性循环发展非常重要。此外，良好的政策环境对新能源行业持续快速发展至关重要。如可再生能源电力消纳保障机制有待健全，电价形成机制和储能市场机制需要建立，电力系统源网荷储各环节协调互动性有待提高等。

表8　中部各省2021年光伏发电建设运行情况

单位：万 kW

地区	2021 年新增并网容量			截至 2021 年底累计并网容量		
		其中:集中式光伏	其中:分布式光伏		其中:集中式光伏	其中:分布式光伏
山西	149.2	73.52	75.7	1457.7	1101.84	355.9
安徽	337.2	121.46	215.7	1706.8	947.02	759.8
江西	135.3	75.29	60	911.1	551.95	359.2
河南	381	21.95	359	1555.6	625.8	929.8
湖北	255	227.34	27.7	952.6	713	239.6
湖南	60.5	29.53	30.9	451.1	220.15	231

（四）过度依赖资源优势，需科学谋划可持续发展

在锂资源供应紧张的当下，江西虽坐拥全球最大的锂盐加工基地，作为资源型地区吸引了大批锂电优质企业与项目。但资源储备终是有限、不可再生的，如何摆脱产业对资源优势的过度依赖，有序、合理开发锂矿资源，驱动产业高质量、可持续发展，成为江西省当前面临的一道时代命题。此外，"双碳"和新能源的发展热潮，促使锂电池短期内高速发展，致使原材料资源紧张。自2021年至今锂、钴、镍等关键材料价格以近10倍的幅度猛涨，未来原材料供应问题将日益凸显。如何缓解战略稀缺资源的供应难题，在加强规划统筹、有序开发现有资源储备的同时，需从经济性和环保性两方面考虑，加速构建动力锂电池回收产业链。

（五）产业急速扩张，需加强生态环境约束

大力发展新能源产业，在采矿、冶炼、加工等项目开发过程中，必然会对生态环境产生负面效应。如何在产业发展与生态环境保护之间保持合理的平衡将影响新能源产业的可持续发展。锂矿资源的开采必然会破坏原有土地条件，影响原生环境，并产生废弃石渣堆积。而废弃石渣会逐渐释放有毒物质，这会对土地、水体等造成污染，亟待加强锂渣无害化综合利用。此外，在冶炼、产品加工过程中，同样需要消耗大量的化石能源与水资源，并产生各种气体、水体及固废污染物。需加强统筹锂矿综合开发，加快锂资源深度利用，完善探、采、选、冶、加工、回收全过程的管控规范。

四　江西省新能源产业高质量发展的建议

（一）优化产业布局，坚持有序发展

1. 建立全省一盘棋、各市有侧重的新能源产业格局

构建"一区两极多点支撑"产业的市场棋局和研发布局，将新余、宜春、南昌联合打造成锂电新能源融合发展区，打造赣州、上饶两大增长极，打造赣南、赣东北新能源特色产业集聚区，培育以抚州、九江、吉安等地多点支撑的产业空间布局。尊重市场发展规律，推动区域协同，避免各区域低层次重复建设，进一步壮大锂电、光伏两个优势产业集群，布局氢能、储能等前瞻性产业。

2. 加大环境资源约束力度

坚持环保、安全与产业协同发展，以区域环境容量和安全生产为基础，开发锂矿资源和锂电项目。申请与锂电产业发展配套的环境容量指标，健全安全生产体系，提升安全应急能力。加大环保及安全投入力度，在锂电生产集中区建设专业污水处理中心、固废处置中心和安全设施等，保障生产所需的环保及安全配套，提升可持续和高质量发展能力。

3. 加强规划引导和政策支持

建立以需求为前提的政策体系，把新能源产业作为全省主导产业来抓，统一协调土地、资金、能耗指标等要素，优先保障新能源产业重点企业、项目、平台的用电、用能和土地需求。优化政务环境，推进建设法治政府、诚信政府。坚持把制度创新作为主攻方向，着力降低制度性成本。支持创新创业，着力营造既规范有序又充满活力的市场经济环境。

（二）提升创新能力，强化技术引领

1. 开展新能源技术攻关

鼓励企业研发 N 型 TOPCon、异质结（HJT）等高效太阳能电池及组件，提升电池组件大规模产业化转换效率，打造世界级电池及组件基地、全国领先的系统集成及应用基地。不断提升锂电池单体及系统比能量，部分关键技术指标达到国内先进水平。加强关键技术攻关，加快推动退役电池梯次利用、有价金属高效提取等技术与装备研发及产业化。

2. 提升企业创新能力

鼓励引进建设企业总部研发中心，推动新能源企业创新平台及检测中心建设。鼓励新能源骨干企业加大研发投入，加快建设研发机构，并协助其申报省级、国家级研发平台。引导中小企业参与新能源重大技术装备研发，加快新能源创新创业项目孵化，促进创新成果与市场有效对接。

3. 推动产学研融合发展

支持联合研发前沿电池、N 型单晶硅片等技术，引导高校院所与企业开展研发成果的孵化、中试、产业化等工作。开展新能源相关研发、技术、技能、管理等方面人才的培养。推进省内企业与重点科研院所的交流合作，进行关键共性技术的研发及产业化。

4. 支持建设各类产业公共服务平台

推动重点企业、科研院所、高校和相关公共服务机构建设具有独立法人资格的孵化机构，吸引国内外新能源领域知名检测机构入驻，为省内外新能源企业开展产品和电站检测服务。鼓励成立技术服务公司等机构平台，开展

新能源关键共性技术研发，为省内外新能源企业提供工艺验证、技术或产品研发、咨询、技术转移等第三方专业服务。

（三）推动补链强链，增强核心竞争力

1. 做长锂电池产业链

以优化"锂矿开采—高性锂电材料—三电系统—下游终端应用（整车）—锂离子关键材料回收利用及新能源车检验检测等相关服务业"全产业链为目标，不断做强锂矿提取、负极材料、电解液、隔膜等优势细分领域，补齐正极材料、锂电芯/电池、锂电池模组及 PACK、电池充（换）电、电池回收与再利用等弱项或缺项环节。

2. 做强光伏产业链

优化多晶硅、单晶硅等原材料环节。引进光伏玻璃、边框、逆变器等龙头企业，补齐光伏产业链。前瞻布局硅料、光伏玻璃等产业影响程度高、投资扩产周期较长、生产弹性低的产业环节，优化产业结构；强化光伏胶膜等产业关键环节自给配套；提升多晶硅、硅片、电池、组件、太阳能系统等产品产能与产量，提升产业实力，壮大产业规模。

3. 加强龙头企业引进

在产业链关键领域、重点环节着力引进一批管理水平高、创新能力强、规模效益好、市场竞争力强、具有较强带动作用的新能源龙头企业。对重点龙头企业引进实施"一企一策"，在技术研发投入、先进设备引进、市场开拓、兼并重组等方面给予相关支持，简化审批流程、加快审批速度。优先保障重点项目资金、土地、人力等要素需求。

4. 做大做强骨干企业

加大对新能源龙头企业的帮扶力度，促进企业转型升级，支持其做大、做强、做优，不断壮大规模、提升集中度和核心竞争力。培育一批规模大、实力强、前景好的新能源骨干企业。推动企业横纵联合。推动新能源产业链上下游企业通过战略联盟、签订长单、技术合作、互相参股等方式，确立长期稳定的合作关系，形成以龙头企业为主导、相关配套企业相辅相成的新能

源产业生态。促进企业间的横向交流与合作，构筑合作共赢的产业生态体系。鼓励新能源企业通过兼并重组整合优势资源、扩大生产规模、增强核心竞争力。

5. 提升企业智能制造水平

深入实施智能制造升级工程，制定光伏、锂电行业重点领域智能化路线图，分步骤开展数字化制造普及、网络化制造示范和智能化制造探索，支持示范项目建设，提升自动化、数字化、智能化水平。促进产品研发设计智能化、生产过程自动化、经营管理信息化、市场营销电子化和软件及信息系统服务集成化等。

（四）拓展应用场景，完善体系机制

1. 推进光伏多样化应用

鼓励企业开发适用于各种光伏应用场景的多样化光伏发电产品。大力发展分布式光伏发电系统，推动集中式电站建设，加大光伏产品在通信、交通运输、市政建设等行业的应用力度。

2. 创新市场运营模式

鼓励引进第三方运营机构，吸引社会资本参与储能设施建设。充分发挥光伏和钮电基础优势，建设培育稳定的、与新能源应用及智能微电网建设融合的储能市场。

3. 完善新能源应用体系机制

加快电网系统供给侧结构性改革，提供更灵活优质的供电服务。保障以光伏、风电为代表的新能源和可再生能源发电发展空间。鼓励碳交易、绿证交易、可再生能源配额交易。探索建设区域微电网，构建适应分布式能源的区域智能电网。

（五）加强交流合作，提升产业影响力

1. 拓展行业交流

推动与国内外新能源行业、企业之间开展广泛交流合作，重点加强前沿

技术合作和产业链上下游对接，实现高起点、可持续发展。鼓励江西省新能源企业积极参与行业相关标准的制修订工作，积极参与国家行业组织活动并发挥作用，不断扩大江西省影响力。

2.积极参与构建能源国际合作共同体

充分把握国际能源合作的新变化和新趋势，以"一带一路"为突破口，积极参与全球能源治理、开展能源国际合作，融入现行国际规则，熟练、灵活运用国际法律规则进行交流、谈判，化解能源贸易争端，维护企业利益，促进全方位能源合作，为打造国际能源合作的利益共同体、责任共同体和命运共同体做出江西贡献。

3.鼓励龙头企业实施"走出去"战略

加强新能源项目海外投资的宣传和推广，提升新能源企业的国际影响力。推动龙头企业制定中长期战略和相关制度，做好长期规划和人员培训，向全球大型跨国公司转变。围绕"一带一路"等新兴市场，加快国际产能和应用合作进程，在设备制造、工程管理和能源服务等方面，设立海外生产和研发基地，拓展海外业务，建立全球营销网络，推进产业全球合理布局，从全球营销、到全球制造、到全球投资、再到全球服务。

参考文献

江西省发展改革委、江西省能源局：《江西省氢能产业发展中长期规划（2023~2035年）》，2023年1月19日。

江西省统计局能源统计处：《解读：2022年全省能源统计数据》，2023年1月28日。

《江西：推动新型储能高质量、规模化发展》，新华社，2023年2月2日。

B.24
数字化转型背景下江西加快农业强省
建设路径研究

江西省社会科学院课题组*

摘　要： 建设农业强省，将数字化和信息技术贯穿农业发展全过程，是高质量建设农业强省的有效抓手。数字赋能促进农业发展有其内在逻辑，江西省仍面临基础滞后、体制机制不顺、数字化工程过于偏重硬件开发、对农业数字化转型缺乏系统性规划等问题。因此，数字赋能农业强省，需要从数字引领、要素支撑、健全体制机制等方面的变革重塑，推动省域农业数字标准体系构建，建设农业单品及县域区块产业数据库，强化数字农业建设整体统筹规划，培育壮大农业数字产业带，做优做强农业数字产业链，实现农业质量价值提升。

关键词： 农业强省　农业数字标准体系　数字农业产业带　江西

党的二十大首次旗帜鲜明地提出"加快建设农业强国"，是全面建成社会主义现代化强国的题中应有之义。当前，全球正迎来新一轮科技革命和产业变革，利用5G、云计算、大数据、物联网、人工智能等数字技术赋能，是助推

---

* 课题组组长：蒋金法，江西省社会科学院党组书记、二级教授，研究方向为区域经济。课题组执行组长：钟群英，江西省社会科学院农业农村发展研究所副所长、研究员，研究方向为产业经济。课题组成员：左腾达，江西省社会科学院博士，研究方向为数字经济；向红玲，江西省社会科学院博士，研究方向为现代农林经济；王舒婷，江西省社会科学院博士，研究方向为农产品品牌；高江涛，江西省社会科学院博士，研究方向为农业经济；杨晨，江西省社会科学院助理研究员、工程师，研究方向为信息化。

我国由农业大国向农业强国跨越的关键举措。江西作为农业大省，将数字化和信息化技术贯穿农业发展全过程，建设农业强省是加快建设农业强国的重要组成部分。为此，省社科院课题组基于数字化赋能农业发展的内在逻辑，从数字赋能推进农业强省的现实基础、短板与不足展开调研，并提出思考与建议。

一 深刻理解数字化赋能促进农业高质量发展的内在逻辑

推动农业生产与食物供给体系尽快转型，通过数字技术创新，用更少的土地、更节约的用水和其他投入生产出更多的健康食物，事关国家粮食安全、社会稳定和经济发展。

从气候资源环境因素看，气候变化和资源利用不可持续威胁着全球粮食安全，如何可持续地生产足够的健康食物是 21 世纪全世界面临的关键的长期性挑战之一。面对挑战，要求农业生产与食物供给体系尽快转型，通过数字技术创新，用更少的土地、更节约的用水和其他投入生产出更多的健康食物。放眼全球，发达国家都把数字农业作为农业现代化发展方向，积极推进农业产业的数字化转型。

从理论逻辑看，数据已成为工业生产等领域的重要生产要素，农业数据成为现代农业发展的关键要素。江西作为农业大省和全国粮食主产区，加快数字经济与农业深度融合，其价值不仅仅在农业部门自身，还涉及与农业相关的产业链（价值链），包括生产过程、收获后处理、农产品交易市场准入、融资服务以及供应链管理等多方面。因此，通过农业数字化转型，加快构建多元化食物供给体系，提高农业生产及食物供给体系的质量效率，提升农业综合效益和竞争力，既是农业高质量发展的有力支撑，也是建设农业强省的关键举措和重要途径。

从生产要素看，数据是数字农业的关键要素，它们由地理空间技术、农业生产信息、天气气候以及市场动态等，聚合为农业大数据，主要由三大数据要素构成：一是地理空间数据，是农田地块与精准农业相关信息，如定点农田质量和产量信息等；二是生产管理和农业技术单元数据，包括播种深度，种子品种，机械耕作、生长时间和成熟期，播种、水肥、农药喷洒的日期及投入品使用等；三是无法控制的环境数据，如降雨量、蒸发量和热量积温累计值等。

从实践逻辑看，信息感知、算法赋能、精准执行是数字农业的特有属性，是农业现代化的内在要求，需要不断投入数字生产管理软件和硬件建设，即基于农业自身发展的数据感知系统建设，让算法模型从虚拟屏幕走向田间地头，在产业链上布局相关系统设施设备，在农业生产、物流、交易和金融等环节领域的各个场景进行融合应用并实现数据互联互通，实现农业数字化转型和产业数字化。具体建设内容参见表1。

表1　数字赋能农业发展的技术特征、逻辑要点和建设内容

技术特征	逻辑要点	建设内容
信息感知，数字农业基础条件（集成农业循环大数据）	"数据"被感知是数字农业技术的逻辑起点，布局数据传输感知设备来收集汇总信息	研究开发感知技术设施设备、精准农业模型与系统
算法赋能，数字农业智能大脑（交互式数据中心平台）	算法是"智能大脑"的核心技术，使生产、流通、市场准入、金融等要素精准衔接	算法模型+运算处理，形成场景应用本土化智能大脑
精准执行，数字农业效能保障（食物质量价值提升）	效能显现的关键，将"智能大脑"运算指令实施到生产经营管理的各个环节领域	生产过程的控制系统设备和加工过程控制设施系统

资料来源：根据调研资料整理。

从技术应用逻辑看，利用5G通信、物联网、大数据、云计算、人工智能等技术，在农业生产、物流、交易和金融等环节领域的各个场景进行融合应用并实现数据互联互通，促进生产数字化、农业物流数字化、交易数字化和金融供销数字化，为农业现代化注入新动能。

二　数字赋能江西、加快农业强省建设的现实基础

江西省通过数字赋能农业产业，已在政策机制、平台建设和公共设施等方面奠定了基础，为探索农业现代化发展路径、建设农业强省提供了可能。

（一）政策机制日益健全，数字农业从顶层规划逐步落地

党的十八大以来，我国日益重视数字农业转型发展并将其上升为国家战略，出台了一系列政策方案，从政策规划、数字赋能、农业数字化转型方面，着力打造中国式现代农业。如农业农村部出台了《数字农业农村发展规划（2019-2025 年）》《全国乡村产业发展规划（2020-2025 年）》《"十四五"全国农业农村信息化发展规划》；2020 年和 2021 年中央一号文件提出数字乡村试点、数字乡村建设发展工程等。江西省积极响应中央号召，出台 2021 年《江西省数字农业农村建设三年行动计划》和 2022 年《江西省"十四五"数字经济发展规划》，相比其他省份，江西省对数字农业基建项目提出更具体的量化要求。目前，有 5 个设区市制定了数字农业农村建设规划或工作方案。

（二）公共设施逐渐完善，为数字农业构建基础底座

2021 年，全省行政村 100%覆盖光纤宽带和 4G 网络，87%的村已经开通 5G 网络，2022 年覆盖 99.6%的乡镇实现"乡乡通"；搭建江西智慧农业"123+N"框架，为数据储存、开发和应用奠定基础；省智慧农业"一云、两中心、三平台"初具规模，农业指挥调度中心对接 63 个市县中心和 253 个现代农业园区，线上开通了动物检疫电子办证、测土配方施肥、赣机惠农等业务。

农业物联网应用场景不断拓宽。2021 年，近 600 家农业企业或基地应用了物联网技术，节本增效达到 13%以上；农产品质量安全监管追溯平台备案企业 29589 家，生成追溯二维码 11146 个；"赣农宝"电商平台开设店铺 527 家，产品种类 5120 个，平均月销售额 500 万元；完成了"江西省生态环境大数据平台"建设，健全农村生态环境监测网络。

（三）数字应用场景逐步拓展，要素赋能促农业产业化

搭建数字农业特色产业平台。江西省运用物联网大数据和算法模型，开发建设了水稻、柑橘、茶叶、生猪、水产五个单品大数据模型，逐步形成产

业"条数据"平台，为全产业链一体化管理提供支持。另外，还有信丰脐橙大数据平台、抚州蔬菜平台等。

数据聚合驱动产业链不断延伸。以农业产业园为载体，形成了产加销一体、"农业+电商"等为代表的产业链延伸模式。2020年全省认定的7家农业示范园总产值346.78亿元、电子商务销售额67.42亿元。如吉安现代农业示范园围绕井冈蜜柚，引入加工企业和电商企业，形成科研、良种繁育、示范、加工、销售一条龙产业服务链条。

数字化促进产业价值链提升。其作用直接体现在销售环节和品牌打造上，如2021年，赣南脐橙网络销售占比超1/4，电商促进赣南脐橙品牌影响力不断提升、实现品牌价值681.85亿元。同时以生态融合为抓手，提升农业产业附加值。如贵溪市通过智慧化高标准农田，实施"智慧田长制"，把粮食生产与粮食安全、耕地保护、土壤修复等结合起来，粮食亩产得到提升，稻米质量得到保障，有力带动了农民增收。

农业供应链不断优化和业态创新。截至2021年底，全省共建成县级电子商务公共服务中心46个、镇村电商服务站5217个、县级物流配送中心44个；快递服务直达建制村的通达率75.04%，邮快合作乡镇覆盖率60.40%。供销社通过建设"互联网+第四方物流"，提升县乡村配送效率70%左右、降低流通成本20%，780多万农民享受供销集配快捷服务。业态模式不断创新，2021年全省农村电商销售额519.8亿元，建成105家农产品运营中心、1.48万家益农信息社；新的订单农业、休闲农业等运营模式改变传统的种植销售习惯，如万安县"互联网+订单农业"带动龙头企业发展订单农户3000户；南昌市将城乡冷链物流骨干网络与互联网技术结合，发展"数字化+新零售"，实现农产品跨季节销售、提升江西省农产品附加值。

三 数字赋能江西、加快农业强省建设的短板与不足

江西省与先进地区和国家相比较，数字农业比较薄弱，数字资源分散，

"天地空"一体化数据获取能力较弱、覆盖率低，生产信息化、精准化水平与发达国家比还有一定的差距。

（一）数字农业基础滞后于产业发展需要

一是农业基础数据集成协调难，数据资源无法共享。调研发现江西省农业规划缺乏数字融合理念，对大数据开发、管理、应用缺乏共享意识，对分散在省直的涉农业数据整体利用率较低，整合共享农田和企业经营等数据资源尚未取得实质性进展。数字技术与农业之间缺乏深度融合，农业数字化工程过于偏重硬件开发、对外展示和演示等形象工程，轻农业数字化软件运行和管理，以信息报送和服务类为主，不符合数字农业效能发挥的现实需要。目前，省农业大数据平台只有 8000 万条涉农业务数据，而安徽有 1.14 亿条、河南有 6 亿条、浙江高达 16 亿条。2021 年，江西农业生产信息化水平低于安徽（41.6%）、湖北（34.9%），只有 30.5%，存在一定差距。

二是农村物联网基础滞后于农业数字化需求。农业数字化转型不仅面临各环节衔接不够紧密、利益分配机制不完善等现实问题，且农业主体数字化投入巨大，仅县域就年均需要数千万元资金。截至 2021 年底，江西省农业物联网示范基地和示范企业 200 家，而安徽已有省级农业物联网示范点 300 个。在 2020 年、2021 年的国家物联网示范项目中，江西没有数字农业项目入选，生产环节数字化率低于 5%，离数字农业第一方阵还有距离。

三是数字化的装备制造与研发落后。我国对农业软件、传感器、智能农机装备的设计、加工、制造、研发与发达国家比有较大差距，动物生长模型和高端智能农机核心（传感器和专用芯片）大多依赖进口。江西省自主制造高端传感设备、丘陵果树采摘和山地作业农机的企业不多，可对果实成熟度图像识别和大小重量精准识别的产品较少。

（二）数字农业精准服务和功能集成有待提高

1. 数字应用程序开发滞后于现实需求

江西省在种植业、畜牧业、水产业、农机装备的数字应用开发上有待提升水平，App 开发慢，距满足现实需求还有较大的缺口，App 实用性和易用性欠缺，致使大多农业主体不愿使用 App，数据流量不够大。尤其是农民总体年龄结构偏大、知识技能难以达到数字农业使用要求，易产生畏难情绪，农民不愿意使用者占比 40%~60%，愿意使用者仅占 10%。

2. 数字农业建设标准缺乏、服务水平滞后

一是数字农业建设标准缺乏。如湖南正打造数字化种植水稻的标准体系；浙江已发布《浙江省数字农业工厂建设指南（试行）》《浙江省数字渔场建设指南》等多个数字农业建设标准，江西实施方案标准仍未出台。二是大田种植、龙头企业所需的气象预警、农情监测等定制服务需求不能被满足。安徽省气象局建成 26 套农业气象物联网示范点，开发"惠农气象"和"云上果林"等，向种植户提供精准天气预报预警。江西省 12316 三农服务中心无法满足种植大户、龙头企业对气象数据的精准需求。三是农业数字化存在信息孤岛，数据无法及时更新。农业内部的数据交换及农业与行业外的气象、土地数据联通不畅；各行业各部门的数据在时间和空间传输上的不及时与不对称、数字电商数据私营等，都是产业数字化转型的障碍。

（三）农业数字化转型缺乏系统性，影响产业链要素支撑

一是数字农业标准化滞后于产业链发展。数字农业的各环节和各主体还未形成统一的数据标准和体系，产业链之间数据互联互通困难。如无论从农产品田间地头、批发零售交易、市场监管执法来看，还是从集配中心、仓库冷藏、中央厨房工厂化生产来看，金融供应链信息服务的精准性都缺乏标准化的数据链追溯。

二是服务数字农业金融产品欠缺。数字农业生产投资大，投资收益周期长、回报慢。现有涉农金融产品结构单一，支持数字龙头企业力度不够。受数字化政策支持、成本、收益等原因影响，涉农主体数字化意愿不强，延缓农业高质量数字化转型。

三是数字农业人才紧缺。目前，数字农业研发人员以电子信息技术为主，有农业背景的相对较少，研发人员专注于技术研发，对农业问题缺乏全

方位的精准理解。具有丰富农业生产经验的从业者，对数字技术缺乏深度认知，数字素养不高，不能驾驭数字技术来从事农业再生产，缺少数字农业复合型人才。统计人才是数字农业重要的生力军，但在农业农村的供给缺口巨大，影响农业产业数字化进程。

四　数字赋能、江西加快农业强省建设的对策建议

农业强省建设亟须数字引领、健全体制机制等方面的变革重塑，要加强农业数字标准体系建设，培育壮大产业带，增加数字服务供给，做优做强产业链，强化要素保障支撑，确保江西省数字农业可持续发展。

（一）加强顶层设计，切实增加投入，推进数字农业高质量发展

一是根据农业数字化、数字农业化需要，构建数据统筹管理体系，在贯彻落实好《江西省数字农业农村建设三年行动计划》和《"十四五"数字经济发展规划》的基础上，科学编制省市县乡数字农业发展中长期规划，制定和完善数字农业领域相关法规，列入各级政府目标责任考核范围。建议全省统一部署，县区因地施策，部门密切配合，引导数据采集、数据存储、数据开发应用等领域合理布局，全面提升数字农业建设的整体性、系统性、协同性；以数字化驱动农业发展方式变革，促进上、下游产业链的数字化协同发展。二是强化数字农业资金支持体系建设。设立"江西省数字农业发展基金"，重点支持农业数字化装备制造与高端智能农机研发，加大生产环节数字化的金融信贷支持力度，为数字农业创造更好的发展条件；吸引社会资本参与数字农业建设，共享数字农业发展红利。三是加快云计算、云储存、数字农业智能大脑建设，强化传统基础设施数据化、智能化改造，推动数字基础设施在农村全覆盖，提升江西省农业数据采集、传输、分析集成能力，促进农业数字化、智能化发展。

（二）发挥政策引领作用，筑牢发展基石，推动省域数字农业标准体系建设

一是强化数字农业标准引领，出台江西省数字农业标准体系。参照

《数字乡村标准体系建设指南》，制定农业"天空地"一体化监测网络、涉农数据资源、生产经营信息化等标准，出台种养业标准体系和种植农场、养殖等数字化技术规范。二是由省政府统筹整合农业大数据平台资源，促进环保、气象、工信、发改、统计等部门信息数据联通和业务协同，实现数据共享；建设省、市、县三级农业智慧云平台和农业单品及县域区块为主的产业数据库。三是制定专门的农业数据共享条例，使生产、加工、流通、销售等数据与政府主导的数字化应用对接，规范涉农数据收集、信息整合和分析效果使用原则。四要加强农业数据采集和平台企业的规制与监管。

（三）强化产业聚集、探索场景应用模式，培育壮大特色产业集群

加强数字农业建设整体统筹规划，尤其是县级统筹工作，构建数字农业新格局。对标国家级大数据产业发展标准，利用单品和县域大数据中心，通过农业现代产业园（基地）、龙头企业打造特色数字产业集群。借鉴美国农业主要作物带专业化规模化生产，提升江西省特色产业带数字化渗透率、产业链上下游集中度，以及农业与其他部门行业的数字化渗透率，在此基础上打造一批数字农业场景应用模式。

推广"农业产业大脑+未来农场"发展模式，围绕水稻、柑橘、蔬菜、油茶、畜禽、水产等产业设施化、智能化、数字化等发展趋势，促进要素集约、管理高效，推动"赣都正品"等区域公共品牌有效运用，提升品牌价值。发展农场产地直供中央厨房模式、农产品产地直供+中央厨房净菜+加工品运营模式，农村新鲜蔬菜食材初次交易、净菜配送、中央厨房预制菜工厂化生产。打通农副产品网货通道，通过"京东""阿里"等头部电商平台打通网上农博的生产端和消费端，利用"短视频+直播带货"等模式，提升特色品牌知名度。

（四）改善服务供给，促进三产融合，做优做强数字农业产业链

一是积极探索全产业链数字化。建议条块结合，以单品全产业链为主线，建设单品条状产业链大数据；以县域农产品生产基地和现代农业园区为

单元，建设块状产业链大数据。让农民和企业参与，使大量人群进入平台、生产数据，成为农业新主体、供应商或产品代理商，促进农商、农旅结合，使交易交付数据采集、分析、应用等环节形成信息流闭环，提供数字精准服务，从而提升产业链效率。

二是数字赋能农产品流通服务体系建设。加快农产品冷链物流工程建设，强化进出库、运输、交易全程的数字化管理。培育农产品现代流通主体，加大仓储冷链投入，推进"数字粮仓"和农村冷链设施建设，提高农产品冷链流通率。通过数字金融把控贷款风险，助力解决制约农业高质量发展融资难问题。

三是推进农产品质量安全可追溯体系建设。通过一品一码、全程追溯体系，健全农业投入品购销使用、生产过程管控、产品销售等信息，提升农产品质量安全智慧监管水平，确保从田间到舌尖安全。操作上，以市场监管的市场准入、质量检验检测环节为切入口，为食品供应链设定自我监管的运行机制。

（五）强化要素支撑、完善保障体系，确保农业强省可持续发展

一是加强农村网络基础设施建设，完善信息服务终端，让农民使用数字App的边际成本为零。二是加快数字农业技术创新和转化。攻克数字核心关键技术，如农业高精度"一张图"、高效传感器和人工智能等。加快推进数字技术装备的系统集成与综合运用，加大数字技术产品及实用 App 的研发推广力度，在农业精准感知、数据采集和农业遥感卫星研发方面重点突破。三是加大政策支持力度。探索政府购买服务、与社会资本合作、贷款贴息等方式，引导工商资本、金融资本的投入，尽快将农业传感器等智能设备纳入农机购置补贴范围。四是大力提升农民数字素养和技能。依托基层农技推广站或社会化服务组织，开展数字农业技术培训，采用线下培训和网上培训相结合的模式，培养专业型、复合型数字农业管理和技术人才。五是积极培育数字农业建设所需的统计人才。在高校普遍增设统计学专业，扩大统计学招生规模，促进统计学基础人才培养，夯实数字经济发展的根基，加快农业强省建设。

参考文献

习近平：《高举中国特色社会主义伟大旗帜　为全面建设社会主义现代化国家而团结奋斗——在中国共产党第二十次全国代表大会上的报告》，《当代江西》2022年第11期。

王小兵：《数字农业农村发展趋势与推进路径》，《机器人产业》2020年第4期。

刘元胜：《农业数字化转型的效能分析及应对策略》，《经济纵横》2020年第7期。

钟文晶、罗必良、谢琳：《数字农业发展的国际经验及其启示》，《改革》2021年第5期。

金建东、徐旭初：《数字农业的实践逻辑、现实挑战与推进策略》，《农业现代化研究》2022年第1期。

吕小刚：《数字农业推动农业高质量发展的思路和对策》，《农业经济》2020年第9期。

刘海启：《加快我国由农业大国向农业强国转变的战略思考和工作举措》，《中国农业资源与区划》2020年第3期。

B.25
RCEP 生效实施对江西外贸的
影响及对策

蒋金法 龙晓柏 龚梦玲*

摘 要: 高效对接区域全面经济伙伴关系协定（简称 RCEP），对江西扩
大贸易开放、深度融入亚太产业链分工合作具有战略意义。2022
年初 RCEP 生效以来，江西与 RCEP 成员贸易合作日趋紧密，跨
境电商等贸易新业态蓬勃发展。本文阐述了江西与 RCEP 成员外
贸运行特征，客观分析 RCEP 生效对江西的机遇与挑战。新形势
下，江西要充分把握 RCEP 合作机遇，需从优化农产品出口结
构、充分运用累计原产地规则、打造和完善特色产业链、提升跨
境贸易便利度、做好政策引导等方面深度融入 RCEP 区域合作，
推动江西外贸高质量发展。

关键词: RCEP 外贸 江西

区域全面经济伙伴关系协定（简称 RCEP），即由东盟十国，中国、日
本、韩国、澳大利亚、新西兰共同参加，通过削减关税及非关税壁垒，建立
15 国统一市场的自由贸易协定，这也是全球规模最大的自由贸易协定。
2021 年 RCEP 出口额和对外贸易总额占全球比重分别为 30.79% 和 28.74%。
随着 RCEP 于 2022 年初正式生效，推动江西高质量对接 RCEP 的落地实施，

---

* 蒋金法，江西省社科院党组书记、教授，研究方向为区域经济；龙晓柏，江西省社科院经济
研究所副所长、研究员，研究方向为世界经济、国民经济；龚梦玲，江西省社科院发展战略
研究所助理研究员，研究方向为区域经济。

对进一步提升江西与 RCEP 贸易紧密度、深度融入亚太产业链分工合作，具有战略意义。

一 RCEP 有关贸易规则的内容与特征

区域全面经济伙伴关系协定（RCEP）包括序言、正文（共 20 个章节）以及承诺附件表，从内容上看，涉及贸易、投资、海关程序、经济技术合作、电子商务、竞争、中小企业、贸易救济等领域，多项承诺高于现行 WTO 标准，体现了协定各成员在经贸领域的共同发展目标。在货物贸易议题领域，RCEP 着重减少相关壁垒，增进区域贸易。

（一）贸易自由化

RCEP 关于货物贸易的议题主要涉及关税减免以及部分非关税壁垒。在关税减免方面，协定基于双边议价模式，要求通过立即减免和 10 年内逐步降税的方式实现区域内 90% 以上的货物零关税，整体而言，多数成员间降税力度明显；在非关税壁垒方面，除 WTO 所规定的权利义务外，各成员约定取消包含普遍取消数量限制等在内的非关税措施，同时优化进口许可程序、简化进出口手续、降低相关费用。可以预见，在大规模取消贸易壁垒后，RCEP 将通过贸易创造和转移效应，降低商品价格，拓展商品选择，进一步提升区域商品的全球竞争力。

（二）原产地累计规则

不同于传统自贸协定中的双边原产地规则，RCEP 使用了区域原产地累计规则，即一国出口商品中区域价值成分达到某一比例（RCEP 文本第三章原产地规则中明确规定原产区域价值成分不少于 40%），即可享受相应的关税减免待遇，这意味着未来各个成员在生产过程中，将更倾向于选择区域内国家所生产的原材料以获取关税减免优势，同时在跨境投资的区位选择上也将更倾向于选择区域内国家，这无疑将促进区域内贸易和投资相互合作活动

的开展。可以说，RCEP 的原产地累计规则等方面更符合未来高标准、一体化贸易发展需要。

（三）高标准与包容性

一方面，由于 RCEP 各成员发展情况存在层次差异，既包含日本、韩国、澳大利亚、新加坡等发达经济体，也包含中国、印度尼西亚等新兴发展中经济体以及缅甸等欠发达经济体，因而协定权衡了高标准与包容性，如在知识产权领域，保护专利、版权等相关规则的制定更契合各成员发展现状；另一方面，RCEP 对环境、劳动、国有企业等新兴贸易议题相对涉及较少，并在协定内容中采用特殊与差别待遇原则，为缅甸、柬埔寨等欠发达经济体设置了更长的缓冲期，且承诺提供相应的经济、技术援助。整体而言，除传统自贸协定相关内容外，RCEP 在部分领域具有更为新颖、高标准、灵活的议题，指明了各成员未来深化经贸合作的方向。

二　江西与 RCEP 成员国外贸运行特征

（一）贸易规模稳步提升

2016~2022 年，江西与 RCEP 的贸易往来呈逐年攀升态势（见图 1）。RCEP 落地实施后，江西与 RCEP 贸易规模增幅明显，2022 年，江西向 RCEP 贸易伙伴进出口 2344.68 亿元，同比增长 57.01%。特别是江西面向 RCEP 贸易伙伴出口 1709.68 亿元，同比增长 61.65%。

（二）贸易贡献度高

从贸易额占比来看，近 6 年来江西与 RCEP 成员国的进出口总额占全省贸易比重为 31.4%。RCEP 落地实施后，江西与 RCEP 成员国的贸易占比指标进一步提升，2022 年江西与 RCEP 成员进出口贸易额占全省的比重提高到 35.63%，其中出口占 34.21%，进口占 40.09%（见表 1）。

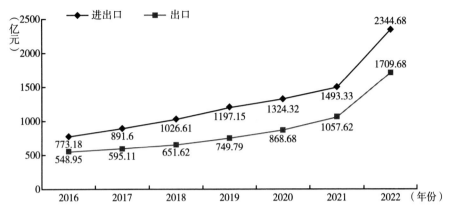

图 1 江西与 RCEP 成员贸易规模增长情况

资料来源：南昌海关。

表 1 江西与 RCEP 成员贸易额占全省比重

单位：%

年份	进出口	出口	进口
2016	29.30	27.98	33.16
2017	29.61	26.94	36.96
2018	32.47	29.31	39.94
2019	34.11	30.04	44.12
2020	32.91	29.77	41.18
2021	29.99	28.80	33.33
2022	35.63	34.21	40.09

资料来源：南昌海关。

从贸易差额来看，江西对 RCEP 成员总体贸易顺差呈现扩大趋势。具体来看，江西与东盟长期处于贸易顺差，且对贸易顺差贡献大。除东盟外，近年来韩、日、新与江西贸易差额增减幅度不高，出口与进口大致保持平衡，而江西与澳大利亚长期保持贸易逆差（见表 2）。

表 2　江西与 RCEP 成员贸易差额

单位：亿元

成员	2016 年	2017 年	2018 年	2019 年	2020 年	2021 年	2022 年
东盟	273.98	280.04	315.17	386.66	432.82	523.02	916.15
日本	14.26	6.82	-42.36	-38.38	4.77	46.64	109.95
韩国	38.20	66.94	47.15	-23.79	-25.85	57.75	179.98
澳大利亚	-5.05	-59.33	-45.36	-23.95	-3.35	-13.55	-129.63
新西兰	3.33	4.16	2.03	1.89	4.65	8.05	12.91
顺差合计	324.72	298.63	276.64	302.43	413.04	621.91	1089.36

资料来源：南昌海关。

（三）与协定成员经贸合作日趋紧密

江西国际市场多元化布局持续推进，东盟、韩国和日本一直稳居江西
RCEP 贸易额前三大市场，贸易量在与 RCEP 成员贸易总量中占比超过
85%，其中东盟稳居第一大贸易伙伴地位（见表3）。2020 年以来，越南与
江西的贸易总额后来居上，超越马来西亚成为江西与东盟的最大贸易伙伴。
2022 年江西与东盟、韩国和日本的贸易总量占与 RCEP 成员贸易总量的比
重分别为 55.63%、18.41%、13.13%。值得关注的是，2022 年江西与澳大
利亚贸易总量占 RCEP 比重提升到 12.11%。

表 3　江西与 RCEP 成员贸易总量占比情况

单位：%

成员	2016 年	2017 年	2018 年	2019 年	2020 年	2021 年	2022 年
东盟	52.48	46.26	48.06	49.20	49.11	53.42	55.63
日本	14.97	17.12	21.99	20.76	19.20	17.35	13.13
韩国	24.17	22.94	18.61	20.57	22.34	18.80	18.41
澳大利亚	7.88	13.14	10.83	8.96	8.84	9.74	12.11
新西兰	0.50	0.55	0.51	0.52	0.52	0.69	0.73

资料来源：南昌海关。

（四）产业贸易结构进一步优化

从进口产业分析，江西来自 RCEP 的进口商品大多属于资源密集型或者高技术密集型产品，主要集中于电子信息、新能源等产业原材料，如集成电路及其配件装置、铁矿砂、铜废料、锂辉石矿、橡胶等。热带作物丰富的东盟、畜牧业和矿产资源禀赋优势明显的澳大利亚以及在高端制造业领域占据优势的日韩与江西的贸易都具有很强的互补性。

从出口产业分析，机电产品、劳动密集型产品等为江西面向 RCEP 成员国的重要出口产品，主要包括电子元件、自动数据处理设备及其零部件、贱金属及其制品、化工业、纺织品以及塑料制品、玩具制造等（见表 4）。

表 4　江西与 RCEP 成员的产业贸易情况

单位：亿元，%

产业属性类别 （行业）	海关商品标准分类	出口				进口			
		2021 年		2022 年		2021 年		2022 年	
		金额	比重	金额	比重	金额	比重	金额	比重
农业资源及其加工业（动物、植物、动植物油、食品、饮料及烟草等）	1~4	10.97	1.04	14.36	0.84	5.47	1.26	8.50	1.34
矿产资源型行业（矿砂、矿物燃料、石灰）	5	4.17	0.39	8.57	0.50	79.88	18.33	218.59	34.42
中等技术密集型制造业（化工业）	6	149.03	14.09	318.65	18.64	30.43	6.98	18.83	2.97
劳动及低技术型制造业（皮革制品、木制品、纸、纺织服装及鞋帽等）	7	58.30	5.51	84.35	4.93	11.03	2.53	10.48	1.65
	8	17.14	1.62	27.56	1.61	1.16	0.27	1.15	0.18
	9	10.00	0.95	14.15	0.83	5.08	1.17	9.23	1.45
	10	25.08	2.37	49.54	2.90	41.85	9.61	53.42	8.41
	11	81.77	7.73	123.55	7.23	1.68	0.39	2.24	0.35
	12	24.96	2.36	38.56	2.26	0.98	0.22	1.08	0.17
资源型加工制造业（贱金属及其制品、石料制品、陶瓷玻璃及贵金属制品等）	13	40.32	3.81	62.58	3.66	1.00	0.23	1.41	0.22
	14	1.07	0.10	2.60	0.15	4.43	1.02	2.53	0.40
	15	156.18	14.77	308.01	18.02	43.47	9.98	62.22	9.80

续表

产业属性类别（行业）	海关商品标准分类	出口				进口			
		2021 年		2022 年		2021 年		2022 年	
		金额	比重	金额	比重	金额	比重	金额	比重
高技术密集型制造业（汽车制造、精密仪器制造、电子电气制造、医疗设备、航空制造等）	16	314.26	29.71	429.88	25.14	190.46	43.71	231.19	36.41
	17	28.99	2.74	46.59	2.73	1.99	0.46	0.96	0.15
	18	24.84	2.35	30.71	1.80	16.29	3.74	12.82	2.02
	19	0.01	0	0	0	0	0	0	0
家具、其他杂项及未归类	20	109.11	10.32	149.76	8.76	0.42	0.10	0.34	0.05
	21	0.11	0.01	0.19	0.01	0	0	0	0
	22	1.32	0.12	0.07	0	0.09	0.02	0.01	0
合计		1057.63	100	1709.68	100	435.71	100	635.00	100

资料来源：南昌海关。

（五）贸易新业态蓬勃发展

江西与 RCEP 服务贸易呈现良好发展态势，2021 年对 RCEP 服务贸易额 2.24 亿美元，占江西服务贸易总额的 13.15%，其中出口 2.09 亿美元，占江西总量的 13.05%。同时，RCEP 通过推广电子认证和电子签名，创造了高水平便利化的线上营商环境，有助于企业借助跨境电商平台扩大出口效益。江西积极对接 RCEP 数字贸易规则，推动跨境电商企业在赣加大投资，支持企业在 RCEP 成员国建设海外仓，鼓励企业线上线下融合参与开拓 RCEP 国际市场。

三 RCEP 生效对江西的机遇与挑战

RCEP 生效实施，对江西而言，深度参与 RCEP 区域合作充满机遇。同时，江西抢占 RCEP 红利，还存在一些问题和瓶颈，需重点关注。

（一）主要机遇

1. 区域内贸易市场更具成长性

RCEP 生效，江西与东盟可进一步探索构建以跨境产业链合作作为主的国际经贸新模式，随着江西-东盟铁路跨境货物班列持续开通，双边贸易往来将有更大发展空间。日、韩为江西主要进出口伙伴，中国和日本在历史上首次达成了双边关税减免协议，RCEP 将为江西参与东亚经济圈分工合作带来更大机遇。江西与澳、新产业贸易异质互补性显著，随着 RCEP 的落地，这将持续改变江西与澳大利亚、新西兰贸易往来少的局面。

2. 有利于进一步优化外贸结构

RCEP 生效，降低了区域内贸易成本，有利于江西优化外贸结构。就进口来看，日本和韩国是我国精密机械、精细化工等行业的器械重要进口国。RCEP 的生效将惠及江西对日、韩进口工业原材料、工业用机械等（如日本的不锈钢丝、钢材、离心泵等高材质产品）。就出口来说，江西茶叶、柑橘、烤鳗等农副产品及玩具、鞋类、服装等轻工产品，在日本和澳大利亚等发达国家市场基础好，前景可观。同时，江西与东盟中间品产业链关系有望更加紧密。

3. 有利于提升制造业技术先进水平

日本在电子元器件、半导体材料等精密设备领域拥有高端技术，韩国在液晶面板、半导体精密制造和人工智能等领域在全球占据绝对优势，澳大利亚在矿山机械制造、生物医药研发方面具有竞争力，新加坡的电子、化工具有优势。而高新技术产业在江西发展仍然面临产业链韧性不足的弱势，伴随 RCEP 落地，各成员间技术合作与转移的便利性增强，江西本土制造企业有望获取更多的国际技术合作机会与经验。

4. 有利于丰富进口消费品市场

江西对 RCEP 贸易伙伴的农牧产品、高端护理等消费品进口需求高，其中蔬果、稻米和棕榈油来自泰国、越南、菲律宾等东盟各国，化妆品、医药、康复和养老护理设备等主要来自日本、韩国。澳大利亚、新西兰将为江西带来优质农产品和水海产品，利好江西消费品市场升级与消费结构优化。

（二）面临的挑战

1. 贸易规模和原产地证书签发量仍有一定差距

一是进出口规模有待扩大。2022 年，江西对 RCEP 进出口 2344.68 亿元，仅为全国同期（进出口12.95万亿元）的1.81%，是山东同期（进出口1.27万亿元）的18.46%，是深圳同期（1.01万亿元）的23.21%。江西对RCEP进出口底子薄、基数低，仍需"快马加鞭"迎头赶上。二是原产地证书签发量和货值有待增加。RCEP原产地证书是国内企业在进口国家和区域享受关税减免的"纸黄金"。在中部地区，江西RCEP原产地证书签发量排名第四位，货值金额排名第三位，总体居中等水平，且与浙江、上海等沿海省份差距巨大（见表5）。

表5　江西与部分省份RCEP原产地证书签发情况（2022年第一季度）

省份	原产地证书签发量（张）	货值（亿元）
山西	310	1.48
湖南	315	2.71
江西	603	3.69
湖北	882	2.73
河南	1026	4.7
安徽	1374	5.63
浙江	13112	37.61
上海	12700	45.87

资料来源：根据各省份海关公开数据整理。

2. 外贸营商环境欠佳

一是政策宣传有待加强。实体企业对RCEP的规则尚未熟练掌握，RCEP外贸氛围尚未形成，政策推动效应滞后，RCEP政策宣传解读仍需深入细致。二是缺少对接服务窗口。广西设立了RCEP企业服务中心，浙江成立RCEP一站式服务窗口，江西尚未建立专门的服务平台或机构，开发区、保税区与口岸联动不足，部门间数据共享存在壁垒，导致企业面临现实问题时无处咨询。三是外贸法规建设存在差距。江西在跨境贸易的合规成本、法治化程度上与长三角、京津冀等发达地区差距明显。在税收优惠、奖励和创汇补贴等政策方面与江苏、河南等省份存在差距。

3. 物流业和开放平台发展滞后

一是物流通道不畅，配套设施集聚功能不强。武汉可以直航日韩，长沙可以直航港澳，江西货物运输空运、水运线路少，货物承载力有限，增加了含国内运输段的通关时间。江西入选国家物流枢纽和物流枢纽承载城市数量少（江西 6 个、安徽 7 个、湖南 8 个、浙江 13 个），且集铁、公、水和航空于一体的大型综合性物流园区缺乏。二是综保区发展绩效水平不高。2021 年，在全国 137 个参与绩效考核的综保区中，南昌综保区排名第40 位，省内其他综保区均排名 100 名开外。江西综保区整体绩效不佳，其五大功能建设不齐全，尤其在带动全省与 RCEP 贸易合作模式创新上仍显薄弱。

4. 外向型经济发展韧性不足

一是本土"链主"型外贸出口企业少。江西外贸龙头企业不多，出口低于 600 万美元的中小微企业有 3886 家，占比约为 78%。如江西电子信息面向 RCEP 出口以华勤电子、前海国信、立讯智造、欧迈斯微电子和欧菲光为领头羊，随着这些企业在印度、越南、印尼等布局生产线，江西出口稳定性将受限。二是价值链有待提升。截至 2022 年 4 月，中间产品占江西与RCEP 贸易伙伴进出口额的比重达 68.2%，深度融入区域产业链供应链时，终端产品比重需要增加，以增强产业链发展韧性。三是服务贸易发展不平衡。江西面向 RCEP 服务贸易以建筑工程为主，保险、金融、咨询、研发和技术测试等高附加值服务贸易规模小，且服务贸易以中国瑞林、中鼎国际工程等为代表，高度集中在南昌市。

四　对策建议

近年来随着全球经济前景不明朗、逆全球化与贸易保护主义抬头，江西面临的经贸风险明显增加。在此背景下，江西应科学深化与 RCEP 协定成员的经贸合作，提升贸易开放度，放大 RCEP 贸易合作效应。本文提出以下建议。

（一）提高农产品贸易合作水平，完善农产品冷链物流体系

一是持续优化农产品出口结构，加速推进以"绿色生态"为最大特色的名优农产品发展，大力加强良种培育、先进农业技术推广、生态优势的转换，持续提高"三品一标"农产品品质和产量，增强 RCEP 市场竞争力。进一步完善江西农产品质量标准和质量认证体系，推动农产品质量标准与国际接轨，降低江西优势农产品如茶叶、江西烤鳗等出口 RCEP 成员可能面临的贸易壁垒。二是建立健全以冷链物流为主的果蔬产品出口运输体系，持续研发冷冻和保鲜技术，助推江西生鲜果蔬产品出口突破距离制约。三是打造 RCEP 国际市场认可度较高的赣鄱果蔬品牌。支持江西农产品加工企业与澳大利亚、新西兰在畜牧业、生鲜等行业构建农业合作共赢品牌体系。

（二）充分运用累计原产地规则，进一步提升经贸合作能力

RCEP 成员之间在资本、原材料、技术等产业链要素方面存在较强的互补性。江西应充分运用累计原产地规则和协定成员低关税等优惠政策，在 RCEP 区域内延长自身产业链和供应链。江西可以 RCEP 贸易自由化为契机，深化与日韩在高新技术制造领域的合作，提升江西制造业在研发设计、智能制造等方面的能力，并借助澳大利亚、新西兰以及东盟的资源优势，在整个 RCEP 区域范围内布置产业链，推动制造业国际化发展。同时，充分开展与 RCEP 国家的跨境产业园区合作。

（三）打造和完善特色产业链，增强产业链国际竞争力

RCEP 机遇下，江西可多措施完善自身特色产业链，提升产业链发展韧性。机电是江西进出口的最主要产业，应借 RCEP 生效契机做大做强机电特别是电子信息产业链。高质量建设京九万亿级电子信息产业带，发挥南昌、吉安、赣州电子信息产业集群等的引领作用，以 5G 为引领，发展新型通信产品和网络终端设备，逐步推进电子信息核心零部件、关键材料生产的本土化，打造一条掌握核心技术、在 RCEP 范围内具有竞争力的电子信息制造产

业链。江西可以抓住 RCEP 提供的机遇，力促光伏、锂电等产业技术创新、产品集聚和产业链延伸，培养一批国际一流企业；提高铜、钨、稀土和陶瓷等基础材料精深加工水平，推动新材料朝多功能、智能化方向发展，建设全球新能源、新材料集聚区。加快发展新能源汽车、自动化测控仪器、航空制造、高端装备制造、生物医药等国际市场前景好的高新技术产业。提升钢铁、化工等产业高端化、绿色化水平，提升家具、纺织服装等产业规模化、品牌化程度，扩大江西对 RCEP 贸易份额。

（四）提升跨境贸易便利化水平，搭建企业开拓外部市场桥梁

RCEP 设置专门章节对各国贸易便利化提出要求，江西可重点做好：第一，简化口岸通关流程。大力实施进口货物"船边直提"和出口货物"抵港直装"措施，拓展原产地预裁定制度实施范围，以南昌、赣州、九江等中心城市贸易口岸为示范重点提升口岸通关效率。第二，加强"单一窗口"建设。进一步完善江西国际贸易"单一窗口"功能建设，提升"单一窗口"与银行等金融机构的对接水平，推进江西与"一带一路"东盟沿线国家、粤港澳大湾区"单一窗口"合作。第三，推进江西与 RCEP 成员之间在 5G、数据中心、电商平台、仓储、加工、物流、金融等领域的合作，加强跨境电商供应链建设，积极布局海外仓等国际贸易新业态。

（五）做好政策宣传，促进 RCEP 协定高效落地

一是支持举办江西与 RCEP 国别系列经贸合作机遇研讨会，加强对 RCEP 内容尤其是货物贸易新规则等方面内容的宣传、解读和辅导。二是建立 RCEP 成员商品减税对比清单，支持电子信息、汽车制造、铜、钢铁、家具等重点行业领域的企业用好 RCEP 规则，积极拓宽江西向 RCEP 进出口市场空间。三是支持江西有条件的城市在与 RCEP 贸易开放合作方面先行先试，加快建设南昌、赣州、九江等国家级跨境电商综试区和南昌"中国服务外包示范城市"，为高效执行 RCEP 提供可复制可推广的经验。四是提高外贸水平，扩大进口 RCEP 成员先进技术、关键设备、重要资源，推动研发

设计、节能环保等生产性服务进口。精心培育具国际化运营能力的生产型出口企业和外贸综合服务企业群体，拓展自营出口和高附加值产品出口规模。

参考文献

俞子荣、袁波、王蕊、宋志勇：《RCEP：协定解读与政策对接》，中国商务出版社，2021。

王珏：《区域贸易协定的多边效应——以 RCEP 合作为例》，经济科学出版社，2021。

迟福林主编《RCEP：全球最大自由贸易区》，中国工人出版社，2022。

朱妮娜：《RCEP 制造业贸易网络结构及动态演化机制研究》，中国经济出版社，2022。

贺平、沈陈：《RCEP 与中国的亚太 FTA 战略》，《国际问题研究》2013 年第 3 期。

韩立群：《全球经贸新格局背景下的 RCEP：影响与走势》，《当代世界》2013 年第 7 期。

唐国强、王震宇：《亚太区域经济一体化的演变、路径及展望》，《国际问题研究》2014 年第 1 期。

全毅、沈铭辉：《区域全面经济伙伴关系（RCEP）的中国视角》，《国际贸易》2014 年第 6 期。

王金波：《亚太区域经济一体化的路径选择——基于经济结构的分析》，《国际经济合作》2016 年第 11 期。

薛坤、张吉国：《RCEP 对中国农产品贸易的影响研究——从关税削减的角度》，《世界农业》2017 年第 4 期。

刘艺卓、赵一夫：《"区域全面经济伙伴关系协定"（RCEP）对中国农业的影响》，《农业技术经济》2017 年第 6 期。

陈尾云、王灿雄、彭虹、庄佩芬：《贸易便利化对中国跨境电商出口 RCEP 国家的影响——基于拓展的贸易引力模型》，《福建农林大学学报》（哲学社会科学版）2022 年第 6 期。

彭水军、吴腊梅：《RCEP 的贸易和福利效应：基于全球价值链的考察》，《经济研究》2022 年第 8 期。

赵青松、李彦锋：《RCEP 关税减让对中日轻工产品贸易的影响研究》，《海关与经贸研究》2022 年第 5 期。

王智烜、荣超：《RCEP 关税安排及未来展望》，《国际税收》2021 年第 11 期。

王晶、徐玉冰：《我国对 RCEP 成员国 ICT 产品出口的贸易效率及潜力研究》，《工业技术经济》2022 年第 2 期。

袁波、王蕊、潘怡辰、赵晶：《RCEP 正式实施对中国经济的影响及对策研究》，《国际经济合作》2022 年第 1 期。

福建社会科学院课题组：《福建与 RCEP 成员国经贸关系评估及其对策研究》，《亚太经济》2022 年第 6 期。

张学诞、秦书辉、陆昌珍：《RCEP 背景下促进广西对外贸易发展的关税政策研究》，《经济研究参考》2022 年第 2 期。

沈国兵、沈彬朝：《实施 RCEP 协定与出口多元化：来自中国的证据》，《东南大学学报》（哲学社会科学版）2022 年第 2 期。

王孝松、周钰丁：《RCEP 生效对我国的经贸影响探究》，《国际商务研究》2022 年第 3 期。

蓝庆新、武月：《对标 RCEP 经贸规则的我国高水平开放格局构建——优化营商环境的视角》，《改革与战略》2022 年第 3 期。

吴静、林芸：《"一带一路"倡议下江西东盟贸易布局的现状及对策研究》，《老区建设》2022 年第 11 期。

邹静、邹晓明：《培育跨境电商促进江西外贸升级的对策研究》，《东华理工大学学报》（社会科学版）2018 年第 4 期。

B.26
江西推进实现人与自然
和谐共生的策略研究[*]

曾建平　李志萌　等[**]

摘　要：　推动绿色发展，促进人与自然和谐共生，是全面建设社会主义现代化国家的内在要求。江西作为国家生态文明试验区，要坚持以习近平生态文明思想为指导，牢固树立和践行绿水青山就是金山银山的理念，发挥江西绿色优势，努力打造全面绿色转型发展的先行之地、示范之地，更高标准打造美丽中国江西样板。本报告分析了人与自然和谐共生的本质与内涵，江西促进人与自然和谐共生的努力和取得的成就、存在的问题和困难，从锚定人与自然和谐共生的发展方向、明确重点领域、强化支撑体系、完善政策保障等方面提出推进人与自然和谐共生的策略。

关键词：　人与自然和谐共生　生态文明　江西

习近平总书记在党的二十大报告中提出，"推动绿色发展，促进人与自然和谐共生""大自然是人类赖以生存发展的基本条件。尊重自然、顺应自然、

* 本文为江西省社会科学基金重点项目"二十大精神研究阐释专项"："人与自然和谐共生的中国式现代化研究——以江西为例"（22ZXQH38）、江西省宣传思想文化领域高层次人才服务专项（项目编号：222XRC36）阶段性成果。
** 曾建平，江西省社会科学院副院长、教授，研究方向为环境伦理与生态文明；李志萌，江西省社会科学院江西发展战略研究所所长、研究员，研究方向为生态经济；马回，江西省社会科学院江西发展战略研究所副研究员，研究方向为生态经济；邱信丰，江西省社会科学院农业农村发展研究所助理研究员、博士，研究方向为生态经济。

保护自然，是全面建设社会主义现代化国家的内在要求。必须牢固树立和践行绿水青山就是金山银山的理念，站在人与自然和谐共生的高度谋划发展"。奋进新征程，江西作为国家生态文明试验区，要坚持以习近平生态文明思想为指导，大力推进生态文明建设，努力建设人与自然和谐共生的现代化。

一　人与自然和谐共生的本质与内涵

习近平总书记指出："自然是生命之母，人与自然是生命共同体，人类必须敬畏自然、尊重自然、顺应自然、保护自然。"人与自然紧密相连，休戚与共。推进实现人与自然和谐共生，深刻体现了新时代生态文明建设必须遵循的基本原则，是对马克思主义自然观、生态观的继承和创新，是对中华优秀传统生态文化的创造性转化、创新性发展，也是中国式现代化和人类文明新形态的重要内涵，对筑牢中华民族伟大复兴绿色根基、实现中华民族永续发展具有重大现实意义和深远历史意义。

推进人与自然和谐共生是实现中国式现代化的重要内容。党的二十大报告强调，中国式现代化是人与自然和谐共生的现代化。长期以来，西方发达国家通过偷换概念将"西方化"与"现代化"画上等号，并以"西方化"作为广大发展中国家实现现代化的唯一路径，这种通过过度消耗自然资源、损害生态环境来换取的发展是不可持续的，对子孙后代的长期发展贻害无穷。我们党在长期的发展实践中对现代化道路和模式进行了科学反思，提出人与自然和谐共生的战略目标和任务，是遵循人与自然发展规律和实现经济高质量发展的科学选择。

推进人与自然和谐共生是推动高质量发展的题中应有之义。我国经济已由高速增长阶段转向高质量发展阶段。高质量发展是体现新发展理念的发展，是绿色发展成为普遍形态的发展。坚持推动绿色发展，促进人与自然和谐共生，就是要突破旧有的发展思维、发展理念和发展模式，从一味地利用自然、征服自然、改造自然向尊重自然、顺应自然、保护自然转变，推动人和自然和谐发展。唯物主义史观认为，人的行为必须遵循自然生态系统的客

观规律。我们要摒弃"人定胜天""人一定能战胜大自然"的老旧观念，将自身的生产生活方式限定在自然所能承受的范围之内，正如恩格斯所说："我们不要过分陶醉于我们人类对自然界的胜利。对于每一次这样的胜利，自然界都会对我们进行报复。"党的十八大以来，我们坚决遏制住了生态环境破坏的势头，生态环境保护发生历史性、转折性、全局性的变化，生态优先绿色发展的理念已经深入人心。

推进人与自然和谐共生是满足人民群众对美好生活向往的必然选择。习近平总书记强调："良好生态环境是最公平的公共产品，是最普惠的民生福祉。"推进人与自然和谐共生，就是要实现产业链和生态链的统一，让人民群众在优美的自然生态环境中享受极大丰富的物质文明和精神文明，让老百姓切实感受到经济发展带来的实实在在的环境效益，为子孙后代留下可持续发展的"绿色银行"。

二 江西推进实现人与自然和谐共生的努力和成就

（一）系统修复、保护流域生态

实现"五河两岸一湖一江"全流域保护与治理。江西统筹协调"山上山下""地上地下""上游下游"，进行整体保护、系统修复，确保流域湖泊水质不下降。在 2019 年全面消灭劣 V 类水体基础上，江西持续推进鄱阳湖流域治理、饮用水水源地保护、"清河行动"等专项行动，设区市集中式生活饮用水水源地水质达标率为 100%，2022 年全省国考断面水质优良比例达 96.2%，水质优良断面比例再创新高（见图 1）；建成了江西省农村环境综合管理信息系统，完成了重点行业企业用地调查，污染地块安全利用率达 90% 以上，受污染耕地安全利用率 93% 左右，土壤环境风险被有效管控；强化江河源头和水源涵养区生态保护，加强水土流失综合防治，年均完成水土流失治理面积 840 平方公里；打造山水林田湖草沙生命共同体的崩岗治理"赣州模式"、废弃矿山修复"寻乌经验"、千烟洲小流域综合治理模式等，不断创新形成区域综合治理品牌。

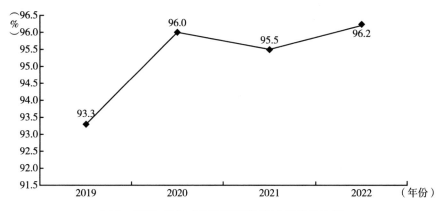

图1 2019~2022年江西国考断面水质优良比例

资料来源：江西省生态环境厅。

江西通过"森林城乡、绿色通道"建设，提升森林质量。实施低产低效林改造等一系列林业发展战略，推进天然林资源及生态公益林保护、防护林、退耕还林等林业重点工程，生态环境质量不断提高。截至2022年底，江西森林覆盖率稳定在63.1%，居全国第二位，国家林长制考核列全国第一。湿地保护成效显著，截至2022年底，江西湿地保护率提升至62%，位居全国前列，南昌市获批江西省首个国际湿地城市。同时，江西拥有国家湿地公园40处、省级以上重要湿地56处，建立湿地类型及以湿地动植物为主要保护对象的自然保护区23处，湿地高等植物988种，湿地资源保护成效显著。

江西切实加强农田保护和高标准建设，发挥农田"固碳"及稳定生态系统的作用。巩固粮食主产区地位。党的十八大以来，江西共划定永久基本农田3693万亩，为保障粮食安全提供了重要支撑。多年来，全面开展农业面源污染治理，化肥农药使用强度连续实现双降（见图2）；有效探索了"秸秆—基料—食用菌""猪—沼—稻"等新模式，高质量保护农田"固绿"。

深入打好污染防治攻坚战。创新性谋划实施蓝天、碧水、净土攻坚战等30个专项行动。全面推进污染防治攻坚战八大标志性战役，聚焦工业污染治理、入河排污口整治、城乡垃圾治理、危险废弃物处置等重点领域，实施

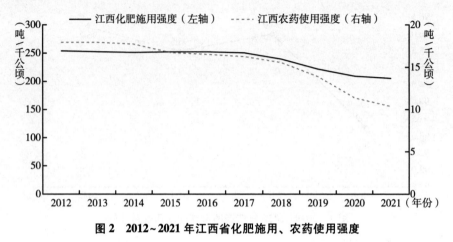

图2　2012~2021年江西省化肥施用、农药使用强度

资料来源：江西省统计局。

一批治理行动和重大工程。2012~2021年全省二氧化硫、二氧化氮、可吸入颗粒物、细颗粒物（$PM_{2.5}$）年均浓度累计分别下降了62.5%、15.4%、20.3%和34.1%，2022年全省$PM_{2.5}$年平均浓度27微克/米^3，天气优良天数比例92.1%，空气优良天数比例继续稳居中部地区第一。

（二）保护生物多样性

江西省实施生物多样性保护战略和自然保护区建设规划，完善自然保护网络。截至2022年底，全省现有记录的野生脊椎动物1007种，其中国家一级保护动物42种；野生高等植物5117种，其中一级保护植物9种。白鹤、江豚栖息环境持续改善，全球98%的白鹤到鄱阳湖越冬，鄱阳湖江豚种群数量连续15年稳定向好。为建立更加牢固的生态屏障，江西出台了系列加强生物多样性保护和促进生态环境修复的政策措施，2022年出台《关于进一步加强生物多样性保护的实施意见》，提出21条保护生物多样性措施，为江西生物多样性保驾护航。鄱阳湖白鹤保护入选"生物多样性100+全球典型案例"，鹤鹳起舞，雁鸭翔集，鄱阳湖多样化的生态环境，为野生动植物提供了丰富的食物资源和栖息地。

为扭转长江生态环境恶化趋势，破解长江生物完整性指数最差的"无鱼"等级，守护长江生物系统安全，以习近平同志为核心的党中央立足为全局计、为子孙谋，提出长江"十年禁渔"的战略决策。江西积极落实长江"禁捕退捕"，深入贯彻落实习近平总书记"十年禁渔"重要指示批示精神，通过织牢"民生保障网"，斩断"非法利益链"，搭建"群众连心桥"，全省2.14万户6.82万名建档立卡退捕渔民全部离水上岸；分类推进转产就业，推进生态移民和特许资源利用，统筹推进赣抚信修饶"五河"渔业资源养护，实现湖区渔业资源保护性开发利用，以制度创新落实长江十年禁渔计划，让广大渔民愿意上岸、上得了岸，上岸后能够稳得住、能致富。实现人、鱼、鸟和谐共生。江豚时隔40年重返南昌主城区赣江段，赣鄱大地展现出人与自然和谐共生的美丽画卷。

（三）践行"两山"理论

江西加快推进生态产业化、产业生态化。通过完善生态产品产业化利用、市场化交易和多元化生态补偿等机制，推动了山、水、林、田、湖、草等生态资源实现价值转化，江西生态资源储量和质量稳步提升。形成了"一产利用生态、二产服从生态、三产保护生态"绿色发展模式，"生态+""+生态"逐步融入经济发展全过程。大力发展中医药、大健康、生态旅游等产业，加快推进中国（南昌）中医药科创城、宜春"生态+"大健康试点、上饶国家中医药旅游示范区建设；加快培育壮大新兴产业，绿色园区、绿色工厂、绿色技术创新企业总数均居全国前列；持续开展重点用能单位"百千万"行动，实施全省节水行动，水电、风电、太阳能等可再生能源装机容量持续上升，垃圾无害化处理率达100%，单位GDP能耗、水耗连续十年持续下降（见图3）。江西调整产业结构全面"减碳"、优化能源结构持续"降碳"、创新绿色技术助推"低碳"、完善政策体系实现"控碳"。积极打造低碳试点县和低碳产业园、社区、景区试点示范；南昌、赣州、景德镇、抚州、吉安、共青城先后获批国家低碳城市试点，全面落实"双碳"目标，努力建设全面绿色转型发展先行地。

图3 2012~2021年江西省单位GDP水耗和能耗变化

资料来源：江西省统计局。

江西通过拓宽"绿水青山"与"金山银山"之间的转化通道，走出了可持续推动生态环境量质齐升的新路。以抚州市全国生态产品价值实现机制试点城市和省级试点双轮驱动，创新实践逐步由"点"到"面"展开。创新绿色金融产品，搭建生态产品交易平台，启动"古屋贷""畜禽洁养贷"等，破解生态产品价值实现"难度量、难交易、难抵押、难变现"等问题，促进了生态产品价值实现"增值""富民""赋能"。

（四）完善生态文明制度

创新国土空间开发保护和红线制度。江西推动建立"四级三类"国土空间规划体系①和"三区三线"②管控制度，构建起全省国土空间规划"一张图"；在全国率先完成了自然资源统一确权登记试点、自然生态空间用途管制试点，编制了自然资源产权主体权利清单；加快构建以武夷山国家公

---

① "四级三类"的国土空间规划体系：省市县乡四级，总体规划、相关专项规划、详细规划三类的国土空间规划体系。

② "三区三线"："三区"是指城镇空间、农业空间、生态空间三种类型的国土空间；"三线"分别对应在城镇空间、农业空间、生态空间划定的城镇开发边界、永久基本农田、生态保护红线三条控制线。

园、鄱阳湖国家级自然保护区等为主体的自然保护地体系。

统筹推进"五级"河（湖）林长制。江西创新颁布《江西省实施河长制湖长制条例》《关于全面推行林长制的意见》，在全国率先完成了覆盖最广、规格最高、体系最完备的省、市、县、乡、村五级河湖林长制，通过党政同责、区域和流域相结合，有效破解"多头管理"难题。如安义县全面推进河长制，通过加强前端管控、河长巡河、企业管理等推进河湖治理，实现了"水清、河畅、岸绿、景美"的目标；武宁县在全国率先探索"林长制"，形成了可复制、可推广和可操作的"武宁经验"，林地面积、森林覆盖率、森林蓄积量实现"三增"，助推山水武宁从"生态美"向"产业美""经济美"转变。

率先实施全流域生态补偿和绿色金融制度。江西在全国率先建立和实施森林、湖泊湿地生态补偿，"五河一湖"水资源保护以及全流域生态补偿制度，补偿范围涵盖全省所有 100 个县（市、区），补偿资金已超过 140 亿元，成为全国流域生态补偿范围最广、贫困地区补偿资金最大的省份。江西赣江新区作为全国首批绿色金融改革创新试验区，积极开展绿色金融制度创新试点，有效发挥绿色金融在环境保护治理和绿色产业发展方面的支撑作用。

三 江西推进实现人与自然和谐共生的问题和困难

（一）生态环境修复治理"难"度大、任务艰巨

党的二十大报告深刻指出，生态环境保护任务依然艰巨。江西省生态文明建设还处于压力叠加、负重前行的关键期，实现人与自然和谐共生的结构性、根源性、趋势性压力尚未根本缓解。一方面，江西省有色金属矿较多，铜矿、锂矿、稀土等矿山开采污染防治任务重，部分地区仍然存在废水直排、水土流失、扬尘污染、噪声污染、矿区未复绿等生态环境问题，第二轮中央环保督查、长江经济带生态环境警示片均指出江西矿山生态破坏问题。同时，废弃矿山存在"弃而不治"等问题，废弃矿山生态修复迫在眉睫。

截至 2022 年底，江西省历史遗留废弃矿山 3923 座，面积达 13.48 万亩，其中废弃露天矿山 10.5 万亩，这对生态环境造成了较大的破坏，矿山生态环境保护和修复任务艰巨。另一方面，江西省推进生态产品价值实现尚处于探索阶段，生态产品确权难、估值难、监管难等困境依然存在。具体来看，由于森林、河流等生态系统具有跨区域、流动性等特点，产权清晰度不够、受益主体难识别，一定程度上制约了生态产品价值实现；科学评价生态产品价值的技术和核算体系尚未形成，生态服务交易市场制度、生态转移支付制度、生态补偿制度等制度定量化评估依据不足；现行立法缺乏生态环境和自然资源保护方面可操作性强的程序法，在排污权交易中不愿申报排污量、不承担企业社会责任的企业缺乏相应强制措施等问题仍待解决。

（二）经济基础"弱"，增长与降碳减污协同难度大

江西虽然越过了工业化中期阶段，但在向工业化中后期迈进过程中依然面临协同推动降碳减污的诸多难题。一是承接发达地区产业转移抉择难。与沿海发达省份相比，江西工业化进程相对滞后，当沿海省份"三高"产业向内陆转移时，江西面临经济增长和降碳减污权衡取舍难题。二是科技、人才等关键要素支撑不足。要以产业结构转型升级促进降碳减污，就要从资源依赖型增长向创新驱动型增长转变，然而江西科技创新和科技成果转化能力较弱，2022 年江西研发经费投入强度仅为 1.8%，而全国平均研发投入强度为 2.55%。同时，江西高技术人才较为缺乏，人才技术体系尚不健全，江西面临关键要素支撑不足的难题。三是实现"双碳"目标时间更紧、任务更重。在源头防治上，发达地区产业结构更高级，生产和组织管理方式更先进，更有助于降碳减污；在末端治理上，发达地区在降碳减污技术和环境治理能力上更胜一筹，因而江西要与全国同步实现"双碳"目标时间更紧迫且任务更繁重。

（三）产业结构偏"重"，发展战略新兴产业刻不容缓

加快经济发展方式绿色转型是实现人与自然和谐共生的首要任务。工业

是能源消耗和碳排放的最主要部门，六大高耗能行业又是工业中能耗占比最大的行业。2022 年江西三次产业结构为 7.6：44.8：47.6，虽然服务业增加值占比高于工业，但工业能耗占比却远超服务业，产业结构仍然偏"重"。一方面，重工业能耗比重大但增加值占比偏低。2016~2021 年，六大高耗能行业能耗占全省能耗总量的平均比重约为 48%，占全省工业能耗总量的平均比重约为 75%。然而六大高耗能行业增加值占工业增加值的平均比重却只有 34% 左右。六大高耗能行业能耗量大而增加值偏低，亟待进一步降低高耗能行业能耗强度。另一方面，重工业能耗强度普遍偏高，而战略新兴产业能耗强度低。2021 年，江西工业平均能源强度为 0.54 吨标准煤/万元，而黑色金属冶炼和压延加工业，石油加工、炼焦和核燃料加工业，非金属矿物制品业等能源强度分别为 5.43 吨标准煤/万元、1.72 吨标准煤/万元、1.65 吨标准煤/万元，六大高耗能行业平均能源强度为 1.94 吨标准煤/万元，均大幅高于工业平均水平。然而，2021 年江西计算机、通信和其他电子设备制造业能耗总量虽超过六大高耗能行业中的石油加工、煤炭及其他燃料加工业，但能源强度仅为 0.17 吨标准煤/万元，远远低于工业平均能源强度。通用设备制造、专用设备制造、电气机械和器材制造、汽车制造等高附加值产业能源强度也均低于工业平均水平，但产值占比相对较小，亟须加大向战略新兴产业转型步伐。

（四）能源结构偏"煤"，提升清洁能源比重迫在眉睫

党的二十大报告提出，实现碳达峰碳中和是一场广泛而深刻的经济社会系统性变革。推进江西实现人与自然和谐共生，要以能源绿色低碳转型为关键。当前，江西能源结构仍然偏"煤"，煤炭等化石能源消费占比长期居高不下。"十三五"期间，江西省煤炭占能源消费比例仅下降 4.2 个百分点，而全国同期下降 6.1 个百分点，全省能源结构优化进度较为缓慢。截至 2021 年底，江西能源消费中煤炭占比 59.6%，仍高于全国平均水平 3.6 个百分点。江西偏"煤"的能源结构难以在短期内得到根本改变，这将不利于碳达峰碳中和目标的实现（见图 4）。

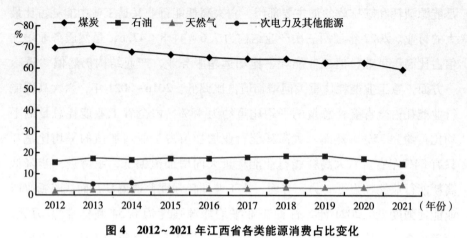

图4 2012～2021年江西省各类能源消费占比变化

资料来源：江西省统计局。

提升清洁能源消费比重是降碳的重要方面，然而江西缺煤、无油、乏气、少水（能）的省情制约着能源结构清洁化，清洁能源消费占比一直低于全国平均水平，且与周边省份相比具有较大差距，湖北、湖南、福建、广东和浙江等省份水电占比均高于江西。江西风能、太阳能、生物质能虽然开发步伐较快，但发电量占比较小，且后续开发潜力有限，难以对煤炭产生替代，能源结构清洁化转型压力较大。江西经济发展对能源刚性需求不断增长，而以煤为主的能源结构及新能源开发潜力有限的现状不利于江西推进碳减排。

四 江西推进实现人与自然和谐共生的策略

（一）锚定人与自然和谐共生的发展方向

不断提高全省自然生态系统的服务能力。人和自然都是生产力的构成要素，若无视甚至违背自然规律，现代化的进程就会受挫，并付出沉重的代价。因此，江西要发挥资源优势，以打造国家生态文明试验区和建设国家公园为抓手，大力实施生态系统保护和修复重大工程。

不断提高全省自然生态系统的健康水平。江西要持续加强生态保护修复与监管，不断提升生态系统质量；坚持"山水林田湖草沙冰"生命共同体理念，持续推进生态系统保护修复重大工程；以自然保护地、生态保护红线、重要生态功能区、生物多样性保护等为重点，加强生态保护监管，着力提升生态系统质量和稳定性。

（二）明确人与自然和谐共生的重点领域

加强战略性新兴产业的绿色化创新能力建设。聚焦江西六大优势产业，支持一批新兴产业倍增项目，推动新兴产业加快发展。出台江西省制造业数字化转型实施意见，制定有色金属、医药等行业数字化行动计划，推动制造业数字化转型。

加快推进传统产业绿色化升级转型，加快节能降碳先进技术研发和推广应用，以节能环保、清洁生产、清洁能源等为重点率先突破，做好与农业、制造业、服务业和信息技术的融合发展，全面带动一二三产业和基础设施绿色升级。

积极培育江西新型示范城市、园区。积极推进首批省级碳达峰城市试点、园区试点建设。全面建立健全绿色发展管理制度，开展生态发展"清单"制度，建立碳排放总量控制和排放权有偿获取与交易的市场机制。积极创建一批融生态产业链设计、资源循环利用于一体的生态工业园区。

推动传统工业绿色生产模式创新。加强绿色生产设计，围绕工业生产源头、过程和产品三个重点，把绿色发展的理念和方法落实到企业生产全过程，大力提升传统制造业绿色发展水平。

（三）强化人与自然和谐共生的支撑体系

积极推动能源利用清洁低碳转型。着力改善全省能源结构，逐步实现清洁能源替代。推动煤炭清洁高效利用，稳步构建现代煤炭清洁高效利用体系，逐步降低非电煤在煤炭消费中的比重；大力发展可再生能源，持续推进

屋顶光伏建设，建设一批光伏、风电项目，支持风电、光伏发电配套适当比重的储能设施。落实能耗"双控"制度。积极参与全国碳排放市场建设，探索建立碳排放评估制度，强化项目碳排放评估的事中、事后监管，确保新上项目碳排放水平达到国内先进；构建绿色低碳交通运输体系。推广应用新能源汽车，逐步降低传统燃油车在新车产销和汽车保有量中的比例，推动新增公交车、出租汽车电动车占比提升到80%以上。

深入推进环境污染防治。持续推进长江经济带"共抓大保护"，加强与三峡集团的全面战略合作，持续加强环境保护等领域合作。持续深入打好污染防治攻坚战，深化企业污染治理和全面达标排放。深入推进城镇污水垃圾、化工垃圾、农业面源污染、船舶和港口污染、尾矿库污染等治理。加快实行生活垃圾"减量化、资源化、无害化"处理，变废为宝，化腐朽为神奇。

持续提升生态系统稳定性、持续性。提升全省生态系统碳汇能力。充分发挥森林、湿地、草地等资源的固碳作用，巩固与增强生态系统碳汇能力；设立林业碳汇试点工程和林碳汇示范区。创新生态系统的生态产品价值实现机制。借鉴福建、浙江、贵州等省在林权抵押贷款、水权交易以及排污权交易等方面的成功经验和做法，积极培育生态产品市场，在森林、湿地等不同生态产品领域开展资源资产化、证券化、资本化改革。

（四）完善人与自然和谐共生的政策保障

一是要注重人与自然和谐共生的组织建设。健全党委领导、政府主导，企业主体、社会组织和公众共同参与的治理体系，科学合理确定各地区各行业协同的路线图；形成党委领导，有效政府、有效市场、有机社会相结合的资源配置体系；全省各相关部门从生产、流通、分配、消费的全过程入手，制定和完善发展经济和保护生态环境协同推进政策，形成激励与约束并举的长效机制。二是要完善人与自然和谐共生的制度评价体系。建立"降碳、减污、扩绿、增长"协同发展评价体系。三是要完善人与自然和谐共生的法律法规。完善支持绿色发展的法律、财税、金融、投资、价格政策和标准体系，强化绿色发展法律和政策保障，完善环境保护、节能减排约束性指标管理，建立健全稳定的财政资金投入机制；积极参与全国统一的资源环境市场，提升统一规范的行业标准、交易监管机制水平，积极开展碳排放权、排污权、用能权、用水权交易市场建设等，逐渐将人与自然和谐共生纳入法治轨道。

参考文献

《习近平谈治国理政》第三卷，外文出版社，2020。

习近平：《高举中国特色社会主义伟大旗帜　为全面建设社会主义现代化国家而团结奋斗——在中国共产党二十次全国代表大会上的报告》，2022 年 10 月 16 日。

B.27
江西积极应对人口老龄化的对策

樊宾 张晓霞 易外庚*

摘 要: 人口老龄化对经济社会产生了深刻影响,科学研判江西人口老龄化形势,并积极应对,成为影响全省经济、社会可持续发展的战略性问题。当前江西构建了积极应对人口老龄化的政策体系,积累了一定的人才基础和物质基础,养老保障、养老服务供给、健康支持能力显著提升。但仍面临着社会保障压力加大、劳动力供给数量持续下降、养老金待遇水平有待提高、养老服务供需矛盾突出等现实困局。需再优化省级养老政策体系,畅通各级执行渠道;稳步增加社会财富储备,大力夯实应对老龄化的经济基础;落实充分就业战略,提高劳动力有效供给能力;推进健康江西战略,改善全民健康素质和生活品质;构建多层次发展模式,大力发展老龄产业;实施民生保障战略,在健全社会保障制度等方面进行突破,以形成积极应对人口老龄化的行动体系。

关键词: 老龄产业 人口老龄化 江西

积极应对人口老龄化,是党中央、国务院正确把握人口发展大趋势和老龄化规律,作出的立足当下、着眼长远的重大战略部署,事关实现"两个一百年"奋斗目标,事关实现中华民族伟大复兴的中国梦,对于坚持以人

---

* 樊宾,江西省社会科学院副院长,研究方向为中共党史、中国现代史;张晓霞,江西省社会科学院社会学研究所研究员,研究方向为老年社会学、福利社会学;易外庚,江西省社会科学院社会学研究所所长,研究员,研究方向为农村社会学。

民为中心的发展思想、实现经济高质量发展、维护国家安全和社会和谐稳定，具有重大意义。党的十九届五中全会通过的《中共中央关于制定国民经济和社会发展第十四个五年规划和二〇三五年远景目标的建议》明确提出了"实施积极应对人口老龄化国家战略"。2005年江西省65岁及以上人口316.9万人，占总人口的比重为7.35%，按照国际通行的划分标准①，江西步入老龄化社会。截至2022年底，全省60岁及以上人口有806.51万人，占总人口的比重达到17.81%；590.11万的65岁及以上老年人口，约占总人口的13.03%。江西省仍处于轻度老龄化阶段，但老龄化趋势加剧，越来越接近中度老龄化。人口老龄化对经济社会产生了深刻影响，如何科学研判江西人口老龄化形势，并积极应对，成为影响全省经济、社会可持续发展的战略性问题。

一 江西积极应对人口老龄化具备的基础

江西省具备了积极应对人口老龄化的人才基础和物质基础。江西省加强顶层设计，不断完善老龄政策、法规体系，制定出台了《江西省实施〈中华人民共和国老年人权益保障法〉办法》《江西省养老服务条例》《江西省"十四五"养老服务体系建设规划》《江西省"十四五"老龄事业发展规划》《江西省"十四五"健康老龄化规划》《江西省老龄工作委员会关于加强新时代老龄工作的实施意见》等，构建了积极应对人口老龄化的政策体系。

（一）"人口红利"向"人才红利"转化

2022年末，江西省15~64岁人口占总人口的比重为67.1%，总抚养比为49.01%（其中少儿抚养比为29.59%，老年抚养比为19.42%），可见，

---

① 联合国《人口老龄化及其社会经济后果》确定的划分标准，当一个国家或地区65岁及以上老年人口数量占总人口比例超过7%时，则意味着这个国家或地区进入老龄化，超过14%为中度老龄化社会，超过21%为重度老龄化社会。

江西仍处于人口红利期①，劳动力资源依然丰富。一方面，现有劳动力规模较大，全省 15~64 岁劳动年龄人口达 3038.62 万人；另一方面，劳动力储备较丰富，2021 年全省 0~14 岁少儿人口占总人口的比重超过 20%（见图1），在全国位列第六（前五位依次为西藏、贵州、广西、河南、新疆），在中部六省中仅次于河南省，近 1000 万（944.08 万）人将逐步进入劳动力市场，将丰富江西省未来的劳动力供给。

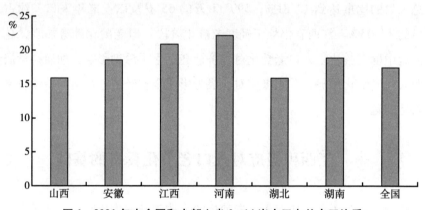

图1　2021 年末全国和中部六省 0~14 岁人口占总人口比重

资料来源：《中国统计年鉴（2022）》。

江西省人口文化程度不断提高，"人才红利"逐步显现。第七次全国人口普查结果显示，5375897 人具有大学文化程度，每 10 万人中有 11897 人具有大学文化程度（2010 年仅 6847 人）。同时，劳动年龄人口平均受教育年限不断提高，2020 年全省 15 岁及以上人口的平均受教育年限为 9.70 年，与 2010 年相比提高了 0.84 年，略高于全国的提高值；15 岁及以上文盲人口占总人口的比重从 2010 年的 3.13% 下降到 2020 年的 1.94%。全省 16~59 岁劳动年龄人口平均受教育年限达到 10.47 年，劳动年龄人口文化素质的提升，正推动"人口红利"向"人才红利"转变。

---

① 国际上通常认为，判断一个国家或地区是否拥有人口红利，主要看两个指标：一是劳动年龄人口，二是人口抚养比。总抚养比在 50% 以内，劳动年龄人口占总人口比重大，即"人口红利"时期，而随着劳动年龄人口比重的下降，总抚养比超过 60% 时则为"人口负债"时期。

（二）社会保险覆盖面进一步扩大

江西省进一步扩大基本社会保险的覆盖范围，城镇职工、城乡居民养老保险覆盖的人群不断扩大。江西省在全国率先建立人社、发改等跨部门参保扩面联动协作机制，将企业在职职工养老保险参保率纳入全省营商环境重点监测指标体系，推动解决长期以来开发区参保率低的"老大难"问题。建立财政、税务等部门联动征缴城居保费工作机制，实现适龄参保人员应保尽保。[①] 截至 2022 年 6 月底，城镇职工养老、城乡居民养老参保人数分别达到 1305 万人、2062 万人，分别完成年度任务的 104%、109%。

截至 2021 年底，全省医疗保险参保人数 4689.14 万人，基本医疗保险参保覆盖率稳定在 95% 以上，其中职工医保参保人数 610.14 万人，较上年增加 11.11 万人，增幅 1.86%。[②]

（三）养老服务体系基本形成

江西省大力推进"养老点位"建设，完善城市和农村养老服务"两张网"，居家社区机构相协调、医养康养相结合的养老服务体系基本形成。2021 年江西省养老床位数 17.7 万张，每千老年人口养老床位数 34.0 张，高于全国平均水平，在中部六省中处于中等位置（见图 2）。

大力开展城市养老服务提升行动。具有综合服务功能的街道养老服务机构实现了城区街道全覆盖，建成 3863 个社区养老服务机构和设施、966 个城市老年助餐点。同时，为经济困难的老年人提供助餐、助洁、助行、助浴、助医、助娱、康复等上门服务 420 余万人次，为失能、半失能老年人建设了 5280 张家庭养老床位，同时还为 2.7 万户高龄、失能、残疾等特殊困难老年人家庭进行了居家适老化改造。

[①] 《"江西这十年"系列主题新闻发布会（人力资源和社会保障专题）在南昌举行》，http://www.jiangxi.gov.cn/art/2022/8/18/art_ 5862_ 4113686. html。

[②] 《〈医保进行时〉第 111 期 | 江西：推进医保参保扩面工作》，http://ybj.jiangxi.gov.cn/art/2022/5/20/art_ 47557_ 3970223. html。

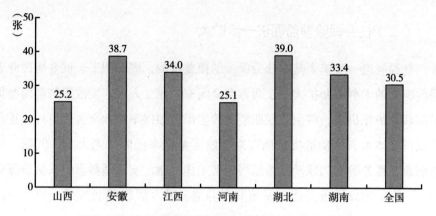

图2 2021年全国和中部六省每千老年人口养老床位数

资料来源:《中国统计年鉴（2022）》。

继续打造"党建+农村养老服务"江西品牌。在全国率先推行特困失能人员集中照护模式,1.3万名农村特困失能半失能人员得到专业化照护服务;在全国较早开展公办养老机构改造提升工程,改造提升公办养老机构1300余所,占比达95%,3.7万名特困人员实现了集中供养。已同步建成13701个农村互助养老服务设施,覆盖了全省81%的行政村,较好地解决了农村老年人的基本生活问题。[①]

为推动养老服务业发展,江西省出台了包括土地、金融、人才队伍建设等一系列的扶持政策。2014年江西省人民政府制定并颁发《江西省人民政府关于加快发展养老服务业的实施意见》（赣府发〔2014〕15号）《江西省人民政府关于促进健康服务业发展的实施意见》（赣府厅发〔2014〕40号）,江西省人民政府办公厅先后颁发了《关于全面放开养老服务市场的实施意见》（赣府厅发〔2017〕55号）《江西省人民政府办公厅关于加快推进养老服务高质量发展的实施意见》（赣府厅发〔2021〕16号）。同时,相关部门制定出台了配套文件,如省教育厅会同省民政厅等部门出台了《关于加快养老服务业人才培养的实施意见》（赣教发〔2016〕10号）。

---

① 《健全养老服务体系 守护最美"夕阳红"——江西省养老服务工作十年发展成就综述》,http://news. sohu. com/a/592999767_ 121106994。

养老机构实行备案承诺制，养老服务市场全面放开。大力支持社会力量投资发展养老服务，目前已引进和培育了 30 多家专业化、连锁化企业和本土企业。社会力量在养老服务体系建设中发挥着越来越重要的作用，全省有 531 家养老机构、近 1/2（8.7 万张）的养老床位是由社会力量投资建设和运营的。[①]

江西省养老服务方面能取得如此成绩与投入保障密切相关，省级每年统筹使用福彩公益金及财政专项资金近 1 亿元支持居家和社区养老服务发展[②]。2020 年福彩公益金用于养老服务业的比例为 55%，达到"十三五"时期目标值（50% 以上）。

（四）健康支持能力继续提升

江西省城乡居民健康水平不断提升，人均预期寿命从 2010 年的 74.3 岁提高到 2020 年的 77.6 岁，略低于全国平均水平（见图 3）。第七次全国人口普查数据显示，60 岁及以上老年人口身体健康状况较好的（包括"健康"和"基本健康"）占 90.81%，其中身体"健康"的占 60.72%，身体"基本健康"的占 30.09%；与 2010 年第六次全国人口普查相比，上升了 5.24 个百分点，其中身体"健康"的占比上升了 16.18 个百分点。在中部六省中，江西省老年人身体"健康"水平最高，也高于全国平均水平（54.64%）（见图 4）。

近年来，江西省大力发展医养结合服务，现有医养结合机构 142 个，医疗机构与养老机构协议合作 5000 多对。2022 年，医养结合工作首次被纳入省政府 51 件民生实事之一，省级财政投入 1050 万元实施医养结合工程，按照每张床位 2 万元标准，支持公办医疗卫生机构建设 250 张养老床位；按照每张床位 10 万元标准，支持公办医疗卫生机构建设 105 张示范性安宁疗护

---

① 《健全养老服务体系　守护最美"夕阳红"——江西省养老服务工作十年发展成就综述》，http：//news.sohu.com/a/592999767_121106994。

② 《"江西这十年"系列主题新闻发布会（卫生健康事业专题）在南昌举行》，http：//www.jiangxi.gov.cn/art/2022/10/9/art_5862_4168305.html。

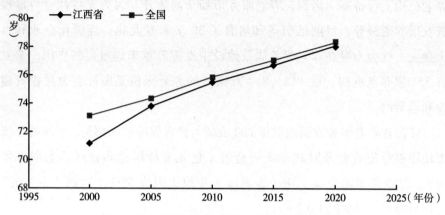

图3 近年来江西省和全国平均预期寿命折线图

资料来源：《中国统计年鉴（2022）》《江西统计年鉴（2022）》。

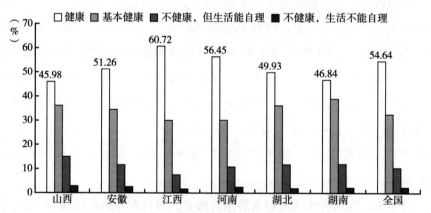

图4 2020年全国和中部六省60岁及以上老年人身体健康状况

资料来源：《中国人口普查年鉴2020》。

病床。2022年起，进一步探索开展了医疗机构与养老机构签约合作试点，通过政府购买服务的方式，支持医疗机构（17家）为公办养老机构提供医疗卫生服务、医疗卫生机构（3家）延伸开展养老服务，健康管理和服务老年人超过1500人。

二 江西积极应对人口老龄化面临的挑战

习近平总书记强调"人口老龄化是世界性问题,对人类社会产生的影响是深刻持久的"。人口老龄化程度不断加深,尤其是高龄化趋势加速,对社会保障体系的完善和劳动力供给带来了巨大挑战,对养老服务、健康支持体系提出了更高的要求。随着人口老龄化程度的持续加深,以满足老年人特殊需求的养老产业将具有越来越大的市场和越来越好的发展前景,然而江西省尚未形成系统的养老产业发展规划,对于养老产业的开发缺乏正确的认识,难以进行科学研判,影响了养老产业市场的培育,致使养老产业发展缓慢。

(一)社会保障压力加大

江西省 2005 年步入人口老龄化社会,老龄化程度不断加深,65 岁及以上老年人口规模由 2005 年的 316.9 万人增长到 2022 年的 590.1 万人,年均增长速度为 3.72%,远快于总人口增长速度(0.29%);17 年间,65 岁及以上老年人口占总人口的比重提高了 5.68 个百分点;与此同时,老年抚养比上升了近 9 个百分点(见表 1)。

表 1　2005~2022 年江西省人口老龄化状况

单位:万人,%

年份	65 岁及以上人口数	65 岁及以上人口占总人口的比重	65 岁及以上老年人口抚养比
2005	316.9	7.35	10.72
2010	338.8	7.61	10.79
2015	431.0	9.44	13.44
2020	537.1	11.89	17.96
2021	560.1	12.40	18.59
2022	590.1	13.03	19.42

资料来源:相关年份《江西统计年鉴》。

随着老年人口的增长，基本养老保险、医疗保险支出将大幅增长。从2017～2021年城镇职工基本养老保险基金收支情况（见图5）来看，基金支出的增速（10.29%）要大于基金收入的增速（8.18%），现收现付的基本养老保险制度面临较大挑战。2019年、2020年养老保险基金甚至出现了收不抵支、缺口增大的问题，2019年基金收入1047.2亿元、支出1083.9亿元，2020年基金收入1032.5亿元、支出1172.8亿元。可见，伴随着人口老龄化程度继续加深、老年抚养比的不断上升，社会保险支出的压力将持续加大，社会负担将不断加重。

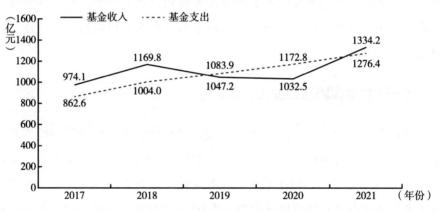

图5　2017～2021年江西省城镇职工基本养老保险基金收支折线图

资料来源：相关年份《中国统计年鉴》。

（二）劳动力供给数量持续下降

第六次全国人口普查数据显示，2010年江西省15～64岁劳动年龄人口有3141.72万人，此后逐年减少，10年减少了152.19万人，到2020年不到3000万（见图6）。劳动年龄人口持续下降，加上劳动力持续外流，养老负担不断加重。

随着江西省城镇化步伐加快，省内城市之间、城乡之间人口流动日趋频繁。2020年江西省内人户分离人口为1225万人，其中，市辖区内人户分离

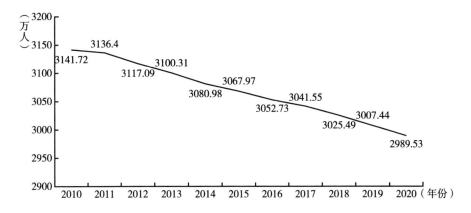

图 6　2010～2020 年江西省 15～64 岁劳动年龄人口规模变化

资料来源：相关年份《江西统计年鉴》。

人口为 389 万人，省内流动人口为 836 万人，比 2010 年增加 448 万人，增长 115.5%。

在省内流动人口增加的同时，流向省外的人口也在低速增长。近年来江西省经济发展速度在加快，但与周边发达省份相比仍有不小的差距，江西作为劳动力输出大省的现状没有改变，2020 年，全省跨省劳务输出 589.9 万人，占常住人口的 13.1%，较 2010 年增加 19.9 万人，增长了 3.5%。

由此可以推测，江西省的大量青壮年劳动力正在向东部发达地区和城市地区流动。大量青壮年劳动力（尤其是农村青壮年劳动力）的外流，使流出地的年轻人口比例下降，产生了大量的空巢（或留守）老人，家庭养老功能持续弱化，老年人对社会养老服务的依赖将不断增强，养老服务供给压力进一步增大。

（三）养老金待遇水平有待提高

全省企业退休人员养老保险待遇和城乡居民基础养老金水平稳步提升，养老金正逐步成为老年人的主要生活来源之一。企业退休人员养老金待遇按

照 4% 的比例持续提高，从 2012 年的 1336 元/月提高到 2021 年的 2496 元/月，年均增幅 7.2%；城乡居民人均养老金从 2012 年的 55 元/月增加到 2021 年的 153 元/月，年均增幅 12.0%。[①] 第七次全国人口普查数据显示，2020 年全省 60 岁及以上老年人有 37.07% 依靠家庭其他成员供养，28.59% 的老年人主要生活来源是离退休金/养老金，以劳动收入为主要生活来源的老年人占 25.1%。其中，近一半（49.8%）的城镇老年人主要生活来源是离退休金/养老金。

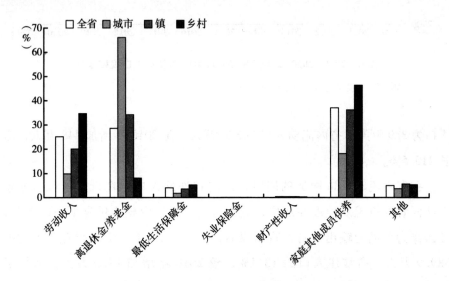

图 7 2020 年江西省 60 岁及以上老年人主要生活来源构成

资料来源：《2020 年江西省人口普查年鉴》。

但江西省企业退休人员月人均养老金比全国平均水平低 491 元；与中部地区其他省份进行比较，江西省在中部六省中最低（见图 8）。需要说明的，表 8 中月人均养老金是依据基金支出[②]与离退休人员数计算得出，实际上基

---

① 《"江西这十年"系列主题新闻发布会（人力资源和社会保障专题）在南昌举行》，http://www.jiangxi.gov.cn/art/2022/8/18/art_ 5862_ 4113686. html。

② 基金支出指按照国家政策规定的开支范围和开支标准从职工基本养老保险基金中支付给参加职工基本养老保险的个人养老保险待遇支出，以及由于保险关系转移、上下级之间补助、上解等原因而发生的支出。

金支出除基本养老金外，还包括了医疗补助金、丧葬补助金和抚恤金、病残津贴、补助下级支出、上解上级支出、转移支出和其他支出等。也就是说实际人均养老金水平要低于表中所列数值。湖北省企业退休人员月人均养老金从 2012 年的 1390 元提高至 2021 年的 2935 元，[①] 年均增幅 8.7%。与湖北相比，2012 年江西省仅低 54 元，但由于增速慢，十年间差距越来越大，2021 年比湖北低 433 元。

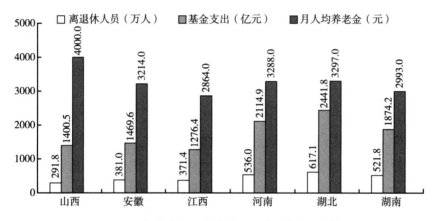

图 8　2021 年末中部六省城镇职工基本养老保险情况

资料来源：《中国统计年鉴（2022）》。

（四）养老服务供需矛盾突出

第七次全国人口普查数据显示，江西省人口老龄化、高龄化趋势愈加明显。2020 年 80 岁及以上老年人口 102.32 万人，比 2010 年增长了 75.03%，年均增长 5.76%，高龄老年人口增速快于老年人口增速（4.11%）（见表2）。随着预期寿命的延长与高龄化趋势的加速，生活不能自理的老人规模将越来越大。高龄、失能老人对养老服务、医疗服务的需求较高。

---

① 《"中国这十年·湖北"主题新闻发布会》，http：//www. hubei. gov. cn/hbfb/xwfbh/202208/
t20220819_ 4271827. shtml。

表 2 江西省人口老龄化和高龄化状况

单位：万人，%

年份	60 岁及以上		80 岁及以上人口	
	人口数	占总人口的比重	人口数	占 60 岁以上人口的比重
1982	240. 86	7. 26	13. 04	5. 41
1990	291. 44	7. 73	19. 47	6. 68
2000	378. 00	9. 36	33. 36	8. 83
2010	509. 93	11. 44	58. 46	11. 46
2020	762. 48	16. 87	102. 32	13. 42

资料来源：历年《江西统计年鉴》。

从图 9 可以看出，随着年龄的增长，处于身体"健康"状态的老年人占比越来越小，身体"不健康，生活不能自理"的越来越多，老年人的患病率、伤残率不断上升，这对养老、医疗资源的供给提出了更高要求。2020年，身体不健康的（包括"不健康，但生活能自理"和"不健康、生活不能自理"）占 9.19%，约 70.07 万人，其中"不健康、生活不能自理"的占 1.65%，约 12.58 万人，比 2010 年增加了 1.58 万人。

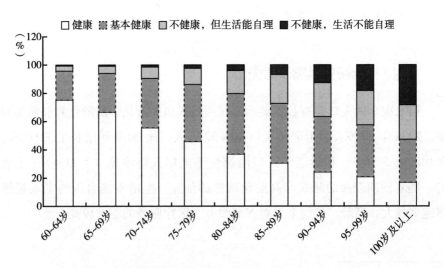

图 9 2020 年江西省分年龄 60 岁及以上老年人口健康状况

资料来源：《2020 年江西省人口普查年鉴》。

然而，家庭规模小型化日趋明显，老年人家庭空巢化凸显，家庭养老功能逐步弱化。2020 年江西省家庭户均规模为 2.94 人，比 2010 年减少了 0.73 人。2020 年江西省有老人的家庭有 515.64 万户，其中独自居住的 60 岁及以上老人占 19.05%，只有一对 60 岁及以上夫妇居住的占 17.50%，全省有 60 岁及以上老年人口的家庭户中近四成是空巢家庭。全省有 80 岁及以上老人的家庭户 88.22 万户，其中 25.93% 独自居住，5.19% 只有一对夫妇居住，还有 1.03% 的老人与未成年人共同居住，0.14% 的老人夫妇与未成年人共同居住。27.46 万户高龄空巢家庭，加上 1.03 万户与未成年人共同居住的高龄老人家庭，他们难以依靠家庭成员满足养老服务需求，无法实现居家养老，对社会养老资源的需求较高。

虽然老年健康服务、养老服务体系基本形成，但还存在供给不充分的问题。养老机构存在床位闲置、有效供给不足问题。养老机构的服务水平较低，从业人员只有 2 万多人，其中护理员 1 万余人，且大多年龄偏大、文化程度低、专业化水平不高。有的乡镇敬老院入住率极低，养老床位处于闲置状态。现有护理型养老床位占比 54.4%，约 9.85 万张，无法满足生活不能自理的老人需求，护理型养老床位供需矛盾仍较为突出。

长期护理保险制度仅在上饶试点，在其他地区尚未开展。全省医养结合机构数量较少，医疗机构与养老机构协议合作是当前全省开展医养结合的主要模式，是整合养老服务资源和医疗服务资源最有效的方式之一。养老机构入住的老人多为高龄、失能老人，他们对于医疗服务的需求很高，如南昌市第一医院对南昌市东湖区福利院的老人开展了全面健康评估，评估结果显示八成以上的老人需要医疗健康服务，其中 50% 以上需要住院治疗、30% 需要医疗服务。然而医养签约合作过程中，由于协议服务内容频次、标准规范、资金来源等政策不明确，加上养老机构管理人员健康意识不强，购买医疗卫生服务需求不强，目前开展医疗签约服务的相关成本及风险大多是医疗卫生机构来承担，致使医疗卫生机构主动性和积极性不高，主要以基本公共卫生服务和义诊为主，这距老年人的实际需求有较大差距，老年人对服务的获得感不强，阻碍了医养签约合作的持续发展。

三 江西积极应对人口老龄化的对策建议

江西省积极应对人口老龄化有一定的人才基础和物质基础，社会保险、养老服务体系、健康支持能力也有显著提升，但与全国总体形势一样，面临社会保障、劳动力供给、养老金待遇水平、养老供需矛盾等诸多困难与挑战。基于新时代江西省人口老龄化发展态势和老年人需求特点，从以下几个方面提出积极应对人口老龄化的对策建议。

（一）优化省级养老政策体系，畅通各级执行渠道

要以全面贯彻落实中共中央、国务院印发的《国家积极应对人口老龄化中长期规划》和民政部制定的《"十四五"民政事业发展规划》为契机，优化省级养老政策体系，将养老服务纳入江西经济社会发展总体规划，列入政府目标责任考核范围，在规划建设中去做统一部署、统筹安排，并按照层级逐级分解细化目标任务，层层落实责任。省市县乡镇村五级体系全面落实好《江西省养老服务条例》《江西省"十四五"养老服务体系建设规划》《江西省"十四五"老龄事业发展规划》《江西省"十四五"健康老龄化规划》《江西省老龄工作委员会关于加强新时代老龄工作的实施意见》相关政策，畅通各级执行渠道，通过全面系统持续的政策干预，将人口老龄化对经济社会发展的不利影响降到最低，同时发展养老服务产业。

（二）稳步增加社会财富储备，大力夯实应对老龄化的经济基础

增强经济综合实力。江西还属于欠发达省份，经济总量不大，群众生活品质有待提高，社会事业仍有不少短板，要紧紧围绕经济社会高质量发展的中心任务，提升江西经济发展水平，不断夯实全省的经济基础，不断优化收入分配体系，进一步完善公平可持续的社会保障制度，持续提升民生福祉水平。通过扩容增效，提高经济发展水平与人口老龄化需求的匹配度，为城乡居民的基本养老提供有力支持和保障。

强化各级财政的保障作用。进一步加大政府的有效投入，逐步建立江西省、市、县三级的政府性资金投入长效机制，加快重点领域投入，如养老服务基础设施、人才培养、养老专业服务等投入，将养老服务资金纳入各级财政预算，支持养老服务事业的发展，积极提升区域经济发展水平与人口老龄化发展的适应程度。鼓励和支持社会力量参与养老服务体系，加快推进养老服务社会化，大力提升江西的整体保障水平和能力。

促进财富合理分配。随着江西老龄化、少子化社会进程的加速，基本养老保险已经难堪重负，江西企业年金覆盖比例仅为 3%，大大低于全国 5% 的水平，应大力鼓励企业建立企业年金制度，大力提升企业的补充养老功能，加快家庭理财转型升级，不断提升家庭与个人养老资金的储备能力。

（三）落实充分就业战略，提高劳动力有效供给能力

全面扎实深入做好江西的就业工作，全面实施和落实好职业技能提升举措，尤其要加强重点人群的就业帮扶工作，突出抓好高校毕业生、农民工、退役军人、脱贫劳动力、城镇困难人员等重点群体的就业，积极开展重点群体创业推进行动，落实灵活就业和新就业形态劳动者权益保障政策，把养老服务与养老就业有效结合，让就业优先政策落地落细，鼓励运用民间资本举办养老机构，加大护理人员培训和养老行业的就业。

加大养老服务产业劳动参与率。改善养老教育结构，提升劳动者职业技能和就业能力，形成有效劳动供给，从而提升其劳动参与的积极性和就业质量，并促进重点人群的就业参与，包括大学生、流动人口、贫困人口、女性和老年人的就业参与。

（四）推进健康江西战略，改善全民健康素质和生活品质

全面贯彻落实好《江西省人民政府关于实施健康江西行动的实施意见》《健康江西行动组织实施和考核方案》《"健康江西 2030"规划纲要》，在国家开展 15 项专项行动的基础上，结合江西省中医药强省建设的实际，增加中医药健康促进行动，即形成 15+1 的专项行动。其中，在健康影响因素方

面，开展 6 项行动，包括健康知识普及行动、合理膳食行动、全民健身行动、控烟行动、心理健康促进行动、健康环境促进行动。

进一步优化健康服务体系。首先是完善健康生活体系。积极开展健康生活知识宣传教育活动，为老年人的健康状况建档立卡，不断完善老年人的健康服务体系。其次是加快健康设施建设。逐步推进城乡社区的公共体育与公共服务设施建设，进一步完善适合居民健康生活的公共服务体系。大力提升健康服务水平。不断提升医疗服务能力水平，加强全生命周期的健康管理，做好家庭医生签约服务，完善分级诊疗制度，重视慢性病综合防治，提升老年人健康综合服务能力和水平。

（五）实施民生保障战略，健全社会保障制度

加快养老保险制度建设，实现老有所养。养老保险作为实现"老有所养"的基本制度，是社会稳定的重要基础，也是国家制度优越性的重要体现。稳步提高老有所养的保障能力。全面落实企业职工基本养老保险省级统筹，加快商业养老保险助力老有所养步伐，参考发达国家和地区养老医疗的商业保险模式，有预见性地大力发展养老、医疗商业保险作为居民自选补充养老、医疗保险，进一步缓解养老、医疗保险的压力。

完善医疗保障制度和医疗卫生保健服务，实现老有所医。进一步完善城乡一体的居民医疗保障制度。在现有城镇居民医保和新农合目录的基础上，制定统一的医保药品和医疗服务项目目录。城乡居民医保应当覆盖除城镇就业人口以外的其他城乡居民，允许参加职工医保有困难的农民工和灵活就业人员选择参加城乡居民医保。完善老年医疗保障制度。充分发挥医疗机构、社区卫生服务机构及家庭等多元主体在老年医疗保障中的作用，明确各方责任分工，吸引和调整民间资本对老年人医疗保障服务的投资和融资，进一步拓宽资金筹集通道，完善融资机制，提供多层次的老年医疗保障服务。①

---

① 邵雷鹏：《广西积极应对人口老龄化发展的对策建议》，《沿海企业与科技》2017 年第 1 期。

参考文献

国家统计局：《中国统计年鉴（2022）》，中国统计出版社，2022。

江西省统计局、国家统计局江西调查总队：《江西统计年鉴（2022）》，中国统计出版社，2022。

江西省统计局、江西省第七次全国人口普查领导小组办公室：《2020年江西省人口普查年鉴》，中国统计出版社，2022。

陈璋：《让养老中心像家一样温馨——我省全面推进居家社区养老服务体系建设》，《江西日报》2022年12月11日，第02版。

李志宏、金牛：《实施积极应对人口老龄化国家战略——中国的路径选择与认知转向》，《南开学报》（哲学社会科学版）2022年第6期。

原新：《积极应对人口老龄化是新时代的国家战略》，《人口研究》2018年第3期。

马雪松：《论老龄化对江西经济社会的影响》，《江西社会科学》2012年第10期。

典型调查
Typical Investigation

B.28
打造"中国药都"区域发展"金名片"
——基于樟树市的调研

江西省社会科学院课题组*

摘　要： 习近平总书记指出"中医药是中华民族的瑰宝",要"把保障人民健康放在优先发展的战略位置,促进中医药传承创新发展",为中医药传承创新发展指明了方向。本文围绕江西省樟树市"中国药都"振兴工程建设,提出要凝聚全省共识,通过高位推动,创新体制机制、激活产业"链"式效应、发挥品牌和资源禀赋优势,全力支持振兴"中国药都",将"中国药都"打造成为江西继"中国瓷都"之后又一区域特色发展的"金名片"。

---

* 课题组组长：蒋金法,江西省社会科学院党组书记、二级教授、博士生导师,研究方向为区域经济。课题组副组长：李志萌,江西省社会科学院江西发展战略所所长、二级研究员,研究方向为生态经济。课题组成员：郑雅婷,江西省社会科学院副研究员,研究方向为产业经济；王露瑶,江西省社会科学院助理研究员,研究方向为产业经济；陶虹佼,江西省社会科学院助理研究员,研究方向为产业经济；黄雨虹,江西财大会计学院党委书记、副教授,研究方向为产业经济；龙晓柏,江西省社会科学院经济研究所副所长、副研究员,研究方向为产业经济。

关键词： "中国药都" 中医药振兴 樟树市

习近平总书记在党的二十大报告中指出，"推进健康中国建设，把保障人民健康放在优先发展的战略位置，促进中医药传承创新发展"，并在江西视察时指出，"中医药是中华民族的瑰宝，一定要保护好、发掘好、发展好、传承好"。江西是中医药文化的重要发祥地和中药材资源大省，为推动中医药传承创新发展，江西提出中医药强省战略和"中国中医看江西"目标。"中国药都"在江西樟树，大力推动樟树市发展中医药产业，深入实施"中国药都"振兴工程是恰逢其时的，这应成为全省上下的共识。

一 振兴中医药是中国式现代化的重要内容和时代担当

党的十八大以来，我国中医药在传承中加快创新发展，振兴中医药已成为中国式现代化的重要内容，振兴"中国药都"是江西的历史使命和时代担当，江西应举全省之力，重振"中国药都"千年雄风，将"中国药都"打造成为江西继"中国瓷都"之后又一区域特色发展的"金名片"，成为我国通过区域特色产业发展带动乡村振兴的典范。

（一）习近平总书记要求把中医药工作摆在更加突出的位置

习近平总书记高度重视中医药工作，并作出一系列重要论述，为中医药传承创新发展指明了方向。习近平总书记指出，"中医药学是中国古代科学的瑰宝，也是打开中华文明宝库的钥匙"，"凝聚着中国人民和中华民族的博大智慧"，"是中华民族的伟大创造"，"要遵循中医药发展规律，传承精华，守正创新，加快推进中医药现代化、产业化"，"要建立符合中医药特点的服务体系、服务模式、管理模式、人才培养模式，使传统中医药发扬光大"。针对突如其来的新冠疫情，他指出"中医药振兴发展迎来天时、地利、人和的大好时机"，"医药学包含着中华民族几千年的健康养生理念及

其实践经验"，要"充分发挥中医药的独特优势，推进中医药现代化，推动中医药走向世界"，要"切实把中医药这一祖先留给我们的宝贵财富继承好、发展好、利用好，在建设健康中国、实现中国梦的伟大征程中谱写新的篇章"。

（二）振兴中医药发展是中国式现代化重要内容

党的十八大以来，我国中医药在传承中加快创新发展。中医药在健康中国建设、维护和促进人民健康中发挥了独特作用。我国出台了《中华人民共和国中医药法》《中共中央 国务院关于促进中医药传承创新发展的意见》等系列政策法规，中医药质量提升和产业发展加速。中医药文化传播加快，文化影响力进一步提升，人民群众对中医药的获得感、满意度进一步提高。中医药积极融入共建"一带一路"，成为民心相通和文明互鉴、构建人类卫生健康共同体的重要载体。中医药在"非典"、新冠等疫情防控中"全程参与"，做出了重大贡献。中医药作为中国的"国粹"，为维护人类健康发挥了巨大的作用，得到世界卫生组织高度评价，其美誉度、影响力持续提升。如今古老的中医药已与大数据、云计算、物联网、人工智能等深度融合，走向产业化、标准化、智能化，中医药正以中国式现代化姿态走向世界。

（三）振兴"中国药都"是江西的历史使命和时代担当

樟树作为"中国药都"具有1800多年的历史，具有深厚的历史文化沉淀，享有"药不到樟树不齐，药不过樟树不灵"的美誉。东汉末年，道教葛玄在樟树阁皂山采药行医，开了樟树药业先河。至乾隆年间，樟树人开的药店广布全国各地，成为药界名声大噪的"樟帮"，与"京帮""川帮"并称全国三大药帮。独树一帜的樟帮炮制技艺，与樟树药俗同列入国家非物质文化遗产保护名录。数百年来，樟树赓续仁心仁术仁德仁爱精神，尤其是在新冠疫情发生后，全力推动中医药更深入地参与疫情防控，体现了作为"中国药都"的历史传承与现代的责任与担当。

建功新时代，江西作为全国中医药大省有使命、有责任实施中医药振兴发展重大工程，为中华民族瑰宝的传承与创新做出重大贡献。在千帆竞发的赛道上，发挥"中国药都"的资源优势，重振"中国药都"的千年辉煌，以此为重心，振兴江西中医药产业和事业已迫在眉睫，这应成为全省上下的共识。

二 "中国药都"樟树的优势和特色

樟树地处江西"大十字架"生产力布局的"天心地胆"之位，自古就是"八省通衢、四会要冲"的水陆交通要津。特别是赣深高铁开通运营，与长三角、粤港澳大湾区、闽南金三角经济带形成三小时经济圈，加速承东启西辐射，有便于接受沿海产业转移和发展科技型新兴产业的区位优势。随着樟树河东港的正式启用、河西港区港城一体化的建设，樟树将成为千里赣江航道的重要节点城市。区位优势、资源优势为"中国药都"振兴奠定了坚实的基础。

（一）樟树与全国其他药都相比独具特色

1.樟树中药材种植面广质优

樟树不断推进中药材种植规范化、标准化。在全市主要中药材种植基地建设物联网系统，在全省率先启动枳壳趁鲜切制标准化、规范化试点。建设"中国药都"现代智慧农业（中药材）产业园，逐步完善种苗繁育质量标准体系，形成从种子种苗、种植、加工到流通使用的中药材全过程质量追溯体系。在全国四大药都中，樟树中医药材种植面积占国土面积的比例最高。樟树被评为国家中药原料生产供应保障基地，成功创建国家现代农业产业园（中药材），入选第四批中国特色农产品优势区，是全国中药材的主产地和重要集散地。

2.樟树医药龙头企业一枝独秀

樟树市是四大药都中唯一拥有医药上市公司的县级市，人均 GDP 高于

其他三个药都，医药工业产值和高新技术企业数均高于安国、禹州两个县级市，是全国唯一的四星级中医药产业示范基地、全省五星级产业集群。

表1　全国四大药都相关指标对比

指标	樟树	亳州	安国	禹州
2022年人均GDP(万元)	11.19	4.22	3.53	8.36
2021年种植面积(万亩)	50.80	121.30	15.40	50.00
2021年中医药种植面积占国土面积比例(%)	26.22	9.50	20.58	18.12
2021年医药工业产值(亿元)	210.40	308.60	154.10	100.00
2021年高新技术企业(家)	45	85	27	8
2021年医药上市公司(家)	2	0	0	0

注：2022年种植面积、中医药种植面积占国土面积比例，医药工业产值、高新技术企业、医药上市公司指标尚未公布，故此处采用的是2021年的数据。

资料来源：樟树市统计局。

（二）樟树是全省中医药发展重镇

樟树市坚决贯彻中医药强省战略，大力推进"中国药都"振兴工程。2022年，樟树市医药产业集群营业收入1257.3亿元，列全国县域经济产业集群百强。

1.樟树中医药制造占据全省半壁江山

近年来，樟树市大力推进"樟帮"中药饮片炮制技术升省标、上国标，创建中医药"樟树标准"，目前有142项参与《江西省中药饮片炮制规范》修订工作，占总数的50%。樟树不断引导企业加速智能化应用，打造数字化车间、建设智能工厂，共实施"机器换人"项目175个，带动企业相关配套投入超34亿元，全市重点领域生产装备数控化率超60%，有医药类省级"两化"融合示范企业8家。2022年新签约医药类项目53个，签约金额384.71亿元，包括4个10亿元以上项目、9个20亿元以上项目。同时，高标准建设生物医药产业园、中药饮片产业园、医疗器械产业园、医疗电子产业园，为企业快捷落户奠定坚实基础。截至2022年，全市共有医药企业

427 家，其中规上工业企业 107 家；中药饮片生产企业 30 家，年产量达全省 80% 以上。

2. 樟树具有完整的中医药产业体系

截至 2022 年底，樟树已构建种药材、建药企、开药会、办药校、观药景、养药生、康养旅游等全产业链体系，形成了生产、加工、销售、科研一体化的产业化发展格局，是全国为数不多具备完整中医药产业体系的城市之一。

3. 樟树医药商业走在全省前列

樟树拥有较为完善的现代医药物流产业体系，全市 53 家药品流通批发企业基本实现销售、分拣、派送数字化、智能化，3 家企业进入全国药品流通批发企业百强。仁和智慧医药物流园为全省首家第三方现代医药物流仓储基地、省内最大的智能医药物流仓库，五洲医药为第一批全国智慧物流配送示范企业。樟树中药材市场作为江西省唯一的国家级中药材专业市场，现有商铺 500 余户、2000 余个交易品种，年销售额超百亿元。通过数字赋能推进"药交会"转型，第 53 届樟树药交会成交额达 327 亿元，其中"互联网+药交会"交易平台成交额 87.7 亿元。2022 年 9 月樟树的叮当健康科技集团正式在香港联交所主板上市，叮当健康开创了国内数字零售药房即时药品零售及医疗咨询新模式。

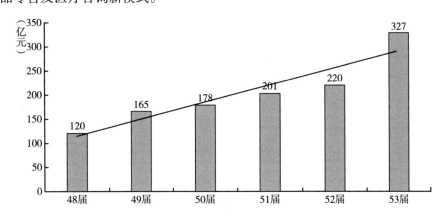

图 1 樟树历届全国药材药品交易会成交额

资料来源：樟树市人民政府。

三 振兴"中国药都"樟树面临的短板与瓶颈

"中国药都"樟树在全国中医药产业格局中具有举足轻重的地位,但重塑千年辉煌,亟须在理念和体制机制上改革创新。

(一)体制机制上亟待进一步突破

1. 省级层面对接国家层面的力度不够

国家已将樟树定位为"中国药都",但省级层面对接国家这一谋划策略的主动性不足,争取和对接国家相关部委政策资源的主动谋划力度不够。江西已出台了《江西樟树"中国药都"振兴工程实施方案》等相关政策,但相对于安徽亳州、河北安国等"药都",目前还不是"省长工程",安徽省赋予亳州市打造"世界中医药之都"新的历史使命,并连续三年将其写入安徽省政府工作报告。江西虽然制定了中国药都振兴政策,但由于政府职能部门职责不清,在省(市)层面没有拿出落实"中国药都"振兴的具体举措。2022年出台的《江西打造全国中医药产业高质量发展示范区实施方案》对樟树"中国药都"示范区尚未有清晰定位。

2. 对"中国药都"缺少机制上的创新支持

江西发展中医药产业,重点中医药工程或产业的布局没有围绕"中国药都"樟树形成非常明确的聚焦点和重点区域。相比安徽举全省之力重塑药都城市品牌,2000年亳州撤县建市,成为全国唯一地级市药都。受地方利益和部门利益驱动,江西在整个中医药产业布局、规划和重点发展方面,缺少对"中国药都"振兴体制与机制上的创新支持,在省市中医药产业发展层面,没有明确的规划用心聚力来集成发展"中国药都",反而因考虑地区利益"平衡"而分散有限政策的支持力度。"中国药都"振兴依旧停留在樟树市层面。

（二）理念上认识需要进一步提高

1. 缺乏中医药思维的整体观

"中国药都"振兴不仅是中医药产业的发展和中药产品的生产，还承载着中国文化传承创新的重任，需要依托樟树千年的中医药文化，重塑中国中医药的"根"与"魂"。一些管理部门忽视了中医药文化内涵，出现中医药产业发展与中医药文化建设相脱节的情况，从而导致政府管理部门之间没有理顺关系，形成多头和脱节管理。

2. 忽视振兴"中国药都"的公共属性

振兴"中国药都"，需要立足市场，尽量发挥市场的作用，以中医药产业促进经济的增长，但振兴"中国药都"同时具有中国文化传承、乡村振兴、共同富裕等很强的公共属性，需要政府引导，找到中医药文化与产业之间相融共生的内在逻辑。

（三）产业政策上需要进一步调整

1. 中医药产业政策支持力度不够

江西中医药产业政策支持没有聚焦"中国药都"，产业链、供应链企业的引进，没有围绕"中国药都"来布局。"中国药都"建设中医药产业园，开展种植、生产、加工、仓储、流通等产业链构建，仍由樟树市"单打独斗"，没有从全省中医药产业全局来整体谋划。安徽注重产业集聚和要素整合，仅亳州一地的总产值就占安徽全省中药产业和中医药健康服务全产业链总产值的一半以上。

2. 产业布局聚集度不高

江西全省中医药产业区域布局较为分散，全省"一城一都多园"的中医药产业总体布局虽已形成，但聚集效应、产业要素整合不够，樟树与中国（南昌）中医药科创城、袁州中医药产业园建设等形成了一定程度上的同质化竞争关系。江西中医药产业链招商规划没有围绕"中国药都"进行，而安徽国内百强中药企业有半数在安徽亳州落户，形成全国重要的现代中药产业集聚发展基地。

（四）人才要素支撑需要进一步夯实

1. 人才引培缺口大

截至 2022 年底，樟树市还没有医药类的专门高校，江西樟树中医药职业学院尚在筹备组建，与省内中医药大学缺乏紧密的联系，中医药高端技术人才和应用型技能人才存在缺口。相比之下，亳州已建成中药科技学校、职业技术学院、亳州学院 3 个涉中医药类院校，亳州学院中医药学院正在建设过程中，拥有从中专到本科基本配套的中医药人才教育体系。

2. 缺少国字号创新平台

樟树暂无国家级中医药创新平台，樟树市中医药产业研究院面临科研领军人才少、成果转化落地不足等问题。而亳州市拥有国家级中药类工程研究中心 2 个，组建了华佗中医药研究院分院，涉药类院士和博士后工作站 8 家，与中国药科大学、南京中医药大学等全国 20 余所高校、科研院所建立战略合作关系。亳州市建有全国唯一的国家级中药材检验检测中心和中药材技术性贸易措施研究评议基地，安徽全省涉药类工程研究中心、认证检测中心都向亳州市集中。

（五）开放创新能力需要进一步加强

1. 数字化新赛道需要追赶

樟树中医药数字电商平台发展加速，将"互联网+"打造为医药产业发展新引擎。亳州拥有全国规模最大的中药材专业交易市场和线上交易平台，河北将安国"数字中药都"项目列为"省长工程"。

2. 产业国际化发展落后

"中国药都"樟树目前几乎没有开展中药材出口业务，在国际市场影响甚微。亳州依托中国（安徽）自由贸易试验区、亳州联动创新区的改革试点定位和安徽省亳州市国家加工贸易产业园，推动中医药"走出去"。2021 年亳州出口中药占安徽中药材出口额的 69.2%。

3.中医药健康旅游示范效应不足

"中国药都"樟树积极开展中医健康旅游综合体建设，拥有国内规模最大的中医药博物馆、古海景区、三皇宫文化旅游街区等精品，但目前尚未成为国家中医药健康旅游基地，中医药文化与健康旅游融合度不高，对外影响力还不大。亳州市作为国家中医药健康旅游示范区，共有国家、省中医药健康旅游基地5家，省研学旅行基地3家，已推出"中医药文化之旅"等4条经典中医药文化健康旅游线路。

四 振兴"中国药都"需创新与跨越

"中国药都"要振兴，需要凝聚全省共识，明确樟树在江西中医药强省战略中的"核心"位置。整合各方资源，全力支持"中国药都"振兴工程，通过高位推动，创新体制机制、激活产业"链"式效应，奋力将樟树打造成为中国产业链最完整、供应链最齐全、高端价值链凸显的，集原材料供应、生产加工、仓储物流、交易市场、科技创新与中医药文化旅游及文化传播于一体的，国内一流、世界知名的中医药传承创新发展中心，名副其实的"中国药都"。

（一）优化体制机制，聚焦聚力先行示范

1.将"药都振兴工程"列为"省长工程"

中国振兴中医药需要江西力量，需要省委省政府高位推动。成立"'中国药都'振兴工程"推进领导小组，统筹推进药都振兴建设。根据"中国药都"的定位，主动对接并积极争取国家发改委、国家中医药管理局、工信部、文旅部、商务部等中央部委从上到下的政策与体制上的支持，将"中国药都"纳入国家相关部委区域规划、平台建设、文化传播、产业发展、贸易服务、财政税收、金融投资等政策支持方案中。

2.实施"省管县（市）"体制改革，将"中国药都"樟树列为省直管市（县）

通过扩权强市，赋予樟树在中医药发展上更多自主权，增强省财政对其

中医药事业和产业的直接支持，理顺省、市（宜春市）、县（樟树市）三级之间的职责职能，进一步激发"中国药都"发展的活力和动力。

3. 将樟树市打造成为全省国家中医药综合改革示范区的先导区

支持实行体制机制和政策创新，通过政府规划引领重大中医药产业项目，支持中医药龙头企业，强化中医药产业发展与文化建设的融合等，切实发挥有为政府和有效市场的双重作用，围绕国家中医药综合改革示范区建设，将樟树市作为全省国家中医药综合改革先导区，作为全国性中医药体制机制改革的"试验田"，推动江西中医药守正创新和现代化发展。

（二）"链"上发力，激活产业"链"式效应

1. 优化中医药产业和文化发展布局

将有限的资源用在刀刃上，江西有关中医药的国家重大项目建设，中医药产业园建设，中医药全产业链、供应链规划建设，应相对集中围绕"中国药都"樟树进行布局，而不宜过度分散。赋予中医药产业发展"中国药都"的文化内涵，推进中医药文化项目与设施建设，同时，在财政、税收、金融、投资等方面予以政策合力支持，促进江西中医药产业和文化的集成发展。

2. 激活"链"式效应，建设种植链

推动道地中药材种植高质量发展，支持在樟树建设江西道地药材"基因库"，开展优质种质资源及繁育技术的科研工作。统筹整合全省中药材种植基地，优化中药材种子种苗的质量标准及监管体系，打造江西全国知名中药材绿色种植基地，带动乡村振兴，促进农民增收。提升生产链。积极争取由国家工信部支持、中国中医科学院搭建的中药材全链条产业平台落户樟树。支持樟树市引进国药控股、广药集团等知名龙头药企并发挥其带动作用，鼓励中小企业向产业细分领域专业化、精细化发展，建立产业联盟，促进大中小医药企业融通发展。完善商贸流通链。进一步健全中药材质量追溯体系，推动标准化建设，将"樟树标准"推广为"江西标准""中国标准"。加大对樟树中药材专业市场、港口"药码头"的现代化提升改造力

度，设立海关监管场所，以"双循环新格局"为契机，主动对接推动湘赣粤港澳中医药全产业链协同发展，深度融入"一带一路"建设，协同推动樟树中医药向省内国内联通和海外扩展。

（三）突出创新驱动，打造"数字药都"

1.打造中医药科技创新"联合体"

支持国家级中医药相关科研院所在樟树设立分支机构，推动樟树中医药产业研究院紧密联结中国（南昌）中医药科创城及其他国家级科研平台，大力推动联合创新。实施科研及孵化前台在中医药科创城、沿海或境外，生产及转化后台在樟树市的"双飞地"的中医药研发应用创新发展模式。

2.推进"互联网+医药工业"

鼓励企业打造自动化生产线、数字化车间、智慧工厂，推进数字技术与制造技术融合，支持重点企业数智化转型。

3.推动数字化平台建设

建设和完善集中药材交易、质量溯源、供应链服务、仓储物流于一体的产业互联网服务平台；建立和完善集物流、信息流、资金流"三流合一"的中国（樟树）中药材产业数字化平台。创新构建全国道地药材"云仓储"，突破时空局限，构建线上线下相结合发展模式，再现药到樟树"灵"和"齐"，实现"买全国、卖全国"。

（四）筑牢人才基础，完善中医药人才体系

1.完善多元化培养体系

建设国家级、省级创新平台，引入科研团队，支持中国中医科学院、江西省中医药大学等院校在"中国药都"设立中医药分院（或药学系樟树学院）、建立中医药专业实践基地，推广"岐黄国医书院"经验，将学院教育与传统师承教学模式互补融合，推动"中国药都"中医药职业学院、健康产业学院建设。

2. 加大人才引进力度

建设省级区域中医医疗中心（樟树市），整合全省中医药资源，多渠道和方式及柔性引进知名中医药专业技术人才、管理人才、企业家以及服务贸易方面的复合型人才来樟树发展。集聚专科人才，发展骨科等传统优势特色科室，造福百姓，满足群众中医医疗卫生服务需求，提升中医服务水平。

3. 稳定基层人才

主动对接企业缺口较大的药材种植、传统炮制、工艺员等中医药技能型人才的培养。做好农村定向免费中医学生培养的工作，鼓励县域医共体、医联体人才下沉，保障县乡医务人员的合理待遇，留住中医药在基层的"根"。

（五）实施品牌战略，铸就"中国药都"金字招牌

1. 充分挖掘中医药文化内涵并传承创新

深入挖掘中医文化精髓，依托丰富的中医药资源，讲好"中国药都"故事。厘清并研究江西和以樟树为中心的本土中医药的文化价值和人文精神，弘扬"道法自然""大医精诚""悬壶济世"，传承仁心仁术，遵循中医思维，从系统整体的角度治病祛疾，维护民众健康。争取建设中国中医科学院名医堂工程，以"聚集名医、铸造名科、传承流派、发扬特色"为目标，打造享誉全国的中医药特色街、国内领先的中医药健康服务示范街区。打造全国乃至世界"中医药游学中心"和"中医实践中心"。

2. 促进中医药文旅康养融合发展

创建全国中医药文旅康养基地。遵循"天人合一"的理念，建设心灵交融、精神相通、人文交流的中医药文旅康养目的地，促进人与自然和谐共生。串联中医药博物馆、阁皂山、岐黄小镇、临江古府、中国古海等载体，构建养生文化旅游产业链。提升城市中医药文化氛围。在城市规划中更多地植入中医药文化元素，提升城市文化品质。评选一批"中国药都"道地的药膳和药膳店，打造一批吸引游客主动"打卡"的美食和餐馆，打造特色中医药文化夜市，让中医药文化真正走进基层、惠及群众。

3. 创新"药交会"会展经济新模式

建议将樟树全国药材药品交易会重新恢复为江西省人民政府主办的大会，提升樟树"药交会"的品质和规格，将"药交会"打造成为聚集海内外名医名药名门名派名企的"群英会"。进一步完善中医药企业诚信体系建设，彰显传统老字号的"深"和创新品牌的"新"。搭建医药界同仁学术探讨、文化交流、经贸合作的广阔平台，共商中医药发展大计，共谋中医药振兴大业。

参考文献

江西省人民政府：《国家中医药综合改革试验区（江西）建设行动计划（2018-2020年）》，2018。

江西省人民政府办公厅：《江西省"十四五"中医药发展规划》，2022。

江西省中医药工作联席会议办公室：《江西省促进中医药传承创新发展行动计划》，2021。

中国工程科技知识中心：《中医药国内外产业政策回顾、反思与展望》，2021。

江西省工业和信息化厅：《江西省"十四五"医药产业高质量发展规划》，2021。

B.29

抢占未来产业发展的新赛道

——基于江西元宇宙产业发展的调研

麻智辉　李华旭*

摘　要： 元宇宙产业是数字经济的新引擎和重要引爆点，代表了数字经济
发展的新趋势。做优做强数字经济是江西的"一号发展工程"，
推进元宇宙产业高质量发展，是打造江西数字经济新引擎的重要
支撑。本研究提出抢占未来产业发展新赛道，江西不应滞后，分
析了江西元宇宙产业发展的技术基础和先发优势，存在的产业认
识不足、上下游产业链不完整等困难和问题，并针对性地提出加
快推进江西元宇宙产业发展的对策建议。

关键词： 数字技术　元宇宙　江西

元宇宙是一个利用多种技术建立的共同的数字虚拟世界，是虚拟世界与
现实社会交互的重要载体。元宇宙产业是数字经济的重要切入口，也是驱动
全球数字经济发展、数字技术创新的重要赛道。代表着数字经济未来发展趋
势，具有广阔发展前景。2022 年江西将数字经济列为经济发展的"一号工
程"，元宇宙产业作为数字经济发展的新引擎和重要引爆点，对于江西省领
跑未来产业发展新赛道、重塑区域竞争新优势具有重要意义。

---

* 麻智辉，江西省社会科学院经济研究所所长、研究员，研究方向为区域经济；李华旭，江西
省社会科学院经济研究所副研究员，主要研究方向为产业经济。

一 江西元宇宙产业的发展基础和优势

纵观江西省元宇宙产业发展情况，从全国层面看，江西省元宇宙产业具有良好基础和先发优势。

（一）产业基础较好

电子信息产业是发展元宇宙产业的基础，元宇宙的硬件、软件和内容产业链均需要电子信息产业的支持。"十三五"以来，江西电子信息产业营业收入以年均超过 18% 的态势前行，逐步成长为布局较为合理、产业门类较为齐全的支柱型产业。2021 年全省电子信息产业营收达 6688 亿元，排位从 2016 年的全国第 12 位、中部第 3 位上升到全国第 7 位、中部第 1 位。2021 年，全省电子信息产业规上企业 1787 家，其中华勤电子、立讯智造、同兴达等 11 家企业营收过百亿元，培育了特色鲜明、实力突出的电子信息产业集群 18 个，创建了 5 个国家新型工业化（电子信息）产业示范基地。2022 年，江西省电子信息产业营业收入首次突破万亿元，达 1.03 万亿元，增长 23.7%，电子信息产业营业收入跃居全国第 4 位，南昌国家级互联网骨干直联点开通，全国唯一锂电标识解析二级节点上线，算力整体规模居全国第 11 位，南昌入选 2022 年度建设信息基础设施和推进产业数字化成效明显市推荐名单。

（二）具有一定的先发优势

元宇宙产业与 VR 产业具有较大的关联性和重合度，VR 技术是通往元宇宙的关键接口，它为人类的感知系统、行为系统与虚拟世界之间的交互提供了基础。2016 年 2 月，全国首个城市级虚拟现实科技产业集群在江西南昌揭牌。吸引 VR 业界眼球的"世界 VR 产业大会"在南昌永久落户，截至 2022 年，"世界 VR 产业大会"已经举办了 5 届，共签约投资项目 542 个，总投资达 3366.78 亿元。全省 VR 产业集聚各类企业 400 余家，行业头部企业加快聚集，据统计，全国 VR 50 强企业中已有 18 家落户江西，形成了覆

盖硬件制造、软件开发、内容创作等 VR 全产业链，VR 及相关产业营业收入由 2018 年的 42 亿元快速增长至 2022 年的 800 多亿元，呈现爆发式增长的良好态势。

（三）具有良好的技术支撑

元宇宙产业以 5G、物联网、大数据、云计算、人工智能和区块链等为技术支撑。2022 年江西全省实现 NB-IoT、eMTC 和 4G 三网立体式覆盖，5G 商用和规模部署有序推进。截至 2022 年 10 月底，全省 5G 基站累计开通 88529 个，实现了 11 个设区市主城区 5G 连续覆盖和全部县域核心区覆盖。同步推进的 12 个 5A 级景区均实现 5G 网络覆盖。NB-IoT 和 eMTC 网络建设已在省内全域覆盖，4G 行政村覆盖率 100%，NB-IoT 基站 7.3 万个，eMTC 基站 2 万多个，NB-IoT 连接数快速增长，总数超过 217 万个。

（四）示范应用场景不断拓展

近年来，江西省以数字产业化实现和产业数字化转型为目标，提高了数字化创新能力，提升了数字技术与各领域融合的广度和深度，以 VR 示范应用场景项目推广为契机，在党建、工业、商贸、教育、旅游、医疗、住建、交通、文娱影视、应急救援等众多领域孕育了一系列数字化应用场景，为元宇宙产业发展提供了良好的生态环境。

（五）搭建了一批高端创新平台

南昌大学创建了元宇宙研究院，上饶市创建江西省大数据科创城，鹰潭市打造智慧科创城，中科院云计算中心大数据研究院、中国信通院江西研究院、北航江西研究院、北理工（南昌）VR 研究院、华为南昌研究所、江西省智能产业技术创新研究院、云从科技人工智能研究院、微软 AI+VR 创新基地、蚂蚁区块链（江西）研究院、高通影创联合创新中心、赣州区块链研究院等 30 余家新型研发机构落地江西。南昌虚拟现实研究院正式获批组建国家虚拟现实创新中心，并在 2022 年世界 VR 产业大会上隆重揭牌。

（六）专业人才培养初见成效

为助力江西省元宇宙产业发展，省内高校纷纷培养高层次元宇宙相关专业技术人才，据统计，江西省仅开设 VR 专业的高校数量就达 20 所，在全国排名第二。江西财经大学设立了虚拟现实（VR）现代产业学院，建立了本硕博一体化 VR 人才培养体系；江西师范大学开设了虚拟现实技术及应用硕士点，并设立了数字产业学院（上饶）；江西理工大学、江西科技师范大学、华东交通大学开设了虚拟现实技术本科专业；南昌工学院、江西泰豪动漫职业学院、江西软件职业技术大学等一批高职院校也开设了虚拟现实应用技术专业。江西财经大学、南昌工学院、江西师范高等专科学校、江西工程学院、江西服装学院、江西应用科技学院、上饶职业技术学院等一批大学和高职院校设立了大数据学院、人工智能学院和物联网学院。

二　江西元宇宙产业发展存在的困难和问题

（一）全省各地对元宇宙产业发展认识不足、理解不深、重视不够

元宇宙能够带动社会生产力提升、生产关系变革，但不可否认，当前元宇宙处于初级起步阶段，面临伦理制约、经济风险、法律风险、隐私风险、数据安全和知识产权问题等诸多风险。尽管江西省具有发展元宇宙产业条件，但调研中发现，部分干部思想认识过于保守，认为元宇宙技术、市场和产业还不成熟，无法客观认识产业发展中的风险与不确定性；部分干部认为江西还处于工业化的中后期，发展元宇宙这样的数字经济前沿产业，表现出底气不足、信心缺乏、工作进度不快，尤其是 2022 年初，江西省委省政府在全国率先提出建设南昌元宇宙试验区，但是从近一年的发展来看，元宇宙试验区还处于概念阶段，尚未真正落地。元宇宙的发展在区域发展上很不平衡，关注元宇宙产业的主要是南昌、赣州、上饶、鹰潭等大中城市，其他大部分地区并没有把元宇宙提升到未来战略发展的重要位置，对元宇宙产业发

展抱有观望态度，还在等待国家和发达地区的试点示范，不愿意在全球和全国元宇宙产业发展初期提前布局新赛道、抢占先机。

（二）元宇宙产业的关键核心技术实力薄弱，多元支撑技术合力尚未形成

一是元宇宙产业的关键核心技术实力薄弱。元宇宙产业发展高度依托网络及运算技术、物联网技术、区块链技术、人工智能技术、交互技术、电子游戏技术等六大核心技术夯实底座和强大的算力支撑，但是江西省在虚拟现实核心芯片、显示器件、光学器件、传感器等核心硬件器件和动态环境建模、人机交互、光学显示、内容生成等关键软件技术领域受制于人。部分领域依赖进口或从外省调入，存在严重的"缺芯少屏"现象，特别是磁性材料、操作系统、集成电路和新型元器件等高技术含量薄弱。鹰潭的大多数物联网企业主要偏向于应用与集成领域，关键核心技术研发明显不足，绝大多数企业研发投入过少，甚至有的企业没有自己的研发机构。根据《中国算力发展指数白皮书（2022年）》，江西省综合算力指数尚未进入全国前10位，江西省底层关键技术不足和算力综合指数欠优可能会拖累元宇宙产业发展进程。二是江西省元宇宙的支撑技术较为分散。元宇宙是集成移动互联网、云计算、大数据、物联网、人工智能、区块链、虚拟现实等多元技术的产业形态，技术集成是元宇宙产业的一大特征，单一的技术并不足以支撑元宇宙产业发展。尽管南昌的VR、人工智能，上饶的大数据、动漫游戏技术，鹰潭的移动物联网和赣州的区块链等都有一定基础，但是江西各领域技术相对分散，尚未形成技术互通、技术融合和技术集成的系统性发展合力。

（三）元宇宙产业上下游产业链不完整，缺乏具有国际竞争力的龙头企业

元宇宙产业可以分为上、中、下游3个层级。上游主要是元宇宙装备制造，以AR/VR及智能穿戴设备为主；中游是指元宇宙支撑技术，如5G、大数据、物联网、云计算、人工智能和区块链等涵盖软硬件的基础设施；下游

主要是应用场景，如娱乐、工业、农业、医疗、教育等，让用户充分获得沉浸式体验。一方面，江西元宇宙上中下游产业链不完整，竞争力弱。VR产业被公认为元宇宙的重要载体，江西省VR产业主要集中在应用、分发等产业链末端，在上游研发、硬件制造、检测认证等领域占比小，产品设计、元器件生产、成品封装、应用平台与内容制作等远未形成协作配套的链环，尤其是VR的内容创作和流通生态有所欠缺，内容创作偏少、优质创新内容稀缺且同质化严重。另一方面，江西元宇宙产业缺少具有国际竞争力的龙头企业引领。江西省VR企业以中小微企业居多，掌握关键核心技术的技术型、平台型龙头企业和总部型企业仍然相对较少，除联创电子、泰豪、科骏等少数企业以外，大部分企业VR营业收入都在千万元以下，特别是本土龙头企业少而弱，不少引进入驻的VR企业，实际性的研发、生产并未进来，在2022年世界VR产业大会评选出的中国VR企业50强名单中，江西上榜企业有6家，与北京的23家比还有较大差距。

（四）元宇宙应用场景有限，与实体经济融合不足

元宇宙作为一种大规模连接的虚拟现实应用场景，蕴含着制造生产、市场消费、城市治理等场景变革的巨大机遇，工业元宇宙、医疗元宇宙、汽车元宇宙、能源元宇宙等"元宇宙+"应用场景能够对实体经济具有虚实融合、以虚强实的赋能带动作用。但是当前江西省元宇宙场景培育多局限于对娱乐体验的升级，主要聚焦于旅游、社交、游戏、商务和娱乐等消费领域，元宇宙实时永续、数字孪生、融合现实等特性在生产制造上的深度应用前景远未被挖掘，在江西省汽车航空、生物医药等工业领域尚未实现与元宇宙技术的深度融合。鹰潭的移动物联网产品的应用方向主要集中在依靠政府政策推动的公共服务和社会管理领域，而在其他行业应用领域很少甚至没有形成消费形式。

（五）元宇宙产业的人才和资金供给缺口较大，产业生态尚不完善

一是元宇宙发展专业人才明显不足。元宇宙产业专业人才涉及图形图

像、人机交互、光学通信、虚拟现实技术、大数据分析等多个尖端领域，对于人才要求较为严苛，江西省现有专业人才大多是从游戏、动漫、3D仿真、模型等行业转型而来，在大数据、云计算、人工智能、区块链和内容创作等领域人才匮乏。2022年1~7月智联招聘数据显示，对于元宇宙人才需求排名前10的城市，除北上广深外，成都、杭州、武汉、南京等新一线城市位居前列，可见，各区域对元宇宙专业人才的需求竞争极其激烈，江西省高精尖人才团队引进非常困难，研发型与技能型人才培养比较乏力，即便是花大力气柔性引进的专业人才，也很难留住。二是元宇宙发展的资金支持明显不足。元宇宙产业发展需要全方位金融支持，国内外普遍采取大规模产业母子基金注入模式，但是江西作为中部省份，风投、信托、基金等机构少，资本市场不够活跃，元宇宙企业融资相对困难，尽管江西国控、南昌工控和红谷滩城投协商组建了元宇宙产业发展母基金，首期10亿元，但与国内发达城市相比量级偏小（如广州天河元宇宙投资基金200亿元，北京元宇宙基金40亿元），客观上限制了元宇宙产业发展。

（六）"双碳"背景下元宇宙产业发展的能源需求给江西省能源供给总量和能源消费结构带来挑战

一是元宇宙产业发展的能源需求和江西省能源供给之间存在矛盾。元宇宙的平稳运行离不开数据中心、算力中心、网络设备、通信基站等新型基础设施支撑，而这些基础设施运转需要庞大的能源供给，江西能源储量相对匮乏，在"碳中和碳达峰"背景下，国家核准江西省"十四五"时期新增能耗900万吨标准煤，较"十三五"时期减少了485万吨标准煤，元宇宙产业对能源需求增加与国家核准的逐渐下降的能耗增量之间存在供需矛盾。二是元宇宙的高算力给江西省能源消费结构带来挑战。元宇宙的高算力将会进一步增加江西省电力能源消耗，但是江西省能源消费中煤炭处于主导地位，2021年煤炭消费占能源消费总量的比重为59.6%，尽管历史性地降至60%以下，但是仍然高于全国平均水平5.6个百分点，因此元宇宙对能源的高需求会给江西省能源消费结构带来挑战，急需更多可持续能源供给。

三　国内各省市元宇宙产业发展做法与经验

2022 年初，元宇宙热潮席卷全国，全国各地积极抢占未来经济发展的制高点，出台元宇宙专项政策，截至 2022 年 12 月，全国 20 多个省市在各类规划、报告、办法中提出了支持元宇宙发展的意见（见表 1），并推出了促进元宇宙产业发展的创新经验和做法，值得江西学习借鉴。

表 1　全国已出台 24 个元宇宙专项政策

序号	出台地区	政策名称
1	江苏无锡	《太湖湾科创带引领区元宇宙生态产业发展规划》
2	上海虹口区	《元宇宙产业发展行动计划》
3	北京通州区	《关于加快北京城市副中心元宇宙创新引领发展的若干措施》
4	福建厦门	《厦门市元宇宙产业发展三年行动计划(2022-2024 年)》
5	广州黄埔区	《广州市黄埔区、广州开发区促进元宇宙创新发展办法》
6	重庆渝北区	《渝北区元宇宙产业创新发展行动计划(2022-2024)》
7	杭州钱塘区	《杭州钱塘区元宇宙产业政策》
8	南京江宁高新区	《江宁高新区关于加快发展元宇宙产业的若干政策》
9	沈阳和平区	《沈阳市和平区元宇宙产业创新发展行动计划》
10	上海市	《上海市培育"元宇宙"新赛道行动方案(2022-2025 年)》
11	广州南沙区	《广州南沙新区(自贸片区)推动元宇宙生态发展的九条措施》
12	广州南沙区	《南沙元宇宙产业集聚区先导示范区入驻实施方案》征求意见稿
13	北京通州区	《北京城市副中心元宇宙创新发展行动计划(2022-2024 年)》
14	上海虹口区	《虹口区促进元宇宙产业发展的试行办法(草案)》
15	上海宝山区	《宝山区工业元宇宙产业发展三年行动计划》
16	河南省	《河南省元宇宙产业发展行动计划》
17	青岛市南区	《关于促进元宇宙产业高质量发展的若干政策措施》
18	国家工信部工业元宇宙协同发展组织	《工业元宇宙创新发展三年行动计划(2022-2025 年)》
19	湖北武汉	《武汉市促进元宇宙产业创新发展实施方案(2022-2025 年)》
20	浙江省	《浙江省元宇宙产业发展行动计划(2023-2025 年)》
21	四川成都	《成都市元宇宙产业发展行动方案(2022-2025 年)》
22	山东潍坊	《潍坊市打造元宇宙技术创新与产业之都行动计划(2022-2026 年)》
23	山东济南	《济南市促进元宇宙产业创新发展行动计划(2022-2025 年)》
24	重庆永川区	《重庆市永川区元宇宙产业发展三年行动计划(2023-2025)》

资料来源：根据各省市文件整理。

（一）北京：城市副中心率先入局元宇宙

北京市出台了《关于加快北京城市副中心元宇宙创新引领发展的若干措施》，规划了"1个创新中心+N个特色主题园区"的元宇宙产业空间布局，提出从示范应用、产业布局、鼓励投资、房租补贴等8个方面，鼓励元宇宙相关企业落地发展。加快元宇宙相关技术与各行业深度融合，促进产业转型升级，重点围绕文化、旅游、商业等领域，打造一批元宇宙示范应用项目，支持一批元宇宙应用场景建设；采用"母基金+直投"的方式联合其他社会资本，打造一只覆盖元宇宙产业的基金，推动组建元宇宙新型创新联合体，探索建设元宇宙产业聚集区。

（二）上海：加快培育"元宇宙"新赛道

上海市出台《上海市培育"元宇宙"新赛道行动方案（2022－2025年）》，聚焦未来网络、智能硬件、终端系统级芯片、元器件、核心软件等重点方向，实施元宇宙关键技术突破工程。聚焦航空、汽车、核电、生物医药等领域，实施工业"元宇宙"标杆示范工程。发挥"元宇宙"的叠加、倍增、放大效应，带动数字技术、数字产业实现跳变和跃迁。把握"元宇宙"虚实映射、虚实交互、虚实融合的演进规律，重点加强前沿技术突破、前瞻领域布局，推动产业整体健康有序发展。

（三）浙江省：构建完整的元宇宙产业链体系

浙江省出台了元宇宙产业发展行动计划（2023~2025年），提出构建产品集成度、生产协作度较高的元宇宙产业链，加快产业链上下游协同，加快培育"链主型"企业，招引全球性行业总部或研发总部落地。推进云网协同和算网融合发展，支持发展GPU实时渲染等高性能计算，鼓励算力、算法、数据、应用资源集约化和服务化创新。提升区块链基础设施能力建设，强化安全隐私计算、链上链下高效协同、跨链互联互通、智能合约审计等区块链共性应用支撑。

（四）河南省：打造全国元宇宙产业发展高地

河南省出台元宇宙产业发展行动计划，提出围绕软件、硬件、芯片、扩展现实、区块链等元宇宙核心领域，积极发展元宇宙智能装备、计算终端、消费电子、数字内容等产品和服务，打造元宇宙产业特色区。重点拓展工业元宇宙、能源元宇宙、文旅元宇宙、教育元宇宙、虚拟数字人元宇宙、智慧城市元宇宙重点领域应用，推动元宇宙与经济社会深度融合，打造集创新链、产业链、服务链、生态链于一体的全国元宇宙产业发展高地。

（五）福建厦门：打造元宇宙生态样板城市

厦门市出台了元宇宙产业发展三年行动计划（2022~2024年），提出立足厦门实际，实施基础研究攻关、重点领域研发、企业引培发展、产业生态构建、监管治理提升五大行动，引入培育一批掌握关键技术、营收上亿元的元宇宙企业，打造一个高端研究平台、开发一批特色应用场景、培育一批优质企业、培养一批创新人才、跟踪服务一批元宇宙相关产品和技术研发高精尖企业，组建元宇宙产业联盟，打造"元宇宙生态样板城市"和数字化发展新体系。

（六）江苏无锡：打造元宇宙生态产业示范区

江苏省无锡市出台了《太湖湾科创带引领区元宇宙生态产业发展规划》，提出依托无锡先进技术研究院、国家超算中心等重大研发载体，开展应用理论和核心技术研究，培育、引进一批区块链、人工智能等元宇宙生态链企业，创立元宇宙创新创业基地。设立元宇宙新型研发机构，强化元宇宙科研攻关；搭建元宇宙产业协会联盟，践行多边赋能模式，聚焦数字影视、数字文旅、智改数转等场景，打造元宇宙典型场景。完善元宇宙产业生态，打造国内元宇宙生态产业示范区。

四 加快推进江西元宇宙产业发展的对策建议

（一）加快元宇宙产业顶层设计，优化全省元宇宙产业布局

一是深化对产业发展规律的认识，以部分地区先行先试助力全省谋篇布局。推进江西各地提升对元宇宙的发展态势、技术特征、行业应用的认知，加快江西各地对元宇宙产业的导入和支持，鼓励有基础和有条件的地区对元宇宙产业发展进行先行先试，编制元宇宙产业规划，出台专项产业促进政策，推动新兴领域占位抢位发展，待时机成熟，加强全省顶层规划设计，出台有江西特色的元宇宙产业规划和行动实施方案，形成框架性指导文件，明确发展目标、路线图和量化绩效指标，谋划打造"元宇宙江西"虚拟数字经济体。二是谋划全省元宇宙产业布局，提升产业空间承载能力，依托南昌较好的 VR、人工智能、大数据、云计算、物联网等产业基础，以在建的九龙湖元宇宙试验区为核心、红谷滩 VR 产业创新中心为基础，打造全国元宇宙应用创新中心和元宇宙创新孵化园；在南昌高新技术开发区、南昌经济技术开发区、小蓝经济开发区布局各具特色的工业元宇宙产业园；在赣州、上饶、九江等城市布局特色元宇宙产业基地，在各区域中心城市文化旅游区和综合商务区，打造与应用场景高度融合的元宇宙示范主题园区。

（二）突破元宇宙"硬核"技术瓶颈，夯实元宇宙发展技术根基

一是培育元宇宙战略科技力量。积极创建国家级元宇宙产业研究院，引进中国科学院、中国信通院、清华大学等高端研发力量，结合江西省现实需求，组建元宇宙产业新型科研机构，开展元宇宙重大基础理论研究，支持有影响力的元宇宙企业或机构来江西设立总部、研发中心、创新平台和孵化基地。二是推进元宇宙关键核心技术攻关。制定元宇宙关键核心技术攻关和项目清单，攻克人工智能芯片、脑机科学、区块链、

卫星互联网、智能感知和图形图像引擎等元宇宙关键共性技术问题，重点瞄准江西电子信息、汽车航空、生物医药、新能源新材料等特色优势产业，在复杂流程控制、精细化操作等方面，率先推动以数字孪生为代表的元宇宙相关技术应用突破。三是推进元宇宙关联技术系统集成。鼓励江西高等院校、行业领军企业以及科研机构共建共享技术研究中心、数据共享中心、企业孵化中心等研发应用机构，围绕元宇宙单元技术迭代和融合创新，促进元宇宙相关技术的集成应用，开展技术共享、联合适配、协同攻关等合作。

（三）延伸元宇宙产业链条，培育梯次产业发展格局

一是加快元宇宙产业主体建设。聚焦关键技术、基础设施、智能终端、数字工具和集成应用等领域，鼓励运用"元宇宙"技术创新招商引资和投资服务模式，吸引一批新型头部企业和行业领军企业，壮大本土元宇宙产业科技企业，集聚一批综合集成能力强、产业链上下游话语权大的"链主企业"。二是打造国内元宇宙内容创作高地。支持元宇宙技术龙头企业建设虚拟社区、街区、市场等虚拟空间和元城市等大型元宇宙内容承载平台，形成平台支撑、大众参与的元宇宙内容创作生态。鼓励企业、机构、个人等各类主体以创作者身份参与元宇宙建设，重点支持基于江西省红色文化、风景名胜、城市地标等独有资源的元宇宙 IP 开发，鼓励拓展游戏动漫、音视频、艺术藏品、会展活动等文化数字内容生产。三是打造具有竞争力的元宇宙产业集群。依托南昌红谷滩区金融一条街、虚拟现实（VR）产业基地和综合商圈，重点打造商贸生活、金融服务元宇宙产业集群；依托上饶数字经济产业园，重点打造数字文创、智能制造、动漫游戏元宇宙产业集群；依托鹰潭移动物联网产业园，重点打造智能制造、智能终端产业集群；依托昌九－吉赣高铁走廊，围绕电子信息、汽车制造两大产业，在南昌、吉安、赣州打造若干元宇宙智能终端、智能装备、消费电子等产业集群，形成特色鲜明、补链成群的创新主体集聚效应。

（四）推动元宇宙赋能实体经济，打造标志性应用场景

一是构建元宇宙消费生态全景。重点面向城市文化景区、城市文化街区、现代城市景观空间、城市商业商圈、城市主题乐园等城市空间场景，先行打造新型城市文旅元宇宙示范点，支持中心城市中央商业中心、商业综合体等开放元宇宙商业应用场景，支持全省旅游度假区、风景名胜区等开放元宇宙文体旅应用场景，探索发展虚拟数字人、虚拟会展、VR/AR 文教、沉浸式商务、NFT 数字资产等元宇宙消费场景，推出一批元宇宙+江西特色 IP 项目，打造文娱元宇宙、教育元宇宙、科普元宇宙、电商元宇宙、社交元宇宙等试点示范项目，促进数字人在数字营销、在线培训、电商直播、影音娱乐、服务咨询等多场景的应用。二是加快培育工业元宇宙应用场景。加快研究制定工业领域"元宇宙"标准规则，支持元宇宙技术与江西省制造业深度融合，聚焦航空、汽车、生物医药等领域，培育一批市级"元宇宙+工业互联网"试点示范场景，支持南昌、赣州、上饶、九江、吉安、鹰潭等数字经济基础较好的地区开放元宇宙工业应用场景，积极打造一批元宇宙应用场景典型示范企业，支持企业建设基于多维感知、实时逆向建模等技术的智能制造孪生平台。推进元宇宙技术深度融入能源网络，探索全景仿真数字化配网和区块链技术绿电交易等能源元宇宙应用场景。三是培育虚实融合的城乡服务应用场景。推进元宇宙技术与"城市大脑"、数字乡村和未来社区等城市治理重大场景的深度融合，培育城市数字空间运营商，建立城市数字沙盘，加快数字孪生城市建设，支持在省内中心城市市民服务中心等开放元宇宙政务服务应用场景，打造数字人办事窗口，完善城乡信息模型，实现城乡治理全环节的智能化升级。

（五）搭建高水平元宇宙产业平台，提升未来产业竞争力

一是加大数字基础设施平台建设力度。加快部署大型互联网数据中心、超算中心、人工智能计算中心等平台设施，着力解决算力资源需求问题，加快 5G 网络规模化部署，超前谋划 6G 网络技术，构建现代化数字基建新体系，进一步

发展工业互联网标识解析、区块链"星火链网"、"行云工程"天基物联网，打通元宇宙发展的数字"大动脉"。二是搭建元宇宙展示平台。建设城市元宇宙概念馆、展示体验中心或者主题公园，创建工业元宇宙、生活元宇宙、健康元宇宙等元宇宙主题馆，支持建设企业级元宇宙展示厅或线下体验店，策划举办国际性元宇宙高峰论坛、相关会议、音乐会和赛事等活动，营造江西省元宇宙发展的良好氛围。三是壮大元宇宙产业服务平台。支持建设元宇宙产业联盟、协会等行业组织，组织联盟成员开展产学研合作及行业交流，支持搭建产业公共服务平台，增强产业组织能力，支持江西省企业和科研机构等参与国内外行业标准制定，提供检测认证、知识产权与标准化等服务。

（六）构建良性元宇宙产业发展生态，筑牢产业发展基石

一是加大对元宇宙产业的金融支持力度。支持元宇宙企业通过融资租赁、知识产权质押贷款、股权质押贷款等多种方式获得融资，推动金融机构对技术先进、带动性强、产业化前景良好的元宇宙项目给予信贷支持。支持全省工业产业引导基金采用"母基金+直投"的方式，联合其他社会资本，设立专注于早期和长期投资的元宇宙子基金，用于引导和支持元宇宙初创项目和重点项目发展。鼓励各类工业园区、众创空间、金融机构设立元宇宙及相关领域的天使、种子基金以支持元宇宙产业链上的早期和长期投资。二是打造元宇宙产业人才队伍。完善省内高校培养计划，推进人工智能、虚拟现实、区块链等元宇宙细分领域学科建设，鼓励国内知名科研机构、高校和骨干企业到江西省联合创办"元宇宙现代产业学院""元宇宙产教融合基地"，探索"上课即实训""毕业即就业"的"企业专班"人才培养模式，加快培育技术型、应用型、融合型人才；对外搭建专业人才交流平台，优化专业人才政策，拓宽省外和国际专业人才输送渠道。三是加强元宇宙产业风险治理。聚焦"元宇宙"产业中涉及数据安全、隐私保护、资产权属、伦理道德、过度炒作等风险问题，加强风险研判，探索建立数字资产确权、交易、隐私保护等配套法规和监管制度，夯实数字空间平台主体责任，建立审慎包容的容错机制和监管机制，优化元宇宙产业发展环境。

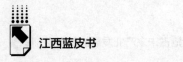

参考文献

崔国强：《元宇宙产业核心技术待突破》，《经济日报》2023年2月23日。

麻智辉：《推进元宇宙产业高质量发展》，《江西日报》2022年12月22日。

董永亮、崔楚轩：《我国元宇宙产业的发展态势、问题及对策研究》，《中国计算机报》2023年2月20日。

任兵、陈志霞、张茂茂：《迈向数智时代的城市元宇宙：概念界定与框架构建》，《电子政务》2023年2月28日。

B.30

生态共富：在绿水青山间探索共同富裕之路

——基于资溪县的调研[*]

江西省社会科学院课题组[**]

摘　要： 党的二十大报告指出，实现全体人民共同富裕、促进人与自然和谐共生，是中国式现代化的本质要求，这为生态资源富集地区走生态共富道路提供了根本遵循。课题组总结资溪县以生态富民为旨向推进共同富裕的做法，从稳固"生态本底"、完善"生态经营"、壮大"生态资产"、增进"生态自信"、提增"生态福祉"等方面提出建议，以助推走出具有江西特色的生态共富之路。

关键词： 生态共富　共同富裕　资溪县

习近平总书记在党的二十大报告中指出，实现全体人民共同富裕、促进人与自然和谐共生，是中国式现代化的本质要求，这为生态资源富集地区走生态共富道路提供了根本遵循。坐拥绿水青山的资溪县，森林覆盖率高达87.7%，居全国前列，生态环境综合评价指数列中部县域第一，是地球中纬度

* 江西省宣传思想文化领域高层次人才服务专项"生态共建共享促进革命老区共同富裕的实现路径研究"（项目编号：22ZXRC36）阶段性成果。

** 课题组组长：蒋金法，江西省社会科学院党组书记、二级教授，博士生导师，研究方向为财税制度、生态经济。课题组执行组长：李志萌，江西省社会科学院江西发展战略研究所所长、二级研究员，主要研究方向为生态经济、农业经济。课题组成员：张宜红，江西省社会科学院农业农村发展研究所所长、副研究员，主要研究方向为农业农村发展；盛方富，江西省社会科学院江西发展战略研究所副研究员，主要研究方向为区域经济、农业农村经济；王露瑶，江西省社会科学院江西发展战略研究所助理研究员，主要研究方向为生态经济、农业农村发展。

地区保存完好的原始森林生态系统和珍稀濒危动植物庇护所，被誉为"中国天然氧吧"和"动植物基因库"，获得国家生态文明建设示范县、国家全域旅游示范区、国家"绿水青山就是金山银山"实践创新基地等"国字号"生态名片。近年来，资溪县探索生态产品价值实现机制，努力走出一条化绿色资源为资产、化资产为资本，以资本推动生态产业发展，以产业带动群众增收的新路，其以生态富民为旨向推进共同富裕的做法，对全省具有启示借鉴意义。

一 生态共富的内在意义

（一）生态共富体现了追求良好环境的公平性

习近平总书记指出，"良好生态环境是最公平的公共产品，是最普惠的民生福祉"。生态环境具有非竞争性、非排他性和普惠性，良好的生态环境让所在区域的全体社会成员受益，也会辐射到周边甚至更广泛的区域。不论是城市还是农村、上游还是下游、西部还是东部，都有着对优美生态环境的追求的权利，这也是生态共富的首要目的，让良好的生态环境成为最普惠的民生福祉。

（二）生态共富体现了发展机会的公平性

以牺牲生态环境为代价的发展方式是不可取的，也是不可持续的。生态共富要解决的主要问题就是在保障生态安全的前提下维护社会成员的发展公平性，特别是生态资源富集但落后的地区，享有同等的发展机会，最终实现共同富裕，统筹协调好生态环境保护与经济社会发展至关重要。正如习近平生态文明思想对于生态保护与经济发展的论述，绿水青山就是金山银山，保护生态环境就是保护生产力，改善生态环境就是发展生产力。只有实现经济发展与生态文明建设的有机统一，才能走好生态共富的发展道路。

（三）生态共富体现了规则制度的公平性

面对复杂的生态治理问题，需要有完善的制度规范作为保障。生态共富要求构建社会主义生态文明制度体系，这一制度体系，既要符合社会发展规律，体现最广大人民的根本意愿，同时也是社会各类群体、各级层面所必须遵守的基本生态规则，没有可以例外的特殊群体。此外，公平化、制度化、法制化的生态环境保护也离不开全链条、全过程、全方位的生态环境监管体制。

二　资溪县推进生态富民的做法与成效

资溪县坚持"生态立县"发展战略，紧紧围绕"绿"字下功夫，架起"绿水青山就是金山银山"转换桥梁，将大自然的馈赠变成老百姓实实在在的财富。

（一）坚持"改革护绿"，增强"绿色动能"

资溪县在"绿色坚守"中通过改革逐"绿"前行，不断增厚"生态底色"。

明晰生态产权，确立"绿色标规"。资溪县制定生态保护红线划定方案，建立生态权益资源库，搭建生态大数据平台，将全县山、水、林、田、茶等各类信息数据化，创新集成"资溪县生态资源可视化系统"，形成生态资源资产"一张图"。

创新生态产品收益权证，激活"生态潜能"。资溪县颁发授信全国首张林下经济收益权证、全县首张茶园经济收益权证，在全省率先落地"森林赎买抵押贷款""林权补偿收益权质押贷款""森林旅游景区收费权支持贷款""特种养殖权证增信融资"等，为绿色发展赋权增能。

健全制度机制"护绿固本"。资溪县建立健全生态环境损害、生态补偿、环境管护等制度，创新"林长+警长""河长+警长"新机制，持续丰富拓展全省首创的"生态审计"制度，将政绩融入绿水青山，以干部"绿色档案"督促领导干部一任接着一任干。

（二）拓展"转化通道"，推进"GEP 与 GDP 双提升"

资溪县持续增加生态系统生产总值（GEP），积极探索并拓展"两山"转化通道。

推动"生态家底"贴上价值标签，增加 GEP。资溪县引入中科院生态环境研究中心等"外脑"，制定生态产品机制核算指标体系、标准和规范，在全省率先开展县域 GEP 图斑级精算，形成"县—乡镇—村—图斑"四级生态产品价值核算体系，完成 GEP 一张图平台框架搭建。2020 年资溪县 GEP 为 366.3 亿元，是当年 GDP 的 8.1 倍，较 2019 年的 354.2 亿元增加 12.1 亿元。

搭建"两山"转换平台，畅通转化通道。资溪县在全省率先创建"两山"转化中心，按照"资源整合—资本赋能—资产运营"逻辑闭环，构建"四中心一平台"①，收储山林 20 余万亩、河湖水面 4500 亩、闲置农房等生态资源资产 20 余项，形成优质森林资源资产包，撬动社会资金 30 亿元发展生态产业，打通"资源—资产—资本—资金"转化通道。"绿色金融"助力"价值转化"，截至 2022 年 8 月底，全县生态产品价值实现各项贷款余额 34.12 亿元，占全县贷款余额的 42.07%。牵头制定的《"两山"转化中心运行管理规范》江西省地方标准正式实施。

打造绿色产业体系，增加生态经济总量。资溪县逐步构建以面包食品为首位、竹木科技为主导、生态旅游和现代农业为重点的绿色产业体系，建成全国首个面包食品产业城和全省首个竹科技生态产业园区，绿色食品、竹木加工迈向百亿元、50 亿元级产业集群；构筑起以大觉山 5A 级景区为龙头、御龙湾等 4 个 4A 级景区为脉络的"1+4+N"全域旅游发展体系。

（三）擦亮"生态品牌"，唱响"纯净资溪"

近年来，资溪县以自然资源为核心，充分利用自有生态资源优势，将生态文化融入"纯净资溪"区域公用品牌建设。

---

① "四中心一平台"，即生态价值评估中心、资源收储中心、资产运营中心、金融服务中心和资产交易平台。

统筹谋划，培育打造"纯净资溪"区域公用品牌。资溪县以"纯山净水、资源资溪"为主题，通过制定《"纯净资溪"区域公用品牌培育运营方案》《关于开展生态产品价值实现机制试点 全力打造"纯净资溪"的实施意见》等相关文件，强化政府在区域品牌建设过程中的核心引导作用，以生态文化赋能牵引，打造覆盖全区域、全品类、全产业链的"纯净资溪"区域公用品牌。

整合资源，构建生态产品价值品牌体系。资溪县以"纯净资溪"区域公用品牌统领"资溪面包""资溪白茶""资溪山泉""资溪山珍"等各类产品品牌，建立"区域公用品牌+单一产业品牌+企业专属品牌"生态产品价值品牌体系，在打造品牌中延伸产业链、价值链。

强化宣传，持续提升"纯净资溪"品牌影响力。持续开展全民旅游营销活动，积极参与"江西风景独好"旅游宣传推介，连续举办七届"纯净资溪"面包文化节、六届"纯净资溪"白茶节，并在上海、广东举办"纯净资溪"产品推介会，提升"纯净资溪"品牌知名度、产品美誉度、产品竞争力和产品附加值。

（四）探索"利民模式"，释放"富民效益"

走好"共富路"，是生态效益充分释放的最终落脚点。2021年资溪县城乡居民人均可支配收入比为1.82∶1，远低于全国的2.50∶1、全省的2.23∶1，低于浙江省的1.94∶1，城乡居民幸福感获得感不断提升。

产业联结模式。大力推广"龙头企业+基地+农户"的产业化发展模式，建立利益联结机制，推动农户通过投资参与分红、参加劳务、参与销售等方式增加收入。

村集体入股模式。通过入股生态经济产业，激活村集体经济"造血"功能，集体经济蒸蒸日上，2021年全县所有村集体经济收入全部超过10万元，其中2个村超过100万元、1个村超过200万元。

"生态旅游+"发展模式。将生态旅游与乡村建设相结合，实施森林"四化"建设和森林景观提升工程，建设"五美"乡村，建成6个省级乡村

森林公园，建设全省首个乡村振兴馆。以大觉山生态旅游为龙头，为当地村民创造直接就业岗位 530 个，创业惠及人数达 5140 人，依托生态旅游让群众端上"绿饭碗"吃上"生态饭"。

三　启示与建议

牢固树立和践行绿水青山就是金山银山的理念，站在人与自然和谐共生的高度谋划发展，努力探索出一条具有江西特色的生态共富之路。

（一）加强生态系统保护与修复以稳固"生态本底"

尊重自然、顺应自然、保护自然，是资溪县推动绿色发展的基础前提。江西要探索出一条特色生态共富之路，就要加强生态系统保护与修复，擦亮生态共富绿色底色。

率先在全国实施生态红线勘界落地行动。按照"总量不减、质量不降、相对连片"的原则，率先在全国支持市（县）对区域内已划定的生态红线进行勘界落地，优化拓展生产、生活、生态空间。

因地制宜实施生态系统与生物多样性保护工程。以重点生态功能区、生态保护红线、自然保护地等为重点，实施重要生态系统保护和修复重大工程，实施生物多样性保护重大工程，加强珍稀濒危野生动植物栖息地、迁徙通道保护修复，推进生物多样性关键区和生物多样性优先区域开展生物多样性调查、观测和评估。

以最有效手段推进生态治理。探索打造不同类型、各具特色的山水林田湖草沙生命共同体示范区，加快构建以排污许可制为核心的固定污染源执法监管体系，建立高质量生态环境监测监管平台，推动污染防治在重点区域、重点领域、关键指标上实现新突破。

（二）健全生态产品价值实现机制以完善"生态经营"

在全省率先创建"两山银行"，探索生态产品价值实现路径和机制，是资溪探索生态共富实践的关键所在。江西要探索出一条特色生态共富之路，就要在全国率先建立健全全域生态产品价值实现机制，拓宽生态共富实现路径。

健全生态产品价值核算评估机制。加快构建分类合理、内容完善的自然资源资产产权制度，加快全省国土空间基础信息平台建设，依托省"生态云"大数据平台，加快生态产品信息数据共享平台建设，推进自然资源资产和生态产品信息数字化、标准化建设。推广开展生态产品价值核算试算，探索制定生态产品价值评估标准、管理办法和操作流程，构建全省 GEP 核算评估体系。

创新生态产品价值实现载体。创新探索多种生态产品经营权抵押、许可证抵质押，重点发展林下经济收益权证、森林赎买抵押贷款等金融产品；探索建立风险补偿金制度，重点推广应用两山转化中心、生态产品储蓄服务平台。

完善生态产品开发交易机制。选择生态资源潜力大、稳定性较好的地区，设立一批生态产品机制示范区，因地制宜探索不同类型生态产品机制实现模式。出台全省用能权、排污权、林业碳汇等生态产品交易制度，依托中国南方生态产品交易平台，探索开展绿化增量、清水增量、森林覆盖率等指标交易，打造全国性生态产品与资源环境权益综合交易平台。

（三）培育绿色生态产业以壮大"生态资产"

构建以"绿水青山"为基础、转化增值为核心的绿色生态产业体系，是资溪探索生态共富实践的核心路径。江西要探索出一条特色生态共富之路，就必须做大做强绿色生态产业，夯实生态共富基础支撑。

大力发展生态农林产业。建设全国优质生态农产品供应基地，加快实施林下经济"三千亿工程"，重点发展油茶、竹、家具、森林旅游和森林康养、林下经济等特色产业，向环境敏感型产业赛道发力，高质量发展中医药产业。

培育壮大绿色新兴产业。探索碳汇交易、生态银行、共生增值等市场化

路径，加快培育智慧农业、智慧环保等新兴产业，重点探索农业、林业、湿地等碳汇产业，支持传统产业绿色化转型，形成生态资源产业化经营与产业发展绿色化转型的良性造血机制，努力实现生态美、产业兴与百姓富的有机统一。

创新绿色生态产业新业态新模式。实施"生态+数字+文化"行动，加强数字技术在生态产业化与产业生态化中的应用，拓展数字技术融合新场景，促进企业绿色化、智能化、数字化转型，以技术赋能、文化铸魂等多种方式促进产业链转型和价值链升级，催生数字生态旅游、数字文化体验等一批绿色生态产业新业态、新模式。

（四）唱响"绿色生态"品牌以增进"生态自信"

凝聚生态文化力量，唱响"纯净资溪"区域公用品牌，让生态产品实现品牌溢价，是资溪探索生态共富实践的重要手段。江西要探索出一条特色生态共富之路，就必须唱响"江西绿色生态"区域公用品牌，增加江西"绿色生态"这一最大品牌资产溢价。

将更多生态产品纳入"江西绿色生态"区域公用品牌范围。依托国家技术标准创新基地，制定完善一批高质量的"江西绿色生态"标准，鼓励支持各地区域公用品牌评价规范（标准）与"江西绿色生态"标准同线同标同质，深入挖掘特色产业资源，提标提质，将更多生态产品纳入"江西绿色生态"品牌范畴。

共促"江西绿色生态"品牌互认。探索推动"江西绿色生态"区域公用品牌与"上海品牌""江苏精品""圳品"等省际区域品牌的互认，推进"江西绿色生态"与"赣鄱正品""赣出精品""江西好礼"等产品或服务标准互信互认。

提升"江西绿色生态"品牌影响力。总结推广"江西绿色生态"品牌建设试点县经验，在全省范围开展"江西绿色生态"区域公用品牌建设，制定出台"江西绿色生态"产品或服务清单，培育壮大一批"江西绿色生态"品牌企业，依托传统和各类新媒体提升"江西绿色生态"品牌影响力。

（五）实施生态富民工程以提增"生态福祉"

依托"两山转化中心"，让群众共享更多生态红利，是资溪探索生态共富实践的根本目的。江西要探索出一条特色生态共富之路，就必须以实施生态惠民工程为抓手，推进生态共富惠及更多人民群众。

加快构建乡村生态资源价值转化的政策体系。探索集体林地所有权、承包权、经营权"三权分置"，探索集体经营性建设用地使用权入股、联营模式，持续深化宅基地"三权分置"、农村"三变""三社"融合发展改革，依托"两山中心"吸引社会资本更多进入乡村、经营乡村，最大限度激活农村资源要素，让农村居民共享生态价值受益。

探索生态资源价值惠民机制。挖掘不同区域生态资源价值，探索创新生态要素分配制度。建立健全"先富带后富"制度设计，鼓励先富地区支持带动生态资源比较优越的相对落后地区，发展生态产业，创设生态就业岗位，带动"绿水青山"丰富地区居民更好地增收致富。

深化生态补偿制度。参照浙江、广东等省补偿标准，提高江西省生态公益林补偿标准。加快修订《江西省流域生态补偿办法》，加大生态环境优良地区的补偿系数，适时推动《关于加强生态环境损害赔偿与检察公益诉讼衔接的办法》等法规修订，增强全省生态保护补偿制度保障，让真正保护生态环境的地区或居民受益。

参考文献

习近平：《高举中国特色社会主义伟大旗帜　为全面建设社会主义现代化国家而团结奋斗——在中国共产党第二十次全国代表大会上的报告》，《人民日报》2022 年 11 月 1 日，第 1 版。

习近平：《在深入推动长江经济带发展座谈会上的讲话》，《人民日报》2018 年 6 月 14 日，第 2 版。

厉以宁、黄奇帆、刘世锦等：《共同富裕：科学内涵与实现路径》，中信出版集

团，2021。

李周：《中国走向共同富裕的战略研究》，《中国农村经济》2021 年第 10 期。

董战峰、张哲予、杜艳春等：《"绿水青山就是金山银山"理念实践模式与路径探析》，《中国环境管理》2020 年第 5 期。

沈满洪：《生态文明视角下的共同富裕观》，《治理研究》2021 年第 5 期。

孙一平、赵莉：《生态共富：生态产品价值实现机制的理念与实践》，《新视野》2022 年第 6 期。

王宾：《共同富裕视角下乡村生态产品价值实现：基本逻辑与路径选择》，《中国农村经济》2022 年第 6 期。

B.31
"数字"让乡村更美好
——基于江西四个国家数字乡村试点的调研

张宜红　杨锦琦*

摘　要： 近年来，江西聚力打造新时代乡村振兴样板之地，把数字乡村建设作为全面推进乡村振兴的重要战略方向，取得一定成效，但从安远、井冈山、进贤、玉山4个国家数字乡村试点情况来看，全省推进数字乡村建设仍存在数字化基础底座需夯实、应用场景拓展受限、数据壁垒依然存在、群众数字素养亟待提升等诸多痛点，亟须强化顶层设计，实施"三个一批，一个加强"基建提升工程，创新拓展产业、治理与服务三大领域应用场景突破，丰富数字乡村建设文化供给，提亮江西数字乡村建设成色。

关键词： 数字乡村　乡村振兴　江西

　　党的二十大报告明确提出，要加快发展数字经济，促进数字经济和实体经济深度融合。2023年中央一号文件明确提出，要深入实施数字乡村发展行动，为新时代全面推动数字乡村建设提供了根本遵循。随着以物联网、云计算、大数据、人工智能为代表的新一代数字技术加速向农业农村渗透，数字乡村建设步伐不断加快，农业将更加智慧、农村将更加美丽、农民生活将更加便利，乡村因"数字"更加美好。近年来，江西省大力推进发展和改

---
* 张宜红，江西省社会科学院农业农村发展研究所所长、副研究员，研究方向为农业农村发展；杨锦琦，江西省社会科学院农业农村发展研究所副研究员，研究方向为生态经济、农业经济。

革双"一号工程",把数字经济做优做强放在首要位置。作为数字经济的重要组成部分,数字乡村建设是全面推进乡村振兴的重要战略方向,也是聚力打造新时代乡村振兴样板之地的重要抓手。江西数字乡村建设虽然取得一定成效,但从安远、井冈山、进贤、玉山4个国家数字乡村试点调研情况来看,全省推进数字乡村建设仍存在诸多痛点,亟须寻求"突破点"。

一 全省数字乡村建设亮点纷呈

江西高度重视数字乡村建设,出台了《江西省数字农业农村建设三年行动方案》《江西省"十四五"农业农村信息化发展规划》等文件,数字乡村建设成效显著,据《中国数字乡村发展报告(2022年)》,江西数字乡村发展水平排全国第八位。

(一)农业农村数字经济规模不断壮大

《江西省农业农村数字经济发展白皮书(2022)》显示,2021年江西省农业农村数字经济增加值达386.06亿元,占第一产业增加值比重达16.54%,高出全国6.44个百分点;占全省数字经济增加值(10378亿元)比重达3.72%,高出全国1.88个百分点;占全国农业农村数字经济增加值(8391.69亿元)比重达4.6%,较全省数字经济增加值占全国数字经济增加值比重高出2.32个百分点。

(二)农业农村数字基础设施不断完善

近年来,江西大力支持推动5G、千兆光网、物联网等新基建向农村延伸,截至2022年底,全省行政村宽带通网率已达100%,实现5G网络"乡乡通",物联网终端用户数达1496.2万个,累计建成省级农业物联网示范基地300家,建成省、市、县农产品运营中心105家,益农信息社1.4万家。在全国率先启动智慧农业PPP项目建设,构建智慧农业"123+N"体系和省级农业农村数字平台,促进了产权交易、动物检疫、农产品质量安全监管等基础系统数据加速形成，为农业生产智能化、管理高效化、服务便捷化提供了有力支撑。开展"5G+农业"应用行业大赛，建成300个省级农业物联网示范基地，创新搭建"万村码上通"5G+长效管护平台和鄱阳湖禁捕退捕数字平台，加速了数字化技术在农业农村领域的融合应用，县域农业农村信息化发展总体水平列全国第六位。2022年"赣服通"5.0版正式上线，推出全省数字乡村专区，政务服务不断向基层延伸，成为全国第三个省市县乡移动协同办公平台。

（三）农业产业数字化转型不断加快

近年来，江西加快推动物联网、大数据、5G、人工智能等新一代信息技术与农业生产、农产品销售流通等融合，智慧种植、智慧养殖、智慧种业等初具成效，"中芯一号"打破欧美种猪育种技术壁垒，"丛枝菌根"抢占水稻育种新高地。国家农机装备创新中心江西研发基地揭牌，截至2022年底全省推动"App申请、二维码识别、物联网轨迹关联""三合一"办理的机具达4.49万台，累计监测作业面积6731.41万亩，实现农机位置可查看、运动轨迹可手机（查看）、农机作业可调度、作业面积可计算，智能农机发展进入快车道。江西深入实施信息进村入户工程、互联网+农产品出村进城工程，农产品网络零售额迅猛增长，江西省统计局数据显示，2022年1~10月份江西农产品网络零售额达65.09亿元，同比增长32.5%，高于全国14.71个百分点。

（四）农村数字化治理水平不断提升

安远县、进贤县、井冈山市、玉山县4县（市）入选国家数字乡村试点，南昌县、彭泽县等16个县（市、区）入选省级数字乡村试点，通过试点示范，开展了形式多样的数字乡村治理实践，加快了"互联网+政务服务"向乡村延伸，推动了"互联网+党建"在农村基层全面铺开，建设了农村集体"三资"管理系统平台，实现了集体资产的在线管理、审核、管控，打造吉安县大冲乡等6个全省乡村治理示范乡镇和南昌县向塘镇剑霞村等57个全国乡村治理示范村。

二　数字乡村试点实践探索各具特色

近年来，江西对照国家数字乡村试点任务，高位推进，取得了显著的阶段性成效，有力地推动了乡村发展要素资源重组、治理结构重塑、发展环境优化。

（一）着力数字经济驱动，打造县域主导产业创新集群，让乡村产业更具活力

借力数字乡村项目建设，改造传统产业，发展新型业态，实现增产降本增效。如进贤县结合县域产业优势，按照"1+4+N"的电商发展思路，建设了医疗器械、文化用品、特色农产品、军山湖大闸蟹四大电商基地，打造了诸多电商品牌。截至2022年底，全县拥有运营网店6500多家，电商企业1100多个，电商相关从业人员3万余人，电子商务零售额突破22亿元，快递收发量突破亿单。

（二）着力搭建数字桥梁，促进城乡优质资源共享，让惠民服务更加便捷

利用数字技术链接群众服务资源，通过提供智慧教育、智慧医疗、智慧养老、智慧政务等服务，以优化服务供给满足群众需求升级。如井冈山市已实现政府服务代办点行政村100%覆盖，乡镇（街道）级政务服务事项网上可办率达100%，真正实现了乡村社区管理、服务"网上办事""掌上办事""快捷办事"。

（三）着力"循数"治理体系整合，提高资源配置效率，让乡村治理更加高效

据民所需，持续梳理乡村发展涉及领域的可集成纳入数据接口，推进建设"一脑掌控、一图感知、一屏服务"的数字乡村综合性智慧平台。如玉山

县打造"数字乡村"指挥中心，涵盖城市安全、精准治理、政务服务、交通出行、民生服务、生态旅游、产业经济、数智底座等8个应用场景，整合数字党建、数字安防、数字商贸等信息，运用数字技术整体提升乡村善治水平。

（四）着力重构富民增收空间，有效衔接县乡生产消费，让城乡发展更加融合

借助数字网络平台，促进城乡生产消费互联互通，拓展了乡村居民生计空间，实现农民增收。如安远县打造"智慧园区+数字平台+智运快线"三位一体城乡绿色发展新模式，实现"一点多能、一网多用、多站合一"，畅通农副产品上行、工业品下行与区域间货物平行通道，缓解"买难卖难、买贵卖贵"等问题，促进县域仓配服务一体化、城乡配送智能化和城乡居民生产生活数字化，促进乡村居民增收，强化精准便捷服务体验。

三　面临的现实挑战

江西省双"一号工程"深入推进、数字技术加速渗透、数字产业蓬勃发展以及乡村振兴全面推进，为数字乡村建设提供了良好发展环境。但对标对表国家数字乡村试点要求，全省数字乡村建设与乡村发展需求相脱节，数字乡村顶层设计、内涵建设等仍需创新突破。

（一）管理体制有待健全，数字化基础底座仍需夯实

1.部门统筹协调有待加强

据受访基层干部反映，数字乡村建设面广事繁，统筹部门如网信办等在项目设计、资金使用等领域自主权受限，推进数字乡村建设缺乏主线任务、主导项目，加之具有指导性的实践范本和相对明确的标准规范欠缺，出现了"牵头部门悬空，其他部门本位推进，难以实现精准协同"现象，其根源性问题在于数字乡村建设边界尚未廓清，特别是数字乡村建设涉及的社会治理、公共服务、产业发展等领域建设及其对应责任主体尚未明确。

2. 信息运管基座建设仍需加速

夯实数字乡村建设基础，需要从基础设施、管理考核机制等方面发力。调研发现，试点地区乡村信息基础设施薄弱，数字经济产业链上下游业务匹配水平仍然存在较大差距，亟待提档升级。据某县宣传部领导反映，同样一套信息监控系统，在本地要 10 万元左右，而在浙江只需 1 万~2 万元，主要原因则是设施制造与信息服务行业水平差距较大，同时绩效考核大多从建设情况着眼，而非客户服务对象应用评价的角度开展等，这一系列问题对数字乡村建设进度、方向和质量形成束缚。

（二）应用场景拓展受限，数字化转型动力不足

1. 数字乡村功能拓展滞后于现实需要

调研发现，当前江西数字乡村建设工作主要聚焦村域内线下资源的线上实现，数字产业低端徘徊、同质竞争，创新引领作用不强；数字治理缺乏互动、质量不高，数字服务意识不强，拓展空间有限，与产业、项目、治理、服务等内容相结合的跨应用场景持续迭代更新与拓展创新不足。调研还发现，当前全省数字乡村建设重心大多落在硬件提升基础上的传统业务智慧化，而对于数字乡村文化建设重视不够。

2. 数字乡村建设处于"追赶模仿"阶段

调研发现，江西本土领军型、创新型信息化服务企业相对缺乏，数字乡村试点地区的数据中心、智慧平台等建设普遍外包给省外企业或团队，一些符合本地实际的数字乡村应用场景创新，常常因为技术困境或者设施成本较高而搁置，大多试点地区数字乡村处于"追赶模仿"阶段。

3. 社会主体尤其是中小企业数字化转型积极性不高

数字乡村建设虽有系列优惠政策支持，但其资金需求量大、回报周期长，如一套数字乡村综合治理平台，动辄百万元级或千万元级的投资，部分有投资意愿的农业企业和移动、电信等社会主体不敢轻易投资，更何况经营规模小、数字基础弱、抗风险能力差的中小企业和新型农业经营主体，大多"不愿转、不敢转，不会转"，数字化转型积极性和意愿均不高。

（三）数字数据资源体系建设薄弱，数据壁垒依然存在

1. 数字乡村基础数据资源体系建设较为迟缓

调研发现，受人地分离、居住分散以及信息智能采集技术受限等因素影响，全省数字乡村试点地区全面高质量的乡村数据资源采集较为困难，进而导致农业农村基础数据资源体系薄弱，数据价值挖掘不充分，完整数据要素供应链和数据产业体系尚未形成。

2. 数据壁垒亟待破除

全省数字乡村建设实践中，部门内纵向、部门间横向的信息系统协同不足，跨层跨域数据共享不充分，应用程度不高，政企数据双向流通不畅，存在"调控难、签字难、监管难"等问题，如玉山县在推进国家数字乡村试点过程中，共梳理出23个单位共计20类大项70余种小项数据资源，涵盖民生、政务、经济、教育等内容，但这些数据存在交叉、重复、差异和不完整性，可利用性不强，且多数数据资源库由省市垂直管理部门建设，涉及的61个数字资源库可集成纳入玉山县数字乡村指挥平台的不足10个，其余数据资源库均需省市相关单位授权开放接口方可使用。

（四）群众数字素养亟待提升，专业人才缺乏

1. 乡村居民数字素养整体水平偏低

随着工业化、城镇化的持续加速，农村高学历的青壮年多外出务工，常住农村的居民平均年龄偏大、学历层次偏低，部分老年人受教育水平较低、对现代科技的接受能力较弱。诸多因素很大程度上影响了基层群众对乡村数字产业、数字治理和数字服务的接受程度和就待办事项的互动水平，导致出现数字工具功能利用不全面、便捷化享受不充分的问题。

2. 数字乡村人才供给不足

县域数字高技能人才的引育留用政策不完善，政产学研合作不足，尚未形成充盈有力的数字技能人才培养供给体系，无法满足数字乡村人才日益增加的需求。调研发现，虽然试点地区成立了"电商办""大数据中心"等专

业机构，但推进数字乡村建设工作的干部专业素养有待提升，特别缺乏既具有乡村管理经验又懂数字化服务的复合型人才。

四　对策建议

针对国家数字乡村试点地区存在的痛点与弱项，江西要找准"突破口"，加快形成数字乡村创新实践与群众需求良性互动的局面，提亮江西数字乡村建设成色。

（一）强化顶层设计，加快数字乡村资源整合

1.尽快出台《江西省数字乡村建设指导性意见》

尽快出台《江西省数字乡村建设指导性意见》，把数字乡村建设全面融入相关规划，厘清数字乡村建设的门槛性标准体系、应用场景打造、数据系统运维、核心技术研发及设施设备支撑等关联内容，确保数字乡村建设在规划统领基础上靶向发力。

2.明确数字乡村建设标准指南及参与力量

加快推出由政府、企业、行业协会和互联网平台等参与建设的江西省数字乡村标准体系指南。明确由政府牵头负责数字乡村基础设施建设、乡村治理服务等公共领域，强化企业主体在数字乡村经济领域的责任担当，积极吸纳社会资本进入并支持数字乡村建设。

3.树立群众受惠的绩效考核导向

明确以乡村居民诉求为导向，提升客户满意度、数字经济惠民水平等指标，吸纳群众参与到数字乡村建设中来，着力推进数字乡村建设"有方向、有资源、有实效"。

（二）补齐建设短板，优化数字乡村发展生态

1.实施"三个一批，一个加强"基建提升工程

对传统基础设施、传统服务站点、传统产业实体"改造一批"，重点加

快推动江西乡村农田、水利、公路、电力、冷链物流、农业生产加工等基础设施数字化、智能化转型；对于新型基础设施、新型经营主体、新型业态、新型服务网络"发展一批"，推进乡村智慧水利、智慧农业、智慧物流等系统建设；对于乡村产业、风貌、文化、邻里、健康、低碳、交通、智慧、治理等场景创设"拓展一批"，激活未来乡村发展活力；加强基础数据资源体系建设，重点做好信息的智能采集、价值挖掘工作，夯实数字乡村信息底座。

2. 开展乡村数智专业人才培训及技能认定

结合江西农业农村实际，加大资源投入，充分利用省内较为成熟的乡村振兴学院教育网络等培训资源开展"乡村数智专业人才培训"及技能认定工作，创新数字乡村创业发展风险信贷政策，搭建农村电商培训等提升农民数字技能的平台，整体提升其数字化理念和运用水平，增进农民数字化素养与技能。

3. 加大核心技术研发创新力度

主动融入数字经济"一号工程"和"智联江西"发展战略，以数字乡村建设所需技术和设施装备为发力点，在赣州、吉安等具有一定基础的区域建设瞄准"数字乡村建设的装备制造业集群"，同时加快孵化培育省内优质信息服务企业，夯实数字乡村发展的降本增效提质基础。

（三）立足三大重点，创新拓展数字乡村应用场景

1. 以"农"为核，推进乡村产业数字化

依托全省七大产业以及区域特色产业基础，推动全省乡村产业产供销全链条数字化升级，重视利用新技术、新业态，将当地特有的历史、文化、产业和科技融为一体，打造并发挥"智慧种（养）示范区"引领效应，努力实现农业生产消费与数字化的深度融合，实现农民增收。

2. 以"合"为策，推进乡村治理精准化

准确把脉乡村居民生产生活发展诉求，由省级层面数字乡村建设领导机构统筹协调，在注重数据安全基础上对照群众需求统一开放层级授权标准，

协同整合"雪亮"工程等数字资源，建立并完善"省市县乡村五级数字农业农村平台"，打破数据壁垒，重视数字赋能传统治理，开展新时代乡村治理流程再造，着力推动传统管理向"数智治理"转型，高标准推进"一网通办"。

3.以"民"为本，推进乡村服务高质化

面向群众关切，推进智慧城市平台和服务向乡村延伸，跨越"数字鸿沟"，聚焦数字教育、数字医疗、数字社保等重点领域，为优质公共服务资源下沉乡村提供便利，助力城乡公共服务均等化。

（四）丰富文化供给，提亮数字乡村成色

数字乡村建设是乡村发展水平的全域提升，乡村文化这一核心组成不可或缺。江西文化底蕴深厚，"红古绿"文化交相辉映，应抢抓数字乡村建设契机，进一步丰富创新文化供给，为乡村振兴提供强有力支撑。

1.聚焦"传承"，强化原生态乡村风貌的数字化呈现

因地制宜，分类施策，充分发挥示范乡村的榜样引领作用，挖掘展示乡村生活细节，独特表达乡风民俗风物，描摹乡村人文风情，科学选定并逐步实现艺术性数字化呈现。

2.聚焦"创新"，强化新时代乡村文化的数字化提升

牢牢把握信息技术发展趋势和乡村振兴战略要求，围绕乡村文化样态、文化场景、文化产业、文化主体等内容开展重构创新，推动新时代乡村化深层次变革，将乡村文化振兴带入高质量发展的新赛道。

3.聚焦"监管"，强化乡村文化氛围主阵地的数字化营造

坚持正确理性的价值观，筑牢网络安全防线，着力营造未来乡村清朗雅洁的文化氛围，深入开展"新时代赣鄱云上乡村文化展演平台"等乡村文化品牌打造，以全方位满足群众不断提高的多样化精神文化新期待，持续增强群众文化获得感和幸福感。

参考文献

习近平：《高举中国特色社会主义伟大旗帜 为全面建设社会主义现代化国家而团结奋斗——在中国共产党第二十次全国代表大会上的报告》，新华网，2022 年 10 月 25 日。

曾亿武、宋逸香、林夏珍、傅昌銮：《中国数字乡村建设若干问题刍议》，《中国农村经济》2021 年第 4 期。

谢文帅、宋冬林、毕怡菲：《中国数字乡村建设：内在机理、衔接机制与实践路径》，《苏州大学学报》（哲学社会科学版）2022 年第 2 期。

王胜、余娜、付锐：《数字乡村建设：作用机理、现实挑战与实施策略》，《改革》2021 年第 4 期。

沈费伟、叶温馨：《数字乡村建设：实现高质量乡村振兴的策略选择》，《南京农业大学学报》（哲学社会科学版）2021 年第 5 期。

陆益龙：《"数字下乡"：数字乡村建设的经验、困境及方向》，《社会科学研究》2022 年第 3 期。

梅燕、鹿雨慧、毛丹灵：《典型发达国家数字乡村发展模式总结与比较分析》，《经济社会体制比较》2021 年第 3 期。

殷浩栋、霍鹏、汪三贵：《农业农村数字化转型：现实表征、影响机理与推进策略》，《改革》2020 年第 12 期。

农业农村部市场与信息化司、农业农村部信息中心：《2021 全国县域农业农村信息化发展水平评价报告》，2021 年 12 月。

江西省农业农村厅、中国信通院江西研究院：《江西省农业农村数字经济发展白皮书（2022）》2022 年 12 月。

B.32

从乡村治理"头疼村"到"头雁村"的蝶变

——基于江西余江区春涛镇滩头村的调研

肖洪波　盛方富*

摘　要： 乡村振兴，治理有效是基础。党的二十大报告明确要"建设宜居宜业和美乡村"，对强化乡村治理提出新的更高要求。江西余江区春涛镇滩头村由"软弱涣散村"蝶变为"全国乡村治理示范村"，实现基层党组织从"软弱涣散"向"坚强堡垒"转变、村民从"事不关己高高挂起"到"积极参与主动作为"嬗变、村容村貌从"杂乱无章"到"整洁有序"蜕变、乡村发展从"毫无生机"到"未来可期"跃变。其蝶变做法对全省乃至全国建设宜居宜业和美乡村具有五点启示：一是打造坚强有力、真心为民的"火车头"；二是组建公平主事、公开决策的"当家人"队伍；三是实施尊重民意、基于乡村的"土规划"；四是建设产业支撑、智慧引领的"富春山居图"；五是培植向上向善、安定祥和的"文明花"。

关键词： 乡村治理　宜居宜业和美乡村　乡村振兴　江西

党的二十大报告首次提出要"建设宜居宜业和美乡村"，这是中国式现代化在未来乡村的生动图景。作为江西省余江区最后一个没有完成宅改的村庄，

---

* 肖洪波，江西省社会科学院党组副书记、院长，研究方向为农业农村发展；盛方富，江西省社会科学院江西发展战略研究所副所长、副研究员，研究方向为农村经济。

春涛镇滩头村长期以来是以民风彪悍、宗族矛盾复杂、环境脏乱差的"刺头村""后进村"而远近闻名。2019 年 3 月以宅基地制度改革、秀美乡村建设为契机，滩头村夯实了基层组织建设、理顺了干群关系、和睦了邻里关系、完善了乡村治理体系，由"软弱涣散村"蝶变为"全国乡村治理示范村"，其蝶变做法对全省乃至全国建设宜居宜业和美乡村具有启示借鉴意义。

一　千年村庄的美丽蝶变

迄今已有 1100 多年历史的滩头村，位于春涛镇政府西北方向 3 公里，距余江城区 24 公里，下辖 8 个自然村共 435 户 1639 人，常住人口约 800 人。滩头村乡村治理千年蝶变始于 2019 年 3 月，通过宅改，干群关系、邻里关系、村容村貌、乡村发展等发生历史性变化。

（一）基层党组织从"软弱涣散"向"坚强堡垒"转变

滩头村宗族分为十八房，长期以来矛盾纠纷突出，先后两任党支部书记被免职。村党支部被列为软弱涣散村级党组织，宅改工作两次启动、两次停滞。千年蝶变，首先源于基层党组织的"质变"。一是选优配强"主心骨"。春涛镇选派年轻的镇党委班子成员担任滩头村党支部书记，强化组织建设，通过远程视频实现流动党员"离乡不离组织、流动而不流失"，党建的加强，增强了村"两委"党员干部的凝聚力和战斗力。二是创新考核"指挥棒"。改革村干部考核机制，对党员干部实行"三亮"（亮身份、亮形象、亮承诺）考核办法，细化村"两委"干部工作职责并采取积分制管理，设立党员干部积分管理公示牌，定期向群众公示，由群众评判工作业绩，让干部在群众监督下开展工作。三是搭建干群"连心桥"。开展党员干部连心结对活动，实行党员干部包户、广泛动员群众，要求村两委干部每天主动上门为老百姓做一件好事，建立民事村办 45 条任务清单，党员干部把服务送到村民家门口，实现村民办事不出村，重新建立起群众对党员干部的信任，密切干群关系。

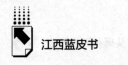
（二）村民从"事不关己高高挂起"到"积极参与主动作为"嬗变

长期以来的失序与无序，致使村民对村公共事务"无法参与""不想参与"甚至"不敢参与"，从而滋生"只顾院墙内小家，不问院墙外大家"，"垃圾靠风刮，污水靠蒸发"是过去滩头村的真实写照。村民角色转变，源于带着干、公开干、自发干的综合作用力。一是"关键少数"带着干。组建村民理事会，24 名理事会成员包括 18 名"房长"、3 名村"两委"干部、2 名乡村振兴参事干事、1 名老村长，村内一切事务由理事会协商决定，宅改过程中党员干部、村民理事会成员等"关键少数"带头拆除超占面积、退出多余宅基地，起到了引领示范作用。二是"要事上榜"公开干。结合村情实际和大多数村民意见，宅改中倡导"蓝图自己绘，村庄自己建，家园自己管"，实行"两榜五公开"① 工作法，通过高频召开群众大会、召开乡贤座谈会、外出参观学习先进村等方式，将村务要事置于"阳光下运行"，全村 429 户群众由原来的坚决抵制宅改转变为后来的联名主动申请宅改。三是"激励约束"自发干。探索建立红黑榜、文明评判团等新制度，抓住村民普遍关心的"关键事"，制订接地气的村规民约，定期开展"清洁家庭""美丽庭院""五星五美"等评比活动，创新"文明积分"兑换日常生活用品制度，激发村民主动参与公益事业的积极性。

（三）村容村貌从"杂乱无章"到"整洁有序"蜕变

"宅改"前的滩头村建房杂乱无章、巷道阴暗逼仄，"房挤房、墙挨墙，有的房屋还缺角"，村内没有一条水泥路，没有一个三格式化粪池，出现出殡要用楼梯拖棺材、三角形五角形奇形怪状房屋等"奇葩"现象，汽车进不了村，建房只能用独轮车推材料进村。村容村貌的改变，源于开门规划、

---

① "两榜五公开"中"两榜"，即重大事项先发头榜征求群众意见，修改定论后再发二榜接受群众监督；"五公开"，即农村宅基地制度改革试点方案和工作安排上榜公开，农村宅基地管理政策和制度上榜公开，宅基地调查摸底情况上榜公开，村庄规划图上榜公开，所有结果上榜公开。

硬件完善、软件提升。一是开门编制"接地气"村庄规划。充分吸纳各家各户意见，先后上百次修改规划图，最终形成大家公认的村庄规划方案，摒弃规划技术单位当初绘制的道路网横纵有序、房屋整齐划一，需要拆除近300栋主屋的理想规划，坚持"路有弯、港有滩"，以拆除围墙、附属房为主，尽量减少主宅的拆除和村民的经济损失。二是完善"硬"设施。通过"宅改"，共无偿退出宅基地面积2.7万余平方米，腾出村庄内近一半的宅基地，硬化道路6.5公里，改沟1.6公里，铺设雨污管网7.9公里，改厕310户，新建新时代文明实践广场、互助养老中心、留守儿童之家、旅游公厕、污水处理中心、游步道，为未来10年预留了宅基地。通过美丽乡村建设，现在家家门前通车，户户实现雨污分流。三是提升"软"设施。注重数字基础设施建设，依托大数据，实现"互联网+公共服务"，将快递电商、农民建房审批等服务接入，电子综合显示屏同时接入村支部摄像头、雪亮工程、综治信息平台等。

（四）乡村发展从"毫无生机"到"未来可期"跃变

传统发展模式下，农忙时种地养鸡，农闲时打麻将唠嗑，到了年底口袋空空，滩头村集体经济收入为"零"，更谈不上发家致富，循环往复之下，乡村发展缺乏生机。村民发展信心变足，源于得失有比较、产业有布局、增收有盼头。一是明确乡村发展"得失对比表"。宅改和秀美乡村建设过程中，由村理事会因地制宜、充分酝酿后讨论确定需要退出的宅基地和后续村庄建设的"得失对比表"，让村民明明白白知道通过宅改将"失去什么""得到什么"，进而增强支持宅改的信心。二是夯实乡村特色产业"根植性"。党支部立足山水资源优势，成立农业发展合作社，利用无法耕作的"洏田"发展莲虾套养产业（40亩），流转土地发展羊肚菌种植产业（20亩），提升土地产出效益，壮大村级集体经济，带动村民增收致富。三是促进村民"就地就近就业"。滩头村大力推进产业下沉，建成1000平方米产业下沉车间，让村民在家门口就业，带动周边100余名留守妇女、老人等就业，日薪达50元，年均增收上万元，年均集体经济增收15万元左右。

二 启示与建议

滩头村在同一块土地上的美丽蝶变，对新征程上建设宜居宜业和美乡村具有重要启示借鉴意义。

（一）打造坚强有力、真心为民的"火车头"

火车跑得快，全靠车头带。滩头村的美丽蝶变，再次验证这个被实践反复验证过的哲理。因此，在建设宜居宜业和美乡村过程中，一是要抓实建强基层党组织，选优配强农村基层党组织带头人，实施农村基层党组织带头人队伍整体优化提升行动。针对各地基层党组织及所在村基本情况，分级分类组织开展精准学习培训，注重采取现场观摩、案例教学、先进党组织讲学等方式，切实提升基层党组织的服务意识和服务能力。二是要改革创新村干部考核体系，推动各地因村制宜制定《民事村办任务清单》《村干部积分管理制度》等，细化工作职责，对村干部实行积分制管理，由群众评判工作业绩。定期向群众公示干部积分情况，按积分高低对干部评先评优，让干部在群众监督下开展工作。

（二）组建公平主事、公开决策的"当家人"团队

实现乡村振兴为农民而兴、乡村建设为农民而建，需真正体现村民的主体地位，这是滩头村发生蝶变的关键一招。为此，在建设宜居宜业和美乡村过程中，一是鼓励各地因村制宜组建党建引领、代表广泛、公平公正的村民理事会等群众自治组织，村内的一切集体事务交由村民理事会等自治组织说事、议事、主事，真正实现村内事务大家商量着办。二是健全村重大事项公开征询意见、公开讨论商议、公开张榜结果的决策机制，确保在村民理事会等自治组织的引导下，实现村集体事务解决方案由村民集体想、实现解决办法由村民集体出、解决结果由村民集体承担，激发村民参与的积极性、主动性。

（三）实施尊重民意、基于乡村的"土规划"

保留乡风乡韵、乡景乡味，是乡村规划与乡村建设的题中应有之义与必然要求。滩头村摒弃"高大上"的"洋规划"，采取村民广泛认可、立足乡村肌理的"土规划"，值得借鉴。为此，在建设宜居宜业和美乡村过程中，一是探索打造一支切合村镇实际需要的乡村规划师队伍，建立健全村镇公共服务设施规划导则、村镇公共服务设施技术规范等规范性文件，补齐村镇规划建设技术标准体系短板。二是因村制宜编制村庄规划，充分吸纳村民意见，突出乡村风貌特征、文化特质、地域特点，注重实用性与经济性，形成既个性鲜明、富有特色又功能完备、设施完善的村庄规划方案，真正把乡村建设成为养眼、洗肺、静心的居住地。

（四）建设产业支撑、智慧引领的"富春山居图"

产业是发展的根基，只有产业兴旺了，乡村发展的内生动力才足，村民增收致富的机会才多。滩头村在做好宅改"前半篇文章"的基础上，正积极向乡村产业发展的"后半篇文章"努力。为此，在建设宜居宜业和美乡村过程中，一是培育壮大乡村富民产业，各地应因地制宜出台支持本地乡村富民产业的实施意见，成立乡村富民产业发展专门推进机制，在充分调研摸底的基础上梳理出乡村富民产业目录，推动各乡（镇）、村实施乡村富民产业链"链长制"，以需求为导向精准制定支持发展的"政策包"。二是依托农村集体经营性建设用地入市发展"飞地经济"，在村庄规划中预留未来宅基地需求，将富余闲置的集体经营性建设用地纳入复垦范围，通过设立异地入市产业园、"飞地经济"、产业"下沉车间"等发展乡村产业。三是加快数字乡村建设，探索搭建城乡一体的农产品供需信息、物流公共信息等智慧平台，推进农产品产地仓储保鲜冷链物流设施建设，鼓励发展"多站合一"的乡镇客货邮综合服务站、"一点多能"的村级寄递物流综合服务点，打造县、乡、村数字共同体。

（五）培植向上向善、安定祥和的"文明花"

乡村不仅要见新房新村，更要有新风新貌。滩头村洋溢着"邻帮邻、亲帮亲""人人有责、人人奉献"的文明新风，是对宜居宜业和美乡村的生动诠释。为此，在建设宜居宜业和美乡村过程中，一是因村制宜制订接地气、管用的村规民约，运用农村熟人社会的道德规范，制定正向激励措施和反向约束措施，强化村党员干部带头践行婚事新办、丧事简办、厚养薄葬等，注重以身边事教育身边人，引导村民向上向善、爱村爱家、重义守信。二是创新方式激发村民自觉践行文明新风，建立健全村民说事日、红黑榜、文明评判团等制度，采取"文明积分"兑换奖励和开展文明家庭、好媳妇、星级文明户评选等形式褒奖先进、鞭策后进，引导成立党员志愿者服务队、巾帼志愿者服务队等，推动农村呈现乡风文明、和谐稳定的良好局面，为乡村振兴提供强大精神动力。

参考文献

刘润秋、黄志兵：《宅基地制度改革与中国乡村现代化转型——基于义乌、余江、泸县3个典型试点地区的观察》，《农村经济》2021年第10期。

杨正喜：《党建引领乡村治理的制度优势与实践路径》，《湖湘论坛》2023年第1期。

姚俊智：《规则之治：乡村治理的历史演进与发展进路》，《领导科学》2022年第12期。

纪程、于海飞：《个体性与组织化协同：破解乡村治理主体缺位的一种实践逻辑》，《农业经济》2022年第11期。

权威报告·连续出版·独家资源

皮书数据库
ANNUAL REPORT(YEARBOOK)
DATABASE

分析解读当下中国发展变迁的高端智库平台

所获荣誉

- 2020年，入选全国新闻出版深度融合发展创新案例
- 2019年，入选国家新闻出版署数字出版精品遴选推荐计划
- 2016年，入选"十三五"国家重点电子出版物出版规划骨干工程
- 2013年，荣获"中国出版政府奖·网络出版物奖"提名奖
- 连续多年荣获中国数字出版博览会"数字出版·优秀品牌"奖

皮书数据库

"社科数托邦"
微信公众号

成为用户

　　登录网址www.pishu.com.cn访问皮书数据库网站或下载皮书数据库APP，通过手机号码验证或邮箱验证即可成为皮书数据库用户。

用户福利

- 已注册用户购书后可免费获赠100元皮书数据库充值卡。刮开充值卡涂层获取充值密码，登录并进入"会员中心"—"在线充值"—"充值卡充值"，充值成功即可购买和查看数据库内容。
- 用户福利最终解释权归社会科学文献出版社所有。

数据库服务热线：400-008-6695
数据库服务QQ：2475522410
数据库服务邮箱：database@ssap.cn
图书销售热线：010-59367070/7028
图书服务QQ：1265056568
图书服务邮箱：duzhe@ssap.cn

社会科学文献出版社 皮书系列
SOCIAL SCIENCES ACADEMIC PRESS (CHINA)
卡号：834157414859
密码：

S 基本子库
SUB DATABASE

中国社会发展数据库（下设 12 个专题子库）

紧扣人口、政治、外交、法律、教育、医疗卫生、资源环境等 12 个社会发展领域的前沿和热点，全面整合专业著作、智库报告、学术资讯、调研数据等类型资源，帮助用户追踪中国社会发展动态、研究社会发展战略与政策、了解社会热点问题、分析社会发展趋势。

中国经济发展数据库（下设 12 专题子库）

内容涵盖宏观经济、产业经济、工业经济、农业经济、财政金融、房地产经济、城市经济、商业贸易等 12 个重点经济领域，为把握经济运行态势、洞察经济发展规律、研判经济发展趋势、进行经济调控决策提供参考和依据。

中国行业发展数据库（下设 17 个专题子库）

以中国国民经济行业分类为依据，覆盖金融业、旅游业、交通运输业、能源矿产业、制造业等 100 多个行业，跟踪分析国民经济相关行业市场运行状况和政策导向，汇集行业发展前沿资讯，为投资、从业及各种经济决策提供理论支撑和实践指导。

中国区域发展数据库（下设 4 个专题子库）

对中国特定区域内的经济、社会、文化等领域现状与发展情况进行深度分析和预测，涉及省级行政区、城市群、城市、农村等不同维度，研究层级至县及县以下行政区，为学者研究地方经济社会宏观态势、经验模式、发展案例提供支撑，为地方政府决策提供参考。

中国文化传媒数据库（下设 18 个专题子库）

内容覆盖文化产业、新闻传播、电影娱乐、文学艺术、群众文化、图书情报等 18 个重点研究领域，聚焦文化传媒领域发展前沿、热点话题、行业实践，服务用户的教学科研、文化投资、企业规划等需要。

世界经济与国际关系数据库（下设 6 个专题子库）

整合世界经济、国际政治、世界文化与科技、全球性问题、国际组织与国际法、区域研究 6 大领域研究成果，对世界经济形势、国际形势进行连续性深度分析，对年度热点问题进行专题解读，为研判全球发展趋势提供事实和数据支持。

法律声明

"皮书系列"（含蓝皮书、绿皮书、黄皮书）之品牌由社会科学文献出版社最早使用并持续至今，现已被中国图书行业所熟知。"皮书系列"的相关商标已在国家商标管理部门商标局注册，包括但不限于LOGO（▨）、皮书、Pishu、经济蓝皮书、社会蓝皮书等。"皮书系列"图书的注册商标专用权及封面设计、版式设计的著作权均为社会科学文献出版社所有。未经社会科学文献出版社书面授权许可，任何使用与"皮书系列"图书注册商标、封面设计、版式设计相同或者近似的文字、图形或其组合的行为均系侵权行为。

经作者授权，本书的专有出版权及信息网络传播权等为社会科学文献出版社享有。未经社会科学文献出版社书面授权许可，任何就本书内容的复制、发行或以数字形式进行网络传播的行为均系侵权行为。

社会科学文献出版社将通过法律途径追究上述侵权行为的法律责任，维护自身合法权益。

欢迎社会各界人士对侵犯社会科学文献出版社上述权利的侵权行为进行举报。电话：010-59367121，电子邮箱：fawubu@ssap.cn。

社会科学文献出版社